谨以此书献给北京大学光华管理学院成立30周年

光华书系
学术琼林

光华管理学院
Guanghua School of Management
30 1985—2015

中国新动能

Engines for China's next stage of growth

光华学者解析未来发展之关键

焦 建◎著

理解「新常态」 开掘新人口红利
城镇化正途 新城市生长逻辑
地方政府转型博弈 约束地方债务新框架
布局金融大棋局 互联网金融猜想
掘金互联网浪潮 解析大数据革命
企业新长征 建言「新国有企业改革」
中国式「企业家精神」 「创客」的新疆域
「一带一路」：破题与难题 迈向低碳时代

北京大学出版社
PEKING UNIVERSITY PRESS

图书在版编目(CIP)数据

中国新动能：光华学者解析未来发展之关键/焦建著. —北京：北京大学出版社，2015.5

（光华书系·学术琼林）

ISBN 978-7-301-25835-4

Ⅰ.①中⋯ Ⅱ.①焦⋯ Ⅲ.①中国经济-经济发展-研究 Ⅳ.①F124

中国版本图书馆CIP数据核字(2015)第093778号

书　　名	中国新动能——光华学者解析未来发展之关键
著作责任者	焦　建　著
策划编辑	贾米娜
责任编辑	黄炜婷
标准书号	ISBN 978-7-301-25835-4
出版发行	北京大学出版社
地　　址	北京市海淀区成府路205号　100871
网　　址	http://www.pup.cn
电子信箱	em@pup.cn　QQ：552063295
新浪微博	@北京大学出版社　@北京大学出版社经管图书
电　　话	邮购部62752015　发行部62750672　编辑部62752926
印　刷　者	北京大学印刷厂
经　销　者	新华书店
	730毫米×1020毫米　16开本　30.75印张　465千字
	2015年5月第1版　2015年12月第2次印刷
定　　价	78.00元

未经许可，不得以任何方式复制或抄袭本书之部分或全部内容。

版权所有，侵权必究

举报电话：010-62752024　电子信箱：fd@pup.pku.edu.cn

图书如有印装质量问题，请与出版部联系，电话：010-62756370

丛书编委会

顾 问
厉以宁

主 编
蔡洪滨

编 委（以姓氏笔画排列）

王 辉　刘玉珍　刘 学　刘 俏　江明华
李 其　李 琦　吴联生　张一弛　张志学
张 影　陆正飞　陈丽华　陈松蹊　金 李
武常岐　周长辉　周黎安　冒大卫　龚六堂
彭泗清　滕 飞

丛书序言一

很高兴看到"光华书系"的出版问世,这将成为外界更加全面了解北京大学光华管理学院的一个重要窗口。北京大学光华管理学院从1985年北京大学经济管理系成立,到现在已经有30年了。这30年来,光华文化、光华精神一直体现在学院的方方面面,而这套"光华书系"则是学院各方面工作的集中展示。

多年来,北京大学光华管理学院始终处于中国经济改革研究与企业管理研究的前沿,致力于促进中国乃至全球管理研究的发展,培养与国际接轨的优秀学生和研究人员,帮助国有企业实现管理国际化,帮助民营企业实现管理现代化,同时,为跨国公司管理本地化提供咨询服务,从而做到"创造管理知识,培养商界领袖,推动社会进步"。北京大学光华管理学院的几届领导人都把这看作自己的使命。

作为经济管理学科的研究机构,北京大学光华管理学院的科研实力一直在国内处于领先位置。光华管理学院有一支优秀的教师队伍,这支队伍的学术影响在国内首屈一指,在国际上也发挥着越来越重要的作用,它推动着中国经济管理学科在国际前沿的研究和探索。与此同时,学院一直都在积极努力地将科研力量转变为推动社会进步的动力。从当年股份制的探索、证券市场的设计、《中华人民共和国证券法》的起草,到现在贵州毕节实验区的扶贫开发和生态建设、教育经费在国民收入中的合理比例、自然资源定价体系、国家高新技术开发区的规划,等等,都体现着光华管理学院的教师团队对中国经济改革与发展的贡献。

作为商学教育机构,北京大学光华管理学院鼓励教师深入商业实践,熟悉企业管理,提升案例教学的质量和层次。多年来,学院积累了大量有价值的案例,经过深入研究、精心编写,这些商业案例可以成为商学教育中宝贵的教学资源。学院每年举办大量讲座,讲座嘉宾很多是政界、商界和学界的精英,讲座内容涉及社会发展的方方面面。通过这些讲座,学生们可以最直接地得到名家大师的授业解惑,优化和丰富知识结构。

> 中国新动能——光华学者解析未来发展之关键

  作为管理精英的汇聚中心，北京大学光华管理学院历届毕业、结业的校友一直是我们最引以为荣的。历届的优秀同学，在各自的岗位上作出贡献，他们是光华管理学院最宝贵的财富。光华管理学院这个平台的最大优势，也正是能够吸引一批又一批优秀的人才的到来。世界一流商学院的发展很重要的一点就是靠它们强大的校友资源，这一点，也是与北京大学光华管理学院的努力目标完全一致的。

  今天，"光华书系"的出版正是北京大学光华管理学院全体师生和全体校友共同努力的成果。通过这套丛书，读者不仅能够读到经典教材和前沿学术成果，更可以通过名师、校友、讲座等方面感受光华风采。希望这套丛书能够向社会展示光华文化和精神的全貌，并为中国管理学教育的发展提供宝贵的经验。

丛书序言二

光华管理学院秉承"百年北大"悠久的人文传统、深邃的学术思想和深厚的文化底蕴,在过去的30年里,一直践行"创造管理知识,培养商界领袖,推动社会进步"的学院使命,目前已经发展成为国内最为优秀的商学院之一。

北京大学的传统对于光华管理学院,乃至中国商学教育都很重要,学院一直秉承北京大学的传统,真正要办大学气质的商学院。我们将光华教育的特质归纳为四个"I",即 Integrity——诚信和责任;International——商界领袖的国际化视野;Integration——整合学习,理论实践相结合;Innovation——自主创新。

Integrity: 北京大学作为中国传统名校,传承百年历史文化,有一个非常鲜明的特点,就是拥有浓厚的人文底蕴、民主科学精神,以及对社会的使命感和责任感。北京大学光华管理学院作为北京大学的商学院,是专门从事管理研究和教育的机构,将持续发扬北京大学的历史传统、人文精神,以及社会责任感和使命感。

International: 北京大学光华管理学院是全国最国际化的商学院,师资是最国际化的,教育体系是最早跟国际接轨的。光华的国际化是扎根于中国的国际化。我们一方面在国际先进的管理知识和管理理念方面有着最前沿的成果,另一方面也很好地结合了中国的管理实践和经济发展。光华的师资和国际研究都很好地做到了这两个方面。根据国际权威研究统计机构的统计,北京大学的经济学和商学学科已进入世界前 1%的行列。对此光华起了最主要的作用,这也反映了光华在国际研究方面作出的贡献。

Integration: 商学院需要解决好两个整合的问题,一是将理论和实践很好地整合起来,二是学科之间的整合。对于理论和实践的整合,光华正致力于推动管理学理论向商业实践成果的转化。对于学科的整合,光华正在做的不仅是不同学科之间的融合,还在加强不同教育项目之间的配合。我们致力于调动和整合北京大学综合性的师资资源,将管理与历史、哲学、艺术、数学乃至物理等学科相结合,全方位塑造管理者的整体人文和科学素养。各个教育项目之间的互动也经常碰撞出新的思想火花,帮助光华学子们拓宽思想,带来新的视角。

Innovation:中国要成为具备创造力的国家,在世界上建立一个品牌和形象,必须发展自主创新文化。光华管理学院立足于北京大学,在整个中关村科技园大的氛围之下,光华的教学科研的国际合作能够成为自主创新生态环境的一部分。光华管理学院最近刚刚成立了北京大学光华管理学院创新创业中心,以这个中心为平台,致力于整合院内院外、校内校外、国内国外创业方面的资源,进一步推动自主创新。

为进一步超越自我,向着建设世界一流商学院的目标而不懈努力,北京大学光华管理学院特策划"光华书系"系列丛书,以展现光华管理学院在理论研究、教学实践、学术交流等方面的优秀成果。我们更希望通过"光华书系"的出版让更多的读者通过光华理解经济、管理与社会。

"光华书系"作为一个开放的系列,涵盖理论研究、教学实践、学术交流等各个方面:

第一是领航学科的教材。光华管理学院的商学教育,拥有全国首屈一指的师资力量和最优秀的学生生源。在教学相长的过程中,很多经典讲义、教材应运而生。"教材领航"系列丛书要以"出教材精品,育商界英才"为宗旨,发挥优势,突出特色,重点建设涵盖基础学科的主干教材、填补学科空白的前沿教材、反映教学改革成果的新型教材,面向大教育,追求高品位,服务高等教育,传播先进文化。

第二是前沿的学术成果。光华管理学院始终处于中国经济发展与企业管理研究的前沿,"学术琼林"系列丛书以具有国内和国际影响力的管理学、经济学等相关学科的学术研究为支撑,运用国际规范的研究方法深入研究中国的经济和管理问题,体现更高的学术标准,展现学界领袖的优秀成果。

第三是丰富的实战案例。案例研究和教学作为一种不可替代的重要方法,有效解决了知识与实践转换的问题。在中国的相关政策不断改革的大背景下,各种有借鉴意义的素材越来越丰富。根据国外成熟的案例编写经验,开发和使用高水平的本土化案例，是一件意义深远的事。"案例精粹"系列丛书涵盖教学案例、研究案例、商业案例几大模块，体现本土化和原创性、理论主导性和典型性，将一般管理职能与行业、企业的特殊性相结合，既具有一定的理论深度，又具有相当程度的覆盖面和典型性。相信这些案例能够最有效地服务于教学要求、学术研究以及企业管理实践。

第四是卓越的教师风范。"善之本在教，教之本在师。"光华管理学院的优秀教师，秉承诲人不倦、育人为先的教学原则，以他们的学术实践最好地诠释了北京大学追求真理、追求卓越、培养人才、繁荣学术、服务人民、造福社会的办学理念，为北京大学赢得了崇高的学术声誉。"名师风采"系列丛书就是力图全面展现光华优秀教师精深的学术造诣、高尚的学术风范，让更多的人领略他们关爱学生、培养青年、提携后学的优秀品质，让"大师"精神得到继承和发扬。

第五是杰出的校友风采。光华管理学院的每一位校友，都是中国杰出的时代精英。他们凭借在各自工作岗位上的优异表现，为光华管理学院、为北京大学在海内外赢得了广泛赞誉。"校友华章"系列丛书就是深度记录校友在光华管理学院的学习经历以及卓著业绩，全面展现其对学识的孜孜追求、卓越才智以及不懈执着的品质，体现光华管理学院高质量的教学实践这一核心竞争力。

最后是精彩的论坛荟萃。在浮华之风日盛的今日社会，光华管理学院广泛开展的各种学术交流活动和讲座，兼容并蓄，展现思想的精粹、智慧的集锦。对所有"为国求学、努力自爱"的人们来说，其中传出的思想之声都是真正值得认真品味和用心领会的。"论坛撷英"系列丛书就是汇集专家、教授、知名学者、社会名流在光华管理学院的精彩演讲以及学术交流活动，展现其中引人深思的深厚学理以及催人奋进的人生智慧，将严肃的学术品格和通俗的阅读形式相结合，深度展现一流学府的思想之声，奉献最具时代精神的思想盛宴。

目录 | Contents

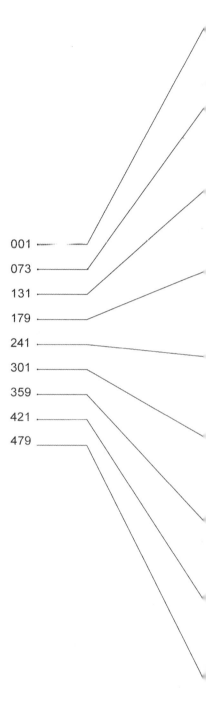

001
073
131
179
241
301
359
421
479

目　　录

专题一 | 新常态 / 001
上篇 | 理解"新常态" / 001
下篇 | 开掘新人口红利 / 043

专题二 | 城镇化 / 073
上篇 | 城镇化正途 / 073
下篇 | 新城市生长逻辑 / 100

专题三 | 政府改革 / 131
上篇 | 地方政府转型博弈 / 131
下篇 | 约束地方债务新框架 / 160

专题四 | 金融业 / 179
上篇 | 布局金融大棋局 / 179
下篇 | 互联网金融猜想 / 214

专题五 | 企业 / 241
上篇 | 企业新长征 / 241
下篇 | 建言"新国有企业改革" / 269

专题六 | 互联网 / 301
上篇 | 掘金互联网浪潮 / 301
下篇 | 解析大数据革命 / 333

专题七 | 创新创业 / 359
上篇 | 中国式"企业家精神" / 359
下篇 | "创客"的新疆域 / 390

专题八 | 国际化 / 421
上篇 | "一带一路"：破题与难题 / 421
下篇 | 迈向低碳时代 / 442

后记 | 寻找正能量 / 479

专题一 新常态

＞上篇　理解"新常态"

我国经济不可能也不必要保持超高速。这是习近平 2013 年 4 月 8 日在与参加博鳌亚洲论坛 2013 年年会的中外企业家代表座谈时表达的观点。说不可能，主要是一味维持超高速增长，带来的资源、能源、环境压力太大，事实上是不可持续的；说不必要，主要是我们在提出中长期发展目标时就充分进行了测算，实现我们确定的到 2020 年国内生产总值和城乡居民人均收入比 2010 年翻一番的目标，只要年均 7%的增速就够了。因此，不必要追求超高的经济增速。

——中共中央文献研究室（《十八大以来习近平同志关于经济工作的重要论述》）

瑞士是滑雪胜地，滑雪的三要素是速度、平衡和勇气。对中国经济而言，就是要在保持中高速的增长中平衡好稳增长、促改革和调结构的关系。

——中国国务院总理李克强 2015 年年初参加瑞士达沃斯论坛时的发言

> 中国新动能——光华学者解析未来发展之关键

"我国发展仍处于重要战略机遇期，我们要增强信心，从当前我国经济发展的阶段性特征出发，适应'新常态'，保持战略上的平常心态。"就目前可考证的资料范围而言，中共中央总书记习近平于2014年5月的这段发言，应是中国当前最高层决策者首次正式将"新常态"一词用于描述中国经济。

而这一新词汇的出现，源自与此前的经济持续高速增长状态相比，最近几年中国经济呈现的一系列任谁都无法感到乐观的新特征。2009年"四万亿"刺激政策出台后，中国国内生产总值（GDP）增速经历了一轮反弹，但从2010年开始持续走低；到2012年，市场对中国经济"强复苏"的展望不断下调至"弱复苏"及"软着陆"；2013年起，中国经济出现明显的短周期波动特征；而进入2014年后，波动更为频繁，并且开始稳定在7%—7.5%这一通道内；到2015年"两会"前后，甚至连经济会否持续保持在7%水平线之上，也成为可以公开论及的话题。

仔细寻思如此一系列情态背后的肇因，可以将其分为两类。就长期性因素而言，缔造中国过去近20年的高速增长"奇迹"的关键，在于中国发挥了两大比较优势：从供给端来看，内部的人口红利带来了丰富的廉价劳动力，推升中国国内的储蓄率和潜在经济增长率；从需求端来看，外部的全球化红利带来了外需的爆炸式增长及外资的大规模涌入，奠定了中国外向型增长模式的基础。然而无奈之处在于，随着国内外两大红利的加速衰减、消退甚至转为拖累，最终导致中国经济从高速增长向中高速增长的根本性换挡。就短期性因素而言，在为应对2008年全球性金融危机而出台的一系列经济刺激政策中，因为国有企业和地方政府平台所获得的大量资金的使用相对欠妥，中国近年来一直在承受经济刺激政策所带来的一系列痛苦后遗症——杠杆率上升过快带来一系列准系统性金融风险，经济结构重型化和国有企业化，产能严重过剩……

如此长短双重原因导致的经济增速下滑及恢复障碍，仅是中国经济"新常态"这一阶段性判断的特征之一。而如何认识、适应及引领"新常态"，打消国内外甚嚣尘上的一众"崩溃论"，使中国经济从过去单纯高增长的旧稳态过渡至持续、健康、均衡的新稳态，避免因循以往多个发展中国家在高速发展期结束后难以摆脱的"中等收入陷阱"乃至"中高等收入陷阱"，这在政策层面及经济学界研判、讨论久已。

就目前的进展情况来看,针对一系列的众说纷纭,于2014年年底召开的中央经济工作会议给出了一个相对权威的框架式结论:"模仿型、排浪式消费阶段①基本结束,个性化、多样化消费渐成主流;基建和一些新技术、新产品、新业态、新模式的投资机会大量涌现;低成本比较优势出现转化,高水平引进来、大规模走出去正在发生;新兴产业、服务业、小微企业作用更凸现,生产小型化、智能化、专业化将成产业组织新特征;人口老龄化日趋发展,农业富余人口减少,要素规模驱动力减弱,经济增长将更多依靠人力资本质量和技术进步;市场竞争逐步转向质量型、差异化为主的竞争;环境承载能力接近上限,必须形成绿色低碳循环发展新方式;经济风险总体可控,但化解以高杠杆和泡沫化为主要特征的各类风险将持续一段时间;在全面化解产能过剩的同时,通过发挥市场机制作用探索未来产业发展方向。"

对于名义GDP②已然成长为全球第二的中国来说,这段表述实际上也点题了下一阶段中国经济要实现中高速稳定增长所必须仰仗的一系列要素和机制。

除了短期的针对一系列的存量政策进行调整③之外,中国长期的增长潜力,一是来自作为增量的改革红利的释放,尤其是城镇化、上海自贸区等一揽子的改革政策——制度创新而非优惠政策,以及针对长期性的、公共消费型的基础设施建设投资,包括高铁、地铁、城市公共设施建设、空气和水污染的治理等。二是来自中国既有各类生产能力的转型和升级,包括高污染、高能耗的产能的升级。而诸如互联网金融之类的新兴产业的兴起和发展,也将对传统产业造成不小的冲击,并成为其转型的新方向。三是作为大国经济,不再过分依赖国际市场,转而

---

① 消费缺乏或者没有创新,热点比较集中,一段时间内以一种消费为主导。排浪式消费具有从众模仿的特征,在特定的历史条件下形成不同的排浪式消费。(除特殊标注外,本书注释均为作者注)
② 中国的名义GDP早在2010年已经超过日本。2014年10月7日,IMF公布的《全球经济展望》估计,按照购买力平价计算的中国GDP在2014年将达到17.6万亿美元,超越美国的17.4万亿美元。
③ 未来中国经济增长应逐渐淡化房地产部门的影响,地方政府财政应逐渐弱化与土地之间的关系;相应的,则是地方政府与中央政府的事权与财权体系重构乃至整个政府多重层面的角色变更。

开拓自身巨大腹地内的居民消费市场。除此之外,由于中国依然属于赶超型、学习型经济,社会性的个人奋斗意愿、创新创业创富志向仍在,蕴含着大量的原始发展动力及空间。①

然而,前途广阔,道路曲折,世事大多如此。就中国本轮的发展模式转型而言,旧有增长模式的退出是波动性的,而新增长点的发力并不稳固。中国经济近几年来出现的萎靡、波动性增多,乃至于2015年年初开始隐显的通货紧缩,在相当程度上亦是受此趋势波及。为此,各方正在积极寻策以舒缓稳增长与调结构之间的矛盾。尽管当下的调控手段和力度还不甚明朗,但基本的阶段性共识已经存在。假如因为无法忍受眼前的改革阵痛就继续因循之前熟悉的旧有路径,短期内依赖资本堆积,将导致高负债和泡沫,进而再次断送中国可能已然屈指可数的剩余发展机遇。

就目前阶段的改革的操作主体(各级政府)而言,改革的进展情形可能无法让人感到乐观。从最高层的改革决心来看,以全面深化体制改革领导小组的成立为例,自上而下的动力非常充足,但改革在落实到各个部门及地方层面之时,正如光华管理学院的多位学者在本书多个章节中的分析所言,既得利益、因循守旧、缺乏动力、胆小怕事等一系列原因,使目前这场"自己给自己动的手术"仍处于"尚未成功,各方仍需努力"的阶段。

不仅如此,改革利益分化导致的共识缺乏及各类博弈,也可能成为中国平稳度过"新常态"过渡期的重要障碍。正如光华管理学院院长蔡洪滨教授所言,"因为缺乏共识,很多人对改革的未来持有怀疑。从长远来说,中国的发展需要什么,没有共识;从短期来讲,经济政策应作何调整,没有共识;我们需要什么样的主流社会意识,没有共识。我们现在就处于这样一种可怕的状态"。

为了解决上述这一系列难题,为了摆脱"中等收入陷阱"的窠臼,为了寻找并发挥持续增长的新动力,为了把握住未来二三十年的发展窗口期,对于正在开始新一轮整体性、全局性改革的中国来说,情形已是时不我待。

---

① 国务院发展研究中心近期的一项关于"增长阶段转换"的课题,对中国经济增长前景作出如下判断,"未来10—15年之内,中国经济具有实现6%—8%的中高速增长的潜力"。

中国转型框架

1979年后的中国，一方面要摆脱计划经济体制的束缚，以市场经济体制代替计划经济体制，这是体制转型；另一方面要从传统的农业社会转向工业社会，使中国成长为一个现代化的国家，这是发展转型。中国经济的双重转型任务至今尚未完成。改革要深入，发展也要继续，并双双登上新台阶。

继《非均衡的中国经济》[①]之后，您认为《中国经济双重转型之路》也是您关于中国现实经济问题的一本代表作。就您看来，何谓中国经济的"双重转型"？

厉以宁： 在传统的发展经济学中，经济转型是指从农业社会转向工业社会。而计划经济体制的推行，则被认为是另外一条通往工业社会的道路，"十月革命"以后的苏联，正是这样走的。但是，中国从20世纪50年代到70年代末的实践表明，依靠计划经济体制转向工业社会是一条不成功的道路。因为在中国这样的发展中国家，在计划经济体制下，虽然可以建立一批大型工业企业，但是效率不高、代价过大，而传统农业社会中的种种问题不但没有解决，反而以新的形式凝固化了，所以农业发展是失败的，农村是落后的，农民的生活依然终年辛苦、难以温饱，而且农民的人身自由受到很大的限制。

从1979年起，中国开始进入双重转型阶段。双重转型是指体制转型和发展转型的结合或重叠。这是没有前例的，也是传统的发展经济学没有讨论过的。第二次世界大战结束之后，一些新独立的发展中国家，由于过去不曾实行计划经济体制，因此只出现发展转型，即从传统的农业社会逐步转向工业社会。1979年之后的中国则不同，一方面要摆脱计划经济体制的束缚，以市场经济体制代替计划经济体制，这就是体制转型；另一方面要从传统的农业社会转向工业社会，使中国成长为一个现代化的国家，这就是发展转型。

就目前的形势来看，中国经济双重转型的任务尚未完成。改革需要深入，发展也需要继续，并双双登上新台阶。

---

① 经济日报出版社1990年8月出版。

> 中国新动能——光华学者解析未来发展之关键

中国的这种"双重转型"已经进行了三十多年的时间,您认为在这个过程中积累了哪些经验和教训?

厉以宁: 总结1979年至今三十多年的改革与发展实践,中国在推行双重转型过程中积累了一些经验。现在来看,我们可以把这些经验归纳为以下八项:

第一,体制转型是双重转型的重点。在双重转型中,重点是体制转型,即从计划经济体制转向市场经济体制,并要以体制转型带动发展转型。如果不打破计划经济体制的束缚和限制,中国不仅不可能实现从传统农业社会向工业社会的转变,而且中国转型的目标(使中国成为现代化国家)也是无法实现的。

第二,思想先行。在双重转型准备阶段,必须解放思想,清除计划经济理论的影响,否则改革与发展都寸步难行。1978年中国进行的"实践是检验真理的唯一标准"大讨论,使人们的思想得到解放,进而启动了改革和对外开放。1992年年初,邓小平同志的南方谈话又进一步解放了人们的思想,使中国走上了改革和发展的快车道。因此可以说,中国双重转型在短短的三十多年内能取得这样大的成果,与"思想先行"是分不开的。

第三,产权改革是最重要的改革。在双重转型中,必须把产权问题放在改革的首位。在计划经济体制下,产权模糊、投资主体不确定、投资方的权利和责任不清晰是改革的主要障碍,也是发展的巨大阻力。因此在体制转型中,产权改革是突破口,是主线;在发展转型中,产权界定和产权清晰是动力源泉。对广大农民来说,土地权益需要确定,住房产权也需要确定,而且确权工作应当落实到户。这既有利于保障农民的合法权益,也能使农民获得财产性收入,用于改善生活、扩大再生产和创业。

第四,在经济增长的同时改善民生。在双重转型中,一定要在经济增长的同时改善民生。改善民生是缩小城乡居民收入差距和缩小地方收入差别的重要途径。在宏观经济政策目标中,就业是重中之重。由于农村劳动力向城市转移是双重转型中需要认真解决的迫切问题,因此在转型的任何时候都不能忽视就业问题。同时,由于新的工作岗位是在经济增长过程中涌现出来的,因此经济需要保持一定的增速。经济增长率过高当然不行,但如果经济增长率偏低,则会产生更大的就业压力。再说，扩大内需与改善民生是紧密结合在一起的，唯有扩大内需才能使中国经济增长逐渐转入良性循环的轨道。

第五，必须不断自主创新、产业升级。在双重转型中，要不断提高企业的竞争力，而提高企业竞争力的核心是鼓励自主创新。如果自主创新不足，产业迟迟未能升级，企业的竞争力不足，在日趋激烈的国际市场竞争中，中国必将丧失自己的市场份额；或者又会回到过去依靠资源出口、初级产品出口以获取外汇、进口必需的生产资料和生活资料的境地，这就难以实现现代化的目标。而自主创新的成效既取决于知识产权的保护，也取决于专业技术人才的培养和激励。人力资源政策应得到更多的关注，得到更有效的贯彻。

第六，必须不断提高经济质量。相对于较早实现工业化、现代化的国家而言，环境压力在中国显得更为突出。中国在双重转型中必须重视经济和社会的可持续发展问题。1979年以来的经验告诉我们，经济增长固然重要，但提高经济增长的质量更加重要。经济增长的质量高低，除了结构的优化是标志之一之外，还有另外一个标志，就是环境保护、节能减排、资源合理利用和清洁生产。

第七，城镇化是今后若干年内最有潜力的投资机会。城镇化率的提高是双重转型的成果，同时也是继续实现双重转型的助推力，提高城镇化率已是大势所趋。城镇化将是今后若干年内最有潜力的投资机会和扩大内需的机会，能保证中国经济增长继续以较快的速度推进。

第八，大力发展民营经济。民营经济是社会主义经济的重要组成部分。在双重转型中，大力发展民营经济不仅是为了缓解就业压力，更主要的是为了调动民间的积极性，包括调动民间资本的潜力。民营企业与国有企业的关系，无论是"国退民进"还是"国进民退"，都不应是国家的方针。国家的方针是国有企业和民营企业的共同发展，它们之间既有合作，又有竞争，进而形成双赢的格局。这既是对经济增长最有利的，也是对社会安定和谐最有利的。

> 中国新动能——光华学者解析未来发展之关键

您认为就目前的形势来看,中国经济双重转型的任务尚未完成。改革需要深入,发展也需要继续,并双双登上新台阶。那么在新一阶段的转型与发展当中,应该如何认识二者之间的关系,与以往相比有没有发生变化?

厉以宁:没有变化,仍同过去三十多年一样,我们应该继续以体制转型来带动发展转型,即继续以改革促进发展,为发展开路。就这个问题来说,我们应该注意以下三个方面:

其一,内生力量和外生力量。什么是内生力量?这是指一种体制及其所具有的机制所发生的作用。改革就是为了清除新体制或新机制建立过程中的障碍和阻力。什么是外生力量?这是指外界对经济运行发生作用的某种力量,它从外界对经济活动进行干预,或对经济活动进行刺激,或对经济活动进行抑制。改革就是为了把外生力量的干预减少到正常的程度,不要让外生力量的干预削弱体制及其具有的机制所产生的自我调节作用。

到目前为止,尽管我们的改革开放已三十多年,但内生力量还不健全,主要靠外生力量来调控经济。比如,中国存在一种"投资冲动怪圈"的现象。从最近几年的情况可以清楚地看到,地方政府、各个单位都希望加速发展,因此要求增加投资、增加项目、增加信贷。这样,投资加大了、项目增多了、信贷扩张了,经济也就上去了,结果发生了通货膨胀;通货膨胀发生后,中央政府就依靠外生力量来压制,但地方政府感到困难,财政收入下降、产值下降、企业不振、就业也减少了,中央政府不得已再次启动外生力量来调控、刺激经济,使经济恢复快速增长。如此周而复始,一会儿经济上去了,一会儿经济又紧缩了。这表明内在机制并没有发挥很好的作用,外生力量在某种程度上取代了内生力量。继续推进改革,就是要完善体制,让体制所具有的机制发挥应有的作用,让外生力量的调控成为辅助性的。

其二,阶段性成果和目标模式。从1979年到现在已三十多年,我们在改革开放方面取得了很大的成绩,但这些仅仅是阶段性成果,还不能说已经实现了目标模式。我们的目标模式是明确的:从体制转型方面来说,我们的目标模式是建立完善的社会主义市场经济体制;从发展转型方面来说,我们的目标模式是实现工业化，建立现代化社会，使全国人民走向富裕，使和谐社会得以实现。改革要深化，发展要再接再厉，不可松懈。改革和发展都不可半途而废，中途停下来，可能会前功尽弃。

经济中很多问题不是靠宏观调控可以解决的，要靠改革的继续和深化。举一个例子，现在出现了"社会阶层凝固化"现象，与改革开放初期相比，现在还不如刚改革之时。社会垂直流动和水平流动是调动人们积极性的主要方式。然而现在，"社会阶层凝固化"造成了水平流动特别是垂直流动的渠道的堵塞，这又形成了另一种现象，即"职业世袭化"。比如，父亲是农民工，儿子还是农民工，孙子以后也可能是农民工，这就是"社会阶层凝固化"和"职业世袭化"的表现。这种情况要通过体制转型才能解决，宏观调控解决不了这样的问题。

不仅如此，城乡二元体制至今仍未消失。计划经济体制有两大支柱，一个支柱是国有企业体制，另一个支柱是城乡二元体制。过去三十多年的改革，主要围绕着国有企业体制改革而展开，这一改革至今已取得很大进展，当然有些问题还有待继续解决。虽然城乡二元体制在过去这段时间多少有些松动，但基本尚未解决。城乡二元体制不同于城乡二元结构，城乡二元结构自古就有，而且今后较长时间内还会存在，而城乡二元体制是计划经济体制的产物。1958年户口一分为二，农村户口和城市户口分开了，城乡被隔离开来，农村户口和城市户口都不得自由迁移。这种划分使得农民处于与城市隔绝的状态，城乡居民权利不平等，大大阻碍了经济和社会的发展。而城市二元体制绝对不是依靠宏观经济调控就能消失的，所以一定要深化改革，才能改变现状。

总之，阶段性成果就是阶段性成果，它绝对不是我们的目标模式。

其三，全盘考虑，统筹安排。中国从计划经济体制过渡到社会主义市场经济体制，在全世界没有先例，必须探索前进。当时有一种很形象化的说法，叫做"摸着石头过河"。这在当时是对的，但现在则变得不够全面了。为什么？因为水深了，摸不着石头了，怎么前进？假如河底的石头分布不均匀，摸着摸着又摸回来了，该怎么办？

所以我们一定要全盘考虑，统筹安排。改革的领导者要站得高，看得远，想得深，要有战略家的眼光、胆识和魄力。这就是当前不少人所谈论的顶层设计。现在需要全盘考虑、统筹安排的问题很多，包括国有资本配置制度、收入分配制度、金融体制改革、中央和地方分税制度改革等。这些都要有全局性、战略性的思考和决策。

当然，在今后的改革过程中，试点仍是需要的。从这个意义上说，"摸着石头过河"并未过时，但重要的是要从整体上考虑，要有战略眼光。

在新一阶段的"双重转型"过程当中，一个非常重要的问题就是，政府应该扮演什么样的角色？起到什么样的作用？对此您的观点是什么？

厉以宁：中国以往由政府进行的宏观调控之所以会出现滞后现象，不仅是因为政府所掌握的信息不完全，更重要的是政府没有对自己掌握的信息进行认真筛选，从而易于被各地区、各部门报喜不报忧的汇报假象迷惑，不一定能掌握经济运行中的许多真实情况。这样，宏观调控的时机往往滞后。在今后的宏观调控中，政府应当汲取以往的教训，要尽可能掌握经济中的真实情况，并把预调放在重要位置上，做到预调和微调并重。

在双重转型已经取得一定成效的基础上，政府职能更应正确定位，切不要再像过去那样认为政府是万能的。政府要遵循市场规律，不要打乱投资者、消费者、储蓄者的正常预期，宏观调控不宜大升大降、大紧大松、大起大落；否则，会导致经济中出现大量泡沫，经济中的泡沫甚至会突然破裂。这些都会使经济遭到伤害，并使公众对宏观调控失去信心。

何谓微调？何谓预调？

厉以宁：宏观调控应当重在微调，并且要尽可能少采取总量调控措施，而要以结构性调控措施为主。与总量调控措施相比，结构性调控措施所引起的震荡较小，效果会更显著。在微调之外，政府还应当采取预调措施。宏观调控起始时机的选择是十分重要的。过去，宏观调控起始时机往往滞后，宏观调控结束时机更可能滞后。这两种滞后都会给国民经济造成损失，也会给后续一段时间的经济运行增加困难。

在宏观经济运行中，政府调控原来只是以调节总需求为目标，这主要适应于对失业和通货膨胀的短期调节。自20世纪70年代起，由于美国经济发生了滞胀，单纯调节需求不能解决问题，仅仅着眼于短期调节也是远远不够的。于是美国在先，其他国家随后，宏观调控由单纯调节总需求转为需求调节和供给调节并重，由短期调节转为短期调节与中期调节并重，以及由总量调控转为总量调控与结构性调控并重。这已经成为当前发达的市场经济国家惯用的调控方式，可供我们在双重转型中借鉴。

在政府的宏观调控方面，目前各方还关心的一个重点，就是对于价格的调控。对此您的观点是什么？

厉以宁：既然我们要继续进行体制转型，那就必须懂得限价政策的局限性，因为这是破坏市场机制发挥作用的手段。加之在经济生活中，商品价格总是相互影响的，也是互为成本的。

在宏观调控中，有时为了控制某种商品价格的上涨而采取对该种商品限价的政策。经验表明，限价政策只能短期有效，但给经济带来的损害却是不可低估的，限价政策实行的结果是结构失调现象必然更加突出、更加严重。这是因为，全部商品价格都受到管制，这是做不到的；能够做到的，不过是对某些商品的价格采取限价措施。这样一来，在商品互为成本的条件下，在其他相关商品的价格可以浮动时，某些商品的价格却被冻结了，那只能使被冻结价格的商品减少供应量，造成产业链断裂，使结构更不协调，进而给经济运行带来一系列后遗症。

资源价格的管制所造成的后果是同样的。资源绝对不可能做到无限供给，土地资源、水资源、矿产资源和劳动力资源莫不如此。中国劳动力资源虽然比较充足，但如果按年龄、技术工种、专业水平、居住地区来分类，依旧是有限供给的，所以从土地资源、水资源、矿产资源的角度来考察，不能完全按市场需求来制定使用和分配规则，政府在必要时可以实行配额管理。但配额管理的利弊并存，不能随意使用，否则对经济运行不利。配额管理的弊病还包括"寻租"活动的盛行，即掌握配额分配的部门和官员易于利用权力捞取不正当的利益,而且靠行贿或其他不正当手段转让配额指标而获利。配额不一定是在公开、公平、公正的条件下实行的,这会大大降低政府的公信力,并严重挫伤一些企业的积极性。

当然,资源产品的价格有特殊性,为此应当考虑到资源有限供给的现实性,而配额在这种条件下可以起到一定的作用。除了要贯彻"公平、公正、公开"三原则,还应看到配额管理的长期效应,即配额制会导致双轨价格制的长期存在,甚至会导致正常的产业链断裂,扭曲结构现状,甚至使结构失调更严重。对于资源产品价格不合理之处,最有效的对策是推进资源价格体制的改革。只有通过这一改革,使资源定价趋向合理,才能避免资源价格不合理所造成的不良后果。这再一次证实了体制转型在双重转型过程中的首要作用。

我们应当强调的是,在双重转型过程中,政府应当以有效管理为目标,市场应当以有效运行为目标。有效的政府,是指政府应当做自己该做的事情;有效的市场,是指市场应当做自己可以做的事情。凡是市场做不了或做不好的事,由政府去做。这样,政府和市场之间的关系就协调了。

"新常态"多义

人们一般将"新常态"单纯理解为中国经济将从8%甚至10%以上的高速增长调整到7%左右的中高速增长。事实不然,隐藏在这一指标背后的变化更加丰富。例如,财政增收减速与支出持续刚性增长的矛盾逐渐加剧,通过发挥市场配置资源的决定性作用来激发民间资本活力,平衡国际贸易来实现市场扩张与繁荣,通过更加积极、公平的就业与社会保障政策来促使民生持续改善,等等。这些都属于经济发展的"新常态"。

就"新常态"这一词汇的实质性含义,您的理解是什么?

厉以宁: 最近中国报纸上经常可以看到一个词,就是"新常态"。怎么理解"新常态"呢?这是相对于中国前一段时间超常的经济高速增长而言的,意指经济应逐步转入符合经济发展规律的发展常态。

专题一　新常态　>上篇　理解"新常态"

2003年之后，由于受到国内外经济因素的影响，中国为了防止GDP下降，采用增加投资、放宽银根等措施，使得中国经济在一段时间内都处在一个高速增长的状态。但这是"非常态"的，不能持久，实际上也违背了经济发展规律，带来了五个方面的问题：第一，资源消耗过快；第二，环境受到影响，生态恶化；第三，带来低效率；第四，一些行业出现产能过剩；第五，错过结构调整和自主创新的最佳时期。

虽然现在中国GDP总量已跃居世界第二位，但是从结构上来说，中国还落后于一些发达国家。中国的高新技术产业占GDP的比重还比较低，没有发达国家那么高；与此同时，虽然中国人力资源结构比过去改善了很多，但是大学毕业生占总人口的比重还比较低，中国的熟练技工队伍正在形成中。在这种情况下，如果中国错过了结构调整时机，那就是最大的损失。所以现在提出"新常态"，就有避免超高速增长、尽早使经济结构合理化的意图。据我所知，"十三五"规划当中，就将要改变超高速增长率，实现中高速增长率的常态，将硬性的增长指标改为弹性指标，用预测值代替目标值。

但在这里也必须指出的是，人们一般将"新常态"单纯理解为中国经济将从8%甚至10%以上的高速增长调整到7%左右的中高速增长。事实不然，隐藏在这一指标背后的变化更加丰富。例如，财政增收减速与支出持续刚性增长的矛盾逐渐加剧，通过发挥市场配置资源的决定性作用来激发民间资本活力，平衡国际贸易来实现市场扩张与繁荣，通过更加积极、公平的就业与社会保障政策来促使民生持续改善，等等。这些都属于经济发展的"新常态"。

黄涛：就我看来，经济发展本身没有所谓的"新常态"，之所以出现这种说法，是为了稳定各方的预期，让大家知道，在加入WTO的"黄金十年"结束之后，经济增速放缓、收入增速降低是正常现象。

就其实质来说，随着中国改革进入深水区，欧美等国经济发展的不确定性不断增加，中国宏观经济层面的波动幅度会更大，经济运行风险会相应增加。就企业层面来说，以往经济以10%的速度增长的时候，虽然各自发展得也是有好有坏，但是最终落入破产区间的企业的绝对数量不会很多。但是在经济进入高风险、高波动区间之后，以往还能苟延残喘的，现在就要彻底破产了；以往能够勉强维系的，现在要落入破产区间了；以往能够赚大钱的，现在要进入微利时代了。如此一来，整个经济系统的风险又会大大增加，风险如果蔓延，会牵连一大片。总的来说，世界上大部分国家的黄金时代都是相对短暂、不可持续的。谁都想要稳定安宁，但从现在开始，大家都得习惯于高风险。

就目前的局势来看，中国为了降低"新常态"时期的发展风险，跨越各种矛盾交织在一起的障碍，比较有希望的道路是从模仿式创新走向自主创新，这是惊险的一跃，会决定中国在21世纪前半程的运数。跳得好，可以继续发展；跳得不好，结果谁都说不准。当然，我们也有理由保持一定程度的乐观，因为从新中国成立到今天，中国保持了门类齐全的工业制造业体系，通过长时间的积累，有相对足够的经济实力、经验及科技资源。应该说，已经到了厚积薄发的时候了。

朱善利：进入"新常态"之后，主要的表征当然包括经济增长速度的降低，但我们也不能单纯从经济的角度去理解它。伴随着它一同到来的，还包括产业结构的调整、产业链的不断升级，以及收入增长的降低。

雷明：2008年的全球性经济危机之后，全球都在关注"New Normal"这个英文单词。按照西方的解释，它是指在经济危机结束后回归正常状况。但对于中国经济来说，"新常态"意味着一个转变的契机，中国把它定位为科学发展、结构转型、可持续发展等组合式概念。进入这一状态之后，的确会让人感到"肉痛"，因为我们已经适应了以往的高投资、高回报、高增长的发展模式。但是长期这么发展下去的话，中国经济迟早要崩盘。所以正如厉以宁教授所说的那样，我们过去的发展模式走得太快，看不到道路两边的景色，享受不到走路的愉悦感，也浪费了很多的机会。现在稍微慢一点，看到了道路两边的风景，也获得了一些以前只知道向前冲时感受不到的东西。

就目前中国经济发展的态势来看，对于进入"新常态"之后究竟怎么走，中国其实已经有了比较明晰的取舍。比如在制定经济发展目标的时候，就不再继续一味追求高增长；开始重视结构调整，产业结构转型；开始强调环境保护、生态文明建设，以及低碳可持续发展。

我目前所担心的是,过去一味追求高速度,大手大脚惯了,可能会出现"由俭入奢易,由奢入俭难"这一局面。

刘俏: 中国政府对中国经济作出"新常态"的表述,目的是用于定义"一个与过去三十多年高速增长期不同的新阶段"。在延续三十多年的高速增长之后,中国经济生活中一系列的结构性问题开始凸显,包括投资拉动的经济增长模式带来的一系列副作用在发酵,金融体系的滞后发展导致资源配置的低效,政府在经济发展中的角色混乱,收入不平等和社会阶层的固化,等等。

我把过去三十多年中国经济高速发展期称为中国经济增长的第一阶段,中国经济现在正进入第二阶段。关于这两个阶段的划分,可以从经济学里的一个等价公式(经济增长率=投资率×投资资本收益率)开始,这个公式将是理解中国经济非常有效的一个逻辑框架。公式的左边是经济增长率,右边是投资率和投资资本收益率的乘积,分别表现为固定资产投资占GDP的比率和投资的效率。投资率和投资资本收益率都可以拉动经济成长,用这个公式去理解中国经济的过去和未来的话,可以说,投资率和投资资本收益率的不同组合区别了中国经济增长的两个阶段。

在中国经济高速增长的第一阶段,高投资率和相对较高的投资资本收益率合力促成了中国经济年逾9%的增长率。然而,促成中国经济在第一阶段高速增长的很多因素是一次性的,在第二阶段难以为继。

继续保持40%以上的高投资率变得越来越不可能,"三廉价"(廉价资本、廉价劳动力、廉价能源)的时代已经结束。中国的高投资率很大程度上归结于高储蓄率。经济学家们绞尽脑汁提出各种各样的理论去解释中国的高储蓄率,指出的原因包括:深受儒家文化影响的勤俭传统,欠发达的金融体系所导致的投资渠道的缺乏,社会福利系统和养老制度的滞后,男女人口比例失调等。

经济发展进入第二阶段的中国,因为人口结构逐渐老龄化,维持高储蓄率在未来会变得越来越困难。因高储蓄而形成的低实际利率也难以维系,投资的机会成本将大大增加,这些都将降低实体经济的投资率水平。与此同时,长年的高投资已经导致中国大面积的行业出现产能过剩,未来继续靠投资拉动经济成长的空间在迅速缩小。

此外,"企业化"的地方政府作为经济生活的重要参与者,因为软预算约束和道德风险,地方政府大肆投资已经导致地方政府债务高企,未来投资规模必将受到极大的限制。最后,中国过去十年的高投资率很大程度上归结于房地产市场的投资,但扭曲的房地产价格使得未来房地产市场投资继续大幅上升变得越来越不可能。

再看投资资本收益率。中国开启经济改革时是一个低收入国家,资本对劳动力的比例(Capital-Labor Ratio)相比高收入国家要低很多,在这种背景下,中国经济总体的投资资本收益率能保持在比较高的水平。整个经济对资本投入处于一种严重饥渴的状态,资本的边际收益率比较高。这一因素,再加上中国大量劳动力从农业转向非农业所带来的劳动生产率的提高,解释了中国经济发展第一阶段呈现的较高的投资资本收益率。但经过三十多年的快速发展,中国经济的资本总量已经大幅提升,资本的边际收益率呈现下降趋势。

同时,制约投资资本收益率进一步提高的结构性因素也在凸显,尤以中国在制度基础设施建设上的薄弱为甚。例如,在生产要素市场上,市场化的推进频遇障碍,国家仍然牢牢控制着生产要素市场。这至少带来两个后果:其一,当国家牢牢控制生产要素市场时,生产要素的配置肯定受到国家政策或者影响国家政策的利益团体的引导,投资资本收益率高的企业不一定能够得到足够的生产要素去发展壮大,从而影响中国经济的投资资本收益率;其二,生产要素市场的市场化程度不足,容易导致生产要素的定价扭曲,从而起不到有效配置资源的作用,不利于生产经营的效率化。中国经济在第一阶段的发展是一种粗放式的发展,这很大程度上与生产要素市场的市场化程度不足有关。

于是,在中国经济高速发展三十多年、中国进入中等收入国家行列之际,政策制定者、学者、企业家甚至全社会都在讨论中国能否走出"中等收入陷阱"(Mid-Income Trap),延续曾经强劲的经济增长。悲观论调很快在思想市场上找到空间并盛行开来。悲观者认为,中国经济在第一阶段的成长故事只是一个高投入带来高增长的故事;甚至认为,发生在中国的一切是"史上最大的泡沫",破裂只是一个时间问题。

那您认为，进入"新常态"是否意味着中国经济的高速增长结束了？

刘俏: 进入"新常态"的中国经济亟须改变靠投资率拉动经济增长这一模式，这就要求中国经济在再度启动改革时将增长模式从投资拉动转为消费拉动，由粗放式经营转为效率驱动。只有当中国企业能够确实提高投资资本收益率时，降低投资率才不会影响经济增长率。未来十年甚至更长一段时间，植根中国经济生活的各种结构性因素彼此关联、交互作用，将以一种非线性的方式深刻地影响中国经济的投资率和投资资本收益率，决定中国经济未来的增长速度和质量。中国经济增长的第二阶段，我们需要寻找投资率和投资资本收益率之间的新平衡，而这种新平衡将更加倚重投资资本收益率而非投资率。

就我来看，未来的中国经济，取决于投资率和投资资本收益率以什么样的一种方式组合在一起，可能会出现以下四种场景：

其一，投资率和投资资本收益率都处于比较高的水平。这种情况下，中国经济在未来很长一段时间还能维持高速增长，但这种场景出现的概率极低。其二，投资率降低，但投资资本收益率能够提升到一个较高的水平，这样中国经济将无须维持一个相当于GDP 40%的投资率。投资资本收益率的提升使得经济增长的整体质量得以改善，经济增长的可持续性将大大提高，这种场景与我们常说的"新常态"是一致的。其三，投资率降低，但投资资本收益率不见改善。这是未来中国经济最坏的一种可能性，意味着中国经济将以效率低下的方式低速增长，中国将很难走出"中等收入陷阱"。其四，维持现状。投资资本收益率不见改善，但通过激进的财政和货币政策继续维持很高的投资率，以此实现一定的经济增长速度。显然，这种状态也将很难持续，因为这样一种增长方式对原材料、资金和廉价劳动力的过度需求在未来将更难得到满足，对国际市场的过度依赖也将增加这种模式的脆弱性。

虽然一系列结构性的挑战使得中国经济的前景充满不确定性，但正面的、有利于提升中国经济投资效率的影响因素，其实也正在涌现：中国每年毕业700万名大学生，很快，中国将拥有逾1亿受过高等教育的就业人口，历史上我们还没有见过这样一个庞大的高知识群体，他们已经开始深刻地改变着中国的经济结构和发展潜能；互联网精神及技术所带来的创业创新热潮将深刻地影响中国经济，利于提升投资资本收益率；利率市场化和金融创新的深化将进一步优化资源的配置；确定市场在资源配置中的决定性作用，将重新界定政府在经济发展中所扮演的角色；通过混合制等方式深化国有企业改革也将有助于改变其只重规模，不重投资效率的行为模式……

亚马逊的创始人杰夫·贝佐斯在回顾亚马逊的成功时曾自豪地说："最终，是我们的选择决定了我们！"致力于提升投资资本收益率，实现中国经济"从大到伟大"的转型，中国经济的未来取决于我们现在的选择。

目前关于7%的GDP增速，也是各方热烈讨论的问题。对这一数字，您的看法是什么？

朱善利：从全球范围内来看，即使再悲观一些，即经济增速不到7%，也是很高的。中国经济只要能够继续向前发展，那么大家的实际生活水平整体上没有下降，而是缓慢提高，每天都在进步就已经不错了。

厉以宁：在目前的情况下，GDP的增长率保持在7%是一个比较合理的状态。前几年我们的GDP增长率都在8%—9%，在当时的形势下，这个增长率是很合理的。我觉得就算是7%也是不低的，在全世界范围来讲，仍然属于高增长。

另外，一个国家的GDP增长率一度可能较高，但时间不会持续太久。长时期来看，我们在今后比较长的时间内能够保持7%甚至是6.5%—7%的增长，这是与中国整个的变化相适应的。为什么？第一，这个增长率在全世界范围内来讲绝对不低；第二，我们重在结构调整，结构调整本身是限制增长速度的，如果单纯为了增长速度而把结构调整放到次要位置，那就是本末倒置了，将来是会后悔的；第三，今后的发展并不是看产品数量，而是看产品质量。经济增长也是一样的，不是靠增长率，而是靠增长的质量，我们要把这个问题把握住。所以，今后10年之内的GDP增长率如能保持在6.5%—7%，我觉得就挺好的。

在"非常态"所带来的一系列危害当中,您所说的"结构调整"指的是哪些?

厉以宁:结构调整很重要,比单纯追求经济总量更重要。举个例子来说,1840年鸦片战争时,中国GDP是世界第一的,要比英国大很多,但是中国的经济结构不行。具体来说,英国在1770年左右进行第一次工业革命,到鸦片战争时进行了大约70年。经过这70年的发展,彼时英国GDP的构成中主要为蒸汽机、机器设备以及铁轨、铁路机车、车厢等工业品,纺织业中使用的也是机器;而当时中国GDP完全是由农产品和手工业品构成的。同时,英国的交通工具已经是轮船和火车了,而中国当时仍然是帆船和马车。从出口来看,英国是蒸汽机和机器设备,而中国主要是茶叶、瓷器、丝绸等农产品和手工业品。所以,英国在经济结构方面远远超过了中国。

此外,在人力资源结构方面,英国也超过中国。当时英国有1 000多万人,而中国据说有4亿人。但是,英国已经进行工业革命70年了,已经普及小学,并开办了大量中学,还兴建了很多大学,每年培养出大量科学家、技术人员,还有经济管理人员、金融专家等人才。而当时中国的绝大多数农民是文盲,妇女也多是文盲,少数读书人读的是四书五经,是为了考科举。所以,中国的人力资源结构也不如英国。

虽然现在中国GDP总量已跃居世界第二位,但是从结构上来说,中国还落后于一些发达国家。中国的高新技术产业占GDP的比重还比较低,没有发达国家那么高;同时,虽然中国人力资源结构比过去改善了很多,但是大学毕业生占总人口的比重还比较低,中国的熟练技工队伍正在形成中。在这种情况下,如果中国错过了结构调整时机,那就是最大的损失。因此,现在提出"新常态",就有避免超高速增长、尽早使经济结构合理化的意图。

目前"十二五"即将结束,要开展"十三五"规划。对于"十三五"规划,很多专家(包括我在内)都提出,要保持适度增速,不能再追求超高速增长了。如果中国GDP能够增长7%就不错了,即使能保持在6.5%—7%也属正常,因为要重在经济质量的提升和结构的完善,而不能单纯追求经济增速。

> 中国新动能——光华学者解析未来发展之关键

对于未来的中国经济发展来说，您认为硬性的增长指标与弹性的预测值哪个更好？

厉以宁： 多年以来，我们一直靠下死命令实现经济增长目标，全国各地拼命干，力求最终达到目标。这样下去，就会产生问题：无论对地方政府还是对中央政府，都同样形成压力，因为地方的发展规划是由地方人民代表大会通过的，全国的发展规划是由全国人民代表大会通过的，一旦通过这些硬性指标性的目标，就意味着要严格执行；于是，各地政府为了完成任务或者赶超别人，有时就不顾经济增长的质量和结构的调整，政府就会很容易陷入被动。

为什么很被动呢？主要原因在于：硬性指标意味着一定要完成，为了完成指标，只顾增长，就把产能过剩、高成本、低效率等都放在次要地位了。过去我们总干这种傻事，政府今后要力争改变这种状况。可喜的是，把增长率从硬性指标改为有弹性的预测值的做法，现在已经在一些地方进行了试点，先试验一段时间，如果试行成功，再推广，这对于中国经济增长和调整结构是非常有好处的。

除此之外，中国经济中有两个指标比增长率重要：一是失业率，二是通货膨胀率。这在世界上是通行的，任何一个国家都把这两个指标放在重要位置。比如，失业率可控制在4%—5%，如果超过5%，就一定要采取措施；通货膨胀率控制在3%—4%或者以下，社会可以承受，过了这个线也一定要想办法。因此，我们应当看重的是失业率和通货膨胀率，而不是硬性规定国民经济的增长率应该达到多少。如果增长率改为软指标，会给"新常态"下的经济带来内生活力，这也是经济学界很多人的意见。

您如何看待进入"新常态"调整期之后中国经济出现的增速下调及下滑？

厉以宁： 经济增速下降有许多原因，比如出口下降、过剩的产品销不出去等。但同时，应该看到另一个非常重要的事实，即中国实际的 GDP 要比国家统计局公布的数字高，而且年年如此。举几个例子：

其一，农民盖房子在西方发达国家是计入 GDP 的，而中国农民盖房子（包括自己盖房子，邻居、亲戚互助盖房子等），都不计入 GDP。这个量是很大的，而且现在建设新农村和推行城镇化，数据会越来越大。

其二，中国的家庭保姆有几千万人，在西方发达国家，这些人的收入是计入 GDP 的。由于中国 GDP 计算中没有家庭保姆工资这一档，因此几千万家庭保姆的收入就没有被计入 GDP。加之，近年来当保姆的人数逐年增加，她们的工资也逐年上涨。这种情况不能不引起经济学界的注意。

其三，中国个体工商户的实际营业额有多少？在中国，个体工商户一年的营业额是通过包税制倒推出来的，他们的实际营业额会高于包税制下推算出来的营业额。也就是说，大量个体工商户少报了营业额，中国 GDP 的统计也就少算了。最近还规定，月营业额不足 3 万元的小微企业免税。免税之后，就更不好统计它们的实际营业额了。

其四，据前几年的数据统计，中国 GDP 的构成中，国有企业不到 35%，外资企业大约在 10% 或略多一些，而民营企业则超过 55%。近年来，有外国专家认为中国的 GDP 掺水了，存在虚报的可能。实际上，这恰恰说明他们不了解中国。民营企业通常选择能少报营业额就少上报，上面不查就不报，认为报多就吃亏了，因为要多缴税。同时，有些国有企业为了表现业绩或为了提拔，可能虚报营业额，但是它们的虚报是有限的，因为一审计就查出来了，多报就露馅儿了。总体上看，由于民营企业占了 55%，它们少报的要比国有企业虚报的多，两者抵消后统计出来的 GDP 就比实际上变少了。

以上四点说明了什么问题呢？说明单纯从 GDP 的变动看不出大的变化，实际上，GDP 的总量在逐年增加，我们要承认中国实际的 GDP 比国家统计局公布的要多。所以，不要怕 GDP 减速，下降 0.2 或 0.1 个百分点没什么问题，对中国经济增长要有信心。

但是以往的路径并不容易摆脱。一些地方考虑到投资整体总量的下滑以及房地产市场的低迷，还是出台了相应的一系列"微刺激"政策（如投资、增加出口等），应该如何看待这种做法？

厉以宁：首先，我们不应该再讲"微刺激"，改成"微调"可能更好一点。

> 中国新动能——光华学者解析未来发展之关键

因为宏观经济调控最忌讳大升大降、大起大落、左右摇摆,这对经济的损害会很大。而所谓"微刺激",实际上就是微调,而微调是可以的,宏观调控的重点应该放在微调、预调上,不能大起大落。过去我们是吃过这个亏的,结果增长率是提高了,但产能过剩也来了,产品积压了,在市场上销不掉,然后又人为地制造一些销路,结果呢?产能过剩的问题始终没有得到解决。所以,我们要想办法把结构调整得更好,把产能过剩的现象压下去。

其次,我们对出口和进口的看法须调整,不是出口越多越好。在计划经济体制下,为了赚取外汇,出口越多越好;实际上,出口和进口应该基本平衡。如果你老出口,那别的国家怎么办?这种贸易关系是不能长久维持的,所以既需要出口,也需要进口。在当前的国际经济中,我们的观点需要转变,因为我们现在保留下来的还是计划经济时代的出口越多越好的观念。外汇储备也不是越多越好,而是要用得好。用得好,外汇储备就好,如果不会用,就会带来很多问题,国内的货币流通量就增大了,你再进一步与其他国家搞好关系就不容易了,因为出口越多,外汇储备就越多。这是第二个需要调整的观念。

最后,高就业未必和高投资有因果关系。过去长期的观念认为,高就业就必须有高投资,这样才能从中产生就业的新岗位,但这些看法渐渐不灵了。我在外面调查,很多厂现在正忙于投资,我问他们会增加多少人?他们说"一个人都不加,还要裁员"。一个都不加还裁员?这是怎么回事?因为用机器人啊,用新技术啊。还有,我们要重视产品的质量,也要重视人才的质量。在人才质量这方面的一个很重要的问题就是,现有劳动力在技术创新、工厂设备跟进以后还要再学习,如果他年纪大了就让他退休,不能另外安排了,因为他不适应新技术条件下的经济增长了。所以,高投资未必高就业,这一点应该记住。

在这种情况之下,我们靠什么增加就业呢?其一,适度投资,比如扩大民间资本的投资,不一定都要国家投资、国有企业投资;其二,投资应该更多地放在产能短缺的短板上,还要为了长期的经济增长着想,为了环保工程着想,为了农业的现代化着想,应该在这方面加大投资;其三,既然靠民间资本,那就要靠政策把中、小微企业调动起来，让更多的人能够来创造，自己来创业建立中小微企业，就业问题就可以在这个过程中得到解决。

在宏观经济"新常态"下，就微观的企业来说，应该保持一种怎样的平常心？

厉以宁：面对"新常态"，无论是对于地方政府、国有企业，还是对于我们大众来说，都应该保持平常心。而对于大多数企业来说，平常心应该体现在以下三个方面：

第一，应该有一种自主创新的动力。有了自主创新的动力，依靠自己的产品，依靠技术进步，就能够占领市场。

第二，对每家企业来说，要适应新形势的变化。比如，现在的新形势变化表现为互联网的影响越来越大，实际上这意味着消费者参与的程度越来越高，那么当前消费者的选择就是最重要的。如果摸不清这个新的变化，还与过去一样，那么产品可能很快就会滞销，很快就被别人赶上。

第三，每家企业的管理都是有潜力的，营销也是有潜力的，市场是靠人来创造的。有了这种想法，管理就会跟进，营销就会有所变化，这样，我相信企业就处于常态了。企业不要求太高的增长率，而要求稳扎稳打，看准了市场，坚持自己的方向，努力就会有成果，这就是平常心。

任何行业都要懂得，市场是可以创造的，市场不是静态而是动态的。我们老讲要扩大国内消费，那就要创造扩大国内消费的条件，如果产品都是十年一贯制，那谁还会来买？不会有好结果的，所以一定要懂得创造市场。需求可以创造市场，供给一样可以创造市场，要用新产品来吸引人，如果新产品吸引人，人家就买了。为什么要发展旅游？为什么要发展文化产业？它们都是在创造市场。创造市场这一点过去我们重视得不够，在这里，人才的重要性被进一步提出，因为有了人才，管理就上升了。所有这些都告诉我们，下一阶段教育投资的比重一定要增大。中国经过很多年的发展才使教育投资占 GDP 的比重达到 4%，但这个比重是远远不够的，因为今后是人才的时代，是人才竞争的时代。

警惕"中等收入陷阱"

由财政部、国务院发展研究中心和世界银行联合发布的《2030年的中国:建设现代、和谐、有创造力的社会》指出:在1960年的101个中等收入经济体中,到2008年只有13个成为高收入经济体,包括亚洲的日本、韩国、新加坡、中国香港、中国台湾等,其余的88个经济体要么继续停留在中等收入阶段,要么降为低收入经济体。

避免"中等收入陷阱"是过去几年中国经济发展的关键词之一。对于您而言,它的含义及可能带来的后果是什么?

蔡洪滨:一国的经济发展可以分为三个阶段:一是要素驱动阶段,此时人均GDP低于3 000美元;二是效率驱动阶段,人均GDP从3 000美元增长至9 000美元;三是创新驱动阶段。改革开放以来,中国经济发展取得了重大成就,成功地走出"贫困陷阱",迈入中等收入国家的阵营。从各国发展的经验来看(见表1-1),人均GDP迈过3 000美元的门槛之后,如果不能进行经济增长模式的及时转换,就有可能陷入长期停滞,这就是所谓的"中等收入陷阱"。

表1-1　人均GDP(购买力平价)从2 000美元提升4倍所需的时间

国家或地区	达到人均GDP 2 000美元的年份	达到人均GDP 8 000美元的年份	提升4倍所需的时间(年)	复合年增长率(%)
荷兰	1827	1960	133	1.0
英国	1839	1957	118	1.2
澳大利亚	1848	1955	107	1.3
美国	1860	1941	81	1.7
法国	1869	1962	93	1.5
德国	1874	1962	88	1.6
墨西哥	1950	2008	58	2.4
中国香港	1950	1977	27	5.3
新加坡	1950	1979	29	4.9
日本	1951	1968	17	8.5
土耳其	1955	2007	52	2.7
中国台湾	1965	1985	20	7.2

（续表）

国家或地区	达到人均GDP 2 000美元的年份	达到人均GDP 8 000美元的年份	提升4倍所需的时间（年）	复合年增长率（%）
韩国	1969	1989	20	7.2
马来西亚	1969	2002	33	4.3
泰国	1976	2005	29	4.9
中国内地	1995	2011	16	9.1
世界	1950	2004	54	2.6

资料来源：蔡昉，《中国经济增长与发展新模式》，社会科学文献出版社，2014年3月，第70页。

厉以宁：在一些发展中国家由低收入国家行列进入中等收入国家[1]行列后，经济长期停滞不前，总是在此区间徘徊。世界银行在《东亚经济发展报告（2007）》中提出"中等收入陷阱"这一概念，其具体含义是指：不少中等收入国家经济长期停留在中等收入阶段，原有的增长机制和发展模式中的矛盾爆发，原有的发展优势逐渐消失，迟迟无法越过人均GDP 10 000美元的门槛，进入高收入国家行列。[2]

陷入"中等收入陷阱"的国家，的确会遇到许多困难：一方面，由于国内工资收入水平的上升，它们无法与低收入国家的廉价劳动力竞争，低收入国家在劳动密集型工业的出口竞争中更有优势，更能吸引外资；另一方面，由于缺乏能与发达国家竞争的优势产业、先进技术和自主创新的产品，这些国家的困难加大，迈入高收入国家的概率几近为零；除此之外，这些国家已经丧失了艰苦拼搏的精神及斗志，一般民众更多地追求福利社会，期望越来越高；而且，社会对贪腐行为的不满加深，民众信心大大下降，或者社会动乱不已，消极、颓废、失望、绝望情绪蔓延。

---

[1] 目前的标准为人均GDP 4 000—5 000美元。

[2] 在近50年的时间里，87%的中等收入经济体无法成功突破中等收入阶段进入高收入阶段。根据中国社科院相关学者的推算，2013年中等收入门槛为人均国民收入1 045美元，高收入门槛为人均国民收入12 745美元，分别对应世界银行1987年界定的480美元和6 000美元。目前来看，东亚的菲律宾、马来西亚、印度尼西亚，以及拉丁美洲的墨西哥、阿根廷、智利等国，正长期处于"中等收入陷阱"状态。

中国新动能——光华学者解析未来发展之关键

经济在发展到一定阶段后可能转为停滞,这历来是学术研究的重要课题。您认为出现这一现象的原因是什么?

厉以宁: 自人类社会开始工业化进程以来,大量经济学家探讨过这一问题,较有代表性的几个相关概念为:

其一,马克斯·韦伯从宗教伦理角度来解释资本主义兴起原因的信念与动力学说。新教是欧洲"宗教革命"的产物,其伦理观不同于旧教。后者认为人是上帝的仆人,是有罪的,为了赎罪,一是把终身奉献给上帝,进修道院,当修士、修女;二是把财产捐献给教会,用于修建教堂及救济穷人。新教认为人是上帝的仆人,人为了赎罪,必须勤奋工作、节俭生活、积累财富、创造事业,这是他们的天职。韦伯指出,在这种信念的指导下,人们都发奋工作,因此荷兰、英国兴起了,北美殖民地开发了。经济的持续发展,有赖于人们有信念、有精神动力、有责任感。

其二,19世纪末20世纪初经济学家帕累托[①]提出优秀分子循环学说,他认为,第一代优秀分子是强人,是创业的一代。但在创业成功后,他们一般不用强人,而用服从的人,这样第二代肯定不如第一代。如果第二代按照同样的模式选择接班人,再往后,事业非垮无疑。因此,优秀分子总是循环的。

其三,20世纪中期享有盛名的经济学家罗斯托[②],他所著的《经济增长的阶段》有很大影响,其提出的"起飞"术语,沿用至今。他采用"早熟消费"这一术语,其含义是指:工业化国家在经济增长到一定程度后,很快就会转入大众高

---

① 维弗雷多·帕累托(Vilfredo Pareto,1848年7月15日—1923年8月19日),意大利经济学家、社会学家,瑞士洛桑大学教授,洛桑学派的主要代表之一。
② 1960年,美国经济学家沃尔特·惠特曼·罗斯托(Walt Whitman Rostow)在《经济增长的阶段》中提出了他的"经济成长阶段论",将一个国家的经济发展过程分为五个阶段,1971年他在《政治和成长阶段》中增加了第六阶段。经济发展的六个阶段依次是传统社会阶段、起飞准备阶段、起飞阶段、走向成熟阶段、大众消费阶段和超越大众消费阶段。经济成长阶段论又被称作"罗斯托模型""罗斯托起飞模型"(Rostovian Take-off Model),是经济发展的历史模型。在罗斯托的经济成长阶段论中,第三阶段(即起飞阶段)与生产方式的急剧变革联系在一起,意味着工业化和经济发展的开始,在所有阶段中是最关键的,是经济摆脱不发达状态的分水岭,罗斯托对这一阶段的分析也最透彻,因此罗斯托的理论也被人们叫做"起飞理论"。

额消费时代，家用电器、私人住宅、小汽车等耐用消费品进入居民生活中是比较自然的。且消费有很广泛的示范效应，发展中国家接受发达国家的生产技术难，接受高消费模式容易，于是也很快转入高消费时代。一国经济"起飞"后尚未成熟之前就接受了高消费模式，把经济中的资源大量用于消费，增长便停滞不前了。

世界银行《2007年世界发展报告》中提出"中等收入陷阱"这一概念，正是对20世纪后半期一些已经落入"中等收入陷阱"的发展中国家的教训的总结。这一概念实际上包括了三个"陷阱"，即制度陷阱、社会危机陷阱和技术陷阱。

这三个"陷阱"的确切含义是什么？

厉以宁：目前来看，制度陷阱指的是已经或者正在落入"中等收入陷阱"的发展中国家，主要是从传统社会走向工业化社会的国家。在它们从低收入国家进入中等收入国家时，不一定经历了传统制度的剧烈变革阶段，可能还保留着较多的传统社会的特征，传统势力和社会组织形式还起着很大的作用。它们成为这些国家发展的制度障碍，也就是制度陷阱。

一个明显的例子就是土地制度依旧保留着工业化以前的状况。土地分配不均和贫富差距的增大，都成为一些发展中国家面临的发展制度障碍。

除此之外，发展的制度障碍还表现在以下方面：

第一，传统组织和氏族、家族势力根深蒂固，阻碍了市场化的继续推行，地方政权大多受到这些势力的操纵，公平的市场秩序在广大地区尤其是偏远地区难以建立。

第二，传统社会的限制和土地制度的不合理，使得农业劳动生产率低下，农村收入增长率大大低于城市。农村购买力普遍低下，造成内需不足，限制了工业化的继续推行，市场化步伐受到严重限制。

第三，发展中国家要想进一步发展经济，必须有财政的支持，但是它们往往财政困难，只能靠增税来维持，财政赤字巨大，形成了赤字与经济增长率低下相互交替的恶性循环。

第四，发展中国家要想进一步发展经济，必须有金融的支持，但是它们的金融业往往是畸形的。一方面是资本找不到合适的投资机会；另一方面是资本严重不足，高利贷盛行。这源于金融机构或者被外资控制，或者被官僚和权贵们控制，民间金融不得不转入地下活动。

第五，社会垂直流动渠道被严重阻塞了，而这往往比社会水平流动渠道更重要，会对经济发展和社会安定产生消极影响。

而所谓的社会危机陷阱，则要依靠缩小贫富差距、城乡收入差距、地区收入差距和社会管理创新来避免。

第三个陷阱是技术陷阱，要靠技术创新和资本市场创新来解决。一些落入"中等收入陷阱"的发展中国家之所以长期经济停滞，摆脱不了困境，与技术上难有重大突破有关。如果技术上没有重大突破，缺少自主创新和产业升级，那么是难以进入高收入阶段的，但是它们对此往往无能为力。这是因为：其一，待遇及缺乏鼓励人才脱颖而出的机制，造成尖端人才缺乏；其二，技术创新必须同资本市场创新结合，如果缺乏这种结合，即使有一定的制造业基础，要想在尖端技术方面有重大突破也是可望而不可即的。

发展中国家在尖端技术和产业升级方面有巨大困难，是因为本国资本市场发育不全。先天不足，后天失调，再加上金融专业人才不足，金融监管松弛，导致腐败丛生。这些国家的富人把不动产看作首要目标，即使从事实业投资，也把矿产、建筑业作为重点，很少涉足风险较大而自身又不存在优势的先进技术设备制造业和新兴产业。

就您看来，中国绕开或者跨越"中等收入陷阱"的前景如何？

厉以宁： 中国至今仍然是一个发展中国家，而且由低收入国家进入中等收入国家行列的时间并不长。中国会不会陷入"中等收入陷阱"，是人们关注的热点问题之一。我认为，中国会不会落入陷阱，存在若干假设条件：

其一，在经济发展的现阶段，如果遇到发展的制度障碍，该怎么对待？是继续推进改革，清除这些障碍（城乡二元制度、市场的不公平竞争等），还是犹豫不决，不敢或不打算采取有效措施？

其二，要对中国现阶段和经济继续发展过程中的社会冲突状况及趋势作出实事求是的估计，正确对待已经露头的社会不和谐现象，采取措施来逐一缓解。否则，就有可能导致社会不安定和矛盾激化，落入"中等收入陷阱"。

其三，如果不能绕过技术陷阱，在自主创新、产业升级、新兴产业壮大和尖端技术方面有重大突破；如果资本市场依旧是不完善、不完整的体系，技术创新得不到资本市场的有利支撑，不能以中国创造代替中国制造，那么就会停留在中等收入阶段。

其四，中国必须摆脱过去长时期内支撑经济增长率的模式（即主要依靠政府投资），转而实现投资与消费并重的拉动 GDP 增长的模式，进而实现消费需求带动为主、投资需求带动为辅的拉动经济增长模式。

其五，中国民间蕴藏着极大的积极性，中国之所以在改革开放后取得了成绩，是依靠改革开放以及由此调动了的民间积极性，是因为民营经济作为国民经济的重要组成部分迅速成长壮大起来了。如果继续因循这样一条道路走下去，中国能够进入高收入国家之列；反之，则将落入"中等收入陷阱"。

除了"中等收入陷阱"之外，在未来中国经济发展的过程中，还可能落入其他"陷阱"吗？

厉以宁：那种认为一国的经济增长只要越过某个门槛就会顺利增长的说法，并没有足够的说服力。20 世纪 60 年代，西方经济学界曾经围绕经济学家罗斯托的"起飞"和"由起飞进入持续增长"的假设而进行争论。罗斯托认为，在人类经济增长的过程中，最主要的一个阶段是"起飞"，这意味着一个国家从传统社会进入现代社会（即工业化社会的关键时刻），越过了这一关键时刻，经济就可以持续增长了。

现在看来，这一假设缺乏根据。一些发展中国家落入"中等收入陷阱"或者高收入国家落入"高收入陷阱"的事实，均表明了这样一点：经济发展的任何阶段，都会发生因社会矛盾深化和制度障碍的存在而引起的经济停滞状态。换句话说，在经济发展的任何收入阶段都会有门槛，有"收入陷阱"。能不能闯过去，要看有没有适当的制度调整,有没有社会的安定,有没有技术创新和资本市场的密切结合。

实际上,在一国的经济发展当中,除了"中等收入陷阱"之外,还有一系列的其他陷阱:

其一,在低收入阶段,有些国家也陷入了"低收入陷阱",长期徘徊在人均GDP 1 000美元以内无法摆脱;其二,人均GDP跨越了3 000—5 000美元这一道坎,再往后看,人均GDP 10 000—12 000美元又是一个"中等偏上收入陷阱";其三,人均GDP迈上12 000美元台阶后,也可能发生所谓的"高收入陷阱"[①]。

我认为,中国完全可以绕开或者越过"中等收入陷阱",以后也会遇到"高收入陷阱",因此应当站得更高些,看得更远些,为以后绕开或者越过"高收入陷阱"早作准备。

在实际的改革与发展过程当中,中国为了绕开或者越过"中等收入陷阱"乃至其后的一系列"陷阱",应该选择什么样的发展路径?

陈玉宇: 我认为依赖两点:一是技术的升级,二是劳动生产率的提高。在此之前,中国的劳动力近乎于无限量供应,因此企业可以通过雇用更多的劳动力来扩张生产规模。但到了今天这个阶段,我们就必须提高劳动生产率了,如果我们不这么转换,不能够提升技术,我们工资收入的提升就会停止。因此,这就形成了一种倒逼机制,企业不要再迷信政府有一天可以出台政策让自己的要素成本降低了,这是不可能的。没有效率的、没有成长空间的企业不得不关闭,产业不得不转移到中国西部地区或者东南亚国家。只有高效率的、能够支付得起高工资的企业,才能够继续成长。

就此方面,最近经济学家经常打的一个比喻是,为了跳出"贫困陷阱",你栽种了一片松树林,它们野蛮生长,很旺盛,但是归根结底,松树的基因就决定了它们只能拧拧巴巴地长到十米高。如果你想要长到三十多米的森林,就必须砍

[①] 当希腊人均GDP迈上这一台阶时,世界银行为此大肆宣传。2011年,希腊人均GDP已经超过20 000美元,却遇到种种困难,经济增长停滞。日本这样的高收入国家,人均GDP超越40 000美元,也遇到长期停滞的困难。

掉原来的松树，换种红杉木。这种极具挑战性的、创造性的毁灭过程，是中国得以跨越"中等收入陷阱"的根本途径。

蔡洪滨：中共十八届三中全会有各种各样的全面深化改革的部署，在我看来，有几点能够帮助中国顺利越过"中等收入陷阱"：一是户籍制度，这是保证人们具有公平的就业机会的必要条件；二是教育改革，只有真正地进行教育改革，强调教育公平和公正，整体人力资本投资的积极性才能够得到保证；三是人口政策，以放开"单独二胎"为突破口，尽快地、果断地调整人口政策，我觉得这将是决定中国未来二三十年社会人口结构的重要举措之一。

除此之外，我特别想要强调的是，为了避免陷入"中等收入陷阱"，保持长期增长和繁荣的动力，关键在于大力提高社会流动性，保持社会的长期活力。所谓提高社会流动性，就是减少家庭背景、社会背景等因素造成的代际不平等，消除长期动态的不平等，提升社会活力，促进社会和谐，促成经济的长期增长。

很多发展中国家到了这个地步，因为没有办法保持这一点，就陷入了"中等收入陷阱"。我们国家现在正好也到了这个地步，社会流动性有一种下降的趋势，社会阶层有固化的趋势。因此我们必须重视、警惕、努力去扭转这一趋势，保证社会的流动性，保证公平竞争的市场环境。

厉以宁：我们必须吸取其他已经落入"收入陷阱"的国家和地区的一系列经验和教训：

第一，在发展的制度障碍出现时，尽管改革的困难已经比经济发展初期大很多，但只要政府的决心大、魄力大，仍有可能推进；但到社会危机陷阱出现以后，改革的难度就加大了。政局已经不安定，再谈"改革中发展"或者"发展中改革"，会使得政治家不知所措，其通常以自保为第一目标。不仅如此，由于贫富差距日益扩大和利益集团的势力比过去强大得多，想进行改革的人员会左右为难，如果不想得罪穷人一方，就会得罪利益集团一方，任何改革措施都难以使双方都满意，有时甚至会使双方都不满意，致使改革半途而废。

第二，要深化改革，就必须找对正确的改革者：利益集团及其代理人、支持者是不愿意进行改革的，因为他们的切身利益必然会受到损害；而单靠少数有正义感、责任感的知识分子,他们力不从心,不可能实现这项任务,在剧烈的政局动荡中,他们很快会被排挤掉,或者被逮捕、被流放国外、被杀害;如果单靠下层社会的穷人特别是贫困农民来从事改革的深化,很可能酿成暴乱,喊出极"左"的口号,实行极端的均贫富政策,甚至演变成一场内战,不仅无济于事,反而使局势越演越乱。这是那些落入"中等收入陷阱"的发展中国家的深刻教训。

第三,要有完善的、独立的市场主体。没有完善的市场主体,市场化改革是难以推进的。我们正在通过国有企业、民营企业的改革来逐渐使市场主体完善化。

第四,要重视信用体系的建立,也就是道德力量的作用。在没有市场调节也没有政府调节的时候,它是唯一的调节方式,必须要有完善的道德力量的调节,这样市场才能更好地起作用。

第五,要让蓝领有机会向中产阶层成长。目前中国的劳工市场已经形成了上等劳工市场和次等劳工市场。上等劳工市场的工作被认为是"好职业",工资高、福利好、有较多学习培训的机会和逐步提拔的可能;次等劳工市场的工作就被认为是"坏职业",工资低、福利少、基本没有学习培训和向上提升的机会,一辈子从事简单劳动。这样的二元结构如果不改变,会进一步加剧社会财富的分配不公,让底层的劳动者看不到希望。所以,当务之急是缩小劳动市场差距,保持社会流通渠道的通畅,打破职业世袭化。

就提高社会流动性、使中产阶层得到成长方面,您认为目前中国应该采取哪些措施?

厉以宁:首先,要加强职业技术培训,让有志进取的简单劳工得到多种形式的培训,从而可能成为技工、熟练技工,跨过二元劳工市场的界限,成为蓝领中产阶层的一员。目前中国最缺的是完善的职业技术教育体系,未来要更加重视构建职业教育体系,包括中专、大专,甚至是研究生类型的职业教育。与之相配套的是,中国急需庞大的职业教育师资队伍和研究队伍。

其次,要改善次等劳工市场的生产条件,让体力劳动者有机会改善生活和劳动强度,使得"坏职业"逐步减少。同时,应增加社会上"好职业"的岗位数量。

除此之外，职业蓝领中还包括农民。今后农民作为家庭农场主同样需要接受农业、畜牧业和农业机械化的教育，这样他们就有可能使自己的土地、耕地变成创业的基础。

最后，疏通社会流通渠道的关键是秉持机会均等的原则。这要求一切职位都要通过一定的资格审查，实施竞争上岗机制。人才流动要靠法治、竞争、个人努力，不是靠门第、父母。

蔡洪滨：具体而言：第一，我们最大的生产要素就是人，需要提高每个人的教育水平，让他们去提高技能、参加培训，提高劳动生产效率；第二，要建立更加公平的市场竞争规则，使得人们有积极性去提高人力资本，这要求社会有健康合理的制度安排，使得每个年轻人都认为自己有机会，不受出身、家庭背景的限制，不受制度歧视，能够改变自己的命运。

对于年轻人，我强调的是动态的机会公平问题。并不是说任何一个时点上，所有人的机会和收入都要平等。纠结于静态不平等是纠缠不清的，因为社会上有的财富已固定了，机会已固定了。现在的财富分配、机会分配、权力分配，动态地来讲，对于下一代年轻人，不管他出生在什么地方、什么家庭，都大致有一个公平的机会可以去奋斗。我觉得这是非常重要的，这是决定一个社会是否能够长期保持经济增长的关键因素。

制度红利空间

三十多年的中国奇迹得益于一系列市场化的制度变革：20世纪80年代初农村家庭承包制的实施，摧毁了人民公社制度，直接或间接催生了中国经济后来的一系列巨大变化，比如乡镇企业的崛起；20世纪90年代确立了市场经济体制，抓大放小，国有企业普遍实现了民营化，为中国经济增长扫除了障碍；2001年以加入WTO为标志的贸易自由化改革和积极融入全球化的浪潮，集中激发了中国经济的活力。这些制度变革，带来了效率、创新和生产率的极大提升，人们形象地称之为"制度红利"。未来的中国经济发展，在哪些领域还蕴含着制度红利？

中国经济在未来的发展当中，您认为还蕴含着哪些经济制度红利？

厉以宁：以下几项改革当中蕴含着大量的制度红利，应当加速进行：

第一项改革任务，是当前的国有企业体制改革。这实际上包含国家资本如何运用的问题，是管企业还是管资本，怎样把资本运用得更好，提高资源配置效率，等等，这是一个主要方面。这项改革搞好了，接下来相关的，就是要大力开展混合所有制经济的筹备建立工作，因为长远来看，混合所有制经济肯定是有发展前途的。

第二项改革任务，是收入分配制度的改革。如果收入分配制度不改革，贫富差别就会一直存在。如果贫富差别一直存在，中国的低收入阶层的积极性就很难被调动起来，低收入家庭的收入就很难增长。这里包含了四个方面，重点在初次分配。

其一，初次分配的第一个问题就是农民要有产权。农民长期以来都是没有产权的，比如房子说征用就被征用了，得到的补偿远远不够；农民虽然有土地经营的自主权，但没证，土地说征用就被征用了，变成无地、失地农民。改革要继续，首先要在农村做到"确权"，收入分配中要让农民有产权。

其二，在低收入者的工资方面，涉及劳方和资方。劳方是谁呢？就是到市场上找工作的农民，包括城里的低收入者。资方是谁呢？就是大企业。单个农民进城以后在市场上找工作，他的对手是强大的大中企业特别是大型企业。资方需要人，但双方的地位是不平等的，议价权在大企业手中，农民是没有议价权的。所以，这就需要改革，工会应该参与，形成三方，即工会、用人方和提供劳动力的一方。三方合作，这样就能够提高劳动者的收入水平，工资的议价就是这么出来的。

其三，农民要出卖产品，谁来收购？如果大公司、大超市来收购，它们与单个农民处于不平等的地位，会给农民定个价钱，农民若要针对价钱力争，它们就会层层设卡、降级、降价。最终谁说了算？还是大企业说了算。所以，要解决这个问题，也应该三方联合。因为农村有农村的情况，所以农民是一方，农民的合作社是一方（最好的情况是农民的合作社是和农民站在一起的），而且光有合作社的力量还不够，还应该有联社，这样一起与对方谈判，农民的议价能力就增强了。这就是收入分配改革的第三个方面。

其四，初次收入分配还有一个改革，与教育体制的改革有关系。在教育资源无法做到均衡分布之前，低收入家庭的孩子上学难，升学更难，而且低收入地区的教学质量不好。所以，应该根据国情对这种不均衡分布进行调整，改革职业教育体制，大力发展职业技术教育，包括中等及高等职业技术教育。教育资源的这种倾斜，符合中国熟练技术人才培养的前景。低收入家庭有了更多的收入，就可以使自己的生活得到改善。

陈玉宇：我以为，中国的制度红利仍大有潜力。中国2014年按照购买力平价人均GDP已达10 000多美元，按照名义汇率也有8 000美元了。现代化和城市化正处在半路，城市人口刚刚达到50%。继续前行，虽道路崎岖，但大有空间。人们由于经济危机而引发普遍的悲观情绪，显然过于短视了。我认为紧要的、蕴含红利的制度变化包括以下五个方面：

一是户籍改革和建设更富活力与弹性的劳动力市场。在僵化的户籍制度下，移民成本高昂。当前已有2.5亿农民工，占全部劳动力的30%，这些人完成了"工厂化"，却尚未完成城市居民化。逐步放松户籍管制，配合以实际常住人口为基础的财政、教育、医疗、退休等制度改革，经济活力重现将不期而至。进一步，中国的农业产出占GDP的比重只有10%，却仍在使用30%—40%的劳动力。通过制度变化降低移民成本，使农村劳动力从低效率的农业部门转移到高效率的非农部门，依然大有潜力。

二是金融体系改革，尤其是扩展直接融资。储蓄依赖于金融体系转移到最富有效率的部门和企业。最近两位经济学家关于中国和印度资本误配的论文[①]受到广泛关注。该论文认为，在不改变技术的情况下，将资本配置效率提高到美国的水平，让高效率的企业得到更多的资本，那么中国的全要素生产率将会提高30%—50%，印度将会提高40%—60%。所以金融体系改革的潜在收益巨大。而

---

① Chang-Tai Hsieh, Peter J. Klenow, "Misallocation and Manufacturing TFP in China and India", *Quarterly Journal of Economics*, November 2009(124):1403-1448.

金融体系如何改？一言以蔽之就是提升直接融资比重。直接融资指的是利用金融中介机构发行股票、债券等方式融资，我们要做的是，利率市场化，扩大企业债务市场，扩大地方债务市场，稳妥放松直接融资的管制。这样，资源配置效率会随之改进，经济活力将大增。

三是给小微服务业减压，税收"减二免三"。中国服务业比重只有40%，远低于世界平均水平（65%）。同时，面对快速的城市化带来的就业压力，服务业尤其是小微企业是消化的主力。对小微服务业企业应该采取干脆的政策，那就是税收减二年再免三年。此政策在20世纪80年代对乡镇企业实施过，政策虽糙，却很管用。等它们长大了，再要求其纳税吧。

四是逐步放开和鼓励民营企业向海外投资。所谓全球化有三个方面的内容：一是商品贸易在全球自由流通；二是资本的全球流通；三是生产资源在全球范围内配置，以降低成本，提升竞争力。中国的企业要学会走出去，我们不仅鼓励它们去发达国家，也鼓励它们转移产业去越南、缅甸等地区。全球化下，片面追求吸引外资，不允许企业出国投资，"圈养"自己的孩子，没有比这更狭隘的理念了。

五是与时俱进，不断提升法制水平，保护产权，维持市场竞争。这是一日不可废的功课，无此功课，一切休谈。

龚六堂： 中国经济从总体上来看，未来还是比较乐观的，因为中国经济的确还有很多内生的动力。

其一，中国正处于城镇化的高峰时期，这种趋势是谁都挡不住的。大量的农民工进城，会带动基础设施建设、教育、医疗、社会保障等一系列的需求。

其二，中国经过这么多年，已经具备了一定的创新能力，已经能开始从模仿转向自主创新了。这也会对经济增长形成拉动。

其三，我们老说过去三十多年的高速增长是依靠人口红利。实际上，现在这些人依然存在。我们可以通过教育让他们变成技术工人，迎合中国产业升级、制造业升级的趋势，使得中国的转型过程变得更加顺畅，这也会带来经济增长。

其四，中国的人口政策如果适当地放宽，也可以带来一定的红利。

朱善利：中国的增长潜力很大，关键在于我们如何去挖掘这些潜力。就我看来，中国最大的新红利来自改革；而最重要的改革，是行政体制改革，是让市场在资源配置中真正起到决定性的作用，而不仅仅是说说而已。目前行政体制对于市场的束缚仍然过多，我们应该积极释放这一部分的红利。

应对转型"阵痛期"

当前中国经济的困难，可以说已经到了通货紧缩的边缘。需求严重不足，物价水平普遍下降，整个经济体越来越缺乏活力，经济下行的压力越来越大。总体而言，2014年很困难，2015年可能更加困难，令人无法感到乐观。在这种局势之下，我们要防止出现经济的全面下滑以及通货紧缩的进一步加剧。这种局面一旦出现，经济要想再次恢复，难度就会非常大。

长远的目标和可能的红利空间，能够给人以信心。但是就短期而言，中国的经济形势并不令人感到乐观。对此您的看法是怎样的？

蔡洪滨：李克强总理在2015年的《政府工作报告》中指出：2014年是中国经济非常困难的一年，2015年的情况可能更加困难。就我个人的感受而言，不管是从2015年"两会"期间代表的公开发言还是内部讨论来看，这一判断是各方的普遍共识。

总结当前中国经济的困难，可以说已经到了通货紧缩的边缘。需求严重不足，物价水平普遍下降，整个经济体越来越缺乏活力，经济下行的压力越来越大。从2015年年初的宏观经济数字来看，中国经济除了一个数字之外，其余数字都与这些迹象匹配。

唯一不匹配的数字是中国GDP的增长速度。从世界范围内来看，很少有国家的GDP增长速度能够达到7.4%。但与此同时，我们必须看到中国经济增长的相对速度，实际上，在过去的四年时间当中，中国的GDP增速一直在下降，2014年实际增长7.4%，2015年的目标又降到7%。

为了衡量目前中国经济的紧张局势，必须要看的一个数字是消费者物价指数，

> 中国新动能——光华学者解析未来发展之关键

对于中国经济来说，它可能是最具说服力的数字。在过去的三年多时间当中，中国的消费者物价指数一直是负数，消费品、工业品的价格一直在持续下降。如果我们用2012年的指数作为100的话，现在降到90左右，也就是下降幅度达到近10%。这个数字应该说已经充分反映了市场的萎靡不振。

除此之外，过去几年当中投资的增长率也在不断下降。2014年全社会固定资产投资增长达15.7%，低于年初预计的17%左右。2015年1月全社会固定资产投资增长则继续下滑到只有14%左右，投资增长的积极性非常疲软；与此同时，中国的进出口增长也出现了相当幅度的下滑，尤其是进口数字，2015年1月、2月进口增长为-20%；1月份出口也是负增长，2月份才因为季节性因素出现了一点反弹。

财政收入的数字也无法令人感到乐观，从2015年前两个月的数字来看，各种各样的税收（从增值税到个人所得税）增长的下降非常明显，有的已经是负增长了。

这几个数字从不同的层面反映了当下中国经济的整体形势。总体而言，2014年很困难，2015年可能更加困难，令人无法感到乐观。在这种局势之下，我们要防止出现经济的全面下滑以及通货紧缩的进一步加剧。这种局面一旦出现，经济要想再次恢复，难度就会非常大。

您认为，除了长期性的制度更替原因之外，中国经济目前这一阶段的持续低迷，还源自哪些因素？

蔡洪滨：就短期因素而言，中国经济这一阶段的持续低迷，与我们宏观政策的反应延缓是相关的。一是宏观政策的反应没有那么及时，二是力度没有那么大，积极的财政政策也并没有那么积极。具体而言，中国2014年并没有完成年度的财政支出目标。

但不管怎么说，这些困难和损失并不是不可挽回的；而且，为了让经济企稳回升，我们的宏观政策已经开始进行调整了。2014年年底的中央经济工作会议的定调已经非常清晰，"两会"对财政政策的认识也进行了充分的统一，未来还可能会随时根据需要再作一些调整，正如李克强总理在2015年"两会"时所表示的那样，"该出手时就出手"。只要力度得当，对于中国经济维持稳定，维持基本增长，并在这个基础上深化改革，我还是非常有信心的。

龚六堂：因为目前中国的一系列经济调整政策还没有真正落到实处，过去由政府主导的很多事情一下子转给市场也不是一蹴而就的，而且固有体制下的很多影响还没有消除，很多地方官员还处于观望的态度，所以李克强总理的一系列简政放权措施还没有落地。我相信假以时日，这些措施真的落到市场当中的话，还是会很有成效的。

但目前的问题在于，上述这些令人感到紧张的数字出现之后，中国经济"崩溃论"再次开始甚嚣尘上了。

蔡洪滨：尤其是从国际的角度来看，只要中国经济出现一点问题，中国经济"过热论"或者"崩溃论"就会出现。我对中国经济的看法则相对比较正面，形势的确很严峻，但是绝对没有到崩盘的地步。我们要看到的是中国长期经济增长背后的持续动力，以及中国经济增长的韧性。

除此之外，国际上对于中国经济持悲观态度的人，对一个非常简单的事实也会很容易忽视，那就是，中国经济发展的问题很多，但是中国进行经济调控的政策工具也很多，比一般市场化国家拥有的要多。比如，其他国家拥有的调控工具基本上就是货币政策和财政政策，手段非常有限；而中国政府除了宏观方面的货币政策和财政政策之外，对于银行的控制也有一系列的手段。再比如，其他国家的央行能够调控的就是基准利率，但是中国人民银行能够调控的还包括贷款总额、存款准备金率等。不仅如此，所有的地方政府还要听命于中央政府对经济的指导政策。因此，中国政府对经济的调控能力就大得多。目前中国的宏观经济当中的确出现了一些不平衡的问题，但并不是说我们就没有办法调控。从某种意义上来说，调控不是最困难的事，困难的是如何调控。

> 中国新动能——光华学者解析未来发展之关键

那么就您来看,为了缓解中国经济发展的一系列紧张局势,政府应该采取哪些调控措施,调控的步骤和节奏又该如何掌握?

蔡洪滨: 短期内,为了稳定市场的信心,我认为中国当下非常需要明确、果断地出台一系列宏观经济调控政策,包括适度宽松的货币政策和积极的财政政策。其中应该以财政政策为主,因为它的作用更加直接、迅捷,而且力度的掌握也更加灵活。

除此之外,针对中国的总需求严重不足的问题,要加速公共投资和民间投资以创造需求。在这一方面,我们过去是以基础设施作为主要的方向,那么是不是还要继续大规模投向基础设施?是不是要增加向环境保护、教育医疗等领域的投资?财政资金如何与民间资金结合起来?如何通过投资更好地提升市场投资的信心?积极的财政政策作为短期宏观目标怎么和财税改革密切结合?怎么避免用调控代替改革?这些都是需要去考虑的问题。

与此同时,我们应该避免过多地依赖产业政策作为宏观调控的手段。中国政府在转型期内拥有很多的调控手段,这既是好事,同时也蕴含着一定的麻烦。从好的一面来看,是实现宏观经济平衡的能力比较强大;而从坏的一面来看,我们也必须清醒地认识到,很多调控手段其实是非常规的,产业政策就是其中一种。以房地产行业为例,行情景气的时候就不顾一切地让其发展,指导所有银行拼命地给它发放贷款,因此导致一系列问题的出现;现在又开始一刀切,又导致一系列问题的出现。这样的产业政策,对经济增长的长期损害是非常大的。总体而言,我们应该考虑到的是,让这些条款政策在稳定经济的同时,避免对微观经济进行更多的干预。

不仅如此,我们在使用宏观经济政策的时候,应该让它们与中国长远的改革形成相辅相成的关系。在这样的思路之下,我们对于工具怎么使用,需要有一个更加仔细的思考。比如说财政政策,一方面,要在整个财税改革的背景下推动积极的财政政策。在财政改革的过程当中,尽可能出台一系列减免企业税负的政策,使宏观调控和改革相匹配。另一方面,为了避免传统做法(放松财政政策)引起的问题,需要创造性地进行改革。我们应该更好地融合民间资本市场,更好地开展债务市场，通过完整地建立资本市场来推动财税改革，这同时也会对积极的财政政策形成更好的支持。

中国过去的宏观调控政策还存在的一个问题，就是"调结构"往往越调越乱，对此您怎么看？

蔡洪滨："调结构"已成为当前中国经济政策讨论和实践的主线之一。但是，对于"调结构"的内涵和本质，认识上还存在很多的误区，实践中也存在各种问题。比如，容易盲目追求越大越好，结果产能过剩越来越严重；反过来又再一次要求"关、停、并、转"，陷入恶性循环，导致越调越乱。

之所以出现这种局面，是因为在计划经济体制下，政府计划部门担负资源配置的全部责任，信息的局限和激励机制的扭曲甚至经济计划者的好大喜功，都难免造成国民经济各个部门的比例失调，使得经济陷入困境。在计划经济时代，"调结构"是一项常规性的工作，需要不断地对前一阶段比例失调的结构失衡进行修正。而由于机制内在的缺陷，"调结构"往往纠正了一时的问题，但政府的强力扭转又制造和蕴藏着新的结构失衡问题。因此，在计划经济中，商品短缺、比例失调、结构失衡便成为常态，结构调整也就成为常态手段。

除了常规性的结构微调以外，当计划经济失误积累的问题使国民经济产生很大的混乱时，政府就不得不采取重大的经济结构调整举措。计划经济下必须不断调整经济结构，是因为市场机制没有发挥资源配置的作用，而计划部门又不可能对全社会的资源作出合理配置。

改革开放三十多年，经济结构的调整从来就没有停止过，我们一直在强调调整结构的问题，甚至把调整经济结构放在越来越突出的位置上。在当前新一轮经济体制改革起航的时刻，厘清"调结构"的内涵和本质，走出传统式的"调结构"误区，是保证中国未来经济社会健康发展的重要前提。我们必须认识到市场经济运行有其内在的逻辑规律，很多经济结构并不是想调整就能调整，想调整到什么比例就能调整到那个比例的。比如，过去简单要素积累的劳动密集型产业是符合当时历史条件的发展模式，只有当劳动力优势用尽时，经济增长才会逐渐过渡到依赖于提高人均劳动生产率,发展技术密集型产业。这一转变,是需要相应的制度和政策环境来促进的,而不是靠鼓励投资于高技术产业便可一蹴而就,甚至由政府越俎代庖,赤膊上阵。

在经济改革方向上,新一届政府非常明确地提出要处理好政府和市场的关系,让市场发挥在资源配置中的决定性作用。贯彻这一精神,我们应当正本清源,抛弃经济结构调整的传统模式,清理认识误区。新时期的结构调整,应当以尊重市场规律为原则,重点应该放在主要矛盾和矛盾的主要方面的深化改革上。

主要参考文献:

厉以宁,《中国经济双重转型之路》,中国人民大学出版社,2013年11月。

蔡洪滨,《新经济 新变革 新时代》,北京大学出版社,2014年8月。

厉以宁,《中国道路与跨越中等收入陷阱》,商务印书馆,2013年11月。

刘俏,"如何选择中国经济的未来?",《金融时报》(中文网),2014年12月1日。

刘世锦,《中国经济增长十年展望(2014—2023)》,中信出版社,2014年4月。

胡永泰等,《跨越"中等收入陷阱"——展望中国经济增长的可能性》,格致出版社,2002年11月。

专题一　新常态

>下篇　开掘新人口红利

　　人口决定命运。

——法国社会学家奥古斯特·孔德

　　人口的规模、特征即将发生重大和持久的变化，劳动力可能不利于经济增长……为了在未来10年或者20年内应对这些挑战，很可能要根据需要扩大国家的作用和影响力。人口变化涉及卫生、教育、社会和劳动力市场制度、移民、在贸易和投资方面的经济开放、退休养老金制度，以及国民储蓄和税收制度等公共政策领域……今天，国家的作用可能不得不再次放大，因为人口变得更加老化，同时人口规模可能更加小……对于发展中国家来说，即使现在问题并不明显，但10年或者20年之后，它们肯定会产生更大的影响。尤其是对于中国来说，它不得不在中央行政控制的结构下，对这一问题可能产生的经济影响与日益严重的社会和环境问题之间作出权衡。

——经济学家乔治·马格纳斯（《人口老龄化时代》）

> 中国新动能——光华学者解析未来发展之关键

依照经济史的过往经验,除自然资源外,支撑经济增长的动力往往离不开人力资本、科技创新及产权保护这三个要素,尤其是人力资本的增长对于经济的助推效果颇为明显。

或许正因为如此,一段时间以来,光华管理学院院长蔡洪滨教授每每在适当场合的公开演讲中提及这一问题,并呼吁各方关注人力资本以及与之相关的中国社会的流动性,"长期经济增长无非是几个经济要素的增长,在这一领域最有影响力的理论是制度学派,但它过多地强调制度、产权保护,而对于人力资本的重要性则分析得比较少"。

在进入"新常态"之前的相当长的一段时间内,中国对于这一问题的关注度堪称极度欠缺。究其原因,廉价、充足甚至过剩的劳动力资源供应已经强力支撑起中国制造业。[①]

然而,全球同此一理,中国曾经看似源源不断的人口资本数量红利终有消失之时。就此方面,目前学界基本达成的共识是,从2011年前后开始,中国的人口结构已然迎来拐点,劳动力人口比例开始下降,老龄人口占比加速上升。未来十年,计划生育对人口结构的冲击将加速显现,老龄化趋势将愈发明显,劳动力人口占比将至70%以下。[②]

对于如何认知中国人口资本即将或者已经迎来的"后黄金时代",目前中国学界和社会各界存在断崖式的"消失论"及相对缓慢的"衰减论"两种主要观点。

前者以人口扶养比下降和劳动年龄人口占比上升作为界定的标准。扶养比下降到最低点、劳动年龄人口占比上升到峰值的过程,即为能提供人口红利的黄金时代。按照该标准,2010年就是中国的节点,越过之后,人口红利就消失了。这将意味着,中国至少会从三个方面拉低潜在增速:首先是会拉低储蓄率,因为无

---

① 在过去的近四十年时间里,中国人口扶养比从78.5%一路下滑至37.8%,劳动力人口(即15—64岁人口)占比从57%升至74.5%,在此带动下,国民储蓄率从30%左右攀升至2008年的53.4%。这堪称中国人口红利最好的诠释。
② 在人口年龄结构变动中,劳动年龄人口变动是比较敏感也是首先应当引起关注的问题。中国进入后人口转变阶段之后,劳动年龄人口呈现倒U形曲线变动。按照《中国统计年鉴2013》提供的数据,2010年中国15—64岁人口占比达到74.5%的峰值,2012年人口达到绝对数量10.04亿的峰值;未来将呈现逐步缓慢减少的趋势,2050年人口将减少至8.58亿左右。

论是从传统的经济增长理论还是从现实的国际经验来看，储蓄率与经济增速都有着显著的正相关关系；其次是会继续抬高国内的劳动力成本，中国将丧失在劳动力成本上的比较优势，未来的世界工厂将向东南亚、"金砖四国"中的其他三国、拉美、非洲国家转移；最后从国际经验来看，人口拐点还往往意味着房价拐点[①]。

相较而言，光华管理学院相关学者的观点大多属于相对乐观的衰减论[②]，以光华管理学院应用经济学系陈玉宇教授的观点为例：中国的人口扶养比已开始上升，在未来的20年，从数量上中国仍然属于世界上抚养和赡养负担比较低的经济体，社会负担比较轻，劳动年龄人口占比依然比较高，劳动力供给总体上比较丰富，这一趋势将延续到2030年前后，红利才会减少到零。与此同时，中国的人口数量红利慢慢消失，人口质量红利则汹涌而来，中国将从低技能劳动力充裕的经济体演变为高技能劳动力充裕的经济体。

这一判断基本符合同属东亚地区的日、韩等国的经验——人口"黄金时代"前后两个时期各占20年左右。前期人口红利不断增长，对社会经济发展起到很大的助推作用；后期人口红利不断减少，但在相当长时间内依然存在，其作用也不可小觑。

由于计划生育等相关政策的影响，这可能将堪称为中国人力资本"最后的红利"空间。采取何种路径对其进行发掘以便帮助中国应对经济下滑的挑战，已成为关键之中的关键。究其核心，将是除人口数量变动之外的人口资本如何加快积累、质量如何提升。这不仅对中国的经济增长起着重要作用，还能够抵消中国全要素生产率[③]可能的不良表现。因此，在中国面临人口红利消失（包括资源在农

[①] 美国劳动人口占比在2006年见顶，2007年房价开始转向；日本劳动力人口占比在1992年见顶，1991年房地产泡沫就已经开始破裂。

[②] 澳大利亚经济学家罗斯·加诺特（Ross Garnaut）就建议，不妨把刘易斯拐点看作一个转折区间。毕竟，经济发展是一个十分漫长的过程，即使是一个点，也大可以作为较长时期中的一个区间。

[③] 全要素生产率是指在各种要素的投入水平既定的条件下，通过提高各种要素的使用效率而达到的额外生产效率。这个劳动生产率提高的源泉可以抵消资本报酬递减的不利影响，是长期可持续的，是经济增长经久不衰的引擎。依照国内学界的观点，目前国内有效的提高全要素生产率的渠道可分为以下几种：国内版雁阵模式、营造创造性破坏机制、谨防政策扭曲、产业升级。

业与非农产业之间重新配置在内的传统增长源泉式微）的时刻，尽最大努力加快人力资本积累，不啻为保持长期可持续增长的关键之举。①

在此方面，日本的教训可谓殷鉴不远。根据日本经济学家神门善久的研究，20世纪50年代以后，日本高等教育的赶超速度就开始徘徊。由于担心高等教育质量下降，日本文部省有意制止了高等教育的扩张，因此在20世纪70年代中期以后，日本在高等教育方面与美国的差距越拉越大。由于在技术创新前沿上未能像欧美那样不断突破，因此不可避免地出现资本报酬递减的现象，全要素生产率增长停滞。1990年以后，日本开始陷入"失去的20年"。

相较之下，对于中国来说，如何调整人口生育政策以便应对即将来临的老龄化及劳动力总数不足？如何调整高等教育政策以避免劳动力供应失衡？如何调整就业制度、户籍制度以便建立更有效率的劳动力配置市场？如何提高社会流动性以便在社会微观层面重燃每个人提升自身人力资本水平的积极性……一系列的相关棘手难题，考验才刚刚开始。

人的现代化

在新中国成立的前三十年当中，延续了以往人力资源积累的脉络，并在很大程度上改造了传统社会。新型的、受过基本教育的丰富劳动力资源，是之后三十多年中国经济发展的基础性条件之一。

结合您的研究兴趣与领域，从中国近现代经济史的角度来看，在中国过去三十多年的经济发展过程当中，人力资本在其中起了什么样的作用？

颜色： 在我的研究当中，非常关心的一个本质性的问题就是中国的现代化。

---

① 在人口红利消失的情况下，有两条路径可以提高潜在经济增长率：一是进一步清除生产要素供给的制度性障碍，二是从投入驱动型的经济增长方式转到全要素驱动型的经济增长方式上。第二条路径对人力资本的要求更高，中国目前显然并未做好准备——依照2011年的数据，中国农民工的平均受教育年限是9.6年；而按照岗位对人力资本的要求，第二产业的资本密集型岗位为10.4年，第三产业的技术密集型岗位为13.3年，因此农民工的受教育程度不足以支撑他们转向这些新岗位。

现代化这个综合性的概念包含很多方面，比如经济的增长、经济结构从农业国转变为工业化国家再转变为后工业化国家、社会结构、教育水平等一系列各个方面的转变。

从这个角度来说，中国改革开放三十多年的迅猛发展，肯定是中国实现现代化过程当中突飞猛进的一个阶段。而我关心的主要学术问题则是，在1978年之后，中国的改革开放之所以能够实现这么迅猛的转变，其背后的深层次原因是什么？我要回答的问题是，这场转变是不是突然从天上掉下来的？或者说，是不是仅仅开了一个中央全会，我们就开始了狂飙突进的工业化，从而一帆风顺地成为世界第二大经济体？

结论当然是否定的。根据我的研究，这背后的助推因素主要是两个方面的基础性条件。第一个方面是制度方面的条件，也就是我们目前的民主集中制，这个体制的动员能力的确非常强大，运行效率极高，执行能力超强，在工业化初期起到了非常关键的作用。

第二个方面是我所主要关心也是想要去强调的，那就是助推中国实现现代化的人力资本基础，它在改变中国改革开放之后的面貌方面所起到的作用是至关重要的。也就是说，中国此前三十多年的现代化过程是建立在非常强大的人力资本基础之上的。

为什么这么说？

颜色： 这首先要从历史说起。在传统社会阶段，中国就是一个非常注重人力资本的社会。按照我的理解，这包括两个方面：一个是科举文化，这使得知识分子对于抽象的、形而上的理论特别强调和崇拜；另一个是社会有尊重知识、尊重文化的传统。这些因素共同支撑了中国古代社会的繁荣。

当然，我们也不得不指出的是，中国古代这种教育体制的最大问题可能就在于它是一种精英教育，只有非常少数的人能够成为儒家的知识分子——我们的统计数据表明，全国每年平均只产生一百名进士。如此看来，这是一种精英程度非常高的教育。

> 中国新动能——光华学者解析未来发展之关键

事实上，在18—19世纪英国人来到中国之前，在江南等发达地区，这种精英教育的状况就已经在缓慢地发生变化，逐渐出现了从精英教育向大众教育的转变。当然，这种转变还只是萌芽，迹象不是非常明显。

英国人来了之后，中国被其用一种强力的方式打开了国门，现代化进程就此轰轰烈烈地展开。在这个过程当中，教育的现代化也在迅猛地进行着。最重要的特点就是，在19世纪晚期，中国已经开始大量地兴建现代新式学堂，派留学生到海外留学。这一系列措施最终导致了一个最根本的变化，那就是中国在1905年彻底废除科举制度。

从此以后，新学就成了中国教育最重要的潮流。而新学的特点，是没有一个中央的考试选拔机构，它其实是一种相对大众化的教育，而不是以往的传统的精英教育。清政府倒台之后，在袁世凯的北洋政府阶段到国民政府阶段，各个政府在普及新学教育上都是花了很大的力气的。包括政策方面、法律方面、经济方面，国家和士绅等全社会的各种力量都是一起来支持办学的。

我的观点是，中国近代的历史非常屈辱，但是1900年之后，这种屈辱基本到底了。之后，随着中国的教育和人力资本的不断培养，中国实际上进入一个缓慢复兴的过程。这个过程是连续的，没有大的断裂。在这个过程当中，现代大众教育对中国的兴起起到很大的推动作用。我们可以看到的是，在20世纪二三十年代的中国的近代工厂里面，管理人员中已经开始有中国自己教育出来的人才，现代社会需要的各个方面的知识分子中很大一部分也是由本国自己培养出来的。

所以说，现代意义上的人力资本的积累到那个时候就已经达到一定的程度。特别是在富有的地方，程度已经相当不错了。现代人力资本对中国的经济发展、工业化和现代化的实现，已经起到很大的作用。

但非常可惜的是，这个过程被之后的一系列战争和运动给打断了。

颜色： 的确是。这个过程被之后的第二次世界大战或者说抗日战争、解放战争给打断了。新中国成立以后的一段时间，我们的政治生活也是不稳定的，经历过几次政治运动。但不可忽视的是，即使是在这样的基础之上，新中国成立的前三十年当中,我们的人力资源积累还是延续了以往的脉络,仍然起到了很好的效果;也才能够像我在一开始所说的那样,为之后三十多年中国的经济发展提供了很好的助推力。

这种人力资源的积累主要体现在哪些方面?

颜色: 中国共产党相信唯物主义,相信现代科技。因此,即使是在动荡的年代,中国仍然延续并大大加强了国民政府时期的一些做法,比如提高识字率、普及大众教育、普及现代医疗、进行新农村建设,等等。这些措施在提高老百姓的受教育程度、身体素质方面起到很大的作用。

正是因为有了之前几十年的人力资源积累,到1978年中国准备改革开放的时候,人们突然发现,整个社会已经准备好了进行轰轰烈烈的工业化运动了。这种"准备好了"一方面是有制度背景,有中国的政治制度动员能力这种特别强的因素,只要一说推动现代化,整个中国自上而下立刻就被推动起来了;另一方面就是已经有了大量的、受过基本教育的、年轻的劳动力。20世纪八九十年代的打工者(包括大学生群体在内),他们有两个基本特点:其一,他们的身上依然有中国特色,受儒家文化的影响较深,这表现为他们身上的一些基本特点,比如说服从、听话、节俭、勤奋,这些都是历史和社会给他们染上的底色;其二,他们在拥有基本的工作能力和识字能力的基础之上,越来越重视自身人力资源的积累,相信知识改变命运,愿意让自己变得有知识、有文化。

这些是中国迅速地转变到建设现代化国家,迅速地实现现代化的根本性基础。

为什么人力资源基础如此重要?

颜色: 我们应该清楚的是,不是说哪一个国家突然来了一个政治强人,说我们要改革开放、要实现工业化就能够一下子推广下去的。必须有人、有环境、有知识,否则是不可能的。

改造传统的社会文化、人的观念习俗并不是所有的传统社会都能够完成的,这是非常不容易的转变,可能需要几代人的努力。我们可以去亚洲、非洲的一些国家看一下,即使到今天,还有国家能够在国家层面公开进行巫师行术这样的事情,你就知道这件事的难度了。在中国二百多年的现代化过程中,慈禧太后的新政、北洋政府、国民政府都希望能够实现这种人的现代化,但是这些政府对社会的控制水平太低,无法实现目标。只有找到比传统社会更为强大的力量,才能推动这种转变。

中国最终是通过"铁与血"的方式,强制推动卫生建设、学校建设,推动社会基础的世俗化、现代化。一方面,以前"乡土中国"的诸种观念尤其是家族观念,都淡化了;另一方面,尤其是在农村,老百姓发现改造厕所、用沼气、用电灯这些现代化的生活方式,其实都挺好的。他们开始越来越相信现代科技的威力,生病后愿意去卫生院看病,认为这是自己所要追求的先进的东西;很少有年轻人还相信巫师、去跳大神等。这与1949年以前的中国是很不一样的。

所以,对于中国来说,一旦到1978年国家要改革开放的时候,大家都已经准备好了,而且与国家的想法是一致的,就是要先富起来、要去赚钱。要是以往的心态不发生变化,大家都会满足于现状,吃点粗茶淡饭、晒晒太阳就够了。没有一个现代化国家是那样的,都是进取的或者说有欲望的、追求物质的、拼搏的、奋斗的。

简而言之,一开始是大家都不愿意到这条轨道上来;中国改革开放前三十年的准备,把大家放到这条轨道上来了;之后通过改革开放,一下子把大家都发射了出去,能跑多远,就看各自的能力了。大家也都意识到这一点,认为知识的回报会迅速地上升,于是其行为开始在市场的影响之下变得自动自发,不再需要国家强制,每个人都愿意打破头去上大学、去接受教育,以改变命运。

简单概括一下,到底什么是人力资本或者人力资源?

陈玉宇: 人力资本,是指人身上可以用来从事生产的技能和知识的市场价值。这样的定义很难衡量,也就很难成为科学概念,于是经济学家们进行了变通,要衡量人力资本,就衡量在人们身上所花费的各种投入的总额,这些投入增加了人的知识和技能。简言之,用的是成本法。

经济学家认为,人力资本直接与劳动生产率有关。正因为如此,我想要强调的是,教育、培训等手段都是可以增加人力资本的;除此之外,个人的健康其实也是一种重要的人力资本。健康的、体力好的、有知识的、有相关技能的劳动者,才能在单位时间内生产出更多的产品和服务,才能从事更长时间的工作。

举一个例子,我在参观世博园的时候发现,在园区的很多空地阴凉处常常坐满了疲惫的人和熟睡的人,世博园的工作人员的一个主要职能就是大声地把试图坐在通道和墙边的各色人等叫起来。我作为研究人力资本的人,联想到的是这些人体力不够、精力不够,是健康资本的问题。因此,我们必须在健康和教育这两个人力资本方面下决心进行改革及提升,只有这样,中国人才能有健康的体魄、高超的技能和有价值的知识,从而带来持久的生产效率的改进以及幸福的生活。

辨析人口政策

中国第六次人口普查的结果显示,2010年的生育率仅有1.18,即使考虑到15%的漏报率,生育率也不过1.4;而国家统计局2010年的人口调查显示,生育率不到1.1。这个数字可能意味着中国未来面临的是人口萎缩而不是人口爆炸。就像日本一样,在未来的几十年当中,中国人口结构的巨大变化将对经济和社会的发展产生剧烈影响。2013年11月,中国推出了放开"单独二胎"的政策,这是三十多年实行"一胎"政策以来的首次重大调整。

按照您的观点,对于经济发展来说,人力资源到底意味着什么?

颜色: 实际上,日本比中国内地小得多,中国香港更是只有一个城市大小。可见,问题的关键在于是否把人力资源当作一种宝贵的财富,在于是否能够把这种资源的积极性充分地调动起来,让人们不仅仅只是干活,还能够创造出知识与想法,这才是最重要的。举个简单的例子,经济学中的一个核心观点是,你现在为光华管理学院工作,每月能有10 000元的收入,但是实际上,你所创造出来的财富是远远超出这10 000元的,你给社会带来的价值也是超出这个数字的。这就是人的正外部性。在一个正常的社会机制当中,教育可以增加人的正外部性,受

> 中国新动能——光华学者解析未来发展之关键

教育程度越高,给社会带来的价值也就越高。

这么说来,人是一种财富,水平越高的人,其财富就越大;不仅仅是你自己过得好,而且是给社会带来了更大的正外部性。这就是为什么我们需要人。因为人可以为社会创造人的外部性,而这就是教育的最根本的命题,所以我们要去教育人,社会应该有一种基本的体制去发挥人的作用。

梁建章: 我的老师加里·S.贝克尔教授[①]非常关心世界各国尤其是中国的社会和人口问题,他经常向我询问一些中国的情况,特别是中国的贫富差距、教育、生育等社会问题。有一次,在他家里喝茶时,他问我:"中国是不是来不及建小学?"我说:"不是,城市里很多小学都关了。"当时他就直言,既然有足够的教育资源,中国就不该施行"一胎"政策了。他的逻辑很简单:只要有能力培养人才,就不应该刻意减少人口,因为对所有国家来说,人力资本是最宝贵的。

正是在大量供应的、具有较好素质的人力资源的基础之上,中国的经济尤其是制造业出现了三十多年的快速发展;但目前学界的一个基本判断是,随着年轻劳动力的不断减少,中国的这种人力资源数量红利经济开始萎缩。作为应对措施的放开"单独二胎"等政策的进展并不是很理想,官方目前的态度也不是很积极,为什么?

梁建章: 中国在人口问题上的认知误区太多,比如"中国的资源不足以支撑这么多人口"。事实上,中国多数自然资源的人均占有量的确低于世界平均水平;但少有人分析,就是世界资源分布极不均匀,少数资源丰富国拉高了世界平均值,绝大多数国家的人均资源都要远低于世界平均水平。

实际上,在耕地、森林、石油、煤炭和天然气等重要的自然资源上,中国的

---

① 加里·S.贝克尔(Gary S.Becker),美国著名的经济学家和社会学家,1992年诺贝尔经济学奖得主。贝克尔是多产的经济学家和社会学家,在他所有的论著中,《生育率的经济分析》是当代西方人口经济学的创始之作;《人力资本理论》是西方人力资本理论的经典,是席卷20世纪60年代经济学界的"经济思想上的人力投资革命"的起点;《家庭论》于1981年在哈佛大学出版社出版时被该社称为是贝克尔有关家庭问题的一本划时代的著作,是微观人口经济学的代表作。因而,这三部著作被西方经济学者称为"经典性"论著,具有深远的影响。

人均占有量都处于世界中间甚至靠前的位置。以世界人均为标准来认定自己人口太多并限制生育，完全是削己足适他履。更重要的是，经济越发展，自然资源的贡献相对来说越小，而人的价值越大。因此，限制生育根本是认识误区之一。

除此之外，中国将人均 GDP 作为衡量一个经济体富裕程度的最常用的指标。在长期计划生育的思维下，人们习惯于把人口当成分母，因此在谈论中国的 GDP 时，很多人会无奈地说："虽然中国的 GDP 总量世界第二，但因为人口太多，人均 GDP 才处于世界中上水平。"但是根据我的研究，人口更多与人均 GDP 更低并无因果关系，更合理的表述应该是，虽然中国的人均 GDP 是中上水平，但 GDP 总量已经达到世界第二。也就是说，正是每个人作为消费者和劳动者对经济的贡献才创造了巨大的 GDP 总量。人口越多越穷的说法与数据不符，而经济学家们也普遍倾向于认为人口是经济发展的中性或略偏正面的因素。[①]那种认为人口减少会提高人均财富的观念是短视和狭隘的，是用短期和微观视角来看待长远和宏观问题所得出的错误结论，应该摒弃。

还有一种错误的观点，是把长期的就业压力归咎于人口太多。例如，原国家计生委一位副主任就曾言："中国的许多经济、社会问题都是人口太多所导致的，谁都明白农业现代化的关键是要实现规模化、机械化，但正因为农业劳动力过剩，为了给每个农民都留一块地，中国农业长期以来不能集约化经营、规模化经营；中国形成的二元化经济社会结构，谁都知道这样不好，但这种格局之所以到现在都没能转变过来，还是因为中国人口过多，中国城市无法一下子接纳那么多剩余劳动力；中国的就业问题，根子也出在人口太多上，中国每年要解决 1 000 多万人的就业问题，是世界上就业压力最大的国家之一，这就迫使我们的经济增长要保持一定的速度。"

---

① 按照梁建章教授的研究，通过分析全球 204 个国家和地区的数据可以发现，人口密度更大的国家，人均 GDP 甚至还略高一些，尽管关系并不显著。中国人口密度最大的几个省区，其人均 GDP 也大都排在前列；其他国家内部也大都如此。在中国，人口密度最大的 5 个省区依次是江苏、山东、广东、河南、浙江；在全国 27 个省区的人均 GDP 排名中，这 5 个人口最稠密省份分别位于 1、7、5、19、2。即便是排名第 19 的、位于中部地区的河南，其人均 GDP 也高于同属中部地区、面积相当、资源更丰富、人口不到河南一半的江西。

> 中国新动能——光华学者解析未来发展之关键

您在近年来一直致力于呼吁、推动中国的生育政策改革,主要是基于什么样的判断?

梁建章: 几十年来对于计划生育政策的宣传,使很多国人还相信"人多耽误共富"的谬论。现在,很多经济学家(包括我在内)为推动计划生育政策的改革,开始写各种文章来批判这个谬论。事实上,"人多力量大",不仅是说人多会带来总的力量大,而且是说在现代经济中,人多会促进人均生产率的提高。也就是说,"人多会促进共富"。

该如何理解这句话?

梁建章: 其实道理很简单,这就是经济学上最常见的规模效应。一家制造企业生产 100 万个产品的单位成本要远远低于生产 1 万个产品;一家服务企业服务一个人口稠密的城市的单位成本往往要远远低于服务一个人烟稀少的乡村;一家创业型的企业在产业聚集地,可以享受到人才、资金和上下游企业的便利供应。规模效应的结果是,不管在哪一个国家,人口稠密的地区总是最发达的地区;这也是为什么年轻人不顾高房价都往城里挤;这也是为什么每个地方政府都要把自己建成某某产业的中心。

具体而言,人口规模效应的作用机制如下:

首先,人口越多、居住越密集,现有的需求和供给的匹配就越容易。比如,即使在人均意义上,城市也比乡村富裕,大城市通常比小城市更富裕;因为在城市(特别是大城市),很稀奇的物品、服务都可能有商家和机构愿意提供。随着社会复杂程度的提高,需求、供给更加多样化和个性化,因此大城市的优势将来会越发明显。

其次,人口越多,现有的需求和供给的细分程度越高、专业化越高、劳动效率越高、匹配效率越高。比如,珠三角制造业各种专业的技术工种不计其数,相互关联的零配件的种类和型号更是数以千万计,这种专业化和综合化的优势是人口规模较小的国家和地区所难以复制的。

最后,人口越多,社会经济复杂程度越高,越容易产生新的需求和供给,孕育新的产业和经济增长点,达成新的匹配。比如,中国的航天和高铁、印度的电影都是中小国家难以支撑的。

总体来说，只要发挥得当，人口众多的规模和聚集在节省广义交易成本上的优势可以在很大程度上弥补甚至超越自然资源相对较低的不足。如果把财富看成存量，分享的人越多，人均当然越少；但从长期和宏观的视角来看，财富是流量，是经济体内消费需求和生产供给的匹配，参与经济循环的人越多，需求和供给的匹配越容易、效率越高、循环越顺畅，人均创造和享用的财富也就可能越多。如果把资源比喻成土，人口就是水；在土之上，水的充沛是经济之树得以茂盛的有利条件。

我们可以就此举个例子——春节期间大量外地人回乡，北京的地铁变得宽松起来，让人觉得北京平时就这么多人该多好。这就是典型的用微观视角来看待宏观问题，即假设平时真的这么少人且地铁服务不变。但平时真的少那么多人的话，北京的经济总量就不会这么大，建设地铁的需求和财力也不会这么强，更不会有这么密集的地铁线路和车次。广州人口大约是北京的一半，但广州的地铁里程目前也仅有北京的一半。也就是说，一方面，人口少，地铁马上就宽松起来；另一方面，人口少，就会降低地铁建设的需求和财力，并最终缩减地铁服务的规模。这个作用过程非常漫长，其效应间接而抽象。减少人口的好处是短期和微观的，容易为人们所感受；而减少人口的坏处却是长期和宏观的，需要更长的时间去体会，尽管其作用可能更加深远。

按照您的分析框架，如果继续延续我们目前的生育政策，将会产生什么后果？

梁建章：继续维持在低生育率水平，将会给中国带来一系列的社会和经济问题：

首先，人口迅速老龄化，劳动力数量相对于需要赡养的老人数量迅速减少，将导致整个社会的养老成本和税收增加。可以预见的是，中国在未来20年内将成为老龄化和养老负担最高的国家之一，而且这种态势会不断加剧，这将严重拖累国家的财政和经济活力。

其次，低生育率还会削弱中国在世界经济中的地位。改革开放后，中国仰仗着全球第一的人力资源和庞大人口的市场规模，在几十年内迅速崛起，成为新兴制造业大国,并会取代美国成为世界最大的经济体。但按现在的趋势,两三代人之后,中国每年出生的人口将少于美国,而这些未来比美国更少的年轻人将负担远比美国更多的老年人口,中国人口将彻底失去人口优势,经济规模最终又会被美国反超。

最后,低生育率还会削弱中国未来经济的创新创业活力。随着人口老化,企业中老人的比例会越来越高,年轻人的上升空间缩小,其创新创业活力会大幅下降。过去20年,日本企业的创新活力和创业活动下降,导致日本经济一蹶不振,长期处于萧条状态,人均收入相对于其他发达国家不升反降。低生育率导致的人口老化和衰减被认为是日本经济萎靡的根本原因,这是非常值得警醒的教训。

为了避免这样的恶果,中国应如何进行改革?

蔡洪滨:以放开"单独二胎"为突破口,尽快地、果断地调整人口政策,我觉得这是决定中国未来二三十年社会人口结构的最重要的政策之一。

颜色:在老龄化趋势已经这么明显、总和生育率已经这么低的今天,中国应该立刻做两件事:其一,放开或者鼓励生育;其二,现有的人力资源要充分利用好,不要再有人力资源的错配。

梁建章:我的观点是,人口政策涉及国家民族之根本,必须从长远和宏观的角度来把握,而那种把人口增加当成洪水猛兽的观念本身就是错误的。在生育率比我们高得多的西方国家,婴儿潮被当成社会的福祉。几乎所有国家都明白,孩子是最珍贵的资源,绝大部分资源可以从市场上购买,唯有本民族的孩子需要自己培育。即便应对出生人数的反弹需要一些付出,未来的报酬也将远远超过这些付出,一个不愿为孩子付出的民族是没有未来的。

我希望整个社会不要再争论是否应该全面放开生育了,因为残酷的、冷冰冰的数据已经摆在了面前,是时候要讨论如何有效地鼓励生育了。自1991年以来,中国的生育率一直低于更替水平,至今已超过20年;除中国外,没有任何一个国家在生育率低于更替水平之后仍然限制生育。完全放开生育不是极端的建议,而是维持民族繁衍,确保中国的长期稳定和繁荣所必须做的事情,而且没有任何理由再拖延。

正因为如此,目前的放开"单独二胎"政策当然是值得肯定的变化,但同时也令人失望,因为改革的步伐仍然太小、太慢,而且依然属于限制生育。在政策出台当天,我即撰文"放开单独二胎对生育率恢复正常杯水车薪"指出,中国早已陷入低生育率陷阱,即使全面放开甚至鼓励生育都难以走出困境;中国真正需要担心的不是放开后出生人数的短暂反弹,而是由于生育旺盛期的女性数量将急剧萎缩,导致几年之后的新生儿数量可能再现20世纪90年代那样的雪崩。因此,现在政府不仅应该全面放开生育,而且必须认真研究各种鼓励生育的政策,加大鼓励生育的宣传力度。[①]在出生人数再度下滑之际,应像几乎所有其他低生育率国家一样,实施鼓励生育的措施,整个社会和政府要推出各种配套措施,在税收、教育、医疗各方面切实减轻家庭养育子女的负担,让普通家庭愿意生孩子、生得起孩子、养得起孩子。只有大多数家庭能生二胎,少数家庭能生三胎、四胎,才能弥补一些家庭不生或只生一胎所造成的亏缺。

只有这样,中国社会才可能恢复正常的生育状态,从而奠定家庭的幸福和国家的长期稳定及繁荣的基础。

中国的生育率和出生性别比如表1-2所示。

表1-2　1991—2010年中国的生育率和出生性别比(以女性为100)

年份	生育率	性别比	年份	生育率	性别比	年份	生育率	性别比
1991	1.800	105.9	1998	1.310	116.6	2005	1.333	118.4
1992	1.680	107.3	1999	1.230	117.3	2006	1.303	118.2
1993	1.570	107.5	2000	1.220	118.2	2007	1.272	118.5
1994	1.470	108.9	2001	1.243	118.5	2008	1.242	119.7
1995	1.480	112.1	2002	1.265	118.9	2009	1.211	121.1
1996	1.360	113.9	2003	1.288	118.8	2010	1.181	118.0
1997	1.310	115.5	2004	1.310	118.7			

资料来源:郭志刚,"对中国1990年代生育水平的研究与讨论",《人口研究》,2004年3月号。

---

① 2014年7月,国家卫计委在相关新闻发布会上称,截至2014年5月31日,全国提出再生育申请的单独夫妇共有27.16万对,已批准的有24.13万对,仅占符合条件的单独夫妻数量的2.5%。此前,国家卫计委预测"单独二胎"政策实施后,全国每年新增出生人口约为200万。现有数据表明,新增出生人口数远低于预期。

如果中国继续保持目前的政策不调整或者调整得很慢，会产生什么影响？

梁建章：这种人口趋势将造成中国未来人口的极度老化和急剧萎缩，并由此给经济发展带来严重的负面影响，对中国的复兴是釜底抽薪。经济活动的本质是需求和供给的匹配，扣除技术进步和城市化等正面因素，人口老化和萎缩将造成需求和供给的同步萎缩，匹配效率下降；除了医疗、养老、殡葬等，很多行业都可能步入衰微，国内投资动力不足，基础设施因缺乏更新需求和财力而面临老化甚至被废弃。严重老龄化更会加大社会扶养负担，恶化财政状况，并大幅降低创新和创业活力，更不用说对社会和家庭会带来各种负面影响了。

中国和印度人口结构比较如表 1-3 所示。

表 1-3 中国和印度人口结构比较

年份	印度						中国			
	人口（百万）			65+岁（%）			人口（百万）		65+岁（%）	
	低	中	高	低	中	高	低	中	低	中
1950	551	51	551	4.5	4.5	4.5	372	372	3.1	3.1
1980	983	983	983	5.2	2.2	5.2	700	700	3.6	3.6
2010	1 333	1 333	1 333	8.9	8.9	8.9	1 225	1 225	4.9	4.9
2030	1 300	1 360	1 447	18.0	17.2	16.2	1 435	1 523	8.8	8.3
2050	1 101	1 191	1 444	30.2	28.0	23.1	1 457	1 692	15.6	13.5
2070	815	937	1 394	38.9	33.8	22.8	1 295	1 708	25.8	19.5
2100	465	621	1 408	42.9	37.7	23.5	880	1 551	35.8	25.4

资料来源：易富贤，《大国空巢：反思中国计划生育政策》，中国发展出版社，2013 年 2 月，第 264 页。

对于未来中国人口政策的改革路径及进展，您的态度乐观吗？

梁建章：几年前我开始做这件事的时候，社会上可能只有 1% 的人认为计划生育是错的，现在可能到了 20% 左右，在精英阶层可能到了 60%—70%，这就是非常大的进步。什么时候为 50% 的大众、80% 的精英所认可，中国的政策就可能会调整，因为民意是基础，而且生育问题上既得利益的人相对较少，比较容易推动。

我的预测是，生育政策的彻底放开用不了太长时间。

专题一　新常态　>下篇　开掘新人口红利

人力资源配置抉择

中国近年来的劳动力市场供求存在看似矛盾的现象：一方面，具有专科和本科学历的劳动者，不如具有职业高中、技工学校和高中学历的劳动者受欢迎；另一方面，劳动力市场对持有高级职业资格证书或者高级专业技术职务的劳动者有着十分强烈的需求。这意味着，学历所显示的受教育程度，并没有能够转化为劳动力市场所需的就业技能。这向求学者提出了如何把学历与技能一致起来的要求，也对政府职能的发挥提出了要求。

受此前生育率水平较低等多方面因素的影响，中国正在加速或者已经迈过"刘易斯拐点"，从现实的角度来看，在中国未来的发展中是否还有人力资源红利？

陈玉宇：我个人认为，至少在一段时间——起码二十年之内，老龄化对中国经济发展的负面影响是被夸大的，中国因此失去人口红利的观点是误导的。

从人口负担比的角度来看，从今天起到2025年这十年时间当中，中国每一百个工作的人需要赡养的老人只有十一二个，需要照顾的小孩只有四五十个。从这个角度来说，中国的人口负担率在全世界范围内来看都可以算是非常低的。你刚才说的这种观点的依据是——中国从20世纪六七十年代开始，人口的负担比一直在下降。当前中国劳动力占人口比例高的原因，一是人还没有变老，二是出生的孩子变少。到今天为止，这种人口负担比基本降到谷底，而这个谷底会延续一段时间。事实上，这种比较低的情况会一直延续到2025年，之后开始快速上升；到2030年的时候，与其他发达国家和一部分发展中国家相比，中国的人口负担比还是比较低的；直到2035年以后，中国人口抚养赡养的负担比例会超过其他国家的平均数，再到2050年，中国会进入全球人口抚养赡养负担最高的一组国家之列。①

---

① 人口学依据不同的年龄类型，将某总体人口区分为年轻型（增长型）、成年型（稳定型）和老年型（减少型）三种基本类型，同时依据（0—14岁）加60岁或65岁以上人口与（15—59岁）或（15—64岁）人口之比，即以从属年龄比或扶养人口比（Dependency Ratio）的变动，来评价人口年龄结构变动对经济发展的影响和贡献。这个比值越高，表明老少被扶养人口之和所占比例越高，从而使经济增长的"人口窗口"关闭，不利于经济的发展；相反则有利于经济的发展。原因在于：一是扶养比或从属比长期持续下降，社会负担减轻，提供了轻装上阵、集中力量进行经济建设的机遇；二是劳动年龄人口占比和绝对数量的持续增长，提供了数量充裕、价格比较低廉的劳动力，有利于降低成本和提高产品的竞争力。

> **中国新动能——光华学者解析未来发展之关键**

中国的发展窗口期比较短,所谓的长期看好中国经济有点儿不靠谱,这个长期不可能超过 25 年。因为到 2050 年之后,中国的人口结构就会成为经济健康增长的重大负面因素,所以留给中国发展的黄金窗口期其实就还剩下了 30 年不到的时间。

在这个判断的基础上,我认为现在中国怎么设计退休制度、怎么试水养老地产,恐怕都不是紧迫的问题,放开生育才是关键的问题;更重要的就是在接下来的这段时间之内,怎么让劳动者的生产效率得到大幅度的提高,让每个以前能够生产出 5 万元产品和服务的劳动者变成可以生产出 30 万元的产品和服务的劳动者。

除了您说的人口负担在未来一段时间内还不是太重,从数量转向质量是否就是您所认为的中国依然存在的人口质量红利?

陈玉宇: 对。中国经济进入"新常态"后发生的变化之一,就是支持中国经济发展的最主要的劳动力资源条件发生了变化。中国从一个低技能、低教育水平劳动力充裕的国家,短时间内将悄然变成一个高教育水平、高技能劳动力充裕的国家。

为了适应这样的转变,需要劳动力市场进行根本性的深刻改革。人力资本是一个国家长期增长的最核心的资源,"新常态"的核心其实是劳动力市场的改革以及创新能力与生产效率的提高,而其中的牛鼻子就是劳动力市场。中国需要一个更加完善、全国一体化、具有很大灵活性和功能性的劳动力市场,将劳动力配置好,将年轻的劳动力配置在恰当的产业和恰当的城市,将优势发挥出来。

就人口质量这一方面来看,目前中国的人力资本现状如何?未来的前景又怎么样?

陈玉宇: 首先,中国的人力资本在存量上并没有优势,25—34 岁受过高等教育的人口比重相比其他国家非常低。这也要求国家继续加大人力资本的投资,包括更加广泛地推广基础教育,义务教育应该改为 12 年,现在在已经展开的高校扩招不要因为暂时的困难而放缓脚步。除此之外,中国也进入了收入分配体制的"新常态"。此前30年强调效率优先兼顾公平，现在逐渐转向效率与公平兼顾的"新常态"，这也与我们劳动力市场的变化有关。提高教育水平、推进教育公平是解决收入分配不平等的最有力的方式，同时也是副作用最小的方式。

再看优势，中国的优势在动态上，我们虽然在20世纪50—70年代的受教育水平与世界各国相比较低，但在90年代之后，中国的学生完成高中与完成大学的比例已经有了很大的提高，更重要的是，这一比例还有提升的空间。随着接受高等教育的孩子越来越多，中国将历史性地实现转变，也就是从低技能劳动力充裕的经济体，悄然变成高技能（大学）劳动力充裕的经济体。①

1990—2010年，中国出生了将近4亿人，他们在未来20年会陆续进入劳动力市场。这4亿人中，将有2亿人受过大学教育，也就是在2035年的时候，中国25—45岁这个年龄段的劳动力里面有2亿大学毕业生。这样的劳动力优势在人类历史上从未发生过。全美国现在还健在的、受过大学教育的不超过1亿人；全欧洲7 000万人；韩国1 000万人不到。不管存量的人口怎么样，中国1990年以后出生的孩子上大学的比例是30%多，1997年以后出生的孩子上大学的比例是40%多，2010年以后出生的孩子上大学的比例可能达到60%。

因为要改变现在40岁的人的人力资本很难了，所以中国每一个年轻人都很珍贵。我们应尽量让他们多读书、有创造力；政府应该加大投入，让教育质量得到提高，让教育质量实现均等化。中国在这些方面做得还很不够。数字显示，韩国25—35岁的年轻人当中，完成高中教育的比重是98%；而中国同期的数字则只有不到30%。我们与自己之前相比的确是进步了，但是我们的进步还远远不够。只看眼前的大学生就业困难而不看长远的需要，是不对的，不要让错误的观点阻扰我们的进步。

我认为，中国在未来几年新增的4亿国民中将有2亿人接受过大学教育，而

---

① 根据《国家中长期教育改革和发展规划纲要》，预计到2020年，中国主要劳动年龄人口平均受教育年限将提高到11.2年；接受高等教育的比例将超过20%；具有高等教育文化程度的人数比2009年翻一番，达到1.95亿人；高等教育毛入学率将达到40%。大众教育和高等教育的进一步发展，将为中国经济转型和实现可持续增长奠定坚实的基础。

> 中国新动能——光华学者解析未来发展之关键

这将引起一场高技能劳动力供给诱导的产业结构革命,前途可期。若这4亿国民可以成长为经济学家迪尔德丽①所认为的布尔乔亚(中产阶级)并在成长过程中培养出谨慎、自律、勇气、正义感、信仰、希望和爱七项品质,且他们的尊严得到充分的保护,那么中国的创造力将不可限量,无论多么瑰丽的中国梦都有可能实现。

这一拨人是老天爷给中国的在当前发展窗口期的核心资源,要是把这些年轻人给浪费了,就灭了中华民族的基础了。

但现实中的一个尴尬之处在于,即使受教育程度提高了,大学生毕业之后找工作仍很困难。因此,有学者建议中国应该像德国那样培养很多高级技工,国家也在出台一些相应的政策。

陈玉宇: 我反对这种观点。目前的情况是,中国可以培养技工,但需求不会那么多。就像美国,现在有1.5亿劳动力,但在制造业中就业的一共才1 300万左右。中国在制造业中的就业人口在当今就是历史的顶峰,未来中国的制造业会发展,但是依赖于每个工人创造的产值的增加,也就是劳动生产率的提高。大规模地培养技工,如果十年后这种技术不需要了、这个产业没有了,让这拨人怎么办?眼前技工的缺乏,可以通过企业与政府共担成本的方式对现有工人进行培训来解决。

相应的,在产业结构剧烈变化的时代,中国需要做的是让劳动力变得更有知识和文化、更具有灵活性和适应性,能够在未来的产业变化中不断地学习以应对变化,从而适应新的产业,使生产率提高。这恰巧是大学教育培养的专长所在。按照现有微观数据的各种估计,大学教育的投资还是不错的投资。教育还对社会的参与度、对美好价值的卫护、对良好人格的形成、对减少暴力和犯罪都有颇多

---

① 迪尔德丽·N.麦克罗斯基(Deirdre N.McCloskey)出生于1942年,是伊利诺伊大学芝加哥分校(UIC)的经济学、历史学、英语和传播学特聘教授,也兼任哲学、古希腊和古罗马文学教授。她的写作领域涉及经济理论、经济史、哲学、修辞学、女权主义、伦理学和法学,自称"后现代、自由市场阶段、追求定量标准、属于圣公会、支持女权主义的亚里士多德学派学者"。

影响，政府给予教育的补贴应该加大。①

因此，中国在培养人力资本方面决不能短视，更不能把仅剩的这些年轻人资源给错误配置了。

颜色：美国哈佛大学教授克劳迪娅·戈尔丁（Claudia Goldin）有一个著名的理论框架，叫做"教育与技术的赛跑"。这个框架的意思是，有的时候技术先进步了，就需要与之相匹配的人去进行操作。一开始，相匹配的人较少，工资就会高。比如，我现在新发明了一台电脑，没有人会使用这种东西，因此打字员就成为一种职业，而且工资还很高，这就相当于技术跑在了教育的前面。接下来，教育就会对此作出反馈，学校开始培养打字员，于是教育慢慢追赶上技术的进步，以前工资很高的技工岗位（比如打字员）的工资就会下降。之后是新的技术发明，新一轮的调整与适应。

中国从三十多年前开始改革开放之后，明显体现出来的就是这种技术与教育之间的赛跑。聪明的、有能力的人，他们接受了高等教育、回报率很高，于是整个社会作出反应，每个人都愿意多积累人力资源，这样就满足了社会发展对人力资本的要求。

从2000年开始，的确出现了高考扩招造成的大学生供给过剩，导致大学生就业难、工资低；相应的，技工由于供给不足，则出现工资慢慢抬高的迹象。一方面，这源于我们的教育市场还不够市场化。大学教育设置专业都是计划性的（连农业大学都设置金融专业），这么一来，就没有办法保证教育出来的学生有能力到市场上去谋生、求发展。

---

① 1973年，美国学者马丁·特罗（Martin Trow）提出高等教育大众化理论，指出高等教育毛入学率在15%以内为精英教育阶段；在15%—50%为高等教育大众化阶段；在50%以上为高等教育普及阶段。按照这一理论，在2002年（即在中国高校扩招的第三年），中国便开始进入高等教育大众化阶段。而劳动经济学的研究证明，受教育程度越高，特别是接受过大学本科以上教育之后，寻职者实现与劳动力市场的匹配所需要的时间就越长。也就是说，大学毕业生找到理想的工作需要花费较多的寻找和转换时间。因此，单纯用大学毕业几个月之后的就业率以及毕业生的起薪水平进行判断，并不能得出关于这个群体人力资本优劣势的正确结论。事实上，在经历了较长的寻职时间并实现初次就业之后，具有较高学历的劳动者仍然会处在寻职过程中。此外，较优越的人力资本条件也给予他们更多的机会获得职业发展，从而最终处于劳动力市场的有利地位。

另一方面，这也意味着我们人力资本的结构有些不合理，拥有一般知识（比如数理化、写文章）的人多了一些，而拥有特殊技能（比如会修表、会开机床）的人则过少。的确有必要去衡量一下一般知识与特殊技能之间的关系，也就是说我们要去优化教育的结构，但也不能拖得太长。一旦时间被拉长之后就会发现，开机床的技术很快会被更新换代，随时会出现一系列的新东西（比如 3D 打印技术）。这些人只会开机床，他们的适应能力就非常差；而拥有一般知识的人，适应能力相对就比较强一些。

而相应的，原先的打字员们要么接受工资的下降甚至失业，要么也去革新自身的知识结构和技能，追求进步。而教育是一种持续性的过程，不是说光学校教育就够了，政府也应该在这方面对这些技工们加强在职培训。比如说富士康的工人，十七八岁进厂打工，十几年间只学会了安装一个钉子的工序。我们能不能做一些在职的培训、做一些该做的事情，让这些年轻人老了不想安装钉子时，还有其他的谋生技能。这些都是非常必要而且紧要的。

除了适度地调整教育结构以及增加人力资源的继续教育培训之外，为了把握好可能是中国的最后的人口红利，各界还应该做些什么？

陈玉宇：目前中国的产业结构是为了适应农民工的充裕供给而形成的产业结构，受过高等教育的人在找工作时会发现，适合他们的工作并没有那么多。因此，我们需要有更好的劳动力市场，让他们在有限的工作岗位里达到更高效率的雇主和雇员的匹配。

对劳动力的需求方（也就是企业），应该根据资源禀赋条件的变化来考虑未来的发展方向。企业看到市场上有如此多的高水平劳动力，就应该考虑是否该转产，是否应该去开辟生产性的服务业或生活型的服务业等符合未来方向的产业，而这些产业正是受过高等教育的劳动力才具有优势，这些产业可以让高知识劳动力有用武之地。

我们需要高效的劳动力市场，使得充裕的高技能劳动力不断与产业结构转变的企业所产生的新需求迅速进行配对、吻合、互相促进。

目前的问题是,许多企业找不到合适的高技能劳动力。北京等大城市,大学生劳动力充足,但在其他有潜力的城市,大学生劳动力少而需求大,可是大学生是否愿意去其他城市的劳动力市场呢?这里就要打一个问号了。中国1990—2012年出生的人差不多有4亿,其中大约2亿受过高等教育,他们未来20年将陆续进入劳动力市场,最大的挑战就在于此——需要一个高效率的劳动力市场去配置好我们最宝贵的劳动力资源。劳动力资源误配置的损失巨大,如果我们的年轻人都争着想去当公务员、都想去北上广,那将是中国人力资源配置的巨大失败。

那么,我们应该如何建立一个高效的劳动力市场?

陈玉宇: 政府在构建劳动力市场方面是要起主导作用的。劳动力市场是一个无形的市场,由一系列引导、制约、影响劳动力配置的制度、法律、规章等构成,原来那些限制劳动力市场配置效率的法律、户籍制度、退休养老制度、医疗、教育等都需要调整。我们不能再制定那些一厢情愿、不符合市场规律的制度。好的劳动力市场,能够有效配置劳动力资源,提高生产率。

因此,中国未来增长动力的转变,需要建立在一个更加完善的劳动力市场的基础上,不浪费这些不断被培养出来的、高技能的人力资本,使他们能够随着中国产业结构的变化而迅速地补充上去,进而与产业结构形成互相促进的关系。

在此情况下,中国真的会变成不再依赖低级制造业,而是逐渐演变成依赖高级制造业、城市化和服务业来获得发展。

提高流动性为要

当经济从"贫困陷阱"摆脱出来之后,要素驱动的经济增长必然会带来一定程度的社会分化,这时公平竞争的市场规则还没有建立起来,而在社会各阶层的利益博弈中,政府还无法扮演公平和中立的角色。同时,一部分精英阶层利用制度和政策的缺陷为自己谋求利益,阻碍了社会流动性机制的确立和完善。此外,一个国家在要素驱动的发展阶段,社会流动性一般比较高。当前社会对于社会流动性的下降趋势和社会结构的固化的认识不够,难以达成关注社会流动性的共识。

在构建这种有效的劳动力市场的时候，可能的阻力或者说需要注意的地方在哪里？

颜色：我们要极力避免的，正是人力资源的错配。这种错配的根源，浅层次的是市场化的程度不够，比如户口、医疗教育等配套设施的问题；深层次的是让孩子能够按照自己的兴趣去学习一些自己真正感兴趣的东西，而不是花大把的时间和精力去应付考试。在这方面，美国一直走在我们的前面。现在的中国，分阶层来看，高收入家庭的孩子，相对来说也自由了一些；不像以前那样，小孩都是一样地被强迫学习。

接下来还有一个特别核心的问题，也是蔡洪滨院长特别关心的问题。20世纪80年代的时候，中国社会的流动性是非常高的，这与人力资本的积累是有相关关系的。你为什么要读书？改变命运。那假如你读书根本改变不了命运呢？与之相应的，则是一个非常核心的、光华管理学院的老师们非常关心的问题，那就是社会的流动性问题。

蔡洪滨：现在大家高度关注的政府规模过大、收入分配不均、教育不平等、健康不平等这些问题，都体现为静态的不平等，这不是最可怕的；最可怕的是社会流动性低、社会利益结构被固化，这将造成动态的不平等，必然导致长期经济增长的停滞。

应该如何定义社会的流动性，强调社会流动性的必要性又在哪里？

蔡洪滨：我们之所以要如此强调社会流动性的重要性，是因为较高的社会流动性是维持长期经济增长的必要条件。只有较高的社会流动性，才能保证动态的机会公平，调动社会上所有人的积极性进行人力资本投资，努力工作，积极创业和创新。

具体而言，一个国家进入中等收入阶段以后就容易出现社会流动性下降、社会结构固化。这个概念指的是上一代人的收入、教育和地位对下一代人的收入、教育和地位的影响程度，这种影响程度越高，社会流动性就越低。通俗地说，社会流动性低就是所谓的"龙生龙，凤生凤，老鼠的儿子会打洞"；社会流动性高就是所谓的"朝为田舍郎,暮登天子堂"。①

一个国家进入中等收入阶段以后就进入了效率驱动阶段,在此阶段最核心的问题是如何激励人们进行人力资本投资。人们是否愿意学习、得到教育和培训以及是否愿意寻找一切机会去改善自己的处境,这是决定一国经济长期增长的关键因素。要让所有人有这样的积极性,就一定要给他们提供希望和机会,让他们产生"只要努力,一切皆有可能"的预期。如果不管你如何埋头苦干,你的收入和财富还是主要由你的父辈的收入和财富决定,那么谁还有个人奋斗的志向和激励?谁还愿意对自己进行人力资本的投资?因此,高社会流动性是促进经济长期增长的关键。②

颜色: 人口政策具有巨大的延后性。我们在20世纪80年代之所以拥有促进中国发展的人口数量红利,就是因为之前的很长一段时间里,中国没有实行计划生育政策,积累了大量劳动力人口。同期中国社会的流动性非常高,促进了人力资本的积累。为什么大家要去读书,要去考大学?因为读书可以改变命运。于是,中国从这个时候开始,积累了大量的人口质量红利。这给今天的中国带来的好处是,人口数量红利消失了,没问题,还有人口质量红利。我们有可能转变经济增长方式,创新发展路径,寻找途径向价值链的上游转移,在做这些事情的时候,我们有人才的支持。

---

① 按照蔡洪滨教授的进一步研究,社会流动性的测度是收入、教育和地位在代际之间的相关系数,它的取值在-1—1。合理的社会流动性意味着代际相关系数应该在合理的范围内。代际之间的相关系数为-1,意味着如果上一代是穷人,那么下一代就变成富人;或者上一代是富人,下一代就变成穷人。这是通过大规模的财富剥夺才可能实现的代际变化。一些国家长期陷入贫困陷阱、积重难返,其主要原因就是经常发生战乱和革命,导致代际之间的过度和无常的变化,这显然不是我们希望看到的情形。正常社会的代际相关系数都是在0—1,由于有各种因素(如基因、自然环境等)影响代际之间的传承,因此相关系数应该大于0;但如果代际相关系数趋于1,社会结构就会彻底地固化,父辈的收入、教育和地位完全决定了子辈的收入、教育和地位。

② 比较世界各国的数据可以得知,一国的社会流动性越高,对应的经济增长率也就越高;秘鲁、智利和巴西等国的教育代际相关系数都超过0.59,这意味着如果父辈的教育程度不高,那么孩子也很难接受良好的教育,因此长期处于"中等收入陷阱";而发达国家的教育代际相关系数都小于0.5。中国古代的科举选拔制度虽有其弊端,但在提高社会流动性方面却居功至伟——有真才实学的人也可以"居庙堂之高",这为治国安邦源源不断地输送了人才。

但是在当今的中国社会环境中，我们可以非常清晰地感受到，已经有相当一部分年轻人不再去疯狂地考大学了。因为从 2000 年之后，人力资本改变命运的能力在逐渐地降低，也就是社会流动性有逐步降低的趋势。很多人的观点是，反正我也考不上北大、清华，而且即使考上了，没有关系将来也混不好。但以前不是这样的，我们经常能够看到的例子是，再一般的人，只要肯干、再懂点技术、去南方做做生意，很快就能够改变命运、发家致富。但是现在，北大、清华这些中国的顶尖学府里面，还有多少个学生是出自农村的？越来越少。这种趋势如果继续蔓延、持续下去，中国已有的人口数量红利将会消失，且人口质量红利也难以为继，经济增长肯定得熄火。这是根本性、长期性、结构性的问题。

人力资源既包括有形的读书考试的成绩，也包括无形的人的思想精神状态。就像当今的日本社会一样，大家都特别喜欢日本，觉得这个国家特别精致、超级干净，但是它的社会氛围却是死气沉沉的，人口老龄化程度极高，年轻人根本就没有奋斗的动力和欲望，都想到大公司里打个工了事。日本已经足够富裕，还有强大的制造业基础，即使这些动力都消失了也没事儿。但是中国不行。

为了扭转当今中国社会流动性下降的局面，有没有什么具体的建议？

蔡洪滨： 保持社会的健康流动性，让年轻人有动力去努力改变自己的命运，这才是我们努力的方向。只有在这种共识的前提下，很多问题才能讨论出建设性建议。总是从静态的角度去谈，你多了、我少了，大家都觉得自己是弱势群体、都觉得不公平，这不具有建设性。我们每个人、每个阶层，从国家长期发展的角度来说，需要社会改进的地方是，保持一个相对合理的流动性，保证年轻人无论属于哪个阶层、有着怎样的出身都有希望。我们可以探讨一下，从政策层面、从学校到政府到企业到个人都应该做些什么。具体而言，为了扭转流动性下降，中国应该采取以下措施：

第一，加快建立公平竞争的市场规则，特别是对弱势群体在制度上适当地加以保护，给他们参与公平竞争的机会和可能性。对于起点较低的人群，仅仅给予他们法律上的公平还远远不够，还要给他们提高自身能力的机会，而这种机会必须是一视同仁的。一方面,要改革户籍制度,打破城乡二元体制,让农民和城市居民在生活、教育、就业中得到同等对待;另一方面,要放松劳动力市场上不合理的市场准入限制,取消各种各样不必要的职业证书要求,让低收入者有机会进入合适的职业领域。

第二,政府投资应当由物质资本投资转向人力资本投资(如教育和健康等产业),特别要注意消除教育和健康水平的不平等。教育和健康是人力资本的组成部分,是个人竞争能力、社会经济效率的决定因素,但也最容易成为不同家庭之间的鸿沟。只有国家的公共体系保证了公民平等的教育机会和医疗水平,来自较低阶层的年轻人才有可能通过自己的努力改变命运。

第三,提高各类机构维护社会流动性的责任感。社会流动性的提高最终取决于企事业单位对各阶层人群的平等对待;各级政府、国有企业、公立学校依靠纳税人的钱运转,更有责任为所有人尤其是弱势群体提供公平的就业和发展机会。

需要指出的是,今后考察一个政策,应该要去思考它是在帮助还是在阻碍社会流动性。但我们现在还没有这个意识,现在考虑的就是这个政策要不要实施,短期的好处是什么。从这个角度去考察有关的政策,比如高考自主招生,出发点是好的,但我们要综合考察学生素质,不能光靠考试。这里需要注意的就是,如果这个规则让那些农村的或者家庭条件不好的孩子没有成功的希望,那就是不好的,不是说不可以去实施,而是需要有意识地去改进。

在这方面,中国可以参考国外经验,比如美国的私立大学招生,完全是自主招生,也不是只看分数,它们会考虑如果一个孩子是在特别艰苦的条件下成长起来的,那么给他特别的优惠,因为他能上大学一定是克服了重重困难,他的毅力、上进心一定比其他人更高。它们看家庭背景,但是自然而然地在做促进社会流动性的事情;我们的公立教育系统出政策说你的孩子必须会弹钢琴才能进入好的大学,那就是断绝了中国绝大多数孩子的希望。我不反对自主招生,也不反对高考改革,但是要把这些更重要的因素考虑进去,保持一定的比例,针对不同的人群有不同的要求。比如,北大、清华就保持30%的比例从农村招生,为什么不可以呢?哈佛也是这样的。人才就是需要多样化的,为什么我们的公立学校做不到呢?

> 中国新动能——光华学者解析未来发展之关键

颜色：这就是所谓的采取一些结构性而非片面性的办法去增强机会的均等化。比如，我们应该针对某些特定的家庭实施具体的补贴，而不是笼统地、一般性地出台政策说要提高义务教育的年限。除此之外，我们的教育资源应该分配得更加均匀一些。

在这方面的初步做法，是让北京大学给西部地区多一些招生名额。但这种做法可能仍然过于简单，而且还可能存在另外一种不公平，那就是为什么来自江苏、山东的孩子就要受到歧视？因此，我们应该做的是让甘肃这样的省区也建设出一个类似于北京大学的学校，可能最终无法与北京大学一样，但至少也是好的学生愿意去上的大学；而不是像现在这样，到最后中国还是只有北大、清华等几所好学校。同样以美国为例，类似水平的综合性好大学有十几二十几家；后面还有三四十家大学可能没有前面的学校好，但是也有牛教授，也能够带一个团队，他们同样被认可为大牌教授。

以上诸种措施对提高中国社会流动性的效果，有的人可能比较悲观，您的态度是？

颜色：不管怎么说，要继续加强教育，这是社会活跃的根本性条件之一。至于说到悲观与否，我认为中国的优势在于，目前的一系列体制性弊病都是可以进行改革的，它们不是先天性的条件问题，而是后天的制度问题，改革了就会好起来。比如，现在不让大家多生孩子，如果一下子放开，就能够在很大程度上得到改善。这就是所谓改革红利的意思，改革或者说废除某些政策就能够释放很多的发展潜力。

归根结底，中国人是很优秀的，比其他很多国家的人都要强很多。中国人聪明、勤奋，而且中国行政体制的执行力强；除此之外，中国的年轻人还想创业、想奋斗，他们还相信即使自己在体制内没有机会，但在体制外还有空间、还能够有机会出人头地。

主要参考文献：

蔡洪滨,"提高流动性 让人有奔头",《人民日报》,2011年3月21日。

〔美〕哈瑞·丹特著,萧潇译,《人口峭壁:2014—2019年,当人口红利终结,经济萧条开始》,中信出版社,2014年7月。

田雪原,《后人口转变迎来新改革机遇》,社会科学文献出版社,2014年6月。

蔡昉,《从人口红利到改革红利》,社会科学文献出版社,2014年6月。

蔡昉,《破解中国经济发展之谜》,中国社会科学出版社,2014年1月。

〔美〕乔治·马格纳斯著,余方译,《人口老龄化时代》,经济科学出版社,2012年8月。

许元荣,"中国开启新'人口红利'时期",《第一财经日报》,2014年10月27日。

徐诺金,"以投资平衡人口负债",《财经》,2014年12月。

专题二 城镇化

>上篇　城镇化正途

"十二五"期间，我国城镇化率将突破50%，人们的生活方式和经济社会结构会随之发生一系列深刻变化。在这个关键时期，必须牢牢把握城镇化发展蕴含的巨大机遇，清醒地认识这一变化可能带来的各种挑战和问题，因势利导、趋利避害，推进城镇化健康发展。要看到，在十几亿人口的大国推进城镇化，进而实现现代化，在人类历史上没有先例可循。有序引导这个宏伟过程，也是对我们党执政能力和政府行政能力的重大考验。我们必须按照科学发展观的要求，从基本国情出发，借鉴国际经验，稳步推进这一历史进程。

——中国国务院总理李克强

我们的城镇化虽然取得了巨大的成就，但是也有非常大的欠账。我们有经验也有教训，面临的任务会更艰巨，一手要持续推进城镇化，另一手必须把那些该解决但没有解决好的事认认真真解决好。这里面没有什么捷径可走，不要单纯地追求城镇化率。有人说发达国家城镇化率达到80%以上，我们的城镇化水平还很低，空间很大。这有点盲人摸象，人家的城镇化率统计口径和方法是什么都没有搞清楚，怎么跟人家比。所以一定要警惕，不要把过去所谓的GDP崇拜转过来成了对城镇化率的崇拜，那样会误大事。

——中央财经领导小组办公室副主任陈锡文

> 中国新动能——光华学者解析未来发展之关键

在当下中国,没有什么词汇能够像"城镇化"一样具有持久不衰的热度;而它所可能蕴含的改革红利,也给关注者们提供了无穷的想象空间。

城镇化是个古老的话题[①],早在英国工业革命之后随着现代城市的产生,有关的讨论就开始出现了。[②]显而易见的是,在每个时期内成为理论与政策讨论核心的城市化话题都会结合不同的历史背景,有着当时的语境。

在当下中文的语境当中,城镇化的含义可谓变化多端,正如有媒体所言,"对于地方政府来说,城镇化已然成为下一个十年发展的主要动力;对于被拆迁的农民来说,农地征收的成本与收益,关乎农民能否分享到改革红利的果实;对于进城农民工来说,关乎是否能够通过户籍制度等配套改革,实现真正融入城市成为城市的居民;对于学者来说,如何平衡法律与现实,并寻找到制度的公平与正义,都胶着在'城镇化'一词上"。

在现实的城镇化发展演化过程当中,这一切问题的解决,都需要各方彼此的让渡和妥协,按照市场和现实演进的逻辑,作出必要的制度修正和产权让渡。而这一切调适的根本,则正如 2013 年 1 月 15 日国务院总理李克强在国家粮食局调研时所表示的那样,"推进城镇化,核心是人的城镇化"。

实际上,这一核心的确定,与过去十多年当中以土地为核心而非以人为核心的发展主导范式的失序有关。

就经济治理而言,这三十余年中国的城市发展堪称迅猛。而由政府主导的"卖地发展"模式,一方面剥夺了失地农民分享土地增值收益的机会,另一方面对于进城务工的农民来说,则尚未较好地解决其进城的户籍问题。国土资源部的数据显示,从 1990 年到 2000 年的十年间,中国城市建设用地面积扩大了 90%,但是人口仅仅增长了 52% 左右;从 2000 年到 2010 年的十年间,情况仍然如此,城市

[①] 在英文语境下,城市化与城镇化常用同一个单词来表达:Urbanization。而在中文的语境当中,中国地理学界与区域规划学界于 1982 年在南京召开的"中国城镇化道路问题学术讨论会"上明确指出,"城市化"与"城镇化"是同义词,并建议以"城市化"替代"城镇化",以避免误解。但后来因为涉及"就地城镇化""小城镇化"等相关政策,目前各习惯于沿用"城镇化"一词。本专题上篇因涉及农民与土地等话题,故多采用"城镇化"一词;本专题下篇因涉及城市发展本身等话题,故多用"城市化"一词。

[②] 230 年前,亚当·斯密在《国富论》中就有关于工业化过程中城乡关系的讨论。

土地的城镇化扩张了83.41%，而人的城镇化仅仅增长了45%。

问题清晰，相应的具体改革出路亦非常明了：一方面，控制城镇用地的过快扩张，同时让更多的利益受损者得到补偿；另一方面，则是加速进行人口的城镇化，以便使得更多的城市能够得以发挥集聚人口的作用，并以此为城镇化的持续发展吸引投资，而且增加消费动力。

当然，就目前的情况来看，这两条出路，走起来皆非易事。在现行的财政分税制度和土地制度下，地方政府依赖卖地的模式可能难以改变；而在地方收入因房地产价格下滑出现下降的情况之下，希冀政府改变主要服务目标，给更多的新市民提供足够、无差别待遇的公共服务，短期内可能也无法实现。

为了突破这种尴尬局面，北京大学光华管理学院院长蔡洪滨教授给出了根本性的改革建议：中国应当以城镇化为契机，扭转过去政府命令和主导的城镇化模式，大力推进体制改革，充分发挥市场在城镇化发展方面的基础性作用，实现经济产业结构和经济活动空间结构的成功转型，推动中国经济未来20年的健康可持续发展。

因此，中国能否突破上述一系列不适宜城镇化发展的约束性政策，政府能否主动地把制约城镇化发展的障碍（比如户籍管理制度、土地管理制度、行政等级化的管理体制、融资问题等）统统拆除，是否能够让市场真正发挥资源配置的功能，是否能够在一系列制度安排和产权安排中作出顺应现实要求的突破，决定了中国本轮城镇化发展能否真正实现目标。

解题新型城镇化

中共十八大报告指出，"要推动城乡发展一体化，解决好农业农村农民问题是全党工作的重中之重，城乡发展一体化是解决'三农'问题的根本途径，要加大统筹城乡发展力度，促进城乡共同繁荣，加大强农惠农富农政策力度，让广大农民平等参与现代化进程，共同分享现代化成果"。

> 中国新动能——光华学者解析未来发展之关键

您认为对于未来一段时间内的中国经济发展来说，新型城镇化将体现什么样的作用，其意义又在哪里？

蔡洪滨：中国正处于深化经济体制改革和转变经济发展方式的关键时期，我们应以新型城镇化为支撑，系统设计未来的改革战略。也就是说，新型城镇化应当是系统改革战略，而不仅仅是增长和发展战略。中国应当以城镇化为契机，扭转过去政府命令和主导的城镇化模式，大力推进体制改革，充分发挥市场在城镇化发展方面的基础性作用，实现经济产业结构和经济活动空间结构的成功转型，推动中国经济未来20年的健康可持续发展。

曹凤岐：应该说中央把脉了中国经济的发展方向，指明了解决"三农"问题的正确道路。实现城乡发展一体化，就要大力推进城镇化，这是实现城乡发展一体化和从根本上解决"三农"问题的必由之路。

首先，加快城镇化步伐是解决中国二元经济矛盾，缩小城乡差别的重要途径。就这一方面而言，我们现在所推动的城镇化与2002年以来所启动的"城市化"进程是不同的，当时的概念注重大城市的外延和无限的扩容，而本次则更注重中小城市群。在城镇化的背后，不仅隐藏着巨大的内需扩容的空间，也是中国城乡二元体制的一个分拆与重塑的过程，应该这么看才能看清楚这个问题。

现在农民工进城，有人说一个农民工进城得有三个家属，这样算的话，我们就有三亿人转移到城市来了。但是问题在于，这么做的问题相当之大。其一，他们集中工作、居住在北京、上海、广州、深圳等大中型城市，每当春节的时候，又会出现返乡客流，这种人口的不正常流动，会造成资源的极大浪费。其二，很多城市其实容纳不了那么多的外来人口，没有那么多的基础设施条件。其三，这些进城的农民享受不了城市的待遇，没有城镇的医疗保险。而他们建设了大量的高楼大厦，自己却没有机会居住。不仅如此，我们说现在农村只剩下了"389961"部队，他们不可能成为建设社会主义新农村的主力。我们应该做的，是走城镇化发展的道路，是要建设更多的城市群——小城市、集镇的群，让农民都到城镇里去居住，把他们的户籍也迁移到城镇里来，让他们在城镇里当工人、挣工资、发展产业，都在当地做。还有，在建城镇的过程中需要钢铁、水泥，还可以解决这些产品的过剩问题。

其次,城镇化在下一步的经济发展和经济结构调整中扮演着重要角色,我们要把统筹城乡区域协调发展与推进城镇化结合起来,大力拓展发展空间。城镇化是中国经济持续发展极为重要的动力,中国城镇化水平提高1个百分点,就有1 000万农村人口转化为城里人,这是真正意义上的城里人。因此,稳妥推进城镇化,将推动基础设施建设带来的投资增长以及居民生活水平提高带来的消费扩大,为中国扩大内需和调整经济结构提供动力。

最后,城镇化是解决"三农"问题的根本途径。"三农"问题是改革开放和现代化建设成败的重大问题。由于农业发展直接影响国家经济的正常发展,占中国人口3/4的是农村人口,他们当中的一部分虽然居住和工作在城里,但是他们是农村人,而没有农村的稳定就没有全国的稳定,没有农民的小康就没有全国人民的小康,没有农业的现代化就没有整个国民经济的现代化。因此,要真正解决"三农"问题,就要让农民富起来,扩大农村消费、提高内需,关键在于城镇化。城镇化率上不去,农民要富起来是不可能的,把农民转型为城镇居民,把农民改造为农业产业工人,是解决"三农"问题的重要途径。

朱善利:城镇化是近两年中国从高层到基层群众都比较关心的问题。此前中央还召开了一个关于城镇化工作的会议,这是中国改革开放以来首次由中央高层召开的关于城镇化工作的会议,而且这个会议的级别比中央历年的农村工作会议的级别都要高,中央的七位常委都参加了,讲话的是总书记和总理,从这里可以看出中央对于城镇化问题的重视。

为什么中国要对城镇化那么重视?我们不能说中央对农业问题不重视,但是,我们过去是就农业谈农业,永远走不出农业这个圈子。基调就是农业问题、农村问题、农民问题;农业发展落后、农村贫穷、农民收入低。这就是中国的"三农"问题,一直没有得到解决。现在我们要破题,跳出农业谈农业,就要通过发展城镇化解决农业问题、农村问题、农民问题。这就是我理解的中央为什么要召开关于城镇化问题的工作会议,并且把它放在这么重要的地位上。

除此之外,《中共十八届三中全会关于全面深化改革若干重大问题的决定》

中还谈道,现在中国城乡一体化的主要障碍是城乡的二元结构。由于城乡二元结构,中国农村和城市发展的差距在拉大,因此要进行城乡一体化以缩小这个差距。大家知道,在改革开放之初的1978年,从人均收入来讲[①],城市和农村的差距比现在要小,当时在收入上城市大概是农村的2.5倍;现在大家都知道,近几年来,这个数字在城市里是农村的3倍左右。因此可以说,二者的差距扩大了。当然我们不可否认,随着中国经济的发展,中国农村的面貌改变了,农民的绝对收入也提高了,但是相对的差距在拉大。除此之外,如果考虑到无形的收入(包括社会保障、社会福利、公共产品等),农村与城市的差距就更大了。中国经济在发展,但是城乡差距在拉大,这显然对于整个社会的稳定是不利的,而且也有碍公平原则。所以,我们要通过城镇化来缩小这个差距。

中国城镇化存在的问题如表2-1所示。

表2-1 中国城镇化存在的问题

问题	表现
城乡失调	城乡收入差距拉大 城市病初现端倪 农村生活环境差
空间分散	大城市数量相对不多,分布不均 中等城市作用不明显 小城市功能不全 小城镇太多,太分散
人口迁转分离	两栖式流动 失地、失业、无保障
生活条件差	失地农民生活堪忧 都市打工者的工作和生活条件差
产业发展分散、孤立	产业分散 城市化与工业化独立发展
生产要素配置低效	土地利用效率低 融资渠道不畅 基础设置投资渠道狭窄

资料来源:冯奎,《中国城镇化转型研究》,中国发展出版社,2013年7月,第39页。

[①] 城市叫人均可支配收入,农村叫农村人均纯收入。

中央领导对中国的城镇化发展提出的目标是，中国未来要以推进人的城镇化为核心，以提高城镇化质量为目标，创新体制机制，着力推进新型城镇化发展。在您看来，人的城镇化应该包括哪些具体内涵？

蔡洪滨：此轮新型城镇化的核心是以人为本，要以推进人的城镇化为核心，以提高城镇化质量为目标，创新体制机制，着力推进新型城镇化发展。

当前中国城镇化率刚过50%，按户籍人口计算则仅为35%左右，远低于发达经济体，也低于处于相同发展水平的经济体，未来的发展空间巨大。如何在新的发展阶段做好城镇化这篇大文章，受到全社会的广泛关注，但在认识上也出现了不少误区。一些地方简单地把城镇化等同于造城建楼，这显然是非常错误的。从"土地的城镇化"到"人的城镇化"，这是对城镇化认识的一个进步，但"人的城镇化"的具体内涵仍然不是很清晰。另外一种普遍的看法是把城镇化单纯当作扩大内需的工具，这也是不科学的。城镇化是经济持续增长和发展的结果，人为地提高城镇化率并不能促进经济增长。

我认为，人的城镇化是指在城镇化进程中人的生产方式和生活方式的转变，也就是乐业安居：经济发展的需要为人们提供好的工作机会，城镇为人们提供良好的生活条件。它的具体内涵有以下四点：

首先，户籍与土地制度问题。户籍制度改革的主要方向是让目前已经身处城里的两亿多农民工以及未来还将陆续进城的农民，与城市居民一样享受平等的工作机会和均等化的基本公共服务；而土地制度改革是要实现土地增值的合理分配，处理好人地矛盾、农村和城市的矛盾。

其次，新型城镇化要有产业支撑，须不断挖掘新的产业机会，进一步提升城市分工水平和经济集聚能力，尤其要提高服务业比重，从而提高人的收入水平。

再次，尽快在全国范围内实现基础教育的均等化，落实流动人口子女的平等上学和高考的权利，这是实现人的城镇化的最基本的条件；要做好保障房建设，让居者有其屋，同时通过空气治理、节能减排、低碳绿色发展等，让蓝天白云常驻城市。

最后，在新型城镇化的发展模式上，应从政府主导的城镇化逐步过渡为市场主导、政府引导的城镇化。政府主导的城镇化在执行过程中过于依赖行政力量，容易引起各种利益的冲突，严重时甚至会影响社会的和谐稳定。比如，过去在城镇化过程中屡见不鲜的强征农民土地、强拆住宅，可以通过市场化的公平高效的土地确权及流转制度来解决。再如，政府应给农民在城镇安居乐业提供制度便利和政策条件，使他们有意愿也有能力真正成为城市居民。

朱善利： 影响中国城乡一体化的原因在于二元的结构。改革它们，可以推进以人为主的城镇化。在这方面，我们应该知道的是，中国的户籍制度、土地制度、社会保障制度、管理制度和管理体制在城乡都是不一样的，我们国家在以上这些方面是城乡分治的。所以，要实现城乡统筹、城乡一体化，就必须加快这些方面的改革，这样才可能缩小城乡的差距，实现以人为本的城乡一体化。

新城区 老城区

中国的城镇化实际上恰恰体现了双重转型的特征。也就是说，这种转型既是"发展转型"，又是"体制转型"。前者是指由农业社会过渡到工业社会；后者意味着由计划经济体制过渡到市场经济体制。自1979年改革开放以来，这两种转型在中国是重叠的。所以说中国的城镇化完成之日，正是上述双重转型成功之时。

您认为，具体而言，中国未来的城镇化应选择什么样的道路？

厉以宁： 传统城市化是先行工业化的发达市场国家的城市化模式。当时，城市化与工业化基本上是同步的，缺乏统筹安排，也没有科学的城市规模概念，经济和社会的可持续发展并未为城市领导层所考虑。等到发现居民的生活质量下降等问题时，为时已晚。后起的工业化国家，即使认识到城市化的弊病，想要避免，但因为需要大量公共投资，所以往往力所不及。

传统的城市化模式是不适合中国国情的。根据国家统计局的资料，迄今中国的城镇化率略高于50%；但根据研究中国城镇化的专家的意见，这一数字实质上不足50%。因为中国仍然存在城乡分割的二元户籍制度，城镇中一些农民工的户籍未变，仍然是"农民"，不能与城市居民享受同等待遇，所以城镇化率对目前的中国仍有意义,反映了城乡一体化程度的不足。城乡改革越是拖延,代价越大。

从另一个角度来看,如果中国要达到西方发达国家的城市化率(即90%以上的人口集中于城市),那么城市的居住条件必然恶化,居民的生活质量必定下降。即使城市会因人口的增加而新增不少服务就业岗位,但就业机会仍然满足不了需求。

因此,中国必须走适合中国国情的城镇化道路,即中国城镇化分三部分:老城区+新城区+农村新社区。这种新模式在有些地方又被称为"就地城镇化"模式。我曾经带领全国政协经济委员会调研组在浙江省杭州市、嘉兴市、湖州市所属的几个县进行考察。当地近几年来已经不声不响地实现了城镇化,没有大规模的拆迁、搬家,农村的居民、小镇上的居民都感到城市和农村在生活上已经没有什么区别了,甚至农村家庭收入和城里人的收入也没有多大的差距了。生活过得好,有什么不愿意的?这是对"就地城镇化"的真实表达。

对于老城区来说,应该如何进行改造?

厉以宁: 老城区是指已有的城区,它们有的在工业化以前很久就存在了。工业化开始后,在这里建设了一些工业企业,老城区规模不断扩大,居民日益增多,街道狭窄,人口拥挤。随着工业企业的建立,商业和服务业也获得较快的发展。

老城区的发展方向是改造。由于工业企业已经造成了环境污染,因此一定要设法把这些工业企业迁出老城区。近些年来在老城区推行的"退二进三"的做法是正确的。这是指第二产业迁离老城区,第三产业进入老城区,使老城区成为商业中心、服务业中心和居民区。

在老城区改造和环境治理的过程中,应当关注棚户区的拆迁问题。它们是在工业化前期建立的,房屋质量差,居民生活质量差,而且多数是贫困的、受教育程度低的居民。由于无业人员多,因此社会治安状况不佳,犯罪率高。

拆迁棚户区在某些城市的改造过程中已经积累了经验,就是把新城区建设、招商引资、老城区改造三者结合在一起,重新规划。大致的步骤是,先在新城区盖成一批居民楼，让棚户区居民先搬迁过去，把周边的公共设施建设好，使其生活安定。再通过招商引资，或者在新城区建立工业企业，或者在老城区内原棚户区地址上建立商业、服务业企业，安置棚户区的失业人员。如果他们愿意自谋职业，也可以扶持他们，或者帮他们从事家政、保安等工作。

棚户区内还居住了一些农村进城务工人员，可以在拆迁的同时，让这些已经长居城市且有稳定职业的人转为城市户口。他们迟早要成为城市居民，不如趁机一并解决了。

对于新城区来说，您认为应该如何选择新的发展模式？

厉以宁： 新城区一般建在城市郊区，它们可能是由工业园区、高新技术开发区、创业园区、物流园区等演变而来的。这里不仅有企业，也有常住居民，或者是原来的农村村民，或者是镇上有农村户籍的个体工商户等。因此，这里新建的城区除了工业园区外，也有商业区、居民区和服务区。

新城区往往是新兴产业的立足地，它们对城市经济增长率和财政收入能够提供巨大的支持。

而且一般来说，新城区的历史包袱要少一些。这是它们的优势所在，它们的就业机会也多，完全能够成为各类技术工人、专业服务人员的职业技术培训基地。

您所指的农村新社区的含义是什么？

厉以宁： 现在各地都在兴建社会主义新农村。无论哪种方式，它们都是农村新社区的起点。进一步建设，一般有五项内容：其一，要实现园林化；其二，要成为环境清洁的居民区；其三，要实现公共服务到位；其四，要及早实现城乡一体化；其五，要实行民主管理制度。

现在，农村新社区的就业状况是多样化的，出现了很多新的探索，这是很自然的。应该把这看作适合中国国情的城镇化过程中的正常现象，是一种可喜的现象，因为这种现象的出现正是调动了民间积极性的结果。

有些专家同意这三部分构成中国城镇化的设想,但他们有一个疑问,就是老城区和新城区可以纳入城镇化范围,但是农村新社区也纳入其中似乎有些不妥,认为是自相矛盾。这种疑问有无道理?

厉以宁: 这种疑问不是没有道理的。我对此的解释是,中国的城镇化是一个相当长的过程。在推进过程中,开始时甚至在较长一段时间之内,城乡分割的二元户籍还不能立即取消,城乡居民的身份差别和权利不平等还会继续存在。在这个阶段,从中国实际出发,老城区和新城区都有常住的农村人口,农村新社区更是不必说了,农民成为新社区居民中的绝大多数甚至是全部,因此使用"农村新社区"一词是符合实际情况的。

至于在农村新社区居住和工作的农民,随着新社区经济的发展和公共服务设施的完善,特别是随着城乡社会保障一体化的发展,新社区中的农民迟早也会转为城市户口。

说得更确切些,在中国城镇化过程中,城乡二元户籍制度一定会走向全国户籍一体化。城区和农村不再有居民身份的差别,也不再有城乡居民权利的不平等。到那时,可以把"农村新社区"改称为"新社区"。

从这个意义上来说,中国的城镇化实际上恰恰体现了双重转型的特征。也就是说,这种转型既是"发展转型",又是"体制转型"。前者是指由农业社会过渡到工业社会,后者意味着由计划经济体制过渡到市场经济体制。自1978年改革开放以来,这两种转型在中国是重叠的。所以说中国的城镇化完成之日,正是上述双重转型成功之时,破除城乡二元户籍制度可能是双重转型中具有关键意义的一段。中国城镇化唯有走适合国情的道路,才能实现城乡居民无身份差距和权利平等的目标。

破除户籍藩篱

所谓"城乡一体化",是指在现代文明社会中城乡居民拥有公平的政治、经济、社会等各项法定权利;居民的城乡物质文化差别消除,居民在城乡间流动的障碍消除,城乡居民能够公平地获得个人发展的机会,能够公平地享受政府提供的公共产品。城乡统筹是消除城乡异化的途径,是政府在规划城乡发展中对城乡的政治、经济、社会文化生活进行统筹设计、公平对待。

在中国城镇化的发展过程当中,可能最受人关注也是最难以克服的问题之一就是户籍制度,对此您如何看待?

蔡洪滨: 中国的城镇化的确走过了一段曲折的道路。新中国成立以后,为了在较短时间内建立起较为完备的工业部门,中国建立了以户籍制度为核心的二元体制,以计划和行政手段人为抑制城镇化进程。以户籍制度为核心的二元体制、过于僵化的城乡行政区划体制等,人为地抑制了城镇化进程。

朱善利: 我们国家从1958年开始实行城市和农村户口的分列登记,严格管理城市的户口,农村人如果不通过当兵、考大学,通常情况下没有办法进入城市。这个体制延续到今天有所放松,在中国的小城镇里入户现在要容易一些,但是在大城市还是不容易。

从目前来看,这个户籍制度仍然与许多社会福利、社会保障联系在一起,与公共服务联系在一起,这个户口是有含金量的。北京的户口值多少钱?有人说北京的户口值上百万元,也许有人愿意拿一百万元买北京的户口,不过你想买还买不到呢,因为这是不合法的,但是黑市上确实有人在卖。为什么户口这么值钱?有了北京户口之后,你的子女的教育就可以少交钱;现在很多小学收费很贵,一些名牌小学比我们MBA收费还贵,收几十万元的赞助费,还不叫学费。有了北京户口以后,你可以申请廉租房、购买经济适用房。有了北京户口以后,你可以参加北京的高考,没有北京户口,即使在北京读完高中,还是要回原地高考;北京的高考比外地的高考要容易多了,你在北京,你的分数可以进一所重点大学,但是在一些省里面,你连读大学的权利都没有。这就是北京户口的含金量。

实际上,我们国家的这个体制,不光是农村人进城市不容易,现在城市人进农村也不容易,许多城市人还想转成农村户口呢。因为在有些地方(经济发达的地区),农村户口的含金量更高。当地工业发展了以后,农民有物业方面的收入(厂房出租、房屋出租),然后有宅基地,可以盖房子,还可以再出租,有些地方的农民还可以多生孩子。

所以,人们愿意以城镇户口换农村户口,中国的体制就是这样。城市人流到农村不容易,农村人流到城市也不容易。想一想大家都是中华人民共和国的公民,为什么会这样?为什么不给在北京却没有北京户口的人同等的权利?他们也为北京作出了贡献,他们在北京纳税,创造 GDP,但是没有享受到相应的待遇。

当然,中央现在已经拿出了一个改革的方案,设定了一个时间表,说是到 2020 年中国将实现按照合法居住地和合法收入取得的途径来登记户口。这个图景描绘得相当好,如果真是这样,可以说是一大进步。但是,合法收入、合法居所,想要做到这些依然是不容易的,尤其像北京这样的特大城市。

除此之外,中央的改革是分步骤实施、分类实施。首先是放开中小城镇,那些建制镇和小城镇的户口全面放开;然后是有序地放开中等城市,要明确大城市的入户条件;最后是要控制特大城市的人口,这叫分类实施。

所以,改革要能够让人口将来在城乡之间自由流动,这就要求中国要统一户籍制度登记。那么,未来的办法是什么呢?大家知道"人往高处走,水往低处流",人们为什么要到北京、上海?肯定是因为北京、上海的条件比外地要好。如果永远保持这个差距,人们就永远会在这个城市里面,改变的办法只有缩小这个差距。未来中央包括各个地方,应该加强落后中小城镇的建设,增加对它们的投入,逐步缩小这个差距。在户籍改革上,城市应该逐步把那些福利的增量、地方公共产品的增量向那些非户籍的常住人口倾斜。存量部分你想改很难,因为它已经成了一些人的既得利益,所以改起来比较困难;增量应该惠及那些非户籍的常住人口。

2009—2012 年部分市民化指标进程如表 2-2 所示。

表 2-2　2009—2012 年部分市民化指标进程　　　（单位：%）

	指　　标	2009 年	2010 年	2011 年	2012 年
公共服务	1. 子女接受公办教育比重	—	—	39.20	40.08
	2. 签订劳动合同比重	42.80	42.00	43.80	43.90
	3. 城镇社会保险参与率				
	3.1 养老保险参与率	20.82	24.75	33.82	33.45
	3.2 工伤保险参与率	94.42	99.88	92.13	98.87
	3.3 医疗保险参与率	19.60	22.14	24.37	22.43
	3.4 失业保险参与率	19.79	24.54	38.60	39.27
	3.5 生育保险参与率	13.64	15.75	27.85	28.14
经济生活	4. 月平均工资	52.74	55.50	58.83	58.76
	5. 独立租赁或自购住房比重	17.90	16.90	15.00	14.10
文化素质	6. 高中/中专及以上文化人口比重	63.69	59.63	51.00	53.00
	7. 大专及经上文化人口比重	—	—	27.96	30.95
总体进程		37.07	38.57	40.58	40.06

注：由于 2009—2010 年的农民工子女接受公办教育和大专及以上文化人口比重的数据缺乏，考虑到可比性，本表中总体进程的评价采用第 2 项至第 6 项指标加权，每个指标的权重不变，按 100% 折算出总体进程。

资料来源：根据 2012—2013 年《中国统计年鉴》、2012—2013 年《中国人口和就业统计年鉴》、2009—2012 年《全国农民工监测调查报告》计算。

厉以宁：现阶段中国的城镇化是深化改革的重要组成部分，它的重点是要破除实施已长达五十多年的城乡二元体制，实现城乡一体化。城乡二元户籍制度是城乡二元体制赖以存在的基石，所以在破除城乡二元体制时，一定要把城乡户籍二元化改为城乡户籍一元化。

既然要把城乡户籍二元化（也就是户籍双轨制）改为城乡户籍一元化（也就是户籍单轨制），那么究竟是先改户籍制度还是后改户籍制度？学术界在这个问题上是有争议的。

争议在哪里？

厉以宁：主张先改户籍制度的学者，他们的理由是，1958 年开始确立城乡二元体制时，首先宣布城市户籍和农村户籍并存，以限制城乡人口流动作为开端，所以要破除城乡二元体制，也必须先废除二元户籍制度。也就是说，先把基石挖掉，城乡二元体制怎能继续存在呢？

但不同意先废除二元户籍制度的学者（我持这种观点）认为，宣布取消二元户籍并不困难，但对于现阶段中国城镇化的推进能起到多大作用呢？五十多年来形成的对农民的种种限制，难道会因一纸公文宣布户籍一元化就消失吗？如果一下子宣布户籍由二元改为一元，城乡之间人口流动无障碍了，农民从四面八方迁移进城，城市秩序岂不是大乱？同样的道理，如果不少城里人听说可以自由迁往农村了，他们纷纷要求下乡，收购已经涌进城的村民的房屋，又该怎么办？可见，城乡一体化需要一个较长的过程，有很多准备工作要做，不能急于求成，否则只会使社会动荡，无助于城镇化的有序进行。

但问题在于，这种过程什么时候完成？要完成哪些工作才意味着城镇化可以有序进行？

厉以宁：户籍制度改革是"水到渠成"的事情。一切准备工作都做好了，如农民迁入城区和新城区已经开始进行，迁入城区和新城区的成年人基本上有工作可做，学生有学校可上，各种公共服务已到位，迁入城区和新城区的农民基本上安下心来，正常生活秩序开始了，这时，才可以说户籍由双轨并为单轨的条件已经成熟，户籍从此走向一元化——都是中华人民共和国的居民，不管过去居住在农村还是在城市，一律使用身份证，统一规格，再不区分"城镇居民"或"农村居民"的不同身份。

这将是一个渐进而有序的过程，居民的权利平等了，对农民的身份歧视从此不复存在。

现在有一个问题，不同规模的城市在放开户籍方面的积极性也是不一样的。中国应该如何协调各地之间的矛盾？

厉以宁：对。在讨论中，就这个问题也出现有争议性的意见。也就是说，中国的城市按照规模来划分的话，至少可以分为四级（即特大型、大型、中型、小型）。多数专家认为，户籍并轨可在中小城市进行；积累了一定经验之后才在大城市推广；至于特大型城市，则应放到最后。

他们的理由是，各个类型城市的差别很大，在城镇化过程中，特大型城市确有不同于其他类型城市的特点，尚须进一步研究才能实施户籍单轨制。否则，像北京、上海、广州、深圳、天津等城市，居民已在1 000万人上下，甚至是多达2 000万人的特大型城市，如果户籍改革仓促推广，外地农民大量涌入这些特大型城市，它们怎么能吸纳这么多的外地农民？所以把特大型城市放在最后解决是有道理的。

然而，这里又有了争议：大城市财政力量大，特大型城市更有财力，它们不先走一步，不在农民工融入城市方面作出表率，难道让贫困的中小城市先行一步吗？

归纳起来，哪些城市先进行户籍改革，哪些城市后进行户籍改革，这些都可以根据地方财政状况、农民进城的安置情况、就业前景、公共服务设施建设的进展而定。综合考虑，也可以在较富裕的小城市、较富裕的新社区先行，这更加符合实情。

总之，大、中、小城市齐头并进、互相攀比、只看速度、不顾实效，这些都是城市建设中经常出现的老毛病。如果一心只想速度，那么这些老毛病就很可能在今后城镇化过程中重演，结果会造成不少后遗症。

在这里，有必要重温一下推进城镇化的目标是什么。是为了实现"人的城镇化"，把人们生活质量的提高摆在首位。宁肯进度稍慢一些，只有踏踏实实地推进，才能符合提高人们生活质量的标准。

由此可见，在城镇化问题上，要始终强调建设"新社区"的意义。如果不把"新社区"作为符合中国国情的城镇化的一部分，不实行"就地城镇化"的做法，几亿农民全涌入老城区和新城区，同时又要做到城乡社会保障一体化，试问，中国能稳定地实现城镇化目标吗？

朱善利： 就社会保障制度而言，中国的社会保障是根据居民户籍所在地的不同而提供不同的保障水平，户籍所在地不一样，获得的保障也不一样。华西村农民盖的房子都是小楼,家里有小汽车,有一些城市还达不到这样的条件,但是它是封闭的,只有它的户籍人口才能享受,外地人享受不到,外地人打工,挣一点钱就回去了。这就是区域性的公共产品的提供,与户籍有关,国家提供的也是这样。我们国家即使都是有工作的人,其保障也不一样,像干部的保障水平与公务员和事业单位人员的就有差别了,事业单位和企业也不一样。

为什么现在很多人找工作愿意当公务员?公务员的工资可能不高,但是其他方面的福利可能要远远高于在其他性质的企业或者事业单位的工作,老了之后的保障水平很高,更不要谈农村和城市居民之间的差别了。所以,未来要统一社会保障制度。当然,有工作的和没有工作的还是不一样,有工作的单位应该和他个人一起缴纳社会保障这方面的费用,养老保障也好、医疗保障也好,都要缴费。而且,我觉得将来可能交税更好,也就是交社会保障税可能更好一些。我们国家再增加税种大家可能接受不了,但是从未来的发展来看,把社会保障费改成社会保障税可能更好一些。这样的话,不但更具强制性,而且更加统一。由国家来将其作为提供公共产品资金的一个主要税种,将养老、低收入阶层的保障纳入统一的标准当中,不足的部分再由地方补足。

中央将来还应该采取一个政策,强制性地要求地方政府让那些非户籍的常住人口未来逐步享受与地方户籍人口同样的公共产品服务。也就是,只要你是向当地户籍人口提供的,那么你也要向那些非户籍的常住人口提供。2020年户口在城乡之间是按照它的常住、合法的居所及稳定的收入来登记的吗?那好,他既然在里面常住,有合法的居所、有合法的稳定收入,享受的公共产品就应该与当地户籍人口一样,到2020年必须做到这一点;不能只提供给当地的户籍人口,这是不行的。

想一下北京,目前的统计数据是2 100万人口左右,其中有1 200多万是户籍人口,700多万是常住人口、非户籍人口,这些非户籍人口所享受的公共产品与北京户籍人口的差距还是很大的。北京必须确定2020年的一个目标,地方性的公共产品必须囊括所有这些非户籍的常住人口,其他地方也是一样。对于基本社会保障,中央和地方将来要逐步统一。财政办法也是,在公共产品的支出方面,中央采取增量向落后地方倾斜的办法,缩小大城市和中小城市的区别,这样才会在各个地区之间提供人口自由流动这样一个条件。否则,如果北京、上海的福利老是那么高,大家还是要往这样的大城市迁移。

包括在社会保障的城乡不平等方面在内,在前面的讨论当中,"城乡一体化"是一个经常出现的词汇,您对此的整体理解是怎样的?

朱善利: 所谓"城乡一体化",我认为是指在现代文明社会中城乡居民拥有公平的政治、经济、社会等各项法定权利;居民的城乡物质文化差别消除,居民在城乡间流动的障碍消除,城乡居民能够公平地获得个人发展的机会,能够公平地享受政府提供的公共产品。城乡统筹是消除城乡异化的途径,是政府在规划城乡发展中对城乡的政治、经济、社会文化生活进行统筹设计、公平对待。

总的来说,城乡一体化既是一个动态的发展过程,也是城乡关系演变的最终目标,其内涵应该包括四层含义:

一是城乡一体化以发展为第一要务。城乡一体化是建立在城乡经济社会整体发展基础上的一体化,体现了城市化、工业化、市场化和现代化已经达到较高水平下的城乡关系特征。因此,评价城乡一体化,不能仅仅局限于衡量城乡差异,还要综合考虑城乡经济社会发展的总体目标,"共同贫穷"式的城乡差别消除并不是我们力求实现的城乡一体化目标。

二是城乡一体化不等于城乡同一化。"君子和而不同",城市和乡村是两种不同的社会经济活动的空间组织形式,其生产和生活方式都存在一定的差别。城乡一体化不可能也不应该追求城乡完全无差异化,而应当强调城乡布局统筹规划、功能有机协调、要素自由流动和公共资源的均衡配置,实现城乡经济社会发展的融合、良性互动。

三是城乡一体化是全方位的一体化。城乡一体化不仅体现在经济发展方面,还体现在政治、社会、文化及生态环境等方面,其核心是解决城乡居民的不同国民待遇问题,实现全社会成员在生产、交换、分配、消费等各个环节上的权益与机会平等,让城乡居民共享物质文明、精神文明和生态文明。

四是城乡一体化的关键是打破城乡二元结构。城乡经济社会一体化是一项长期的历史任务，既要立足现实，又要着眼长远；最关键的是改革城乡分治的制度，使城乡的劳动力、技术、资金、资源等生产要素合理流动，促进社会生产力在城乡全域范围内优化配置，形成城乡平等对待、城乡统筹指导、城乡协调发展的制度环境。

土地与房地产

现在很多人为了促使农民进入城市，就推倒他们原来的房子，给他们盖上楼。这个过程进行得越充分、越广泛，对中国造成的伤害和可能带来的危机就越大，因为这将破坏中国千百年来形成的、内在的、具有很大稳定性的农村生产和生活方式。在无法帮助农民迅速地适应非农城市生活及生产环境之前破坏旧体系，这只能制造麻烦，会伤害中国的粮食安全、社会稳定、城市化进程。

城镇化过程中的房地产问题，多年来一直是中国老大难的焦点问题，对此您怎么看待？

厉以宁：在城镇化推进过程中，一个棘手的问题是城镇住房价格高昂和供给不足，这对准备迁入城镇居住和安家的农民来说是最头痛的问题之一。城里的房子为什么这么贵？租金为什么这么高？可供购买的住房价格和租金高昂的主要原因在于供给不足。房价高昂与地价高昂有关，而地方政府采取的土地拍卖方式，则是推动地价上涨过快的源头。

现在城镇住房这么紧张，该怎么办？还是那句老话——社会保障性住房由政府承建、由政府提供；高档住宅、舒适宽敞的住宅由市场解决。政府做政府该做的事情，市场做市场该做的事情，各个阶层的住房需求在增加供给的前提下都会得到满足。人们的"住房问题的解决越来越难"的预期得到调整以后，会对住房问题的解决有希望、有信心，社会关于购房贵和租房难的预期也就逐渐趋于稳定。中国迟早会走上"租买并存、先租后买、先小后大"之路。

但一切问题的关键是供给的增加。住房建设用地的增加,未来是不是会跟土地供给出现矛盾?

陈玉宇: 现在很多人为了促使农民进入城市,就推倒他们原来的房子,给他们盖上楼,这是错误的做法。这样做的地方政府,主要目的不是帮助农民,而是在工业用地指标不足的情况下靠农民宅基地来进行置换。这个过程进行得越充分、越广泛,对中国造成的伤害和可能带来的危机就越大,因为这将破坏中国千百年来形成的、内在的、具有很大稳定性的农村生产和生活方式。你又无法帮助农民迅速地适应非农城市生活及生产环境,在此之前又破坏了旧体系,这只能制造麻烦,会伤害中国的粮食安全、社会稳定、城市化进程。

厉以宁: 近年来的经验已经表明,在城镇化过程中,距离城市中心区近的、可用于住房建设的土地的确越来越少;而距离城市中心区较远处,住房建设用地仍有较大的空间。因此,住房远郊化已经成为不可避免的趋势,在那些地带,仍有荒地、不宜种植农作物的低产地和山坡可以利用。通过土地重新丈量和确权工作,可以修改或重新制定城市发展规划,把一些可以用于建设住房的土地纳入住房建设用地,采取土地先定价和先确定未来建设的技术、质量标准的做法,招标开放。

与此同时,我们应该着手道路规划和公共交通设施建设,新的楼群将成为未来的新居民区。根据已经结束的土地重新丈量和确权工作试点的经验,农业用地的实际面积是增加的。这样,18亿亩耕地的红线就不至于被突破。

对于"小产权房"问题,您认为应该怎么解决?

厉以宁: 在距离城市中心区不是很远的近郊,近些年出现了所谓的"小产权房"。这一现象之所以出现,基本上可以从需求和供给两个方面来探讨。

从需求方面分析,"小产权房"向谁销售?是向城镇居民销售,因为城镇的房价一再攀高,城镇中等收入阶层都难以购买,何况收入较低的家庭呢?此外,农村的"小产权房"除了充当一些城镇居民的第一套房之外,还有作为城镇居民第二套房的,即某些城镇居民上班时住在城区狭小的第一套房内,休假日或闲暇时喜欢到农村生活，或者为了便于写作、绘画等而住在农村的第二套房内；外地来大中城市经商的也有购买农村的"小产权房"作为住所的，一是购买"小产权房"比经常来大中城市住旅馆要省钱，二是还可以兼做临时货栈和仓库。总之，对"小产权房"的民间需求是旺盛的。

从供给方面分析，"小产权房"来自何处？不排除农村中有人多占土地、多盖住房供出售之用。多占地、多盖房的，不乏过去的村干部及其亲属，甚至也有现任的村干部及其亲属，这些都是违法的行为；但较多的，仍是农民在分给自己的宅基地上所建的房屋，这些房屋按规定是不允许出售给外地人的，但农民违背了规定，把这样的房子当作生财之道。农民作为"小产权房"的供给方，不需要登广告，也不需要作宣传，只需要坐在家中，有需求者自会找上门来，谈妥价格就成交。因为需求量大，所以"小产权房"的价格也呈上升趋势。

对"小产权房"，目前采取的主要对策是取缔和勒令收回。措施是刚性的，不容许讨价还价，但在实施时，往往遇到困难，只得拖延下来。例如，强制废除当初供需双方签订的"小产权房"交易合同容易，但把住户（购房者）赶走却十分困难。又如，刚签好"小产权房"交易合同，需求方已付房款，但尚未迁入居住，交易合同停止执行后，需求方要求供给方退回购房款，但供给方已把房款移作他用，还不出钱或不愿还钱，怎么处置又是一个难题。再如，当初"小产权房"交易时，是经过村干部同意的，所以供需双方才敢交易，现在上级政府重申禁令，指出"小产权房"是违法的，那么谁来承担责任？谁来承担交易后的损失？最后，如果一个村有若干件"小产权房"纠纷，涉及若干户农民和购买者的利益，怎么办？大家互相观望，因此要处理就应一视同仁，但这样一来，村里就不安定了；结果，依然悬而未决。

所有这些，都是土地确权工作开展以前就产生的纠纷。土地确权以后，农民有了房产证，对于他们处理宅基地上自建的房屋（包括自主转让这些已有产权的住宅），多数人认为可以这样做。当然，也有人持不同意见。有的地方采取如下的对策：不再提"小产权房"的问题，而只问农民自建房屋所占用的土地是否为本人的宅基地；如果建房的土地确实是农民自己的宅基地，并且符合"一户一地（指宅基地）"的原则，那么就不再限制农民住宅的流转了。这是因为，转让这样的个人住宅，并不损害他人的权益，何况还能缓解城镇住房紧张和供给不足的问题。

朱善利：中国的土地制度长期分治，按照产权划分，一块归国家所有，一块归集体所有。后者是不可以上市交易的，也就是我们通常所说的"同地不同权"，所以只能把土地变成国家所有之后进行招拍挂，然后在市场上交易。在这个过程当中，农民的集体土地被征用之后就可以升值，但是他们却得不到好处，仅有一点点的补偿，而政府、开发商却得到了好处。这就是城乡之间差距扩大的很重要的一个因素。因此，中共十八届三中全会提出，要建立城乡统一的建设用地市场，这个决定是相当重要的。以后城乡建设用地统一，"小产权房"可能就可以上市交易了，也就不应该再有所谓的"小产权房"了。

对于建立城乡统一的土地市场，中共十八届三中全会提出这一改革措施之后，至今没有太大的进展，您有何政策建议？

朱善利：城乡统一土地市场的建立，其前提条件是土地确权，确权到农户。不管是农村农用土地的流转，还是城市建设用地的拍卖，规范的土地交易都要以明确的产权界定为前提。在产权界定模糊的情况下，不是交易难以进行，就是交易成本很高。在产权为多人共有的情况下，既难以明确每个成员的财产份额，也不能确定谁有财产的处置权，即便出现交易的机会，交易也很难形成。即使可以认定成员的产权份额并给予每个成员同样的决策权力，由于每个成员对于财产的评价不同，对于财产交易的条件要求也会不同，因此要达成一致的交易条件，成本会相当高。

而土地确权的重点是农村集体土地。在这个过程当中，现在的问题之一是土地确权给谁。目前的农村集体土地所有权，法定上应该是确权给农村集体经济组织，但现在很多地方没有集体经济组织。不仅如此，确权的范围也是问题。因此，农村土地确权要做到产权明晰，应该确权到村民个人，至少要给农民永久性的土地使用权与交易权，这样农民便从无产变为有产。对于宅基地及住房而言，农民不仅可以使用，还可以租赁、抵押或者有偿转让；对于耕地而言，农民可以自己耕种，也可以租赁或者流转给他人耕种。这样既可以盘活土地资源，又可以使农民获得财产性收入，有助于缩小农民和城市居民之间的收入差距。

在农村土地确权的基础之上，城乡建设用地一旦统一，政策实施的关键则是改变以往的所有权管理方式，将其转变为用途管制方式，进行严格的规划。我们要确保国家的粮食安全，切实保护好耕地，所以要做好规划，哪些地作为农耕用地、哪些地作为建设用地，必须规划好。对于建设用地来说，不管是城市建设还是农村建设，都需要先纳入规划，然后再进行交易。农民以后盖房子也需要报批，报批审核之后给他们产权并发证。现在中国在这一块实际是乱套的，农村乱盖房子，没有统一的规划。造成的后果就是，农村的土地价值得不到体现。

资金来源多途

促进城镇化进程，加强中小城镇建设，一是必须大力建设基础公共设施，二是要大量建设居民用房。这需要大量资金投入，资金从哪里来是一个大问题。

在目前地方政府财力普遍匮乏的现状之下，城镇化推进过程中各项公共设施建设等经费的来源是各方普遍关心的话题，对此您认为应该如何解决？

厉以宁：事实证明，在中国，"土地财政"已经走到了尽头，难以继续下去。地方债务之路也不可行。地方政府债务越积越多，将来谁来偿还？靠什么偿还？算一算，每年有多少人迁入老城区和新城区，或者迁入新社区？男男女女、老老少少，城镇化过程中要盖多少住房？修多少马路？建多少托儿所、幼儿园、学校、医院、文化活动场所、公共服务设施？再加上供水、供电、供气、供暖，还有公共交通、环保环卫、绿化、园林建设等，要投资多少？如果缺乏公共设施建设资金，设计得再好，城镇化规划也只是"无米之炊"而已。

城镇公用事业建设资金的筹集和使用，在西方发达国家是有先例可循的，那就是成立"城市公用事业投资基金"。现在，中国在产业投资基金方面积累了一定的经验，国内也有了比较熟悉该项业务的专门人才，成立城镇公用事业投资基金的条件已趋成熟。具体来说，中国城镇公用事业投资基金，是把中央政府、地方政府和金融机构三方的力量结合起来的机构投资者。

财政部和发改委可以作为牵头发起人，适当投入财政资金，发挥引导和调控基金投资方向的作用；基金的投资人可以包括社保基金、国家开发银行、保险公司等长期机构投资者。

城镇公用事业投资基金成立后，可以发行"城镇公用事业发展债券"。这是一种长期金融债券，吸纳大量民间资金，既为城镇化过程中的供水、供电、供气、供暖、公共交通和环保环卫设施提供了可持续的融资渠道，又为民间提供了长期和稳妥可靠的投资园领域，为民间资金进入城镇公共建设提供了新的机遇。

为了使这一战略取得较好的成效，可以选择几个省市作为试点，取得成功经验后再逐步推广。根据西方发达国家近年来以公共事业投资基金形式来推动城市建设的经验，尽管公共事业投资基金的投资回收期长，但只要投资对象选择得当、投资基金规模大（从而抗风险能力较强），以及基金本身经营管理有方，一般都有较高的回报率。国际上的一些公用事业投资基金也会看好中国城镇化的重大市场机遇，纷纷参与中国的城镇公用事业建设。

因此，中国自己的城镇公用事业投资基金应当抓住机遇，尽快建立，走上引导民间资金、推进中国城镇化建设的道路。

曹凤岐：要解决城镇化巨大的资金需求，一方面要建立多层次、多样化、市场化的投融资机制；另一方面要构建政府、企业、个人多主体共同参与的成本分担机制；最重要的是建立完善的财政金融支持和保障体系。

其一，需要财政资金的大量投入。增加财政资金投入就要增加地方财政收入，协调中央和地方的税收分成，增加地方财力，比如进行房产税试点等；要放开或者允许地方政府多渠道投资，比如扩大地方政府债券，现在已允许中央代发；后续能否放开市政债券发行？在美国，市政债券其实很普遍。除此之外，还要增加县域经济实力，增加县级财政收入，加大其财政支出力度；充分发挥政策性金融机构（如国家开发银行、进出口银行和农业发展银行等）在城镇化过程中的作用。

其二，要充分利用资本市场和社会资本为城镇化服务。一是地方融资平台可进行股份制尝试。现在很多所谓的地方融资平台（如城投公司）都是从商业银行贷款，20多万亿元的债务中有20%是不良资产。我们需要转换思路，在有收入和利润的情况下，把各地城投公司变成股份有限公司，依靠发行股票和公司债筹措资金，为公共设施建设服务，而不能只依靠商业银行贷款进行融资。二是积极推进资产证券化。资产证券化（Asset Securitization）是将缺乏流动性但能够产生可预见的和稳定的现金流的资产，通过一定的结构安排，对资产中的风险与收益进行分离组合，进而转换成可以出售和流通的证券的过程。目前国外比较成熟和规范的是资产担保证券（Asset-Based Securities，ABS）和资产抵押证券（Mortgage-Based Securities，MBS）。美国次贷金融危机是因为将资产证券化的衍生品再进行证券化，多重衍生，从而放大了风险。我们要充分借鉴资产证券化在盘活资产方面的积极作用，并合理控制风险。三是合理利用基础设施产业投资基金。我曾经到新西兰的奥克兰地区对基金法的制定进行调研，奥克兰地区有一个基础设施基金，都是由地方财政出资，并专门聘请投资管理公司进行管理。该基金主要投资于当地的基础设施，由于基金运营基础设施有可能赔本，因此政府给基金一定的特殊经营权限（比如经营港口、运动员村等）；基金股东不分红，投资收益用于再投资。中国城镇化建设可以合理利用基础设施产业投资基金，但要给投资人合理回报。四是发展城市信托、房地产信托。信托机构要积极进行业务创新，探索以信托理财和设立资金池的方式，引导保险资金、养老基金、PE基金、海外资金及其他社会资金参与国家新型城镇化建设，制定城镇化金融专项业务经营风险偏好，设定风险容忍度，加大城镇化金融的信贷支持。

其三，建立和完善多层次金融体系。一是在城镇化过程中必须充分发挥商业银行的作用。我们还要依靠商业银行的中长期贷款、短期贷款、小额信贷和其他全方位的金融服务，解决农业生产、创业、就业问题。商业银行要综合化经营，并进行产品创新和服务创新，扩大对城镇化的信贷供给。受益于城镇化的加速推进，城镇产业基础的壮大、基础设施建设的不断完善以及进城人口的消费需求将成为商业银行信贷投放的重要方向。商业银行要努力配合各级政府做好资金筹措计划，通过时间和期限的合理安排，创新并不断丰富融资工具，协助地方政府防范和管理好金融风险。把握城镇化过程中产业发展的趋势，积极支持符合各地城镇资源禀赋、具有发展前景的优势行业和企业。金融机构要细分城镇化中进城人口的消费金融市场，创新金融产品服务于住房、耐用消费品、教育文化等消费型贷款需求。二是要发展民间资本主发起的风险自担的民营银行和其他民营金融机构，用草根金融来支持草根经济和草根创业。城乡一体化需要草根金融，草根金融是基层的微型金融机构，适应草根经济的小、散、弱、多，缺少抵押或质押物，几乎没有正规财务报表等特点。草根金融机构需要拥有专业的队伍、独特的流程和考核激励机制，深植基层，服务于草根经济。金融改革要真正为实体经济服务，为小微企业服务，为草根创业者服务。三是要发展农地金融，让农地流转收益成为农民工创业置业的资本，解决农民工草根创业的融资需求。现在正在进行农村土地确权工作，颁发土地使用权证、林权证、宅基地使用权证。建议农民不要轻易出卖土地，而是通过转租、转包和土地入股方式得到长期收入。农民也可通过农村土地抵押获得资金。

其四，进一步放开市场准入，引导民间资本参与城镇化建设。鼓励民间资本参与城镇化基础设施建设有多种方式，比如BOT（建设—经营—转让）、BOO（建设—拥有—经营）、BTO（建设—转让—经营）等项目融资方式能够通过少量的政府财政投入盘活社会存量资本，为满足城镇化建设的资金需求提供良好的途径，弥补建设项目现金流量与还贷能力不足的问题，提高投资项目的财务生存能力，并达到以较少的财政资金带动更大规模社会资金投入的放大效应。

总之，我们应当想更多的办法，通过多种途径、多种渠道来筹措建设资金，应当充分利用资本市场，利用社会资本来解决城镇化过程的资金需求问题。[1]

---

[1] 目前官方表态的城镇化融资渠道共有三个方面：一是加大地方政府债券支持城镇化发展的力度，依法赋予地方政府适度举债权限，完善现行的地方政府债券制度，探索一般债券与专项债券相结合的地方政府举债融资办法；二是推广使用政府与社会资本合作的模式，政府通过特许经营权、合理定价、财政补贴等公开透明方式，事先明确收益成本机制，吸引社会资本参与城镇基础设施建设；三是进一步加强地方政府融资平台公司的管理，规范地方政府举债行为，厘清企业与政府的关系，正确引导市场预期，防范和化解财政金融风险。

主要参考文献：

蔡洪滨,"新型城镇化应是改革战略",《人民日报》,2013年5月13日。

朱善利等,《中国城乡一体化之路——生产三要素市场统一构建与城乡经济社会一体化战略实施》,北京大学出版社,2013年11月。

王建,《城镇化与中国经济新未来》,中国经济出版社,2013年10月。

《国家新型城镇化规划(2014—2020年)》,人民出版社,2014年3月。

国务院发展研究中心课题组,《中国新型城镇化:道路、模式和政策》,中国发展出版社,2014年8月。

魏后凯等,《中国城镇化:和谐与繁荣之路》,社会科学文献出版社,2014年6月。

专题二 城镇化

>下篇 新城市生长逻辑

  城镇、郊区或小城市的功能与大城市的完全不同。试图从小城镇的行为或者说想象的行为来理解大城市已经使我们陷入了足够的麻烦之中；而试图从大城市的角度去理解小城镇则更会加剧混乱。

——加拿大作家简·雅各布斯（《美国大城市的死与生》）

  城市是人类文明的典型产物，在这里展现了人类所有的成就和失败。公共建筑、纪念碑、档案馆以及公共机构就是我们的试金石，通过它们的检验，人类的文化遗产得以代代相传。我们塑造了城市，城市也塑造了我们。今天，地球上有将近一半的人口生活在城市，到2030年，这部分人口很可能达到三分之二。

——英国皇家人类学研究院和皇家地理科学院成员约翰·里德（《城市》）

专题二　城镇化　>下篇　新城市生长逻辑

"城市化"一词起源于拉丁文单词"Urbanization"。这一概念的源头可能要追溯到1867年西班牙工程师A.塞西达(A.Serda)的著作 *Basic Theory of Urbanization*。

从定义来看,城市化的直观表现是人口和经济社会活动在特定的、相对狭小地域范围内的集聚。从更广的视角来看,城市化可被看作一个国家或地区走向现代化过程中同步发生的多维结构变化中的一维。而凡是成功实现现代化的经济体,其城市化水平和质量都达到较高的水平。

因为城市化通常要经历一个漫长的过程,涉及较大规模的人口迁移和社会变迁,都会给人口迁入地和人口迁出地带来经济、社会、文化乃至生态环境方面的影响。既有正面,亦有负面。所以中国的城市化发展已到什么程度,问题又在哪里?这是一组各方关心,仍在求解中的热点问题。

从数字角度进行分析,美国50%的人口,居住在美国2%不到的国土面积上;美国48%的人口,生活在美国排名前30位的城市。假如按照类似的逻辑进行计算,中国排名前90位的城市,应该生活了中国13亿人中的6亿—7亿人;但在现实中,数字只有2亿—3亿人。

在中国的城市化率整体达到50%左右之时[①],这只是其所蕴含的众多鲜为人知的事实当中的几个小侧面。而将它们作为切片,可能预示了中国城市化发展现状的未尽如人意,以及未来将面临的多重考验。

研读国际历史经验可以发现,较之城市化发展的低速阶段和成熟阶段,中国所处的城市化高速发展中后期[②],正是经济社会矛盾具有更加明显的系统性和结构性特征的阶段。但与各国不同的是,中国要将发达国家和第二次世界大战后世界跨越100多年的城市化加速发展阶段缩压在40年的时间里完成。

为进行应对,中国在40年间所要进行的体制和政策调整的深度、广度及难度,都远远超过发达国家的同期,也远超自身发展的低速阶段和成熟阶段。为了

[①] 自"十一五"规划把城市化率纳入规划目标以来,中国的城市化率统计出现快速提高的现象。2005—2012年,中国的城市化率由42.99%提高到52.57%,年均提升1.37个百分点。这一时期,中国的城镇就业人口数量增加了8 713万人,外出农民工数量增加了3 758万人,城镇人口数量增加了1.5亿人。

[②] 即城市化率40%—60%阶段。

> 中国新动能——光华学者解析未来发展之关键

更好地进行发展，正如光华管理学院应用经济学系陈玉宇教授所言，应该让市场机制在资源配置中发挥基础性作用。

在调适市场与政府在推动城市化发展的角色模式方面，中国能够学习和仿效的经验屡见不鲜。从 19 世纪开始的先发国家的城市化，基本上都是在市场力量的驱动下自发演进的，然而市场失灵带来的各种经济问题，最终往往必须通过政府公共政策①加以解决。第二次世界大战结束后，同为东亚国家的日、韩等国在后发赶超的过程当中，因为重视发挥政府在基础设施、空间规划、产业政策和社会政策等方面的作用，取得了成功。与之形成对比的，则是拉美的一些国家消极应对所带来的恶果。综合中国的城市化发展特征来看，它的模式与第二次世界大战后成功实现经济追赶的日、韩情形类似，基本上属于以城市产业发展拉动为主的城市化发展模式。

在加速厘清政府与市场各自扮演的不同角色的基础之上，因为国情不同，中国未来的城市化发展依然有一系列的矛盾问题存在争议。比如，城市化的重点应该放在大都市圈、城市群，还是应该放在小城市与城镇？农民工在转变成市民的过程中，社会保险、住房等问题应该怎样解决？由于未来 20 年可能有 8 亿农民进城（这是现有城市人口总数的近两倍）因此中国一定会诞生许多新城市，许多现有城市的规模也将显著扩大。这些新城市、大城市和城市群将诞生在什么地方？……中国已然进入城市化发展加速冲刺阶段，这些问题理应尽快厘清，使之不再成为发展障碍。

城市生长逻辑

在正常的发展逻辑中，有两种力量决定了每一个城市发展的最优规模。它受制于城市发展的自然条件，受制于人们对城市的管理水平，也受制于当时的交通技术条件等一系列非常复杂、多元的因素。相应地去处理这些因素的应该是市场，让市场推动各类成本上升，最终阻止城市规模的无限扩大，而非由行政来进行控制。

---

① 英国的公共卫生体系、德国创立的社会保障制度、美国实施住房改革等。

有关城市化这一概念，学界的一个基本认知是，城市化是长期经济增长本身的表现形式，也是经济增长的结果。对于这个观点，您认为应该如何理解？

蔡洪滨： 城市化是工业化集聚效应的必然结果，市场主导的城市化能促进结构升级，推动经济发展。

现代意义上的城市化，是指由工业化带来的大规模的人口从农村向城镇的迁移，以及由此导致的生产和生活方式的转变。工业革命以后，大规模集中生产的工厂制度在经济中成为主导力量，使人们需要集聚生活。而工业生产分工日益精细化，各种行业需要精密配合，这些都使集聚效应的优势越发明显。工业化生产的各部门集聚在城市中，形成了规模经济、范围经济和外部经济，提高了分工和专业化的效率，这极大地加速了城市化的进程。

而工业化和城市化的发展必须以农业的现代化为基础。回顾主要发达国家所走过的历程不难发现，农业现代化提高了农业生产率，为工业化和城市化提供了大量的农产品；同时，农业现代化提高了农业生产的机械化、集约化程度，产生了大量的剩余劳动力，为工业化提供了大量的劳动力资源；此外，农业生产率的提高带来了农业人口收入水平和消费能力的提高，也为工业化和城市化提供了持续发展的动力。目前，一些国家的城市之所以患上"城市病"，恰恰是因为农业现代化没有跟上。

陈玉宇： 城市化的确要放在长期经济增长的视野当中去看待。而所谓的长期经济增长，指的就是人均 GDP 持续地、稳定地上升的过程。按照这样的逻辑去观察整个世界范围内的案例，观察发达国家走过的道路，我认为，长期经济增长主要包含两个大的构成部分：

其一，是产业结构的递次变化。在人类社会进入工业社会之前，都是以农业为主的传统社会。大部分的产出来自农业，大部分的劳动力投入农业生产当中。而随着经济的增长以及农业部门生产率的提高，农业所占的份额下降、农业部门释放出劳动力,随之而来的是工业部门所占的比例不断提高,这就是所谓的工业化过程。随着这个过程不断发展,就进入下一个阶段,也就是服务业的比重越来越高。工业革命以来200多年的历史呈现出这样的一个基本规律。

美国就是沿着这样的发展模式,从人均GDP 800美元的基础走到今天的50 000美元。一个基本的事实是,在发达国家的经济构成当中,农业只占全部份额的1%或者2%,制造业占剩下的20%—30%左右,服务业的比重则占到70%左右甚至更高(美国占到近80%)。韩国20世纪60年代农业占比是30%多,到了1990年下降到不足10%,与今日的中国差不多;韩国2012年农业产出占GDP的比重则只有3%不到。可以说,韩国50年的产业变化历程浓缩了老牌发达国家200年的历程(见表2-3)。

表2-3 世界城市化率　　　　　　　　　　　　　　　　(单位:%)

年份	世界城市化率	发达国家城市化率	发展中国家城市化率
1950	29.1	52.5	7.3
1960	32.9	58.7	9.5
1970	36.0	64.6	13.1
1980	39.1	68.8	17.3
1990	43.0	71.2	21.0
2000	46.6	73.1	24.8
2005	48.6	74.0	27.0
2010	50.6	75.0	29.4
2015	52.7	76.2	32.1
2020	54.9	77.5	35.0
2025	57.2	79.0	38.1
2030	59.7	80.6	41.5
2035	62.2	82.1	44.9
2040	64.7	83.1	48.4
2045	67.2	84.8	52.0
2050	69.6	86.0	55.5

资料来源:United Nation, World Urbanization Prospects, 2008。

对于中国来说,已经走到这个产业结构变化的中间阶段——中国农业产值占GDP的比重在20世纪80年代的时候是30%出头,现在是9%。经过30年的发展,中国的制造业已经非常强大,而服务业相对全世界的平均水平而言,份额仍然太少,只有40%出头,这与中国的发展水平是不般配的。在未来20年左右的时间当中,我们的这一数字也许能够达到65%或者70%。

在此必须强调的是,三次产业之间比重的变化,并不是一个简单的数字变化,也不是人为推动的结果,而是内在的经济力量的变化。从第一产业发展到第二产业的核心动力,是农业的生产效率不断得到提高,每个农民能够生产出更多的农产品,每亩地能够生长出更多的农产品。在这样的基础之上,才可以释放更多的劳动力进入工业。而服务业的发展也是这样。现在很多人习惯于把服务业的发展与工业化的发展对立起来,认为发展服务业,工业就必然出现下降。这是错误的观点。因为服务业得到快速发展的前提,是工业的生产效率能够得到巨幅的、持续性的提高,以此释放劳动力。

对于当下的中国来说,这将成为一个巨大的挑战,因为中国以往的工业和服务业的扩张模式都是建立在生产效率提高不够快的基础上以及简单地投入人力,这属于简单要素扩张的模式。企业发展的具体表现是人数的扩展,从100个工人变成1 000个甚至变成数万个。但要注意的问题是,在这种模式当中,每个工人的劳动生产率的进步其实并不是很大;而劳动生产率的提高,是人们生活水平得以改善的基础,也是产业发生递次变化的前提。没有制造业生产效率的提高,服务业也是走不远的。

这就是各界一直关注的、所谓的"中国的全要素生产率很低"问题。

陈玉宇: 这么说对,但也可以说不对。我刚才说的是劳动生产率,即每个工人带来的产值;而全要素生产率虽然也有其模糊不足之处,但总体上来看它还算得上是一个更深刻一点的概念。关于中国的全要素生产率的进步幅度问题,目前各方的争论仍然比较大,有人认为进步很快,有人则认为进步很慢。我个人通过观察及研究相关资料后认为:在中国的经济增长里面,全要素生产率(技术进步)

能起到四成贡献。[1]所以，提高全要素生产率仍然是中国经济增长目前最为核心的任务之一。

接下来，您认为构成长期经济增长的第二个大的部分是什么？

陈玉宇：第二个部分，或者说推动长期经济增长的第二个表现，就是经济活动在地理空间上的集聚过程，包括人口的集聚、资本的集聚、生产活动的集聚、消费的集聚等。说白了，这就是城市化的过程。在农业时代，人类平铺在地球表面，分散地耕种与居住；而进入制造业及服务业时代之后，就需要集聚到少数几个地理位置上，这就是过去200多年西方发达国家所走过的道路。

出现这种集聚的原因，或者说城市化的好处在哪里？

陈玉宇：这种集聚，不是来自人们的偏好，而是被经济利益驱动的结果，集聚有经济上的好处。总结起来，应该包括以下几点：

其一，集聚能够带来规模经济。制造业企业在工业化时代的大规模生产，需要规模越大越好，这样才能够降低平均成本，带来竞争力优势。而且，如果一个制造业企业要雇用很多员工，它就不可能是分散的。

其二，集聚能够带来集聚经济。集聚经济，指的是相同的企业愿意扎堆儿在一起，主要有三大好处。一是共享一个劳动力市场。比如说，在东莞有一万多家玩具制造业企业，假如你是一个投资者的话，要新开办一家玩具制造厂，是选择东莞还是北京亦庄？毫无疑问，只能选择前者。原因很简单——到东莞开厂，一

---

[1] 全要素生产率一般的含义为包括人力、物力、财力等资源开发利用的效率。从经济增长的角度来说，生产率与资本、劳动等要素投入都贡献于经济的增长；从效率角度考察，生产率等同于一定时间内国民经济产出与各种资源要素总投入的比值；从本质上讲，它反映的则是每个国家（地区）为了摆脱贫困和落后以及发展经济在一定时期里所表现出来的能力及努力程度，是技术进步对经济发展作用的综合反映。全要素生产率是用来衡量生产效率的指标，它有三个来源：一是效率的改善；二是技术进步；三是规模效应。在计算上，它是除去劳动、资本、土地等要素投入之后的"余值"，由于"余值"还包括没有识别带来增长的因素和概念上的差异以及度量上的误差，因此它只能相对衡量效益改善和技术进步的程度。

家企业挖一个工人，就能够挖到一万个工人；到北京亦庄，可能连一个会做玩具的师傅都找不到。用专业一点的术语讲，劳动力市场的规模大，能提高雇主与雇员的匹配质量，使雇主与雇员各得其所。这个方面的改进，收益是巨大的。二是共享地理优势、基础设施。三是共享各类信息，包括工艺、技术、市场等各方面的信息。信息的扩散可以给每一个身处这一环境的参与者带来巨大的好处。

其三，集聚能够带来扎堆儿效应，也就是城市经济效应。事实上，不同类的企业，其实也愿意扎堆儿在一起。世界500强的中国总部为什么不是选择北京就是选择上海？它们需要的不仅仅是一个风景优美的办公地点，还需要旁边能够有最好的法律、金融、设计、咨询等服务业，它们需要的是一种综合性的生态环境。集聚的过程，是企业和个人追逐利益的结果。任何人和企业想要过得好、挣得多、活得好，想要盈利，想要在竞争当中存续下去，就必须遵循这个逻辑，它是事物背后的根本性力量。那些异想天开的、理想的、充满文艺味道的关于城市的议论，只能抚慰我们的心灵，现实中是要碰壁的。

其四，还有一些研究者认为，城市必须具备一定的规模，因为这可以使得在劳动力市场上，员工与雇主之间找到更高的匹配程度，而这意味着生产率更高。另外，劳动力市场足够大的话，其实还有一个好处，那就是人们之间可以彼此学习，让每个人的技能和人力资本得到提高。人们的人力资本，只有一部分是在学校中积累的，大部分是在社会工作、在生活中积累的——假如人天天在穷乡僻壤里待着的话，能够从周围的人那里学到的东西就会非常有限；而假如把人放到都市里面去的话，他们能够在不经意间学到的新东西就会很多。这个过程，其实远比很多人想象的要重要得多，而大量的年轻人之所以愿意去北上广深闯荡，也是出于这个理由。

其五，在消费市场上，城市能够使得生产者与消费者更加接近，这也是出现城市、出现集聚的原因。国家大剧院提供的高端演出，只有在像北京这样的居住人口1000万人以上的城市中，才能找到足够的市场。这是因为文化的多样性，非常依赖城市规模。只有在规模足够大的情况之下，才能支撑起足够多种类的产品和服务，才能让匪夷所思的各类创意得以实现。其实，即使是在日常生活当中，也只有在像北京这样的大规模城市中,你才可能找到难以计数的多样化的餐馆。

这些理由,非常能够说明集聚的重要性,说明城市化的必要性。城市化是经济发展的自然结果,这应该在更加广泛的人群(包括政府官员、企业)当中达成共识。但现在的问题在于,中国在这方面是没有共识的,中国在这方面是用一厢情愿的、理想化、文艺化的态度来讨论城市化,比如小城市化、丽江化、攻击大都市,等等。

您的观点,与目前的主流意见不太一样,可能会存在争议。

陈玉宇:科学领域内没有所谓的主流,有的是观点和理性的分析过程。之所以会出现争议,只能说我的观点还不够流行而已。我只知道,人们追逐利益,经济发展的过程会导致城市化进程,而城市化不是设计出来的。城市化能增进经济效益、降低成本、节约能源、保护生态。所以说,城市化不仅是人类经济上的胜利,而且是人类文明的巨大成就。按照我在前面所阐释的逻辑,为了实现好处,城市的规模是越大越好的。但是,随着城市规模的扩大,它们会变得越来越拥挤,污染变得越来越严重;更重要的是,住房价格也会越来越高,生活成本变得日益高企。因此,城市规模的边界,将由这一正一反两种力量的平衡所决定。随着城市规模的扩大,第二种力量会逐渐抵消城市扩大所带来的一系列好处,最终使其消失殆尽,城市停止扩张。

实际上,在正常的发展逻辑当中,正是这一正一反两种力量决定了每一个城市发展的最优规模。它受制于城市发展的自然条件,受制于人们对城市的管理水平,也受制于当时的交通技术条件等一系列非常复杂、多元的因素。相应地去处理这些因素的应该是市场,让市场推动各类成本的上升,最终阻止城市规模的无限扩大,而非由行政来进行控制。事实上,现在北京、上海等城市采取的就是行政压缩的方式,希望把城市人为地控制在 2 000 万人以内,这是个极其不恰当的政策。不应该让行政权力去告诉别人,你可以进北京,他不可以进北京;而应该让来北京的人自由选择,他们愿意享受北京的好处,也就要承担北京的坏处,比如极高的生活成本。如果北京的收入很高、发展前景也很美好、房子还很便宜,那么人人都想来，这不是均衡状态！按照空间均衡的要求，你享受大城市带来的好的方面，就要忍受大城市的高房价、高租金。人们的迁移会导致空间上的均衡，小城市和大城市的实质性幸福状态差不多。

这是用市场的力量来实现的一个自然动态调节的过程。

陈玉宇：纽约是这样来决定它的城市规模的，伦敦也是这样来决定它的城市规模的。而不是说由政府来决定，500万人口的城市发展多少个，1 000万人口的城市发展多少个。之所以会出现这种观点，就是因为不清楚最优城市规模的确定是一个市场化的动态决定过程，是由正反两方面的力量所决定的，就是因为目前中国城市的发展常识太欠缺。

这种欠缺是否还有其他方面？

陈玉宇：有。假设我们的目标是20年后，人均GDP水平达到2015年韩国的水平，也就是3万多美元（购买力平价）。那么中国三大产业结构需要不断变化，要像韩国一样，农业占GDP的比重只有全部产值的3%—5%。要实现这一目标，制造业和服务业只能发生在城市地区，人们的工作和生活也只能在城市中，而这将意味着，中国届时需要有11亿人生活在城市中。

但目前中国的问题在于，什么是城市地区？中国在进行着人类有史以来规模最为宏大的城市化进程，却连一个科学的城市地区的定义都没有。不管是民间观点、科学研究还是政府官方文件，对于城市地区，至今仍没有一个清晰的和科学的定义。我们是按照行政区划的概念定义城市、城区的；但在欧美国家的城市当中，不是根据行政辖区进行定义，而是根据土地上面的人口密度和建筑物密度来定义的。

中国还没有一个部门试图准备建立起这样的指标，那你能说我们做好城市化的准备了吗？

那您认为，我们应该怎么定义？

陈玉宇：这项工作在西方国家已经非常成熟。按照城市经济学的观点，参照欧美国家的定义，是根据这一地区的一系列物理特性来定义城市地区的。比如说，每平方公里上居住的人口密度超过多少人，每平方公里上的建筑建成面积超过多少平方米，等等，能够达到居住密度、工作密度、人口密度等这些标准的，就叫做城市地区。

据我所知，德国是这么定义城市的。

陈玉宇：很多国家都是这么定义城市的，但是中国不是按照这样的逻辑来定义的。中国是按照行政区划来定义城市的，所以我们的城市化程度的统计指标也是不可靠的。我记得看过一篇流行的文章，是给中国的城市排名，辽宁省的朝阳市竟然被排进前十名。因为作者把朝阳市这个地级市下辖的所有区县人口都算在内了，所以才把它当成中国的前十大城市。在这样概念混乱的情况下进行的统计，除了带来更多的误导之外，我看不出有何意义。

当然，我们也不可否认的是，中国在进行改进。《国家新型城镇化规划（2014—2020年）》当中对城市化的定义，是我到目前为止见到的比较准确的一个定义。①

它的定义是什么？

陈玉宇：它把建成区面积作为城市地区，把居住、工作在建成区内的人口称为城市人口。

当然，建成区这个概念本身也是有点模糊的，它大概与一般老百姓所说的市区面积有点关系。一个城市的这块行政区里面，土地得到行政的开发许可，然后再经过一定程度的基础设施的建设之后，就可以被称为建成区。因此，它是一种

---

① 《国家新型城镇化规划（2014—2020年）》，根据中国共产党第十八次全国代表大会报告、《中共中央关于全面深化改革若干重大问题的决定》、中央城镇化工作会议精神、《中华人民共和国国民经济和社会发展第十二个五年规划纲要》和《全国主体功能区规划》编制，按照走中国特色新型城镇化道路、全面提高城镇化质量的新要求，明确未来城镇化的发展路径、主要目标和战略任务，统筹相关领域制度和政策创新，是指导全国城镇化健康发展的宏观性、战略性、基础性规划。

物理的定义加上行政命令的定义的结合。但是即便如此，与中国以往的标准相比，目前这个定义已经算是比较接近科学意义上的城市的定义了。

按照这一标准来衡量的话，中国目前的城市化发展水平已经达到什么程度了？

陈玉宇： 按照这个定义来看的话，中国现在工作和居住在城市里的人口大约是7亿人，当然他们当中有城市户口的大约占了不到5亿人，还有2亿多人没有城市户口。

而这样的一个城市化程度是略低于世界平均水平的，相当于19世纪中后期的英国，相当于第一次世界大战结束之后的美国，相当于20世纪50年代的日本，相当于20世纪70年代的韩国。这就是中国目前的城市化程度。

预计到2025年的时候，全世界的城市化率是60%多，我们现在（加上没有真正成为市民的农民工）的城市化率也就是50%。也就是说，在未来的十年当中，中国需要每年提升1个百分点的城市化率，才能赶上当时的全世界的平均水平。

诊断"城市病"

中国有30多个省会城市、290多个地级市、300多个县级市，加起来一共600多个城市，再加上近2 000个县城、将近20 000个镇，都在扩大城区面积，都在加强工业开发区、科技园区和居民住宅区的建设，这是错误的。在市场力量的驱动下，应该是有的城市发展快、有的城市不变。

为了实现上述的城市化目标，中国的压力大吗？

陈玉宇： 应该说压力相当大。因为中国一直存在"城市化率低、增长速度慢"的毛病，而增长速度慢主要体现在城市人口的增长率低。在过去的30多年时间当中，中国只有北上广深等城市的人口增长率超过5%或者6%，其他大部分城市的人口增长率只有3%—4%左右，显著低于第二次世界大战之后完成工业革命的40个国家城市人口的增长速度，它们的平均速度是5%—6%。

这里需要注意的是，我们这里所讲的增长速度，是包括了有户籍和没有户籍但是长期工作、生活在城市地区的人，是它们二者相加起来的总数。实际上，在中国7亿多的城市人口当中，目前仍有2亿多人没有户籍，实际上是"二等市民"。即便如此，我们的城市化增长速度还是只有3%—4%这样一个比较低的水平。

与之形成对应的，则是中国的城市建成区面积的扩大速度达到4%—5%，快于城市人口的增长速度。如此一来的结果是，中国在过去的十多年时间当中，以城市建成区内的人口除以城市建成区面积（我以此来定义的城市地区的人口密度）下降了20%多。中国是一个土地严重匮乏的国家，但它的建成区人口密度却在减少，这是个奇怪的现象。这只能告诉我们，地方政府的兴趣主要在于扩大城区面积、扩大开发面积，而没有兴趣去扩大和增加居民人口数量。

因此，中国有30多个省会城市、290多个地级市、300多个县级市，加起来一共600多个城市，再加上2 000多个县城、将近20 000个镇，都在扩大城区面积，都在加强工业开发区、科技园区和居民住宅区的建设，这是错误的。一定会有某些地方是人口流出地，有些地方是人口流入地。一定会是在经济收益的驱动下，出现不同的地区的集聚能力不一样、建成区面积也有所差异。应该是这样一个结果。但之所以出现相反的局面，是与中国不恰当的财政体制、财税体制、行政体制关联在一起的。不仅如此，就我个人的观点而言，短期内这个毛病没有可以得到明显改变的迹象。

而这只是中国目前城市化发展的问题之一。

除此之外，还有什么问题？

陈玉宇：多了。除上述城市人口增长率低之外，我愿意强调以下这几个问题：

其一，中国城市的大、中、小结构不合理，即城市的最优规模没有得以实现。这是中国城市资源配置方式没有做好的表现。正如我所认为的那样，什么力量决定了城市规模？是两种相反的力量。一种力量是大家聚集在一起，分享信息和基础设施、互相学习、提高分工程度，带来生产率的提高，带来美好的发展前景，这是城市人口增多的好处。值得一提的是，虽然古往今来，每一个城市都会尽力地追逐本地人口的扩张,因为这会带来繁荣;但在计划经济体制下却会出现例外,没有一个市长乐意让自己的城市人口越多越好,因为这涉及财政负担问题。随着城市规模的扩大,会带来拥挤、通勤时间长、房价高、生活成本高等城市病,从而形成制约性的力量。这两种力量的平衡,决定了一个城市的最优规模。

美国布朗大学经济学和城市研究 J.弗农·亨德森教授曾经对此作出测算:中国的地级市如果把规模扩大 1 倍,不需要任何技术进步或其他方面的提升,只是因为集聚效应,生产率就会提高 1/3。他在一份名为"中国的城市化:面临的政策问题和选择"的课题报告中提出:中国人口规模在 200 万—700 万的城市的数量太少,而人口规模为 10 万—100 万的城市的数量太多。他不赞成优先发展 1 000 万人口以上的超大型城市,而建议中国注重发展 200 万—700 万人口的城市。

从国外的基本规律来看,1 000 万以上人口的超大城市是一个国家经济的领头羊,高端服务业、高端制造业、研发、金融都集中于此;而制造业则要从这样的大城市扩散到 300 万人口规模的城市。与此相比较,中国这几种类型的城市比例都严重失衡,甚至有经济学家认为,中国的城市结构天下最糟。这是因为中国城市规模大小的形成,更多地受到计划力量的决定,而不是由企业、劳动力在市场力量的指引下形成的,所以中国城市的大、中、小规模只能说是难以理解——不能说不合理,只能说难以理解。而如此一来的结果是,中国星罗棋布的小城市太多,有一定规模的、能够发挥规模经济、集聚经济的城市则太少。

其二,城市的产业结构问题。中国制造业共有 100 多种,很多城市都能够覆盖制造业中的各个门类,结果就是在城市之间没有特色,没有专业化分工。底特律的问题也许是城市专业化分工过头,但是我们的问题则是专业化分工远远不够。没有专业化的分工,规模经济就出不来,集聚效应也出不来,这是计划经济遗留下来的问题。

中国在这一领域面临的最主要的问题与城市层级结构有关。中国的城市有行政级别,分为省级城市、地厅级城市、县处级城市等。级别高的城市,其各方面的权力都大于级别低的城市。所以,就算是经济规律要求大城市的一些制造业产业向较低一级的城市转移,但是由于前者的行政权力和经济管理权力更强,因此可以用行政手段（包括税收激励）来阻碍这一转移的顺利完成。

其三，城乡差异问题。对于中国来说，城乡差异问题是一个老问题，也是一个新问题，有不少数据可以证明这一点。第一个数据是，中国的城乡收入差异是2.5倍，而韩国1995年的城乡收入差距是1∶1。在1975—2005年的30年中，韩国的农村人口下降了85%，耕地下降了40%，但是总的农业产量却上升了70%。在这一方面，中国做好了准备没有？不见得。

中国的条件是不是就会使得我们很难做到缩减城乡差异呢？不是的。在印度的农村地区，有50%的劳动力根本就不识字；巴西的城市化的确比我们做得好，比我们的深度和广度都要强，但巴西农村劳动力的平均受教育年限只有四年，而中国农村劳动力平均受教育年限是七年。所以说，中国有全世界最优秀的、素质最好的、人力资源最好的劳动力等待着被城市化。而现在之所以出现这一系列的问题，根本的原因就在于我们人为地迟滞了城市化进程，我们的城市化是市长主导的城市化，而不是在市场力量推动下的自由的城市化。

其四，城市的治理结构问题。我们有部级城市，也有镇级和科级城市。在广东、浙江等发达地区的科级城市，其实已经有好几十万的人口，但它们几乎不拥有任何管理、治理这个城市的经济权力，这就是中国现在面临的问题，也就是城市治理结构影响资源在不同城市之间的配置。因此，我们必须革命性地革除命令型的城市化发展战略，将其转变成以市场力量为主导；革除城市的层级结构，将城市的行政权力与城市的治理权力相分离。这是一个伟大的任务，也是很难改变的难题。

总的来说，在中国独特的行政结构、架构基础之上，每个地方首长最大的责任和光荣就是搞好自己的一亩三分地。想要让市场的力量在全国范围内创造一个合理的生产活动和人口在地理空间上的合理分布，让资源和人力在地理空间范围内得到有效配置，让城市按照内在的逻辑自生自发，是很难的。

蔡洪滨：首先，我们应该认识到，美国城市的政治中心与经济中心是分开的，而中国城市的政治中心和经济中心是结合在一起的，行政力量对城市的形成和发展起着重要作用。中国行政资源的分配（如教育、医疗等）是按照城市级别来进行的：先首都，后直辖市，再省会城市，最后是二级城市。级别越高，好处越多，有些地方经济很活跃，但得不到相应的行政资源。政治力量决定城市的大小和规模，决定资源的分配。

其次，当前城市政府的定位不是城市管理的服务者，而是GDP和政绩导向的，因此重视建设大项目、房地产，轻文化、教育、体育等服务业，而后者欠发展正是抑制当前城市化的力量。此外，一些地方盲目追求GDP、忽视城市综合发展、阻碍经济结构的升级，也会导致中国式的城市病。中国的城市特别是大中型城市的管理水平大大落后于城市化的要求，导致交通和环境污染日益恶化，教育、医疗、卫生事业的发展越来越不能满足居民的需要。由于体制原因，服务业的发展没有得到足够的重视，而文化、娱乐、体育事业更是远远落后于城市化的进程。不解决这些城市化的扭曲力量，未来经济转型和经济改革将无以维系。就此而言，转变政府职能是非常重要的部分，此外还有真正实现所有流动人口的教育均等化，建立覆盖全国的均等的社会保障体系等。

最后，在之前的一个时期之内，不少人把城市化发展当成了拉动内需的一个撬棒，这也是我所认为的现今中国城市化发展的问题之一。真正的城市化是经济发展引起的一个现象，市场引导的城市化的确能够反哺经济发展，但绝不是人为城市化就能拉动内需。因此，"城市化是能够拉动内需的热点"这一想法是非常错误的。如果简单地把人圈在一起就能促进经济增长，那世界各国的经济增长就非常简单了。拉动内需的增长与城市化的长期趋势完全不同，不能从提振经济出发，用简单的应急想法来发展城市。应以城市本身为核心，系统性地设计一些经济体制改革和社会体制改革，真正促进中国的经济转型和经济增长。

张志学：我想谈的问题是，目前中国城市化发展过程中的人文精神的欠缺。城市化的目的，是让不少农村人变成城里人，但居住在城市里的人是不是就真的变成了城里人？我对此存疑。

在让人口集中居住在一起的过程中，生活形态由农村的熟人社会变成陌生人社会，人们彼此之间不知道姓名，不像农村里面一个村子里几十上百口人，谁不检点，大家都知道。正是因为城市匿名化的特点，就会多出很多事儿来。人类的一个基本特点是，人口集中就导致人们容易作出消极的行为，而且消极行为还很容易在人群当中传染。因此，城市社会更需要公共秩序和公民行为。

但在今天的中国城市当中，很多人往往过于自由，认为有了钱就可以想干什么就干什么。而这在成熟的社会当中往往是不可想象的。比如说，我有一个在纽约某著名大学任教的教授朋友，他们夫妻俩想在城里买一套房子，价格已经谈好，但最终还要接受楼里其他居民的层层面试，同意后才能购买。今天中国的任何一个城市当中，还没有普遍形成这种文化，这是问题之一。

除此之外，我们的城市化还存在不同人群的认识断裂问题——精英阶层高谈阔论，而另外一批人则认为自己受到了不公正的待遇。他们彼此之间在各自的轨道上自由滑行，从来没有交集，也不愿意站到对方的立场上去思考和讨论问题；最终，双方就失去了换位思考和推己及人的同理心。如此一来，城市就很难形成社区的概念。具体的表现就是，社会充满着隔阂，人和人之间存在戒备心理，单位和单位之间建起了围墙，邻居和邻居之间老死不相往来，即使在电梯里遇到了，也都是各自低着头不说话。

我所认为的城市化发展的内涵和实质，绝对不是划地造城、搬迁安置、钢筋水泥。我们所需要的也不是林立的高楼和繁杂的小区，而是充满温暖和舒适的社区——是社区，而不是小区。这才是中国的城市化发展需要去解决的问题。我们要造就高品质的城市化，需要相关人士具有很高的素质，像科学家做研究一样，要去学习国内外城市化发展的先进经验，要能够明确中国环境和国外经验之间的差距，并想办法进行调适借鉴，用合理的具体措施去帮助中国人合理地改进衣食住行的习惯。要让居住在城市各个社区里面的人在花了不菲的价格购房之后能够感到满意，要营造一种良好的社区氛围和共鸣感，要让那些在小区里乱停车妨碍交通、乱扔垃圾的行为杜绝，要让生活在城市里的人感到舒心自豪，要让遵守社会行为准则成为公民的一个习惯。

为此，我必须再次重申，城市化不是划地造城，需要高度的专业精神、科学精神和人文精神，要让城市成为承载那些即将成为城市居民的美好希望的精神家园。

新政府角色

中国不仅需要北上广深，中国还需要至少 100 个有活力的、快速增长的、将来会变成地区性重要角色的城市。这 100 个城市，将来可能都要成为 200 万人口以上的城市。中国应该有 100 个增长极，这就是核心的城市化。

对于上述一系列的问题，现在有何种解决方案？

陈玉宇： 李宗盛有一句歌词叫做"爱情它是个难题"，城市化也是一个难题，更难的难题。我只能说，从大的宏观逻辑上来看，按照中国《国家新型城镇化（2014—2020 年）》，我们目前 1 000 万以上人口的城市只有 6 个；500 万—1 000 万人口的城市只有 10 个；300 万—500 万人口的城市有 21 个。通过数据可见，中国极其缺乏 300 万—1 000 万人口的城市。

我的观点是，中国要完成 11 亿人的城市化发展蓝图，其中 300 万—1 000 万人口的城市要从现在的 31 个增加到 100 个以上。

支持您这个观点背后的逻辑是什么？

陈玉宇： 研究资料表明，"全球经济规模最大的 600 个城市"是全球生产活动的主题，全球 60% 的 GDP 由这 600 个主要城市完成。20 年后，中国将有 100 个城市进入这世界城市 600 强。

具体来说，我认为，中国未来城市化的一个基本结构，首先，10% 的人口应该住在超大城市，也就是中国应该有 8 个 1 500 万人口的城市，差不多 1.4 亿人口居住在北上广深。

其次，中国应该让 30% 的人口（4 亿人）居住在 150 个非常有活力的、我们称之为大城市或者中等城市的城市中。大城市的平均人口为 500 万—1 000 万，中等城市的人口则在 100 万—300 万。150 个城市，大约 200 多万人口，大一点的五六百万、七八百万，小一点的一两百万。应有 40% 的人口居住在这样的城市中。

> 中国新动能——光华学者解析未来发展之关键

中国不仅需要北上广深,中国还需要至少 100 个有活力的、快速增长的、将来会变成地区性重要角色的城市。这 100 多个城市,将来可能都要成为 200 万人口以上的城市,是中国的 100 多个增长极。这就是我所说的核心城市。

除此之外,中国未来的小型县和镇是没有发展前途的,所以它们的主要出路是需要实现自身的现代化,而不是扩大规模、吸纳人口。它们只能是伴随着中国的富裕和发展而变得富裕和发展,自身不可能创造工作岗位,不会实现人群的聚集,不太有分工的需要,服务业难以得到广泛发展。

世界五大城市群发展概况如表 2-4 所示。

表 2-4 世界五大城市群发展概况

城市群	区位	人口(万人)	面积(万平方公里)	主要城市	空间结构形态
美国大西洋沿岸城市群	大西洋沿岸,北起波士顿,南至华盛顿	6 500	13.8	波士顿、纽约、费城、马尔的摩、华盛顿	条带状
日本太平洋沿岸城市群	从千叶向西,经过东京、横滨、静冈、名古屋,到京都、大阪、神户的范围	7 000	10.0	东京、横滨、川崎、名古屋、大阪、神户、京都	多圈层连接而成的带状
欧洲西北部城市群	由大巴黎地区城市群、莱茵—鲁尔城市群、荷兰—比利时城市群构成	4 600	14.5	巴黎、阿姆斯特丹、鹿特丹、海牙、安特卫普、布鲁塞尔、克隆	多圈层连接而成的环状
英国以伦敦为核心的城市群	以伦敦为核心,以伦敦—利物浦为轴线的地区	3 650	4.5	大伦敦地区、伯明翰、谢菲尔德、利物浦、曼彻斯特	条带状
北美五大湖地区	五大湖沿岸,从芝加哥向东到底特律、克利夫兰、匹兹堡,并一直延伸到加拿大的多伦多和蒙特利尔	5 000	24.5	芝加哥、底特律、克利夫兰、匹兹堡、多伦多、蒙特利尔	串珠式条带相交

资料来源:周世峰、王辰,"世界城市群发展演变特点及其对长三角的启示",载于任真,《长三角的未来、机遇与挑战》,人民出版社,2011 年 8 月,第 83—86 页。

但现在看一下官方的各种表述是，相对限制大型城市的发展，而要积极发展中小城镇。

陈玉宇： 人们现在之所以要反对大城市，我认为有两个问题，或者说源自两个错误的理念。

第一个错误的理念是，用观察北京和上海得来的经验，认为大城市必然会带来大城市病，并以此作为基础，给全国的城市化发展制定战略。以湖南省会长沙市为例，有什么严重的城市病？城市病是与地方政府的管理水平联系在一起的。东京有2 700万的人口，并没有严重的城市病。假如城市的管理水平低，50万人口的城市都会出现城市病。以中国现有水平可以管理好的500万—1 000万人口的城市数量太少了！50万人口以下的小城市太多了！

第二个错误的理念是，缺乏对整个世界城市化进程的了解，用农业文明的眼光来看待城市化。

所谓农业文明的眼光，具体指的是什么？

陈玉宇： 表现为两点。其一，表现为对于城市在经济发展过程中将起到的关键性作用认识不清。对于规模经济、对于正的外部性、对于城市内生的力量，都没有认识清楚。认为城市只是人们简单的集聚，但事实上并不是这样。比如说，在全世界范围内，人们申请的专利数量，80%的部分都是由大城市中的人完成的。小城市里的人不是愚蠢，大城市里的人也不是简单的叠加，而是因为人与人之间的互动。但是从农业文明的眼光来看，就认为是简单的聚合，就是一亩地再加一亩地。

其二，就是过度地担忧所谓的城市化对农业将产生的威胁。事实上，农业生产效率的提高，不取决于你在农业当中保留多少劳动力，而取决于你的农业劳动生产效率的改进和提高。我们现在认为要搞小城镇，要做到离土不离乡、农村离城市很近，好像这样的城市化发展道路就可以把对农业粮食安全的威胁降到最小，但这是不对的。中国在20世纪70年代末的时候，80%的劳动力从事农业生产，8个人种粮食给10个人吃还吃不饱；现在3.5个人种粮食给10个人吃还有剩，将来要做到5个人种粮食给100个人吃还有剩。

> 中国新动能——光华学者解析未来发展之关键

您一直对于城市和人口的关系非常关注,这是为什么?

陈玉宇: 财政、税收、教育、医疗、城市基础建设等,都是为了形成灵活的劳动力市场。人口是基础,这也是各种机构榜单将人口数量作为衡量城市活力重要指标之一的原因。过去30年,各个城市的主政者赶着工业化,对吸引人口的兴趣不大,但到目前,人口的增多,尤其是高劳动生产率人口的增多,才能带来城市的持久繁荣这一观点,正在被越来越多的官员接受。深圳以及国内不少城市已注意到人才之于城市活力的重要性,已经在就业、住房、户籍方面予以支持。[①]

但是除此之外,大部分的城市发展观念仍然没有被扭转过来。中国的城市集聚需要劳动力,但是不需要人口,这是非常短视的一种观点。为什么说它短视呢?这和城市治理当中的税收和财政的权利安排也有关系。你想象一下,欧美的城市有市议会,在管理和治理该城市的经济权利方面,一个10万人口或者5万人口的小镇与纽约市拥有差不多相同的权利。但在中国却不是这样的,这是一个很大的问题。谁到一个地方做行政长官,都希望招商引资,都不希望人口增加;前者意味着税收增加,后者则意味着财政支出。或者说,不少官员还秉持的态度是,让更多的人来我这里也行,但他们就应该老老实实地在工厂里打工,不要成为市民,不要来竞争享受城里的各种公共福利待遇。

我可以再举一个例子:我以前从来没去过无锡——虽然它是那么美好的一个地方,至少在我的印象中非常好。我最近去了,但是我发现我不了解无锡。我之前曾经想当然地认为,无锡现在应该是一个人口600万—800万的都市级城市,结果我去了之后发现它全市的人口只有400万,城市居住人口不足200万。事实上,从任何方面来看,无锡都应该成为一个800万人口的城市。于是我与无锡的朋友们聊天,我说你们同不同意一个观点:如果这个城市是你的,你会关心这个城市;如果这个城市变成一个500万人口的城市,已有的市民将从中受益巨大,新来的市民找到新的机会也会从中受益巨大,这是一件对任何人都好的事情。你们同意吗?他们说我们同意,但他们又解释了不吸引人口到来的原因:在现有的

[①] 按照陈玉宇教授的观察,目前深圳40%的人口是初中学历,每年吸引的大学生不多,相比800万大学毕业生,深圳只分到了很小一块人才蛋糕。人力资本结构低是威胁深圳成为伟大城市的首要因素。

财税体制下,吸引人口对政府没有好处。

在此方面,我认为中国应该引入最终消费税这一概念,就像大家去美国的时候可以发现的那样,到小商店买东西要加个零售税。这样一种税收体制的简单改变,就能够扭转地方政府对于城市化发展路径、对于人口的态度。因为官员们这时会发现,只有我这儿的经济真正繁荣了,我这儿有更多的人口和消费了,我这儿才能够收到更多的税收,财政支出才有着落。另外一个适合城市的好税种是不动产税。

实际上,1990年出生的2 500万人已经进入劳动力市场,2010年出生的1 600万人在20年后将进入劳动力市场,在这20年当中将出生的新的劳动力一共大概有4亿人。他们将成为中国经济增长的核心动力、城市化发展的核心力量、向服务经济转型的主力军。① "90后"的人,是你拿鞭子赶也不会再回到小县城和村里居住的年轻人,他们会选择在自己认为还不错的中型、大型城市里待着,好发挥他们的能力。

现在我们要学习如何建设好一个有效率的劳动力市场,来配置好这4亿劳动力。而目前的劳动力市场,相对于企业、金融等其他领域而言,市场化程度还相对滞后,中国劳动力市场的建设仍然面临诸多的制度障碍。

存在哪些障碍?

陈玉宇: 劳动力市场不是一个有形的市场,而是一个在各种法规之下受到制约和管制的市场。它是与劳动法、合同法、工资制度、社保制度、医疗制度、退休制度、房产制度等所有这些因素结合在一起所形成的市场。这里面的东西越不灵活,劳动力配置资源的效率就会越低。假如我迁移个户口都这么难,我就不愿意去随意选择了——如果我大学毕业去无锡工作,干了三年,那我还能不能再迁回上海?我的社保能不能跟着我回去?等等。中国的制度在面临这些问题的时候,都是滞后的。而如果解决不好这些问题,城市化就会不健康,那么中国未来的增长活力就要打折扣了。

---

① 美国的服务业占到整个经济的近80%,中国目前则只有45%。

现在的问题在于，中国潜在的可能成为世界600强的城市，现在只有不到20个；而我认为中国要在20年后达到今天韩国的生活水准，必须有100个城市进入世界城市600强。可是，谁将成为呢？市场还不知道，年轻人还无法去选择这些城市；制度上的僵化安排，也不鼓励年轻人去自由选择。现在大学毕业的年轻人敢不敢去廊坊发展？我就不敢，我怕一辈子待在那儿出不来了。如果去了却又能随意就走了，那大家都不会害怕了。

张志学：教育资源、医疗资源的公平分配，也是很重要的一个方面。我们要把中国各个城市的医院办好一点，然后想办法提高好的医学院毕业生到各地去的待遇，让他们能够在全国各地分布开来。这样，人们就不会都挤在少数几个大城市里面了。

您认为，我们应该如何逐步改革这种僵化的体制？

陈玉宇：我们必须要认清楚一个事实：要配置好这每年 2 000 万的年轻人，不是靠简单的行政命令，不是靠600多个城市的市长们的努力工作，这是不可能的。政府的力量在发展工业生产方面还可能起到明显的作用，但在城市化发展的过程当中、在决定一个城市发展的规模方面，是完全没有什么先见之明的。它们能够做的，就是不断提高自身的服务水平、管理水平，不断地去应对城市化发展中的新要求，解决新问题。除此之外，就要依赖于千百万企业家的选择，依赖于年轻劳动力对工作地点的选择。

张志学：一定要变成以企业、以创造利润的机构为核心来发展城市化。在推进城市化的过程中，通过多种途径实现人的转型，要让大学教育把人变成专业人，要让企业训练把人变成组织人，要让社会法律、社区规则和文化把人塑造成顾及他人利益和感受、遵守社会规则的社会人。专业化、职业化和社会化共同推进，就可以大大提升人的素质，把人口的新红利释放出来。假如政府能够按照这样的规律做事，我觉得城市化中的很多问题就可以得到解决。

中国未来的城市化发展道路转移到合理发展路径上去的可能性有多大？还是说中国以往的城市化路径已经既定了，只能按照现有的模式继续走下去？

陈玉宇：到目前为止，中国已经在经济发展、城市发展上取得了很大的成就。我们在之前的 30 年当中，人均 GDP 增加了 10 倍，而美国人均 GDP 增加 10 倍，差不多是 100 年。我们在这个过程中实现了自身的工业化或者说工厂化，以及仍然还不是那么理想的城市化。不管怎么说，这都是非常了不起的成就。

中国之所以能够摆脱贫困陷阱，进入中等收入阶段，所依赖的模式是，制造业经济、劳动密集型经济、简单要素扩张型经济。在这个过程中，政府尤其是地方政府，直接卷入生产活动、直接干预资源配置，比如基础设施建设、大的能源项目的建设等。政府起到的作用是积极的，效果也是不错的。目前的中国与印度相比的区别是，印度的基础设施建设的进步没有那么大。当然，在这一过程中也出现了一系列的问题，但总体来说，正面意义大于负面意义。

但从中等收入向高收入转变，我们需要的是创新，是技术驱动，是提高劳动生产率，不需要政府直接卷入生产活动的角色了，政府也已经无能为力了。因此，我们的中央文件也已经提到，要让市场发挥决定性作用，政府发挥重要作用。具体来说，就是让政府去营造出更好的商业环境，提供更好、更均等的公共服务，使得中国的市场更有活力。只不过在向着这样的角色转换的过程中，政府现在还不是那么适应。

蔡洪滨：党的十八大提出，必须以改善需求结构、优化产业结构、促进区域协调发展、推进城市化为重点，着力解决制约经济持续健康发展的重大结构性问题。要实现以城市化推进经济结构转型的重大战略目标，我们必须改革旧的、僵化的城市化发展模式，将城市化作为一种改革战略，革除体制弊端，释放市场力量，充分实现城市的经济集聚效应。

在具体措施上，第一，尽快打破二元体制，积极稳妥地改革户籍制度，促进城乡居民自由、合理流动，为有条件进城工作的农村居民提供安居乐业的政策保障。

第二，尽快在全国范围内实现基础教育的均等化，落实流动儿童平等上学和高考的权利，这是实现"人的城市化"的最基本的条件。

第三，进一步完善家庭联产承包责任制，促进农村土地、宅基地的确权和流转，使农业现代化有规模经济的基础，让农民进城没有后顾之忧。

第四，稳步推进社会保障制度建设，力争尽快建立覆盖全民的、均等化的社会保障体系，使农村居民和农村进城居民享受平等的社会保障服务。

第五，改革中国目前的行政区划制度，因地制宜、灵活安排城乡行政区划，以人口密度和经济活跃程度为主要标准，使城乡行政区划适应各地区经济发展的需要。

第六，改革当前的财税体制，逐步改变以行政级别作为主要依据分配财政资源的做法，推动以市场手段筹集资金推动城市化进程。在条件许可的情况下推行市政债券的发行，使城市的发展逐步摆脱对行政体制的依赖，适应经济发展的需要。

第七，大力提高城市综合管理水平，改变过去一味造城建楼、忽视城市软环境建设的做法，推动建立"人文城市""和谐城市""宜居城市"，为城市居民提供更好的社会服务和生活环境。

第八，改革体育文化体制，为城市发展文化体育事业创造宽松的制度环境。

只要我们把城市化当作改革的核心战略，把市场规律作为城市化进程的基础力量，经济结构的问题将迎刃而解，经济发展方式的转变也将水到渠成，城市化将真正成为中国经济转型和可持续发展的新的动力源泉。

促进产城融合

城市化是工业化发展的需要和结果，没有产就没有城，产是城的基础。

在城市化的发展思路方面，您最近非常强调"产城融合"，这个概念的含义是什么？

蔡洪滨：我认为"产城融合"是城市化的基础和本质。为什么这么说呢？

第一，城市化是工业化发展的需要和结果，没有产就没有城，产是城的基础。

从世界各国经济发展史和城市发展史来看，人类的城市化是从工业化之后开始的，具体到每一个城市来看也是如此。失去产业基础，这个城市就没有活力，比如美国很著名的底特律，在产业基础丧失之后，这个城市就陷入了发展困境。

第二，城市化的发展反过来又会促进工业化的进程和发展。城市化建设得好，会对商业、服务业产生巨大的促进作用，反之则不然。一个城市如果想要吸引产业来这里集聚，不是靠传统的招商引资、给政策，而是把这个城市建设好，把城市的生产条件、居住条件等做好，以此吸引人来这里聚集。

第三，从国际经验来看，发达国家的成功经验往往是产城融合做得比较好，不发达国家都是在产城融合中出现了问题，比如经济发展停顿、大城市病，等等。

第四，产城融合的本质是什么？产城融合的关键是把政府和市场的关系处理好，因为产业的发展必须靠市场机制的促进，但是城市的发展又需要政府起积极作用，所以产城融合能否做得好，关键在于政府和市场的关系要处理好。市场的作用怎么发挥，政府的作用怎么发挥，这需要政府和市场两方面进行更好的融合。

从以上几个角度来理解，我认为产城融合是城市化的基础和本质。

从国际经验来看，产城融合有做得比较好的例子吗？

蔡洪滨： 在这方面，德国的产城融合经验值得关注。我们知道，德国的城市化率很高，但是相对于其他发达国家来说，德国的城市化率是比较低的，与OECD的平均值相比，德国大概低了百分之六。

在发达国家中，德国是少见的走城镇化道路，而不是城市化道路的国家。中国长期存在争论，说中国应该走发展大城市的所谓城市化道路，还是发展小城镇的所谓城镇化道路。发达国家绝大部分是发展大城市，比如伦敦、东京、首尔等；美国的经济体很大，国家也很大，它也是往大城市集中，2008年之后这个趋势很明显。美国的大城市集中率非常高，经济恢复得比较快的时期都是以大城市为中心。我在此只举一个例子，德国住在100万以上人口城市的比例好像只占了百分之九点几，OECD平均的比重是百分之二三十。德国2 000多个城市，大部分是城镇，去过德国的人都对德国小城镇的经济活力、基础设施、优美环境印象深刻。

为什么会这样？

蔡洪滨： 当然它有很多的原因，其一，是德国国家统一的时间比较短，早期都是比较小的分散的邦国，距离它们最终成为一个完整统一的国家还不到200年的时间。因此，德国的联邦制在保障公平支出方面有独到的特点。虽然说德国的确有一些世界知名的品牌（如西门子、拜耳等），但德国最大的经济结构亮点是中小制造企业，有一个说法叫"隐形冠军"，德国有很多中小企业的效率是世界领先的。

其二，在产城融合方面，德国的市场与政府的关系处理得非常好。德国的产品市场、要素市场效率比较高，这才能保证整个经济的国际竞争力；反过来，政府在产业引导、城市发展方面也能够起到积极的作用。这两者的融合使得城市化的道路和产业发展的道路能够融合得很好，然后互相促进，一方面保证经济的效率，另一方面让人们的生活水平保持在一个非常高的水平。这是我理解的德国在产城融合方面的特点和经验。

考虑中国的实际，中国在产城融合的道路上有哪些应该注意的地方？

蔡洪滨： 任何一个国家的城市化道路、产业发展道路、产城融合发展道路都必须根据这个国家的特点来发展。中国的经济发展已经走到工业化的中期，面临各种各样的转型和挑战，有人因此认为工业化带来了环境污染、低效率等问题，在未来的发展中应该跳过这个阶段，直接大力发展服务业。我个人不认同这样的观点。我们是要加大力度寻找适合中国产业化发展的道路。我们的城市化人口有50%，但是中国城市化的过程又有自己特殊的历史和制度的影响。在城市化过程中，传统的二元体制、传统的计划体制在城市发展和产业发展方面还有非常大的影响。

结合这些特点，从产城融合这个角度来思考中国的城市化道路。

第一，在宏观层面上要创造一个产城融合的良好环境，应该在城市化发展的制度环境上打破传统的计划思维，打破城市和农村的划分，打破大城市和小城市的划分，打破行政区划完全按照行政级别来划分的思路，打破按照行政级别来分配资源的惯例,这是我们调整的整体性思路。

第二,借鉴德国的经验,如果想做城镇规划,全国统一均等的公共服务方面需要做得比较好。

第三,在整个城镇布局方面,到底是城镇化还是城市化,借鉴德国的经验并结合我的思考,我个人认为应该因地制宜,该大就大、该小就小。比如中国的广东省,它就很像德国,应该结合各自的产业特点走城市化的道路;但是在中国的另外一些地方,别说镇、县了,就是地级市都没有自己的产业基础,在这样的地方发展城市化可能就不太现实了。这是我们在城市化布局方面应该借鉴的经验。

第四,从做好某一个城市的产城融合、解决好市场和政府的关系的角度来讲,中国现在真正要做的是改变政府的行政职能,真正做到产城融合一盘棋。政府除了要把城市建设好,还要解决当地的瓶颈问题。德国中小企业发展的瓶颈是什么?就是它自己做不好劳动力培训、技术研发。一家企业不一定在各方面都能够完全做好,这就需要政府予以支持和鼓励。中国的每一个城市需要根据自己的产业特点,寻找自己的产业发展瓶颈,通过政府的引导把产业瓶颈问题解决好。

曹凤岐: 一是要工业化、信息化、城市化、农业现代化"四化"协调互动,通过服务业发展和科技进步推动产城融合,"四化"协调互动,缺一不可。二是要实现产业集聚,促进产城融合,尤其是需要通过服务业发展和科技进步来推动。三是由城镇带动来统筹城乡发展,城乡一体化发展需要城镇带动,通过产业发展带动就业。

陈玉宇: 我认同曹凤岐教授通过服务业发展,促进产城融合的观点。微博上有地产达人调侃说,"想来想去,城市化没啥可干的,除了盖房子"。事实上,下一轮中国经济的快速增长以及城市的快速发展,其核心之一就在于产业结构的服务业化。

产业结构的服务业化有什么具体含义?

陈玉宇: 我可以举几个例子。美国的服务业占GDP的比重接近80%。1870—1950年,美国的服务业占GDP的比重一直稳定地维持在接近60%的水平;

> **中国新动能——光华学者解析未来发展之关键**

1950年后,迅速提升到今日的水平。最神奇的服务业化经济体是中国香港,2010年香港的服务业占GDP的93%,可以称之为"服务"之城了。

经济发展的过程,被理解为资源和劳动力从农业部门转向制造业部门,到了一定的阶段,再转向服务业部门,比如今日美国85%的非农就业是由服务业提供的。与产业结构的变化相伴随的,是生产活动在地理空间上越来越集聚在少数地方,也就是城市化或经济集聚。

美国的服务业一枝独秀,制造业所占份额日益减少,这也曾经引发争议,为此美国也在重振其制造业。中国制造业与服务业之间的关系,在过去数年当中,更是被热议的核心话题之一。您如何看待两者之间的关系?

蔡洪滨: 市场主导的城市化能促进经济结构升级,推动经济发展。工业的迅猛发展、收入的快速增长,大大提高了人们的消费能力,促进了城市商业的繁荣。工业分工的精细化,使家政劳动的社会化迅速兴起,服务业因此也得到迅速发展。除此之外,城市人口密度的提高,为城市公共设施和公共服务事业提供了发展空间,银行、保险等金融服务业随之日益发展,同时文化、教育、娱乐、体育、卫生等事业也相应壮大。

因此,工业化的推进导致城市的繁荣,而城市化的推进与服务业的繁荣进一步提高了劳动生产率,催生新的行业和生产部门,使经济结构更加侧重了第三产业。

陈玉宇: 中国的服务业发展和制造业工业的发展并不矛盾,原因在于:

第一,正如我刚才所说的,服务业发展的基础是制造业的生产效率得到提高、变得强大起来。因此,我们在说发展服务业的时候,不用忧心忡忡地大喊"不可能靠洗脚、理发、快递来实现小康"。从数字来看,中国的服务业占GDP的比重刚刚40%出头,而世界低收入国家的平均水平是50%。这就意味着,中国的服务业,不仅仅远低于与自己同等发展程度的国家,甚至还低于比中国发展阶段落后的国家。事实上,当一国的人均收入水平超过某个水平之后,对于服务的需求会增长得很快。按照购买力平价,中国人均GDP已经达到9 000美元,服务业快速成长的需求力量已经形成。由此看来，中国的服务业将来有大发展，这是必然的。

第二，生产性服务业化已是方兴未艾，这就使得传统的区分制造业与服务业的观点变得不合时宜了。当今世界，似乎并不存在两类东西，一类叫做服务，另一类叫做有形产品。有形产品到无形服务是连续的，只不过有些产品包含的服务内容多一些，有些产品包含的服务内容少一些。比如IBM，很多人把它当作制造业公司，事实上IBM把自己定义为服务业，是为用户提供"解决方案"的服务公司。

正因为如此，服务业的发展，是开辟中国经济未来、促进中国城市发展的必然力量。而要促进服务业的快速发展，必须减少或消除政府管制，加强法治，促进自由竞争。舍此别无他途。

厉以宁：在现阶段的中国，工业化和城市化不仅平行推进，而且二者是相互促进的：工业化带动着城市化，城市化也带动着工业化。重要的是，现阶段中国的工业化和城市化的相互带动，是在中国经济双重转型的过程中实现的。无论是工业化还是城市化，既需要经历体制的转型，也需要经历发展的转型。

首先看对工业化的促进。技术创新的不断发展，使得新型工业化对传统工业化的替代成为必然的趋势，这也就改变了人们对工业化的认识。而城市化对新型工业化的促进作用集中反映于以下三点：一是城市化提高了居民收入，增加了社会购买力，扩大了内需，从而为新型工业化提供了日益广阔的国内市场；二是新城区为发展新兴产业提供了良好的基地，城市化为发展新兴产业提供了充足的、高素质的技术工人和专业人才；三是新型工业化需要有现代服务业的发展与之相配合，而城市化则为现代服务业的发展创造了有利条件。

再看对城市化的促进。现阶段中国正在进行的城市化，既不同于计划经济体制时期的城镇建设，也不同于改革开放初期继续保留城乡二元体制的城市化，而是旨在逐渐破除城乡二元体制、走向城乡一体化的城市化。城市化已经不单纯是为了扩大城镇规模和增加城镇常住人口，也不单纯是为了繁荣城市经济和使城市的GDP不断增长，而是从"人的城市化"的角度考虑，使人们的生活质量得到提升。

新型工业化对城市化的促进作用集中反映于以下四点：一是新型工业化过程

中涌现出来的新兴产业,以新城区为发展基地,为城市财政提供了较多的税收,进而改善了城市的公共财政;二是新型工业化以及与此相配套的现代服务业的发展,增加了城镇就业机会,缓解了城镇就业压力;三是在新型工业化过程中,农业产业化和农业现代化将随之得到关注,相应的,一系列的新技术、新科技在支持农业发展方面,也会有较大的成效,从而有利于农村、农业和农业生产经营者,使农村和农业面貌有较大的变化,这都符合城市化的要求;四是就城镇住房建设而言,新能源、新材料、智能化的推广和其他家庭设施的更新,不仅可以降低建材造价和节省日常支出,而且可以节能、节水、减少污染,使居民感到舒适。

通过以上分析,可以更加明确工业化和城市化的相互促进关系。这样的城市化,就是名副其实的新型城市化。

主要参考文献:

陈玉宇,"服务业化,开辟中国经济未来",《新财经》,2013年第1期。

厉以宁,《中国道路与新城镇化》,商务印书馆,2012年11月。

厉以宁等,《新型城镇化与城乡发展一体化》,中国工人出版社,2014年12月。

黄亚生等,《真实的中国——中国模式与城市化变革的反思》,中信出版社,2013年9月。

专题三 政府改革

>上篇　地方政府转型博弈

　　(官僚体制)一个机构的上下级安排是固定有序的体系，即上级监督下级，一种同时给被统治者提供明确规定的由一个下级机关向它的上级机关呼吁的可能性。这种类型充分发展时，职务等级是按照集权体制安排的。等级的审级原则既存在于国家和教会的机构里，也存在于所有其他官僚体制的机构里（如大的政党组织和私人的大企业），不管人们对私人的审级机构是否称之为"机关"……"权限"原则得到充分执行时，至少在公务职位上，等级的服从并非等同于上级机构有权把下级机构的事务统统兜揽在自己的身上，越俎代庖。

——社会学家马克思斯·韦伯（《经济与社会》）

　　从整体上来讲，政府管理的思想是从商业领域借鉴来的，官僚制范式也不例外。如果它在政治上已经扎根于主张进步的改革中，那么它在经济上就来源于科学的管理活动……把商业理念运用到政府管理中可能会有很大的改变，官僚制范式就有其适合生长的土壤。民选的官员们担心，随着政府部门采取新的管理方式，行政工作会变得更加容易，他们会失去一些权力；而选民们一想到官僚制的腐败和浪费就十分气愤，他们觉得施行"商业式的管理"可能会带来一些改进。

——政治学家艾伦·艾尔舒勒

＞中国新动能——光华学者解析未来发展之关键

在接下来的十年全面深化改革的过程中，作为中国进一步深化改革最为重要的执行主体，地方政府改革以及与之密切相关的中央和地方关系调整，有着"牵一发而动全身"的意义。

2013年11月初，地方政府职能转变和机构改革工作电视电话会议在北京召开。国务院总理李克强在会议上强调，地方政府职能转变和机构改革是一场自我革命，既要有敢啃"硬骨头"的勇气，也要防止出现"一放就乱、一管就死"的怪圈。

紧随其后，在地方政府改革问题上，中共十八届三中全会审议通过的《中共中央关于全面深化改革若干重大问题的决定》明确提出了"加强地方政府公共服务、市场监管、社会管理、环境保护等职责""中央和地方按照事权划分相应承担和分担支出责任""进一步理顺中央和地方收入划分"等多项具体改革措施。

与其一脉相承，在2014年全国"两会"上，李克强总理在《政府工作报告》中进一步提出，要"完善政绩考核评价体系，切实把各方面积极性引导到加快转方式调结构、实现科学发展上来"。

改革目标已相对厘清。但正如国内中央和地方关系问题研究权威、北京大学光华管理学院应用经济系主任周黎安教授所言，为了实现目标，中国必须进行一场"自己给自己动手术"式的改革，不管其规模大小，本身已然很不容易。而难上加难的是，它所触及的还将是"鱼"（官员积极性、行政效率）与"熊掌"（行政合规性、经济效率）不可兼得这一中国千百年来阻碍行政体制革新的痼疾之一。

从改革的阶段性而言，为了解决上述难题，推动中国经济发展，在此前三十多年的改革时间当中，中国在中央及地方政府间引入了行政组织边界内的"行政发包制"。归纳其含义为，在一个统一的权威之下，在上级与下级之间嵌入发包关系。这如同农村集体土地所有制下的"分田到户"——就所有权关系而言，土地仍然属于集体经济组织所有，村委会（或村集体经济组织）拥有对土地的控制权（如土地分配权）；"分田到户"相当于在集体所有制的框架下加入发包的内容，农民享有相对独立的生产决策权和收益权。

这构成了周黎安教授关于中央与地方行政关系框架的纵向框架。再从横向角度来看，中央政府引入了地方官员之间的竞争机制，同时强调经济发展导向。双重作用下所激励起的地方政府的积极性，是中国过去三十多年经济增长奇迹的重要原因之一。①

以中国的城市化发展为例，在上述纵横两重体系推动之下，地方政府官员克服了资金短缺的困难，在相对短的时间内完成了绝大多数城市的基础设施建设或重建任务，建立了高度发达的城市基础设施和跨区域的交通运输网络。与印度等其他发展中国家相比，这些将为中国经济未来的持久增长打下坚实的物质基础。此外，这一颇具解释力的框架还能够回答这一难题——为什么在缺乏健全的司法、产权保护制度的条件下，中国依然能够取得过去三十多年的经济高速增长。简而言之，这是地方官员在强大的激励下，以行政保护替代司法保护。

但是这些迹象同时也意味着，随着中国经济的市场化程度不断提高，地方政府对市场的干预和参与程度并非像预期的那样越来越弱化，反而在经济发展中越来越扮演着中心与枢纽的角色。许多地区的经济发展都是以地方官员的战略目标、产业规划、具体运作为中心，地方政府公司化倾向日益强烈。

凡事一体两面。随着中国经济步入"新常态"，这一曾经"利大于弊"的行政模式已经日渐逼近"山穷水尽"，成本日益提升。对于地方政府而言，它们已经无法只顾及深度参与经济发展，而是需要去积极回应此前往往被其忽视的、为老百姓所关心和抱怨的大量社会公共问题，如环境资源保护、收入分配、教育、医疗、房价、养老……这一系列的问题，往往都与地方政府在提供公共服务角色上的"失灵"、没有履行其职责与角色直接相关。中国的地方政府必须进行改革，重新界定政府、市场和社会的边界，找到适合新的发展阶段的新思路。

针对这样一种政府角色范式的转换，挑战可谓多端。从行政治理的角度来看，西方的科层制度是以足额拨款的预算体制、固定但有竞争性的公务员收入和福利

---

① 在过去三十多年中，中国经济维持着年均10%的高速增长，并在2009年成为仅次于美国的全球第二大经济体。各方普遍认同，如此快速的经济发展，在全国层面上归功于中央政府所实施的一系列改革开放和宏观经济管理政策；在地方层面上得益于地方政府积极推动经济增长的动能。

体系、低自由裁量权为特征的。而长期以来，中国的行政治理是以包干色彩浓厚的预算体制和人员报酬以及高自由裁量权为特征的。为了转型以解决上述难题，中国的地方政府有必要部分吸收西方行政体制的经验，渐进式地实现由"放手做事"走向"束手做事"，用法律、程序对它们手上的资源和权力进行一定的约束，规避"放手做事"模式所带来的一系列问题。

但是，也正如周黎安教授所提醒的那样，这一过程应该是一个渐进的过程，一蹴而就反而会带来许多意想不到的问题。就此方面而言，美国此前的案例可谓殷鉴不远：20世纪90年代，美国在全国范围内出现"再造政府"的运动，原因就是政府官员被各式各样的规则和程序严格约束后，失去了应有的工作激励和创造性，形式主义、官僚主义严重。

所以，未来中国虽然更加强调约束地方政府，但是这种约束不能以牺牲对地方政府的必要激励为代价。只有约束、没有激励的政府制度，对于当前的中国来说可能仍然太昂贵，它暂时可能还"买不起"。

发包与竞争

在非洲、拉美、东南亚的很多欠发达地区，为数不少的国家的长期经济增长非常缓慢，业绩糟糕。相关研究证明，导致这些现象的根本原因是它们的政府，要么效率低下、腐败横行，要么是制定了极为糟糕的经济政策，政府本身成了经济发展的瓶颈。而在过去三十多年当中，中国政府，尤其是地方政府在经济发展过程中扮演的角色则积极得多。

曾有经济学家根据司法制度、资本市场、金融机构等正式制度的质量标准对几十个国家进行排名，中国处在明显不利的位置。为什么看上去落后的政治和经济制度下能够出现中国经济增长的奇迹？这是几年前曾经出现过的一股研究热潮。而针对"中国模式"的内涵，各方看法不一，应该如何去解析中国过去三十多年的发展？

周黎安：任何一个国家要保持长期的经济增长，一定要具备良好的政治和经济制度。良好的政治和经济条件是这个国家经济高速增长的根本性前提。美国著名政治学家福山①对世界主要发达国家和发展中国家的历史发展进行了考察，结论是政府治理和国家能力是解释这些国家历史演进结果的最重要的维度。而从经济学角度来说，政府治理和国家能力是决定一国经济发展的关键性因素。也就是说，高速的经济增长必须有相应的经济和政治制度的支撑，后者为前者提供了投资和创新激励。

具体到中国来说，在过去二三十年的时间里，中国独特的政府治理模式塑造了地方政府和地方官员独特的激励及行为，中国政府尤其是地方政府在经济改革与发展过程中扮演了极为重要的角色。中国地方政府对经济增长的关注和热情，在世界范围内都是罕见的，这是中国国情所决定的。研究中国的经济发展和转型，不能只看那些所谓正式的制度，也不能只根据西方的标准看待中国的制度特征。我们要寻找中国特色的政治经济制度，从政治经济学的角度来研究中国经济增长的原因。

具体而言，地方政府在中国过去的经济发展历史中扮演了什么样的角色？

周黎安： 我们首先要清楚的是，从中国现实的情况来看，一个地区离开当地政府和官员的协助及推动，往往是难以发展的。地方政府其实处在一个非常独特的位置上，这个位置决定了它在中国的地区经济发展当中扮演了枢纽或者中心的角色。地方政府掌握了大量的关键性资源和政策，而这些资源和政策对于企业的发展至关重要。

比如，地方政府手里有财政资金、有各种各样的专项资金，可以给企业提供补贴。政府手里控制着行政审批，成立企业、上项目要政府提供审批。地方政府虽然不直接控制银行信贷，但是可以动用它的土地、财政资金作抵押去银行贷款；在信贷方面，大量的地方投融资平台也可以给企业提供信贷支持。地方政府还控

---

① 弗朗西斯·福山（Francis Fukuyama），生于1952年，日裔美籍学者，著有《历史之终结与最后一人》《政治秩序的起源：从前人类时代到法国大革命》等。他在出版于1992年的《历史之终结与最后的人》一书中指出，最后的历史是自由民主的历史，在自由民主阶段，人类获得了平等的认可，历史也就终结了。

制着土地的批租和拍卖。

地方政府也在一定程度上控制着税收。虽然税基、税率是由中央政府决定的，但是地方政府负责税收的征收，掌握着征税的尺度（包括各种税收返还和补贴），在这里面有很多的操作空间。

除此之外，在中国的行政体制下，一方面，地方政府面对中央，面临怎么执行中央的政策的问题。它们可以选择给企业提供保护，减缓和抵消中央政府的过度管制。另一方面，地方政府直接面对企业，它们能够给企业提供服务和政策，去打造良好的商业和服务环境。地方政府的这一角色也很关键。

从整体上来看，细究地方政府上述各种角色的本质，是指在中国特殊的行政体制下，既可以用手中的权力来帮助企业发展，也可以用这种权力来抵御中央政府的各种调控，即自由处置权，或者说自由裁量权。这种权力可以帮助你把一件事情做成，也可以让你的事情做不成。这种权力掌握在地方政府手里，它们可以扮演"掠夺之手"，也可以变为"协助之手"。我们所要关注的最为核心的问题是，一个地方政府怎么实现从"掠夺之手"到"协助之手"的转换，也就是以经济增长为核心，给企业提供良好的商业环境和基础设施，包括必要的行政保护。

为了理解地方政府所要扮演的这种多重的角色，有没有比较典型的案例？

周黎安： 中国从古至今可以称为一个管制国家。古代的情况不说，今天改革开放已经三十多年，但仍然存在监管过度的问题，所以本届中央政府极力推动简政放权，让各个部委拿出各自的简政放权清单。但在这种改革最终完成之前，还是会有各种各样的门槛，导致政府审批环节多、办事效率低，企业不胜其扰。在这个过程中，一个受到适当激励的地方政府就可以用自己的处置权给企业成长提供很多便利。也就是说，一旦地方官员觉得这家企业落户到本地会带来很大益处的话，他们就会帮企业把一系列本来很难处理的事情给办了。一个比较典型的案例就是吉利的成长故事。

吉利的创始人李书福原来是个草根企业家，做过摩托车和冰箱，1997年他突发奇想，想进军汽车行业。这是一个被外资企业和国有企业垄断的行业，也是一个被高度管制的行业。一开始,李书福根本不具备条件和实力:一缺技术;二缺资金,他当时手里只有1亿元,而当时国家规定的资金门槛是15亿元,身为民营企业的吉利很难向银行业贷款;三缺生产许可。面对如此之多的困难,李书福执意要造中国自己的车,被当时很多人称为"汽车疯子"。事情的转机出现在四川德阳,有一个监狱附属的汽车厂有生产牌照,李书福入股该汽车厂,获得了造车的"准生证"。拿到牌照之后,他原本应该在四川造汽车,但在地方政府的默许下,他打了一个擦边球,最终在台州异地造车。吉利的"灰色生存"是得到了当时浙江的一位副省长的鼎力支持。20世纪90年代,浙江虽然汽车零配件很发达,但苦于没有整车制造,吉利的横空出世正好契合了省政府的汽车产业发展战略。

借助于中国汽车市场的井喷之势,吉利定位于低端车市场,慢慢滚动发展,企业就这么做起来了。2009年的时候,正值世界金融危机期间,李书福宣布要收购沃尔沃,但是需要18亿美金。当时他动用全部力量也只筹集了大概10亿美金,还差8亿美金,这还不包括后续的落户生产的投资、土地、工业配套等方面的花费。从表面来看,这件事有点儿令人匪夷所思,一个国内定位于低端车的民营企业要收购沃尔沃这么"高大上"的世界品牌,难度之大可以想象。最终李书福还是把这件事给办成了,而他解决融资的方式就是找地方政府,利用地方政府之间的竞争来帮助自己收购。他与十几个国内的大城市进行谈判,说如果你支持我收购沃尔沃,那我就在你这儿投资建厂,打造汽车生产基地。汽车产业对于任何地方政府来说都是梦寐以求的战略性产业,因此吉利接触的地方政府(包括北京、成都、大庆等),都积极响应,说要钱有钱、要地有地。李书福选了几个城市作为合作伙伴,帮助吉利于2010年完成收购。

然而,事情还没有完。当吉利收购沃尔沃之后想在中国落户生产时,却遇到了许多审批方面的麻烦,落户申请卡在国家发改委长达三年之久。我看媒体报道,这件事直到刘铁男落马之后才有了转机。

从这个故事里面我们可以看到,像李书福这样有雄心、眼光和意志力的草根企业家,善于在市场竞争、产业壁垒和监管障碍的夹缝中生存及发展,是中国无数民营企业艰难成长的一个缩影;在这个过程中,离开了地方政府的支持和协助,吉利的成功是难以想象的。

您刚才提到了政府竞争,经济学家张五常曾经把这种竞争现象比喻为地方政府公司化之后产生的竞争,并认为这是解释中国过去经济发展的一个核心命题。为什么地方政府会有这种积极性?

周黎安: 实际上,过去三十多年中国所经历的经济高速增长、社会巨大变迁都与官员激励和政府治理有着深刻及复杂的关系。国内外学术界也有一系列非常有影响的研究。比如关于中国的"M 形结构假说"和"中国特色的财政联邦主义"等。①中国特色的财政联邦主义和张五常的理论都强调财税激励对于地方政府的驱动作用。我在攻读博士学位阶段开始对官员激励和政府治理的问题进行研究,2004 年正式提出"政治锦标赛"理论。与前面的理论所不同的是,我更强调官员的晋升激励和官场竞争的影响。2008 年我又提出"行政发包制"这一新概念。纵向的是行政发包制度,横向的是官员竞争的政治锦标赛,这两个概念构成了我解释中国地方政府行为及其影响的两个核心维度。

对于纵向的行政发包制度来说,您目前对这一框架的定义是什么?

周黎安: 行政发包制这一概念与经济学的企业理论有密切关联,后者对前者很有启发意义。在经济学的发包制当中,承包方拥有资产所有权,给发包企业支付价格。我在《转型中的地方政府:官员激励与治理》一书中把这一企业理论中关于发包制与雇佣制的区别经过一定的转换和发展引入政府治理领域,提出行政发包制这一概念,与韦伯所指的科层制相对应,也与纯粹外包制相区别。

在行政权的分配上,行政发包制有两个基本特点:第一,委托人(发包方)拥有正式权威(如人事控制权、监察权、指导权和审批权)和剩余控制权(如不

---

① "M 形结构假说"认为,在改革开放前,中国的经济结构更接近一种分权的 M 形结构,苏联更接近一种集权的 U 形结构。与此相联系,钱颖一及其合作者提出"中国特色的财政联邦主义"的著名理论,其基本论点是,虽然中国在政治上相对集权,但财政包干制和行政分权,使得中国在财政制度安排上属于事实上的联邦主义,赋予了地方政府强大的财政激励。

受约束的否决权和干预权),这反映了行政组织内部上下级之间的权力分配;第二,具体的执行权和决策权交给承包方,更重要的是,承包方还以自由裁量权的方式享有许多实际控制权,即所谓的"天高皇帝远"的情形。

具体来看,中央政府在提出重大的经济和社会发展目标以及战略后,各级地方政府层层传达和部署,战略目标也不断被分解下达。在这个过程当中,地方政府被赋予相当大的自主性去实施上级分配和制定的任务、目标。20世纪80年代以来,尤其是在经济发展和招商引资方面,各地政府均采取签订政府责任状的形式,由下级政府或部门领导对这些数字指标承担行政责任。更为关键的是,对于上级制定的任务目标,下级政府通常需要全力调度自身的财政和其他资源去完成,经常出现的情况是"中央请客,地方买单"或"上级点菜,下级买单"。

综合而言,以任务下达和指标分解为特征的行政事务层层发包、高度依赖各级地方政府和相关部门单位自筹资金的财政分成和预算包干、以结果导向为特征的考核和检查,这三方面构成了中国政府间关系和行政治理的基本特征。三者相互联系、内在一致,呈现为一个系统的三个层面,而这正是行政发包制的核心内涵。

就横向的"政治锦标赛"理论,我们应该如何理解?

周黎安: 政治锦标赛,这是我理解中国地方官员的关键词,也是一个核心的框架。它实际上借用了体育比赛的锦标赛概念。一说锦标赛大家就明白,假如篮球比赛开始是32支球队,先决出前16,然后再前8、前4、前2,最后是冠亚军决赛,这就是逐步淘汰的锦标赛。用体育比赛中的锦标赛的模式看中国官员的晋升竞争过程,二者是非常相像的。

这里需要考虑的关键问题是,官员竞争取决于什么因素?从20世纪80年代开始,地方政府主要官员的考核指标是这个地方的经济发展,这个模式后来被称为GDP之战。习近平总书记和李克强总理都说,不要完全以GDP论英雄,要淡化GDP。但是在过去相当长的一段时间内,我们考核官员的重点就是考核这个官员所在辖区的经济发展水平,这个发展水平决定了这个官员的政绩,成为官员晋升的一个核心标准。如此一来，官员对GDP增长率就会非常地关心，因为这会影响到他们的官场命运。这是对政治锦标赛模式的基本描述。

我所说的政治锦标赛或官场竞争，主要聚焦于地方的主要官员。因为要为辖区内所取得的经济发展绩效负责（所谓"守土有责"），所以这些官员为了能够增加晋升机会，必须动用手里所有的关键性资源——不管是经济的、政策的，还是其他方面的来吸引投资。为了增加当地的投资机会，又必须想着如何改善当地的投资环境，建好基础设施，提高行政服务效率，减少政府"闲不住的手"对企业的伤害。由此一来就会出现很有意思的特点，也就是各个地区之间有着非常激烈的经济竞争，而这些经济竞争是由地方主要官员所处的官场竞争所带动的。

官场竞争驱动了地区的经济竞争，官员要竞争，要比同级官员做得好，所以要提供政策和服务。国外的观察家老是担心中国是集权政府，政府权力是无限的，法治不那么发达，企业权益得不到保障，投资安全得不到保护。但是现在因为有官员竞争，官员从自身利益出发想各种办法给企业提供各种服务、保障和承诺，吸引企业来当地，尽可能地保证企业的投资收益。如此一来，中国的产权保护，更多的不是通过比如说司法途径——如果通过法院保护的话，效率相对较低——而更多的是通过官员提供的行政保护。这些官员从自身利益出发想办法给企业提供政策保护，因为如果服务不能到位的话，这些企业家就会离开当地，会减少对当地的投资。

如果没有政治锦标赛这个竞争机制，前面我们所说的政府过度监管问题、行政效率问题、政府权力对企业的"合法"伤害问题，一定会扼杀大多数成功的民营企业。官场竞争约束了地方官员对企业可能造成的各种各样的伤害，同时鼓励地方官员将手里的资源（包括自由裁量权）用于发展当地的经济。我认为这是中国崛起的一个非常重要的制度条件。

对于这两个维度来说，它们之间的关系是什么？

周黎安：纵向行政发包和横向晋升竞争，可以成为两个基本的分析维度，帮助我们去描述政府各项公共事务的治理特征和效果。如果我们将纵向行政发包的程度区分为高、低两种情形，同时又根据政府从事的公共事务对地方官员政治晋升概率的影响程度，把横向晋升竞争的强度区分为高、低两种情形，这样就有了一个 2×2 的矩阵（见图 3-1）以及一个关系结构图（见图 3-2）。

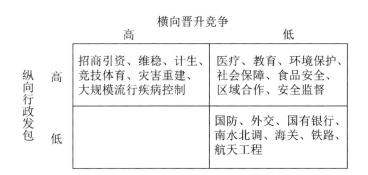

图 3-1 纵向行政发包和横向晋升竞争的组合

资料来源：周黎安，"行政发包制"，《社会》，2014 年第 6 期。

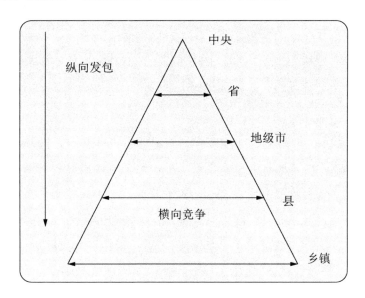

图 3-2 中央和地方关系结构图

资料来源：由受访者周黎安教授提供。

在此基础上进行分析,我们可以认为,理解中国国家治理能力强弱的关键在于,纵向行政发包和横向晋升竞争之间在本质上是互补关系。在多个承包人面对一个共同发包人(发包人可以决定承包人的未来地位和报酬)的情形下,行政发包制赋予了承包人实际控制权和必要的行动空间,而横向晋升竞争通过奖惩规则和相对绩效评估为承包人提供了强大的争胜激励。包干式的财政和预算体制催生出强大的财税激励,结果导向的考核和问责方式也让承包人为了实现目标而"不择手段"。行政发包制的所有元素组合在一起,相互作用,构成了一个强大的激励体系,促使承包人必须更加努力地创造收入和作出绩效。高强度的横向竞争和深度的纵向发包相当于在承包人身上同时产生了强大的晋升激励、财税激励和问责压力,承包人还有实际控制权和自由裁量权所提供的行动空间去最大限度地实现晋升考核的指标,这些因素相互促进和不断强化。

简而言之,正是由于从中央到地方的层层分包,地方政府才获得了发展经济所需的大量资源与自由裁量权;而地方官员围绕晋升展开的横向经济竞争,又充分调动着他们发展经济的积极性。在这一纵一横制度的影响下,地方政府就被塑造成一个富有活力和创造性、敢于突破体制束缚的行动主体,这是过去三十多年中国经济发展奇迹背后的一个重要动因。

凡事一体两面。既然赋予了地方政府大量的资源与权力,将其放在地区经济发展的核心位置,那么地方政府在促进经济快速发展的同时,是否也会不可避免地运用手中的资源和权力来实现自己的利益及偏好,由此产生一系列的弊端?

周黎安:对。相对很多发展中国家来说,中国在过去的三十多年时间中用上述这种非常特殊的方式解决了官员的激励问题。这带来了好处,也产生了很多弊端。随着时间的不断推移,如果不对这一模式进行改革的话,代价会越来越高,最终可能会超过收益。具体来说,这种弊端主要集中在以下几个方面:

第一,"多任务"下的激励会发生扭曲。政府的职责按性质来讲应该是多任务的,不仅是经济发展,还有民生、环保、教育、医疗,等等。但官员关心的往往都是有助于自己升迁的与经济增长有关的硬指标,而老百姓关心的则是环境、教育、医疗、养老等与自己生活息息相关的民生软指标。在现有模式下，许多地方政府官员往往用自己的偏好来替代老百姓的偏好，只重 GDP 而牺牲其他方面的公共职责，忽视老百姓改善环境、民生的诉求。这样的发展一定是高成本的。

我最近的研究发现了一个与之相关的现象：地级市的市委书记前后两任接任的年份，GDP 增速会出现明显的下降。全国 300 多个地级市，平均是 0.5% 左右，也就是每换一任市委书记，差不多每个地级市的 GDP 数据平均下降 10 亿元左右。一年平均有 70 多个市委书记换任，也就相当于 GDP 下降了 700 亿元。GDP 下降，有一部分是后任挤水分的结果。前任走了，当年的 GDP 由后任来报，他有动力把账压低一点来报，这样来年的增长自然就会高一些。大家都说我们的 GDP 数据有水分，其实在换任的时候水分每次都要被挤掉一些，如果前面有虚报，后任可能就把这些水分挤掉了，甚至还有可能压低了真实的 GDP。GDP 下降，还有一部分是因为对于前任的工程，后任可能会另起炉灶，荒废不管；或者是前任知道自己快要走了，就不好好干了，只考虑怎样平稳过渡，而不去考虑对地区长期发展有益的东西。在成熟的市场经济体制下，一个地区的官员交替应该不会对市场产生大的影响，但在中国会带来显著的影响，就是因为在官员任期交接时期产生了激励扭曲。[①]

第二，相对于市场竞争，官场竞争更具有零和性质。两家企业竞争，相对来说能够找到双赢的合作空间，只要合作利润大于零，就总是可以找到利润分配的方式；但是两个官员之间难以合作，倘若晋升机会只有一个，两人就没有多少合作的空间，因此晋升竞争是一种零和博弈。零和博弈容易出现恶性竞争（如拆台式竞争），包括不计代价地进入某个行业，产能过剩，基建投资急速增长，等等。官员竞争取决于经济绩效的相对位次，就算都亏，只要我亏得少，我也算赢了，这使得官场竞争没有财务盈亏的底线。市场竞争一定是有财务底线的，不能有亏损，至少不能有长期亏损。

这种零和竞争的主要弊端之一就是地方保护主义盛行。一般而言，在统一国

---

① 这一现象也反映在中国的政经周期之中。在中国共产党全国代表大会召开的那一年，GDP 增速往往出现上升，之后增速逐渐下降。1980—2009 年的数据表明，党代会召开年份的 GDP 增速明显高于其他年份的平均水平。

家的内部，公众应该享有统一的市场秩序、监管秩序、司法秩序等；但是当前属地化的行政分包和晋升竞争强化了地方官员利益的地理边界，使得许多原本应该统一的秩序都为具有地方保护色彩的制度所切割，出现地区之间的不合作，甚至严重到出现地方保护主义。这就会影响中国的市场化进程以及统一的全国市场的实现。比如在区域合作当中，为什么长三角和珠三角能够做得更好？这有市场化程度的因素，但是政治合作也是一个重要的解释因素。在长三角，上海是龙头，更重要的是上海与浙江和江苏不在一个行政级别上竞争，虽然浙江和江苏之间还有竞争，但是都愿意和上海接轨，增强自己的竞争优势。因此，长三角既有竞争，又有合作。正因为官员可能有各自的政治打算在里面，所以地方合作的效果常取决于政治竞争的格局。比如安徽的芜湖，就会很愿意加入长三角，以便和安徽其他地级市竞争。珠三角在广东的范围之内，行政协调相对比较容易。相比之下，京津冀的合作情况就不一样了。北京和天津在同一个行政级别，互不相让，竞争多而合作少，河北则被夹在当中。2014年2月，习近平总书记亲自出面让三方坐下来谈合作，要求打破"一亩三分地"的思维，这在历史上是很少见的，足见地区合作之难。

第三，地方官员深度参与经济发展，官员与企业形成利益捆绑，不但容易滋生腐败，而且容易出现企业绑架政府、官员绑架企业的情况。现在的情况是，"官场+市场"塑造了中国特色的政商环境。与以往简单的政商关系不一样，这不是简单的腐败、权色或者权钱交易，而是有很多的附加特征。比如，企业想办法给政府作出政绩，政府反过来又去帮助企业，这种双向利益输送和政商合作往往采取一种合规的、看似健康且正面的形式，能够带来双赢甚至多赢。但是，这也经常导致各自绑架对方的情况。企业利用地方政府给予的土地、融资、税收的优惠做大企业，当成为当地GDP、税收和就业大户之后，企业就变得"太大而不能倒"。这样，即使企业出现巨额亏损，地方政府也只能继续"输血"。对于企业来说，既然得到来自政府的大量优惠与扶持，往往就要接受政府施加的增长目标。官员有时候会为了扩大政绩而让企业迅速无节制地扩张。原本十亿元的项目，在短时间内变成了一百亿元甚至几百亿元的项目，使企业最终走上了不归路。总而言之，在权钱交易之外，这种合法合规的政商利益输送行为是官商关系的新形态。

第四，地方政府还存在预算软约束的问题。一方面，地方官员是流动的，大多数官员几乎不用为自己的投资行为负责；另一方面，地方政府又没有破产的风险。面对发展经济的巨大压力，地方政府当然会想尽一切办法融资，而融资形成的政府债务又缺乏明确的责任主体，只能在地方政府账户上不断累积，慢慢形成数额惊人的地方债务。如果当前地方政府的治理模式不改变，规模庞大的地方债务的偿付风险最终只会转嫁到中央政府头上。

弱化 GDP 崇拜之难

目前中国官员的正式考核体系中，经济增长并不是唯一的指标，对官员的要求实际上是多方面的，但在实践中，GDP 成了最重要的考核指标。近年来，在学者、媒体的呼吁下，改变过分看重经济增长的考核模式已经成为公众（包括一些政府官员）的共识。然而在实际中，对这种考核模式的改革却举步维艰，在一些地方甚至出现了强化 GDP 崇拜的现象。

作为中国以往政府推动经济发展模式的弊病之一，为什么改变以 GDP 为核心的地方官员晋升考核模式会如此之难？

周黎安：在执行过程中，考核官员的确比较侧重经济发展指标，而弱化了其他指标，这主要有以下几个方面的原因：

第一，作为一个人口大国，要改善人民生活就必须解决方方面面的问题，中国经济发展的巨大压力尚未减轻，且一直持续到现在。邓小平曾提出，经济增长在中国不是一个简单的经济问题，而是一项政治任务。这个说法特别对。一方面，近年来，中国改革所付出的成本，许多都是靠经济增长来解决的；另一方面，中国人口众多，社会保障体系尚未完全建立起来，经济衰退而引发的就业压力可能直接转化为威胁社会稳定的力量。因此，如果经济低速增长，那么对政府将构成严峻的挑战。特别是前些年中国的 GDP 以 10% 左右的速度增长，现在突然降到 7% 左右，各方面的压力就会凸显出来。

第二，虽然在考核干部时可能会提出各种指标，但是经济发展这个指标相对比较客观，容易测度，容易让大家看得见，产生的结果也相对比较公平。如果按照一个人的品德、口碑等软性指标，可能比较主观、缺少公平性。比如说，晋升时经常在年龄问题上一刀切，就是为了摆脱不必要的非议，使结果相对公平。使用 GDP 作为主要考核指标应该也有这方面的考虑。

第三，对于地方政府来说，它们自身也不愿意过于弱化 GDP 崇拜。在现有财税体制下，地方政府的收入是和 GDP 的增长紧密相连的。作为地方主要财政来源之一的增值税，本质上就是对经济增加值的征税。GDP 增长了多少，地方政府完全可以据此估计出自己的财政收入增加了多少。更重要的是，经济发展是地方政府所有工作最重要的抓手。一旦弱化了对 GDP 的关注，地方政府就将面临巨大的财政压力，其他的工作也难以开展。我最近走访了一些地方，与地方主政官员交流，我的印象是地方政府对于招商引资的重视程度丝毫没有减弱，甚至有所加强。

第四，在弱化 GDP 崇拜这个问题上，不同地区的地方政府之间也存在博弈。对于地方政府官员而言，谁都希望别人先弱化，自己后弱化。他们都坚信，总不可能因为 GDP 增长快而被处罚。落后地区的官员更会认为，不能沿海和东部地区发展起来了就提弱化 GDP 崇拜，落后地区还憋着一股劲儿要大干特干呢，要弱化 GDP 崇拜也应该只是发达地区的事情。

现在强调要依法办事、简政放权，都是在重塑政府的能力。官员考核机制的转型要和政府职能的转型同步，如果说 GDP 还是核心的话，那么政府职能改革就是虚的，不能持久。

现在提出要用更加综合的指标来考核官员，存在哪些困难？

周黎安： 如果淡化 GDP 指标，综合考核更多指标，短期内可能会让官员的行为变得无所适从。因为在一个比较复杂的体系下，官员的某个具体行为对最后考核分数的影响会变得非常模糊。在具体执行过程中，给官员太多指标，可能会使考核过程变得更加模糊和主观，也可能会引发跑官、卖官的隐忧；而且，这种转变还可能会带来一系列的问题。

第一，相比过去来说，增加的其他考核指标，相对于 GDP 来说，变得更加主观了，全都取决于上级如何评价。如果只有 GDP 增长这一个指标，我的 GDP 比别的地方高出 3 个百分点，这样就很清楚，大家都知道我干得好，上面也知道我干得好，这是比较客观的政绩。现在变成了 10 个指标，不但计算起来比较复杂，而且大多是主观的评价。我的担心是，弱化 GDP 考核之后，地方官员并不一定会把注意力转向我们所希望的方向。

第二，在简政放权的背景下，政府更多的是提供公共服务，因此对官员考核应该更多地体现在服务指标上。但是服务怎么评价，不是让上面的人来评价，而是让公共服务的受众来评价。比如官员在环保、医疗、教育等方面的政绩表现，老百姓都可以看到，不需要量化。可以通过人大、政协等体制内已有的监督力量对官员进行评估和投票，这个力量可以矫正量化考核机制的缺陷。因此自下而上的考核和监督机制也很重要。

具体而言，可以设计几个简单的指标进行考核，但是更多地应依靠外部监督和评估手段来反映社会人群对官员绩效的评估。上级组织部门给出一个评估分数，人大、政协给出一个综合评估分数，两个分数放在一起来考核官员，这可能是一个探索方向。现在官员考核完全由组织系统或者上级决定，容易产生一些模糊的东西，得靠新增加的一票去克服。我认为，仅靠完善指标体系走不了很远，一定要靠另外一种体制来弥补。

要开辟一个新的官员评价渠道，这对中国是一个挑战，在世界上都还没有先例，需要我们积极探索。在这个过程当中，对于政治家来说，是否改变这种考核体系、怎么改，都必须慎重考虑，反复权衡多方面的因素。所以，改革从来都不是动动嘴皮子那么简单，它是一个非常艰难的过程，需要政治家的勇气和魄力。

双 重 转 型

中央与地方政府之前因为发包制和锦标赛制度形成的多重博弈关系，现在基本还存在。但随着中共十八届三中全会的召开以及中央全面深化改革领导小组的设立，中央的统和能力正在变强，其对于地方政府的干预也出现了一系列的变化。这意味着，在横纵两个方向上，中国都正在朝着韦伯式的官僚体制方向走去。

除了改革单一的 GDP 考核机制以外，利弊权衡之下，当前的地方政府治理模式是否已到非改革不可的时候了？

周黎安：对。因为前面三十多年的高速发展积累了大量的问题（包括收入差距、腐败、医疗、养老等），所有的这些问题，都与政府的职能有关，都可以归结到中国的政府治理模式上。在改革开放早期，中国特别需要制度创新所产生的冲击力来打破过去僵化的计划体制，对抗官僚系统中的过度管制、不作为、低效率和对市场的敌意。各地区也需要突破低水平的经济发展陷阱，为民间投资提供必要的基础设施和政策环境。那时，这种地方政府的治理模式利大于弊。

但是，随着中国经济的不断发展、老百姓生活水平的不断提高，地方政府以往治理模式中的弊端就被不断放大，对地方政府进行改革的呼声也越来越高。一方面，在温饱之外，随着公民权利意识、问责意识的不断增强，老百姓有了更多的需求，如生活环境、生活质量、执政公平性、权益保护、惩治腐败及司法不公等。举一个简单的例子，地方政府乱拆迁已经弄得民愤怨天，以后不可能再持续下去了。这些问题最终都演化成政府治理的问题，如果不能够得到妥善处理，甚至会出现一系列的治理危机。

另一方面，中国的经济发展已经进入新的阶段，处于转型的关口，原来主要靠政府投入。高投入、相对粗放型的模式曾经带来高速增长，但是随着人口红利的消失、劳动力成本的上升、环境被逐渐破坏、自然资源的约束等，原有的模式已难以为继。单纯依靠简单粗放的投入，不依靠提高效率的模式，已经无法继续维持增长了。当然，现在即使不改革也能继续走，但增长的空间会变小，边际效益已经递减。过去土地都是农地，把它们变成工业用地就能带来更高的效益和增长，但随着征用的农地逐渐耗尽，要寻求效益的进一步提高和新的增长就变得越来越难了。

问题的复杂之处在于，这些转型的要求都交织在了一起，不管是阶段性的，还是模式性的,抑或是政府自身的,都在同一时间段内集中爆发出来,形成了巨大的压力,对各级政府提出了各式各样全新的要求。因此,为了维护社会稳定及经济发展,各级政府必须予以回应。然而,对于地方政府来说,它们身处一个具体的辖区之内,只关心本地区的问题,没有积极性和动力去考虑这种全局性的问题;相应的,中央政府的压力是最大的,因为种种压力最后都要传递到它那里去,它要总负责,要通盘考虑,拿出解决方案。

这种改革目前有无相关进展,或者是否至少已经有了改革的方向?

周黎安: 从具体的改革阶段来看,中央与地方政府之前因为发包制和锦标赛制度形成的多重博弈关系,现在基本还存在。但随着中共十八届三中全会的召开以及中央全面深化改革领导小组的设立,中央的统和能力正在变强,中央和地方的关系发生了很多的变化。一系列的改革想法,虽然还没有完全落实下去,但在中央层面,基本思路已经有了。总体来说,在横纵两个方向上,中国都正在朝着韦伯式的官僚体制①方向走去。

第一部分是行政发包制度的转型,具体的改革方向如下:

第一,将部分权力进行上收,行政权进行重新分配,使传统的属地发包管理模式过渡到属地发包与垂直化管理相结合。比如从最早的银行、海关、国税,到现在的司法、纪检,未来可能还包括统计、审计等功能,这些以前都是包干给地方的,现在都在从条条的渠道慢慢地上收到中央。这会减少地方政府的自由裁量权,约束其行动空间,银行不让你直接向外借钱了,司法不让你随便去判案子了,GDP 数字也不能随便报了……

第二,中央政府对于地方政府的考核,也在从原先的结果导向逐渐转向程序

---

① 德国著名社会学家马克斯·韦伯于 20 世纪初提出了官僚体制理论。他认为,官僚制是指一种以分部—分层、集权—统一、指挥—服从等为特征的组织形态,是现代社会实施合法统治的行政组织制度。"官僚"并不含有一般语境中使用"官僚"一词时的贬义。韦伯认为,在近代以来的资本主义社会中,官僚组织是对大规模社会群体进行有效管理的基本形态。这一体制具有的基本特征是:(1)合理的分工;(2)层级节制的权力体系;(3)依照规程办事的运作机制;(4)形成正规的决策文书;(5)组织管理的非人格化;(6)合理合法的人事行政制度。因此,官僚组织也被称为科层组织。

导向，要看地方出台和执行政策是否具有合法性及合规性。过去地方政府可以先行先试，因此很多改革即使是触犯了法律也没有关系，只要最终的结果被证明是好的就可以；但是现在中央已经明确表示，如果地方试验触犯了现有的法律，那是要受到惩罚的。这样明确的要求是以往所没有的。除了聚焦官员的作风腐败、财经纪律、经济问题之外，最近中纪委、国务院督察组还把它们的目光转向了依法行政以及对于中央重大政策的执行力度的考核，并对此进行问责。如此强调依法治国，加强对地方政府行为的直接制约，这是一个很重要的、以往从来没有过的变化。

第三，行政发包制中的激励部分也在发生变化。1980—1993 年的财政体制是包干制，分税制改革之后省级以下还是财政包干制，更多的是依靠地方政府自筹资金去谋求发展，预算外财政在其中扮演了重要的角色。现在地方政府的各种收入来源必须全部归到预算内，强调全口径预算，加强预算管理。如此一来，政府的各种收费都会被纳入这个体系当中，实施预算公开。在新一轮的财税体制改革中，中央政府要加强它的支出责任，加大转移支付的力度。如此一来，地方财政的包干制色彩会逐渐减少，事权与财力的匹配将逐渐完善。与此同时，以往的土地财政、投融资平台将受到很大的限制。即使未来地方政府被允许发债，也可能会有一系列的限制（包括市县通过省一级去发债），规模也会受到限制。

中央政府对于公务员的激励也在发生变化。原先他们可以获得大量的灰色收入，以及各种地区性的津贴。现在这一块也在开始慢慢地规范化了。公务员实施阳光工资，对收费立规、立项，灰色收入就减少了。

第二部分是政治锦标赛制度的转型，具体的改革方向如下：

第一，正如刚才已经提及的那样，原先过分强调考核 GDP 的体系，现在已经在逐渐淡化，增加了民生等各项指标的考核（包括生态文明与民众满意度等）。

第二，将地方政府的职能更多地放在公共服务上，提升经济增长的质量，关键在于任命与考核方式的转变，如引入差额选举。

第三，"自上而下的考核"与"自下而上的监督与制约"相结合。

第四，公务员的职级与职务分开，晋升之路多元化，改变过去"千军万马过独木桥"的状况。

上述改革举措中，中央政府已经对许多原本属于地方政府权力范围的事项进行了垂直管理（如银行、国税、海关等），中央政府垂直管理的范围可能还将进一步扩大。您怎么看这种趋势？

周黎安： 在银行、海关、国税、审计、司法等领域，中国的确有垂直管理的需要，而且事实也证明，许多已经进行的垂直管理是成功的。以对银行的垂直管理为例，这一举措使得银行脱离了地方政府的控制。现在看来，如果银行仍然被地方政府控制而没有实行垂直管理，银行呆坏账、投资波动与经济大起大落的问题可能会严重得多。

当然，也不能过于迷信垂直管理，不能认为一旦某些权力因属地管理干预而产生了不良后果，就要马上把权力收到上面进行垂直管理。实际上，上收权力只是第一步，如何保证收上去的权力能被行使得更好才是关键。任何不受监督和制约的权力都会面临腐败及滥用的问题。最明显的例子就是曾经对食品药品监管领域实行的垂直管理。2000年，中国对食品药品监管领域实行垂直管理，结果第一任国家食品药品监督管理局局长就利用食品药品监督的垂直管理，靠批发新药大肆敛财。在食品药品监管领域，这次的垂直管理只是使得以前的属地管理下的分散寻租转变成了集中寻租，不但以前的问题没有解决，反而带来了更大的弊端。最终在2008年，食品药品监管又由垂直管理回到属地管理。

由此可见，不是所有的垂直管理都能取得比较好的效果，关键还是要有配套措施，保证收上去的权力受到监督和制约；否则，未来实行的垂直管理也可能遇到和食品药品监管领域相似的问题。

纵观中国中央与地方关系调整的历史，很多时候就是一个收权与放权交替的历史——收得过紧就用放权来增加活力，放得过多出现问题后又重新把权力上收。在未来中央与地方关系的改革，如何做才能最大限度地走出"一放就乱、一收就死"的怪圈？

周黎安： 长期以来，我们是通过不断的收权与放权循环来实现中央和地方关系的动态平衡的。对于中央而言，它担心地方不受约束的权力太多会导致一系列负面影响；但是把权力收得过死，又会伤害地方的积极性，影响社会经济发展。面对这种状况，中央只能不断尝试，先放一点权，如果出现问题，那就收回来一些；如果激励作用还不够，那就再放一些。如此反反复复，通过不断尝试来寻找收权与放权、中央与地方关系的平衡点。也正因为如此，新中国成立后才经历了多次收权与放权的循环。

虽然通过不断收权与放权实现了动态平衡，但取得这种动态平衡的成本是巨大的。就像人体通过生病发出信号进而完成健康调节一样，在中央和地方的关系中，只有当原有的制度出现问题并被发现时，才会有新一轮的调整。可是这时，问题往往已经出现，损害已经发生。这说明，如果改革还是围绕着官僚系统内部该怎么分配权力，而不加入新的维度和元素，那么这一问题很可能最终走向无解。造成历史上收放循环的核心原因在于，中央政府承担了监督和考核地方政府的全部责任，而中央政府的监督困难，又导致下放的权力容易被滥用。所以，中央政府面临严重的信息约束，担心分权的负面后果。

激励弱化之忧

美国20世纪90年代在全国范围内出现过再造政府的运动，原因就是政府官员被各式各样的规则和程序严格约束后，失去了应有的工作激励和创造性，工作中凡事只要循规蹈矩、不犯错误就行，不会主动地努力提高服务质量，形式主义、官僚主义严重。未来中国虽然更加强调约束地方政府，但是这种约束不能以牺牲对地方政府的必要激励为代价。只有约束、没有激励的政府制度，对于当前的中国来说可能太昂贵了，暂时还"买不起"。

对于中央政府的一系列改革举措，地方政府进行回应的积极性大吗？它们就此方面和中央的利益是否一致？

周黎安： 地方政府不可能站在全局的角度去思考问题，让它们在没有多大压力的情况下去主动转型是不可能的，必须由中央政府施加压力，或者在地区之间产生竞争压力。以当年的国有企业改革为例，虽然国有企业改革困难重重，但是对于地方政府来说，因为一大堆地方国有企业占用大量资源，又长期亏损，所以就主动想办法"突围"，这是山东诸城"陈卖光"的故事的缘起。

按照同样的道理，地方政府不可能自己主动停止卖地模式，都是在看到竞争不过其他地方的时候，才会去考虑怎么寻找新的增长点，怎么推动企业创新发展。比如现在比较发达的江苏、浙江和广东地区，压力已经非常大了，再加上四川、河南等内陆地区开始崛起，它们自身又面临无地可卖、劳动力成本上升、工厂大量向内地和国外迁移等挑战，这些压力迫使它们主动想办法进行转型。

与以往相比，随着中央政府给地方政府设立一系列的框架和约束，中央在与地方进行博弈的时候占据了更加有利的地位，这种转变将意味着什么？

周黎安：以我的观点看，这意味着传统上形成的行政发包制和锦标赛制度都在一点点地偏离它们原先的特征，在总体上向韦伯式的官僚体制过渡。以前是正向激励，做得好奖励、做得不好惩罚，以结果论英雄；现在则是更强调约束，官员的日常行为都在监督之下，必须符合程序和规则。通过这种方式，让地方政府在依法治国的框架下去应对来自老百姓以及经济转型所产生的压力，更好地落实和执行中央的政策。

以往地方政府在响应中央政府的要求的时候，面临很强的激励，做事情的空间也很大，基本上没有多少约束。从放手做事到束手做事的最大问题在于，对于从上到下的官员来说，努力做事的激励在哪里？官员被施加了这么多的压力，制定了这么多的约束，每一步都得小心翼翼的。那官员为什么要有作为？有作为需要花力气，还可能引发责难和嫉妒，面临很多风险。他们可以不作为，做官样文章，省力又省心。因此如何克服官员不作为的问题就是中国下一步政府改革所面临的最大问题。过去我们是依靠放手放权、高自由裁量权加高激励，这就激发了地方政府及其官员玩儿命做事的干劲。现在变成了低自由裁量权，但相应也是低的激励，他们新的动力在哪里？我在之前已经隐约感受到这个问题，现在这个问题已经非常清晰地呈现出来了。任何一种行政体制，都要面临约束与激励的平衡问题。

为什么这么说？

周黎安：以往中国政治生态中的政治锦标赛也好，发包制也好，它们解决的是各级政府头头脑脑的积极性，通过头头脑脑再去调动和监督下面的官员。但现在的问题是，头头脑脑们的积极性一熄火，下面就不得了了，基层官员就更不愿意去做事了。于是现在出现的例子是，税务人员和城管出去收税执法的时候，身上全程带着摄像头进行拍摄，画面、声音全都全程传回去，以便上级监督他们的工作。监督确实加强了，但到底能不能解决问题，现在还不知道。

这届政府到今天已经做了很多简政放权的工作，力度之大史上少有。但是到现在为止，从媒体报道到我个人接触一些企业家，不少企业还是说，感受不到改革给它们带来的根本性变化。各级政府的话说了一堆，方方面面也都表态了，出台了很多的措施，但真正落实下来的很少。现在去地方，很多企业家就会说，政府不干事儿。以前是门难进、脸难看、事难办；现在是门好进、脸好看、事还是难办。

但中国经济仍面临稳定增长和结构转型双重考验。一方面，地方政府以往的角色要转变或者调整；另一方面，正如您所说的，它们的积极性可能会因为转型或者调整而受到挫伤，导致下一步转型增长的助推力不足、发动机熄火。面对这一两难问题，目前有没有解决思路？

周黎安：政府治理与企业治理不同，存在先天的技术性困难。其一，政府不像企业，必须在市场上与别的竞争者竞争；政府是垄断的，一个辖区一个政府，"只此一家，别无分店"。其二，政府的绩效本身又很难量化。企业有产品和服务，有销售额和利润；政府只有公共服务这一项，而且还很难去进行量化考核。所以在全世界范围内来说，政府的考核与激励都是最难解决的问题。

就解决方案来说，一方面，中国要改革自身的治理模式，寻找一个更加平衡的激励与约束的组合，尤其需要让人大、政协更好地发挥监督和制约的作用，否则就会遇上类似前面说的收权与放权循环：要给政府激励，就要放松约束、多给权利；要增加约束，激励又少了。激励少了，政府不可能多干事，不存在"既让马儿跑又不让马儿吃草"这种可能性。

另一方面，更彻底的改革就是降低地方政府对于经济的干预程度。重新界定政府与市场的边界，发挥市场的力量，让经济增长和政府的推动作用尽可能脱钩。政府把权力让出来交给市场本身，政府规模变小，更多的事情是让市场和企业去做；尤其是审批权力，还要进一步减少，让市场本身的力量去发挥决定性作用，政府就专做服务型的政府。原先是政府掌握了太多的权力和资源，政府不干活，企业都没办法运营；现在让市场减少对政府的依赖，也减少了政府对市场的"连带损害"。我非常认同和赞成本届政府的执政理念，简政放权，让创新创业变成社会普遍的潮流，这是中国经济发展的正确方向。归根结底，让大部分权力归于企业和市场，政府回到自己的本位。

向政府要权力，要求政府做服务型政府，在中国这样一个有着几千年"官本位"和管制传统的国家，其难度可想而知。所以我现在更关心的是针对政府自身的改革，自己是不是真的能够给自己动刀子，政府是不是真的把权力放了出来。以往的每次政府机构改革的最终结果都是膨胀—改革—再膨胀，有时只是一部分政府人员去了各种各样的行业协会。不管怎么样，从中央到地方各级各部门，这是一场真正的针对政府的"触及灵魂"的革命。

随着上述趋势的出现，关于行政体制改革的讨论逐渐增多，不少学者认为中国更彻底的市场化是解决增长动力的唯一途径。对于这个退出的度，应该怎么把握？

周黎安： 市场化是我们改革的长期方向。我们面临的现实是，政府一直控制着地区经济发展所需的土地、资金、政策等各种核心资源，尤其是难以制约和监督的自由裁量权。这一国家管制经济的模式在中国的历史上一直没有大的改变，如今也不能寄希望于它一夜之间就发生改变。

在这一现实前提下，一个更有意义的问题不是说政府应该退出所有的管制，而是如何将仍然掌握大量资源与权力的地方政府"驯化"成能促进地方社会经济发展的"帮助之手"，而非让它变成阻碍地区发展的"攫取之手"。另外，经济社会发展还有很多的问题需要政府发挥更大的作用，比如教育、医疗、养老、社会公平等，这方面政府的公共职能还须加强；在一些落后地区，政府的引导作用也是需要的。

在针对政府机构层面的改革路线图已经逐步清晰的前提下，您对未来地方官员个人的晋升考核体系的改革方向有什么建议？

周黎安： 我的观察是，中国政府体制内部一个关键性的激励来源是晋升，上级通过控制下级官员的晋升标准、考核和机会来引导下级的行为。中国各级政府为什么有内生的要求年轻化的力量？谁都知道，过度强调年轻化是有问题的，太多年富力强的官员成了年龄划线的牺牲品，造成人才的巨大浪费。中央也三令五申不能按照年龄来划线，但在具体执行的过程中，年轻化却是很多地方考虑的因素。长期以来，政府官员不仅有正式退休的年龄，还有退居二线的年龄，行政层级越低，退居二线的年龄越小，一个县委书记 50 岁出头在一些地方就已经很"老"了。这主要是因为，从上级来讲，强调年轻化可以强制使一些人让出位置，增加职位的流动性，让下面的人看到希望；另外，他也不希望下级都是接近退休年龄的人，而是希望有一批年轻人，这样晋升激励比较强，他的晋升考核的指挥棒就起作用了。

但是晋升激励总是有限的，只能对有机会的人产生强大的动力，对没有机会的人就失效了。因此，单靠晋升来激励是有限的，要考虑将官员区分为事务官和政务官。有些官员不需要晋升到一个更高的行政职务，但是可能有更高的技术等级，相应匹配更高的工资收入。这些人专注于职业化和技术性的服务，做好了仍然有职级晋升的空间，而不一定要去追求更高的行政级别。

除此之外，要不断地去完善自上而下的考核体系。当前，在自上而下的考核体系中，GDP 占比过重，其他许多指标不够、甚至缺失。另外，当前的考核多是一种短期静态的考核，考察官员表现，看的就是他三五年任期内财税收入、经济增长的情况，很少考察这些发展成绩背后所付出的成本以及未来的隐患（如负债、环境成本），更没有考察当下的增长对以后该地区的可持续发展所造成的影响。我们都知道，如果把地方政府比作一个公司，在考察公司绩效时，不仅要看它当前的营业额与利润率,更要看它的资产质量、负债率以及未来的发展前景,有时后者更为重要。可是现在对地方政府官员的考核,只注重前者而忽视了后者,只有短期静态的考察而没有长期动态的考察。

前面已经提到,在完善自上而下考核体系的同时,也应该重视自下而上的多级、多渠道考核体系的建立。相比自上而下,许多考核内容更适合自下而上。比如公共服务的质量、政府工作人员的表现等,其在自上而下的考核中可能就是一堆冷冰冰的数字,但是老百姓会对这方面的内容有着更为切身的感受。如果在这些领域能够把老百姓自下而上的考核监督加进来,对地方官员的考核体系将会更加完善。

从过去几年的实践来看,在不仅仅以 GDP 作为考核标准之后,民意直接进入考核没什么进展,往往还不如直接给中纪委写信管用。这个问题怎么破解?

周黎安: 这是当前面临的一个非常具有挑战性的问题。地方政府需要面对公众,其工作出现问题,公众可以通过举报、上访等方式进行信息反馈,而且不同的地方政府在横向之间也能形成对比。为了让地方政府的行为更好地符合老百姓的利益,我认为要进一步完善两个机制:一个是建立来自政府服务受众的信息反馈机制,这些反馈信息可以传递给上级部门,也必须有一个公共平台予以曝光,这在当今移动互联时代是可能做到的;另一个就是监督问责机制,一旦通过信息反馈机制发现了政府在权力行使中的问题,就必须进行严厉的问责。未来政府改革要加入新的改革因素——首先是要在制度上引入并保证公众、媒体、网络等社会力量对地方政府的监督,其次是加强和完善体制内已经存在的监督和制约机制(如人大和政协)。

就第一个方面来说,如果保证了社会力量对地方政府的充分监督,就像为中央聘请了数量庞大的义务监督员。在多重监督机制的作用下,中央既能够下放权力,保证对地方政府的激励;又不用担心下放的权力得不到充分的监督与制约。如此一来,中央不必再通过收权或者放权来解决当前政府治理所面临的一系列问题,而是可以有选择性地进行中央与地方关系的重新调整。这样,传统的地方政府治理模式才有可能发生根本性的转变。

就第二个方面来说，要让人大代表、政协委员更具有独立性和建设性，最好引入一些职业化的人大代表，让他们有更多的时间去听取民意，更好地传达社会各方力量的声音。人大代表的职业化也可以更好地监督和问责政府官员。这方面还有很多的事情可以做。

中国以往的行政体制主要是依赖组织部门对官员进行考核。但是组织部门是无法全部回应老百姓的各种诉求的，只有真正直接与老百姓和政府打交道的人，才能知道当地的具体情况。我们在组织部门的考核之外，还应该加入人大及政协的两权制衡。而这种把内外两种体系结合在一起进行考核的体系，是此前在全世界范围内都没有的。[①]

为了评估政府改革的效果，我们还应该找第三方对其进行评估，这是本届政府已经尝试的改革。但不能用政府找的第三方，而应该用独立的研究机构来进行评估。

随着这两年政府改革力度的加大，中国再一次出现了"官员下海"或者离职的现象。您怎么看待这一现象的出现？

周黎安：从某种程度上来说，这是一件好事情：一来可以自然地压缩政府的规模，每次行政机构改革，裁人最困难，现在一些人自动离开，这是精简机构的好时机；二来随着"官员下海"，最后留下来的人是确实想奉献和干事情的人。

当然也不排除一些人留下来是因为在政府之外找不到合适的工作。在这一过程中，我对一种现象非常担心。那就是在中国的行政职能部门中存在这样一些所谓的"吏"，其向上晋升的空间有限，有明确的私人利益诉求，又掌握了合法伤害的权力，所以很容易出现所谓的"小官巨贪"现象。对于企业来说，他们是非常可怕的。这些人天天不干正事，经常到企业找麻烦，每次去都明着暗着要钱。以往地方官员因为要招商引资、增加政绩，所以会对他们的"掠夺"行为进行制约；现在针对这方面的考核在弱化，对于"吏"的行为约束可能会随之放松。这属于"最后一公里"的行政治理难题。中纪委可以打老虎，但不容易对付这些到处飞的苍蝇。

---

① 此体系类似于法国或者日本的行政体系。以法国为例，获得多数选票的党组阁之后，由中央直接派驻地方总督，由其代表中央意愿，同时它们也受地方议会的制约。

您对中国地方政府改革未来的前景持何种态度?

周黎安: 地方政府改革将是一个非常艰难的过程:一是从内部寻找动力、简政放权、反腐败、转型升级,等等;二是借助外部条件的变化推动改革,比如移动互联网等新技术的出现及广泛应用就给政府改革带来了新的思路和机会。现在手机这么方便,信息传播速度如此之快,企业和个人遇到政府的不公正待遇、骚扰、索贿、粗暴执法之类的,以录音、视频记录下来作为证据,这些人的行为就会收敛不少。这是新技术带来的一种新的监督和问责手段。

我们现在应该考虑的正是,在这样一个席卷全球的、颠覆性的互联网时代当中,政府应该做什么,应该怎么重新定位,应该怎么利用这些基于互联网的技术和思维创新,去推动自身的改革,去推动企业的成长,去更好地服务于百姓需求。这当中也许能够创造出很多新的治理方式。

总而言之,中国传统的行政体制是一个"放手做事"的体制,强调放权松绑和给予地方官员足够的激励;地方官员可能因做事不透明、缺乏规范和制约而导致很多问题,但充满积极性和灵活性;现在逐渐向"束手做事"的体制过渡,即向"公平、透明、问责"的行政原则过渡,强调公民的权利保护、强调监督,但对官员的激励可能不足。如何权衡这两者的利弊,以及如何在政府治理转型中保留传统体制中的一些积极因素,这是未来需要研究和探索的一个重要课题。

主要参考文献:

周黎安,《转型中的地方政府:官员激励与治理》,格致出版社和上海人民出版社,2008年11月。

〔德〕马克斯·韦伯著,阎克文译,《经济与社会》(下卷),商务印书馆,1997年12月。

〔美〕麦克尔·巴泽雷著,孔宪遂译,《突破官僚制:政府管理的新愿景》,中国人民大学出版社,2002年11月。

周黎安,"行政发包制",《社会》,2014年第6期。

周黎安,"晋升博弈中政府官员的激励与合作:兼论我国地方保护主义和重复建设长期存在的原因",《经济研究》,2004年第3期。

刘利刚,"'新常态'下官员新激励",《财经》,2015年第4期。

专题三 政府改革

> 下篇　约束地方债务新框架

公共债务,只要不过度,就是对我们国家的一种祝福。

——美国首任财政部长亚历山大·汉密尔顿

地方政府债务,已经成为埋在中国经济发展道路上的一颗定时炸弹。

——北京大学光华管理学院EMBA中心主任刘俏

与至少 1 亿的农业转移人口和其他常住人口在城镇落户相关的《国家新型城镇化规划（2014—2020 年）》自发布之日起，便成为各方关注的焦点。其核心，便是钱从何来？①

在现有地方债务已然累累的基础之上，新型城镇化是否能够摆脱原有的地方融资模式，不再让债务雪球越积越大；与此同时，找到防控和化解原有地方债务风险的新路子，已经成为各方早已认知的难题。②

对于如何防控地方债务风险，中共十八届三中全会明确提出，要"建立权责发生制的政府综合财务报告制度"。而财政部部长楼继伟随后的表态，更是改变了以往对于地方发债的讳言态度，明确指出"为了加强政府债务管理、防范和化解财政风险，按照十八届三中全会通过的《决定》精神，应建立在地方政府信用评级基础上的地方发债管理制度"。作为全国人大代表的光华管理学院院长蔡洪滨教授，也参与了这套信用评级体系的设计。

在随后一年的全国"两会"上，《政府工作报告》也将其囊括，提出要把地方政府性债务纳入预算管理，推行政府综合财务报告制度。

就此问题，蔡洪滨教授认为，从根本上而言，由于中国地方政府天然的举债冲动，因此中国有必要加强人大在地方政府举债过程中的监督审核作用，通过地方政府财政金融动态分析系统和信用评级体系，科学地评估地方政府借债的合理性，事先审核加上事后审查，以此有效遏制地方债务扩张。

在此基础之上，光华管理学院的多位学者开始参与"地方政府金融"这一框架性工具的设计和编制工作，在其负责人刘俏教授看来，这一框架将有效防控地

---

① 虽然中国东、中、西部城市有所不同，但平均来看，农业人口市民化人均成本可能在 10 万元左右，以此计算，要实现 1 亿人落户的目标，至少需要增加 10 万亿元用于基础设施建设和基本公共服务建设。而按照国家开发银行的预测，未来几年之内，中国的城镇化投融资需求可能达到 25 万亿元。

② 根据中金公司 2015 年 4 月 13 日公布的最新报告测算，2014 年年底中国地方政府债务规模为 15 万亿元（相当于 GDP 的 23.6%），较 2013 年 6 月审计署公布的 12 万亿元增长 25%，并预计 2015 年将有约 2.9 万亿元（相当于 GDP 的 4.2%）到期地方政府债务需要处置。而近期经国务院批准，财政部已经下达地方存量债务 1 万亿元置换债券额度，允许地方把一部分到期高成本债务转换成地方政府债券，匡算地方政府一年可减少利息负担 400 亿—500 亿元。

方债务，优化地方政府的行为模式。

所谓"地方政府金融"，其本质就是将地方政府看成企业，为其编制地方政府资产负债表和财政收入支出表。通过对资产负债情况、财政收入情况、总体经济情况和潜在风险因素的分析，提供一系列债务管理方面的量化指标，并对地方政府进行信用评级。

"这个编制过程讲究的是提供一个前瞻性的看法，不是对历史资产负债情况作一个描述，而是对地方政府未来经济、宏观经济变化以及财政和金融综合考虑之后作出的前瞻性判断。"刘俏教授解释说。

该框架的第一个试点是南方的某个地级市。课题组编制了该市 2008—2017 年的资产负债表和财政收入支出表，通过对报表及其他信息的综合分析，对该市给出 A+的信用评级。而在此基础上，课题组还建议该市将信用评级纳入地方政府的考核指标体系，改变以往"只借不还"的行为模式。

在此之前，中央政府虽然已经一再强调要改变完全以 GDP 来论英雄的考核机制，但往往苦于没有替代性的指标。

"信用评级制度可以有效地规范地方政府投融资体制，避免短期行为。清晰、透明的地方负债和政府收入支出信息及地方政府信用评级，有利于完善和发展成果考核评价体系，纠正单纯以经济增长速度评定政绩的偏向。"刘俏教授说。

地方"经济鸦片"本质

中国地方债务的本质——患了投资饥渴症的地方政府用金融做财政的事。

您认为目前的中国地方债务处于什么状况？

蔡洪滨： 从国际对比来看，政府总债务除以 GDP 的比例，日本超过 2 倍，美国是 1 倍左右，欧洲主要国家在 80%以上，超过 1 倍的也不少。而中国即使以最宽的口径算，中央加上地方债务再加上地方融资平台债务，也应该在 60%以下。这些数字充分说明，中国的债务负担是在安全可控的范围之内的。

即便如此，我们也不能掉以轻心，因为审计署在仅仅数年前给过中国地方债务的一个总体数字，当时只有10万亿元，而现在的普遍估计是超过20万亿元。假设这个估计基本准确，就意味着这几年来中国地方的负债情况是愈演愈烈；而假如这个趋势不制止，未来的后果会非常可怕。

除此之外，中国的地方差异相当大，有的地方财政收入情况很好，而有的地方的负债率则超出其财力和经济的承受范围，也不排除在局部的确存在一些严峻的债务违约风险，进而引发一系列问题，从局部扩散到全国。

因此，我目前的主要观点是，要搞清楚地方债务究竟有多少，要详细了解地方债务的总体情况。

陈玉宇：我认为现在大部分地区的城市债务总量并非大问题，但其期限结构值得认真对待。很多城市借各种短期债务，服务于长期的城市基础设施建设，这会带来短期流动性紧张，甚至会出现较大的危机。必须有长期资本市场工具来帮助城市建设融资，置换这些短期债务。

周黎安：近期中央政府有一个比较有意思的表述，那就是中央政府对省级政府的负债不负责任；而一些省份（如山东省）也很快表示，对其市县的债务不负责任。当然，这种表态最终有没有可信度仍然有待观察。但这起码表明了一个态度——中央政府要对地方债务进行切割，至少划出一个止损点，不能继续让地方债务的局势恶化下去了。

因此，现在地方政府就要拿捏到底要报给上级多少债务，多了不好看，少了又不行。而中央政府的态度则是存量调整，控制增量。

龚六堂：其一，现在公布的政府债务总数是30多万亿元，但到底政府的债务有多少还是搞不清楚；特别是地方债务，它是各个地方政府上报的数据，中国的问题很有意思，报多少数可是有比例"讲究"的。其二，现在就到了地方债务偿债高峰期，怎么去解决？这也是要考虑的问题。最近有一个1万亿元地方债务置换计划，实际上最终也是中央政府买单。但从整体上来说，中国债务占GDP总值的比例仍处于比较正常的区间之内，不会有太大的问题。其中主要是一个期限错配的问题，地方债务一般是用于基础设施建设，周期长；而政府向银行的贷款不会有这么长的期限，因此需要从根本上设计地方政府的公共服务提供方案。财政部推出的 PPP 模式①可能是一个值得推广的方案。

一段时间以来，地方债务问题成为各方关注的焦点，您认为其背后的根本原因是什么？

蔡洪滨：现在落后的地方政府行为模式是中国很多的经济、社会发展问题的关键。这种落后的地方政府行为模式主要体现为目标的错乱和预算约束的软化。前者体现为地方政府全面、彻底的公司化，追求短期的政绩，很多地方政府甚至还在实行所谓的全员招商，与经济发展有关系没关系的公务员都有招商任务，都要到处跑，像某些餐馆一样，大厨、服务员全站在街上拉客。

周黎安：这要与中国现有的财政体制联系起来进行分析。目前全国各地仍是按照分包制的行政体系，与之相适应的，是中央与地方的财政分成体制。事权完全归地方，而财权则是中央与地方两边分成，其中的大头给了中央。地方政府要承担一系列公共支出责任，钱不够，只能依靠卖地收入以及相应的地方投融资平台来进行融资，这些融资手段扮演了公共服务的资源提供者的角色。这就是到目前为止中国地方债务形成的核心原因。

刘俏：长期以来，地方债务是地方政府创造 GDP 的主要资金来源。在政绩驱动、"下届不管上届债"和债务不断累积的巨大惯性下，地方政府解决地方债务膨胀的努力基本停留在口头和文件上；某种程度上，地方债务已经成为各地政府的"经济鸦片"，欲罢不能。你吃了之后会很舒服、很过瘾，但是长此以往的话，会让地方经济的发展质量和资源的使用效率出现灾难性的后果。

我要用图 3-3 来解释我的观点。这张图是我和中信并购基金研究部总监朱元

---

① PPP 模式即 Public-Private-Partnership 的字母缩写，是指政府与私人组织之间，为了合作建设城市基础设施项目，或是为了提供某种公共物品或服务，以特许权协议为基础，彼此之间形成一种伙伴式的合作关系，并通过签署合同来明确双方的权利和义务，以确保合作的顺利完成，最终使合作各方达到比预期单独行动更为有利的结果。从各国和国际组织对 PPP 的理解来看，PPP 有广义和狭义之分。广义的 PPP 泛指公共部门与私人部门为提供公共产品或服务而建立的各种合作关系，而狭义的 PPP 可以理解为一系列项目融资模式的总称，包含 BOT、TOT、DBFO 等。狭义的 PPP 更加强调合作过程中的风险分担机制和项目的衡工量值(Value for Money)原则。

德博士最近关于地方政府金融所做的一系列研究中最直观也最重要的一个发现。我们以省为单位,用地方债务与地方总财力的比例来衡量地方债务的水平;用GDP与地方资本总量①的比例来衡量地方经济效率,该指标类似于企业的投资资本收益率。如图3-3所示,地方债务水平与地方经济效率之间存在显著的负相关关系,即经济发展效率较高的省份债务水平相对较低,债务管理能力较强。需要特别指出的是,地方政府债务水平与地方经济发展效率之间的这种负相关关系,是我们理解和设计地方政府金融体系的关键出发点。

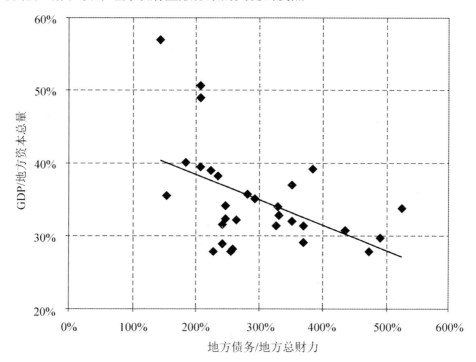

图3-3　地方债务水平与地方经济效率的关系

资料来源:由受访者刘俏教授提供。

中国经济过去三十多年的成功与中国政府采取的地方政府分权模式有很大的关系。在这种模式下,地方政府的考核以经济指标尤其是经济增长指标为主,地方政府之间的经济竞赛在很大程度上代替了市场竞争,起到激励地方经济发展

---

① 根据该省过去30年固定资产投资按平均折旧率水平求出。

的作用。地方分权模式是一种巧妙的制度设计,中央政府设计的考核指标赋予地方政府发展经济的积极性,整个设计非常符合经济学里的激励相容理论(Incentive Compatibility)。

地方政府分权模式反映为地方政府在控制大部分经济资源的前提下,全权负责协调地方经济的发展。中央政府给地方政府授权,鼓励它们发展本地经济,鼓励地区之间的经济竞争,地方政府领导的升迁机会也与地方经济发展的绩效联系在一起。在地方分权模式下,地方政府发展经济的热情被极大地调动起来。

地方经济分权是双刃剑。地方政府投融资活动极大地拉动了投资率,对中国经济的高速发展显然有正面作用。但是,地方政府的增长主义倾向导致地方政府偏好上大项目、搞大投资、追求重化工业。然而,这些政府主导的投资项目的投资资本收益率并不高,而且占用了大量的原材料和金融资源,形成对民营经济的挤出效应(Crowding Out Effect)。

而地方经济分权带来的最大后果是地方政府债务问题。在现行考核体制下,地方政府充满投资激情,强势介入经济生活,但地方政府"财权"与"事权"长期不匹配[1],资金缺口除了靠卖地收入补充外,主要来自地方债务平台的各种融资。地方政府主导的投资,因为软预算约束,投资资本收益率并不高;再加上任期上的考虑,地方政府普遍缺乏较长远的预算规划。这一切造成地方政府普遍缺乏管理地方债务的意识和机制,短期行为泛滥。

中国地方政府债务问题的实质是患了投资饥渴症的地方政府用金融做财政的事,但扭曲的资金价格使得金融无法充分发挥有效配置资金的功能,从而导致地方投资的低效率,最终形成恶性循环。回到经济学入门课里一再强调的一个基本原则,任何能够创造价值的投资,无论投资主体是企业还是政府,都需要满足投资资本收益率(ROIC)大于资本成本(WACC)这一条件。要根本解决地方政府债务问题,我们需要遏制地方政府的投资饥渴,需要以市场化的资本成本去引导地方政府进行合理的投资。

---

[1] 这里的事权还包括地方政府积极介入的各种招商引资和城市建设。

1994 年的分税制改革是形成目前这种中央地方财税体系的起点,很多人认为这次改革的实质是中央将财权拿走了,原本的事权却没有承担,因此颇不合理。您对这次改革的作用如何看待?

周黎安: 1994 年分税制改革打的旗号是重新调整中央和地方的事权,因此要重新划分二者的收入,当时进行这样的改革是有其必要性的。在改革开始之前,中央财政基本处于财政破产的状态,而国家层面需要承担的支出责任(如基础设施的投资、对落后地区的转移支付等)还需要增加,不改革是难以为继了。因此,改革是有其合理性的。

事后来看,中国在进行分税制改革之后,效果的确非常明显。起码从 1998 年亚洲金融危机之后,中央政府的确花钱做了很多大的事情(如修建了很多基础设施、很多高速公路等)以及在国家层面进行了一系列的改革(如医疗、养老体制改革等),不管到目前为止的结果如何,中央必须做这些事情;如果缺钱,这些事情是不可能做成功的。

但这次改革最大的问题,就是我刚才所说的那样,中央把大量的财权上收了,但是事权却没有上收。于是地方政府就揪住这根小辫子,利用土地财政、欠账来弥补一系列必须承担的事权的资金缺口。

财政部部长楼继伟自上任以来,已经开始大力推动新一轮的中央地方财政体制改革。您认为到目前为止,改革的进展如何?

周黎安: 楼继伟的确明确表示过,要加大中央政府的支出责任,要将相当一部分的事权从地方过渡到中央一级,最终做到财权与事权的统一。比如养老、社保等领域内的改革,现在基本上是地方的责任,而中央已经表示将来要承担相应的责任,这表明改革已经有了一定的进展。

事实上,中国现有的财政体制与真正的公共服务财政体制还有很大的差距,而建立公共服务财政体制,实现基本公共服务的均等化,正是中国财政体制未来的改革方向。

您如何理解财权与事权统一以及公共服务均等化等这些改革目标？

周黎安： 以西方多数国家的财政体制为例，它们是以公民的公共服务需求为导向的。首要保证公平，保证不同地区之间的基本公共服务均等化。比如说，贵州的某个县城很穷困，但是如果要以公民的公共服务需求为导向，在医疗、教育等领域之内，就要保证那里的居民与上海某个区县的居民享受基本类似的公共服务。这时，当地的财政是拿不出这么多的钱的，于是要按人头计算，将支出总数与当地的财政收入相对比，差额部分由上级包括中央和省市一级通过转移支付进行补足。

如此一来，地方财政就更像是一个足额财政，越来越不需要它们"八仙过海，各显神通"地筹措财政收入，尤其不需要去搞预算外的土地财政、投融资平台等。

地方应有"举债"之权

虽然2015年的《政府工作报告》已经多次强调，要优化财政的支出结构，继续向教育、医疗卫生、社会保障等领域和薄弱环节倾斜，严格控制行政经费等一般性支出。不改革的话，地方政府还是一定会倾向于把财政投入有利于经济增长、有利于提升政绩的基础设施建设和大型工业项目方向，而不是投入教育、医药卫生、社会保障等短期内看不到直接经济"效益"的民生领域和环保等薄弱环节。

您认为进行一系列事关财政支出、公共服务均等化改革的关键性因素是什么？

蔡洪滨： 未来改革的看点，现在大家关注的可能主要是金融改革、上海自贸区等，但是我个人认为，地方政府本身的改革才是中国全面深化改革的关键点。地方政府对于微观经济的直接干预、参与，应该有减无增，真正要落实包括市场在资源配置中的决定性作用等一系列改革，地方政府的行为模式必须转变。

我之所以要这么说，一个原因是落后的地方政府行为模式造成当前很多经济、社会发展问题。我们现在的地方政府行为可以说是错乱的，而我们对于它们的约束又是软化的。前者表现为地方政府全面、彻底的公司化，追求GDP，靠招商引资发展经济,靠卖地来获得税收。很多地方政府甚至还在实行所谓的全员招商,与经济发展有关系没关系的部门都有招商的任务,就像某些餐馆一样,大厨、服务员都在街上拉客。而后者表现为民主监督体制的不健全,导致了治理的软约束,使得我们对于地方政府的金融体系和预算管理失去控制。

如此一来的直接后果是,地方政府如果不改革,肯定还会追求GDP,还会追求上大项目;新上任的官员,可能还会采取各种措施胡乱借更多的钱。如此一来,虽然《政府工作报告》已经多次强调,要优化财政的支出结构,继续向教育、医疗卫生、社会保障等领域和薄弱环节倾斜,严格控制行政经费等一般性支出,但上述局面不改革的话,地方政府还是一定会倾向于把财政投入有利于经济增长、有利于提升政绩的基础设施建设和大型工业项目方向,而不是投入教育、医药卫生、社会保障等短期内看不到直接经济"效益"的民生领域和环保等薄弱环节。

新型城镇化中政府性债务资金供给能力如表3-1所示。

表3-1 新型城镇化中政府性债务资金供给能力测算 （单位：亿元）

年份	静态测算			动态测算		
	举债空间	地方政府性债务用于城镇化比重（%）	金融供给能力	举债空间	地方政府性债务用于城镇化比重（%）	金融供给能力
2013	-5 524	46.16	-2 550	-1 283	46.16	-592
2014	6 896	46.16	3 183	17 783	46.16	8 209
2015	12 929	46.16	5 968	20 791	46.16	9 597
2016	13 044	46.16	6 021	22 409	46.16	10 344
2017	13 996	46.16	6 460	24 776	46.16	11 436
2018	14 606	46.16	6 742	27 079	46.16	12 499
2019	15 203	46.16	7 017	29 615	46.16	13 670
2020	15 781	46.16	7 284	32 391	46.16	14 951
合计	—	—	40 125	—	—	80 113

资料来源：国务院发展研究中心课题组,《中国新型城镇化：道路、模式和政策》,中国发展出版社,2014年8月,第247页。

对于政府和市场之间应该形成一种什么样的关系,您的观点是什么?

蔡洪滨：彻底把二者之间的关系斩断肯定不对,政府还是要发挥它在经济社会发展中应有的作用的。我认为，中共十八届三中全会对政府定位的表述是极其准确的。翻开任何一本国际性的经济学经典专著或者教科书，也就只能说到这个地步了，即市场发挥决定性作用，政府去调控市场不能很好地发挥作用的地方。关于它能发挥作用的范围以及它必须要重点建设的领域，其实早有非常明确的界定。

所以我认为，目前我们的改革目标和方向已经非常清晰，关键是怎么落实，怎样发挥市场的作用和政府的作用，而不是说政府这只手完全没用，要斩断。否则，就成了所谓最原始的市场经济。任何一个现代社会都不可能完全让市场自发地进行调节，这是不可能做到有效率的。

现在各方关心的焦点之一，是在中国目前独特的政经条件之下，地方政府可能无法彻底摆脱其在经济发展中的作用，在城镇化进入关键性冲刺阶段，地方政府的支出责任还是会增加。如果不能采取卖地财政，未来的钱从哪里来？

厉以宁：确实，地方债务的增加会带来新的压力，实际上不仅地方政府有压力，中央政府也有压力。如果中国是联邦制国家，中央就不用管地方财政了，地方政府该破产就破产。但是中国不是联邦制，在这种情况下，中央也会有压力。因此，中央要帮助地方把好这个关。地方有一个最大的问题，就是不会花钱，钱都花到不需要的地方去了，那怎么行？发债首先要考虑还债的路在哪里，所以地方的经济要调整。地方经济如果不调整，靠什么来还债？还有地方的人才培养，地方企业应该进一步繁荣地方经济、增加地方税收，这都是应该考虑的。

现在中央政府已经允许地方政府直接发债，同时很多地方正在经历经济结构的调整过程，但这是一项长期任务，不可能一蹴而就。也就是说，很多地方政府确实没有想到应该怎样来还它们的债。这就是一个大问题，因此要关注地方发债的审查情况：有没有合适的规划？钱怎么用是不是有方案？怎么还有没有保障？要解决这个问题，地方政府有两个念头要断掉。第一个念头是，反正地方还有地，实在不行我就多卖地嘛。这是不对的，靠卖地来还债，对地方的长远发展是有影响的。第二个念头是，哎呀，我不还的话，中央政府也会兜底的，难道看着我破产？或者还有一个办法，到时候发新债还旧债嘛，无限期地拖嘛。这些观念都要纠正。这里涉及一个问题，地方的财政收入要用来有效发展经济，绝不可空谈，绝不能给地方政府以希望，说可以靠卖地来还债，靠发新债来还债，这些都是不正确的。假如是无效的增长，产能过剩，将来还债就有问题了。钱到手以后应该怎么用？用在什么地方才能还？地方政府要仔细考虑这些问题。如果没有事先的规划，把这笔钱当作天上掉馅饼，最后是没有好处的。

陈玉宇：在此之前中国不允许地方政府发长债，这是造成中国房地产市场不健康、出现泡沫的根本性原因。因为地方政府有积极性让各家开发商到本地来，把地价炒高了之后，它就有可能还得起上年借的短债。

如果一定要打板子的话，那就是支持城市化的长期资本市场的发育滞后于现实需要。毋庸置疑，中国需要大量城市基础设施建设。大家都知道城市的基础设施建设要花钱，地方政府因为不被允许拥有长期的筹资工具渠道，所以为了发展地方经济、为了政绩，地方政府只能想出如此下策来，借短债干长期的事，炒高地价增加自由支配的政府收入。

现在是中央政府绑住了地方发展的手脚，中央就得替它们兜着可能的风险，而这原本是有市场化的解决方案的。

对于现在推动中的 PPP 模式，您认为其效果将如何？

陈玉宇：PPP 是一种不错的创新模式，对于解决城市公共服务方面的资金筹措问题能够起到一定的作用。但是，它现在的作用被高估了，它只不过是一种所谓的公共资金与私人资金的合作的组织形式，不可能解决中国大的问题。进一步说的话，它就是在中国的一些基本问题和争论没有达成共识时，一个聊以自慰的新概念而已。说到底，私人资金为什么要进入？怎么可能获得收益？即使获得收益了，有什么法律能够保证我将来不会被扣上侵吞国有资产的黑锅？中国除此之外更大的问题，实际上是处理好中央政府与地方政府的关系。就我来看，二者关系的核心问题是如何保持平衡，一味分权会导致混乱，但是中央财政集权同时包揽地方事务，也绝对不可能满足未来中国城市化进程的需要。

但是现在不少学者认为，中央政府严控地方债务的口子（包括通过财政部、省一级进行发债）是因为害怕地方各自为政，出现大量的乱发债现象。

陈玉宇：这些学者的观点是，中国的经济安全、债务安全都需要由中央政府来谋划。按照这个逻辑推演下去的话，全世界就要有个世界政府来统一协调发展了。

我不相信中央政府几个相关部门的几位官员，对地方的情况能够比地方本身有更清晰的了解，能够比市场对地方有更清晰的了解。有什么理由相信中国的中央政府不会乱发债？中国有法律约束中央政府乱发债吗？不见得有。即使以前没让地方发债，其实也没少出幺蛾子。所以，我的观点有三个：

其一，目前是短债支持了地方长期的建设资金，这面临严峻的资金压力，要进行化解，不是通过行政收权，而是通过创造性地构建长期的资本市场来解决。

其二，如果不能建设良好的资本市场、缺乏透明性，就不会有健康的城市化。有前途的城市，缺乏资金发展不起来；没有前途的城市，乱发展、过度建设，却没人乐意去。中央配置资源，往往就会撒芝麻盐，人人有份。健康的城市化，需要条件好的城市快速发展，条件差的地区成为人口输出地，而不是也盲目大发展、制造空城。

其三，在全世界范围之内，没有哪个国家的城市发展对于地方政府的依赖像中国那么深入。在这种前提之下，适当分权是必要的，分权当然不意味着失控。我们需要有一套透明的发债体系，需要让地方政府的融资透明化和市场化；我们不需要混乱的放权，也不需要僵化的集权。

对于建立长期的债务市场，您的信心来自何处？

陈玉宇：地方政府自由发债的前提是透明化。城市未来的发展状况、财政能力、资产状况、负债水平都必须变得透明化起来。让上级的主管部门、企业、开发商、金融机构、普通劳动者都能够对一个城市的发展前景有一个更好的判断。基金也好，保险公司也罢，它们是不是愿意买烟台、买广州的地方债券？这就全凭它们自己去判断了。如果中国建立起透明的发债机制，资本市场就会盯着它们：

这个城市未来的地价还能到多少？如果中国要征收房地产税，会不会有那么多的人来这里买房子？这里的房子值不值那么多的钱？这一系列的问题，会让大家作出综合判断。市场将集合各个方面的智慧，集合分散的信息，对一个城市的债务作出恰如其分的定价。

就是在这种市场的动态筛选机制当中，一系列有潜力的城市才能够脱颖而出，吸引更多的资金、更多的人口和产业、更多的房地产商，以及更多的年轻人前来安居乐业。这些城市就会繁荣，成为中国经济的活力所在。

当然，在大规模推广这一系列的改革之前，我们应该进行规模小一点的实验，旨在建立起规章制度，建立透明的运行体系。

刘俏： 在中国迅速实现工业化的过程中，地方政府举债建设本身无可厚非。什么样的地方债务规模算合理？这本身就是一个伪命题。地方债务问题的关键在于地方政府债务的使用是否得当、是否有效率，以及债务管理是否稳健。这不是一个简单的规模就能解决的。

美国历史上公认的最伟大的财政部长汉密尔顿曾说过："公共债务，只要不过度，就是对我们国家的一种祝福。"在中国经济开启新一轮改革，重新确立经济增长侧重点之际，地方政府在经济生活中仍将发挥极其重要的作用。在这种背景下，正确理解地方债务问题的缘起及本质，设计以市场为基础的地方政府金融至关重要。正如图3-3所示，建立地方政府金融体系的根本出发点和基本原则并不是一味限制规模，而是通过形成与地方风险相匹配的地方债务定价机制，用市场力量确定合理的地方债务水平，进而提升地方债务的使用效率和地方经济发展效率。这一原则当然也契合新常态下中国经济由投资拉动向效率驱动的转型。

构筑地方金融体系

地方债务问题最关键的不是债务规模，而是与风险相匹配的债务定价机制。解决地方债务问题的关键在于建立地方政府金融体系，形成与地方政府风险匹配的市场化的地方债务定价体系（即地方政府债券收益率曲线），以此优化地方政府投融资行为模式。

近一段时间以来，中央政府对地方债务的态度变得积极不少，也出台了一系列的相关政策。您对这一系列变化如何看待？

刘俏：伴随着中国经济增速的减缓和城镇化的推进，解决中国地方政府债务的存量问题和增量需求变得越来越急迫。中国决策者已接受以市场为基础来解决地方债务问题的思路，反映在中共十八届三中全会文件中关于地方债务问题的论述之中。2014年8月31号，《预算法》四审的通过，为地方政府发行地方债券扫清了法律障碍。2014年10月2日，国务院发布《关于加强地方政府性债务管理的意见》(国发〔2014〕，简称43号文)，明确了地方政府债券将由地方政府申请，通过省在国务院申请额度，再获得全国人大常委会的批准后由省来代发。

"开明渠，堵暗道"，以市场化方式治理庞乱繁杂的地方政府融资体系，这是沿市场化的方向搭建中国地方政府金融体系的第一步。由于43号文出台不久，实施细则尚不清晰，市场对它仍持观望态度。但是，我认为，即使43号文被严格执行，也不能从根本上解决中国地方政府债务问题。一项政策是否具有市场化的外衣并不重要，重要的是它能否从本质上解决问题。解决中国地方政府债务问题的关键在于遏制软预算约束下的地方政府过度投资的冲动，并通过地方债务的市场化定价机制，优化地方政府投资效率。以此观之，43号文离真正的地方政府金融体系尚有距离。

为什么您认为43号文无法催生真正基于市场的地方债务定价体制？

刘俏：43号文规定地方债券的发行由地方申请，省财政代发。在这种制度下，地方政府的道德风险问题并不能得到缓解，只是把以前中央政府与地方政府的竞合关系（Copetition）变成了中央政府与省政府之间、省政府与县市政府之间的双重竞合；更重要的是，发行主体（省财政）和资金的实际使用方（县市政府）并非同一主体，无法解决县市政府的软预算约束问题，无法形成与县市政府风险水平真正匹配的资金价格，不利于提升地方政府投资效率。

以2014年试行的十个省市地方债券自发自还为例（见表3-2）。

表 3-2　地方债券与同期国债利率之差（2014 年 6 月 9 日）

地区	五年前	七年前	十年前
广东	0.00	0.01	0.00
山东	−0.20	−0.21	−0.20
江苏	0.03	0.00	−0.01
江西	0.02	0.02	0.02
宁夏	0.00	−0.02	−0.01
青岛	0.00	0.04	0.05
浙江	0.01	0.01	0.01
北京	−0.01	−0.01	−0.01
上海	0.03	0.02	0.04

资料来源：由受访者刘俏教授提供。

表 3-2 列出了我们能找到数据的九个省市的发债成本数据。仔细研读这些数字，有两个明显的异常情形：其一，一些省市的发债成本低于国债成本。以山东为例，三个期限结构的发债成本均比国债低 20 个基点左右，但山东的财力和信用情况能和国家相比吗？其二，这九个省市除山东之外在发债成本上没有明显的差异性，即试点的这几个省市在信用风险上没有明显差异，这显然与图 3-3 反映的情况截然不同。中国地方政府的债务水平在不同地区有非常大的差异性，各地的信用情况应该是非常不一样的。

可见，省级层面发债并没有形成能够反映地方政府风险水平的资金价格。现有地方债券的价格形成很大程度上取决于地方政府与投资者（主要是银行）之间的博弈，地方政府的财政存款和地方政府对本地经济资源的控制给了地方政府定价权。这种单边市场（One-sided Market）虽然是市场，但它显然无法形成真正的地方债券基准利率体系。没有基准利率体系的指导，软预算约束和道德风险等导致地方政府债务问题的根本原因就无法根除，地方投资的效率自然无法提高。如果我们仅以降低地方融资成本作为考核地方政府金融的指标，十个省市自发自还是个极大的成功；但从地方债券市场化收益率的角度来讲，十个省市自发自还形成扭曲的地方债务定价机制，无法真正让价格来调节资金的配置，这样的市场必定是一个低效市场。

此外，按照 43 号文的规定，地方举债需要在额度内进行，而额度需要全国人大批准。这种额度管理与发展地方债务市场的思路是矛盾的。一个地方需不需要举债、需要多大规模的债务、适合用什么样的举债成本，这些都取决于当地政府债务使用的效率和经济发展的效率（见图3-3）。用规模管控地方债务问题本身的逻辑就不通，而且这种中央与地方的博弈会制造出大量的"寻租"机会。中国股票市场早期额度监管所带来的种种市场扭曲现象，现在还困扰着中国A股市场。在我们着手创立一个新的资本市场——地方政府债务市场的时候，前车之鉴，不可不察。

当然，43号文还没有经过市场的检验，它所能产生的作用尚待观察，它本身也会随着中国经济情况的变化而逐步调整。但是，不得不指出，43号文所反映的自上而下建立地方债务市场这种思路（Top-down Approach）与建立中国地方债务市场所需要的自下而上的鲜活的创新和实践（Bottom-up Approach）并不吻合。

那么您认为，中国地方债务市场要健康发展、起到真正应有的作用的话，需要构建哪些体系？需要哪些要素？

刘俏：解决地方债务问题的关键在于建立起地方政府金融，形成与地方政府风险匹配的市场化的地方债务定价体系。为此，中国需要一个更为彻底的地方政府债务市场，而建立这样一个市场所需的制度基础设施更是超越了单纯的金融层面。

第一，引入市场机制，建立政府信用评级体系。对地方政府进行信用评级并把它纳入对地方政府的考核体系，有利于规范地方政府投融资行为，并在地方政府换届之际，有清晰、透明的地方资产负债和财政收入支出信息来合理评估政府施政业绩，有利于科学设定政府的考核业绩指标，保证地方经济发展目标的连贯性。

第二，地方政府作为融资主体，需要有清晰的资产负债表和财政收入支出表，为了便于动态监控地方政府融资能力和债务管理能力，需要根据地方经济规划，对地方政府未来五年的资产负债及财政收入支出情况作出全面预测，并纳入预算管理。

第三，统一地方政府发债主体与资金使用主体，对于具备前置条件的地市或县，可以允许它们作为发债主体直接发债。

您和您的学术研究团队在过去的几年当中一直致力于相关的研究，最初的起因是什么？

刘俏： 蔡洪滨教授曾经在 2014 年的"两会"上提出过相关的议案，认为要建立信用评级以监督地方政府的行为模式，反响很大。一些地方的财政局和财政厅也一直在与我们联系，希望将相关的方法在当地进行尝试。我们从 2013 年 2 月就开始思考这个问题，2013 年 4 月基本搭建完成理论框架。记得 2014 年 2 月我们的很多相关研究人员在广东一个比较偏远的地方扎根研究了很长一段时间，很欣慰，自己是在正确的时间、正确的地点做了正确的事。这项研究一开始就强调政策实操性，相关研究在 2013 年 11 月就已落地，有了相关的成果。

究其核心来说，"地方政府金融"这一框架的作用机制是什么样的？

刘俏： 从 2013 年夏天起，"地方政府金融"已经在全国多个城市开展试点，并取得了一定的效果。另外，还有很多地方的财政局、财政厅与我们联系，希望在当地推行政府信用评级制度，借此考核政府业绩、优化地方政府的行为模式。

我以我们做的第一个城市试点为例简单说一下它的建立方法。

第一步，以大量第一手数据展开分析，帮助案例研究城市编制 2008—2017 年的资产负债表和财政收入支出表。通过对照报表及其宏观经济的情况，结合当地的经济情况、财政情况、金融情况和风险因子所作的综合分析，得出该市 A+ 的信用评级，测算出未来五年该市在信用评级不发生变化的前提下可融资规模的上限。

第二步，对该市经济发展的有利因素和不利因素进行分析。

第三步，为该市未来债务管理提供一个预警和监测机制，同时建议该市将信用评级纳入地方政府的业绩考核指标体系，改变地方政府"只借不还"的行为模式。

> 中国新动能——光华学者解析未来发展之关键

这一体系为什么可以起到这一效果?

刘俏：首先，通过对地方政府资产负债表和收入支出表的编制及动态分析，可以有效加强地方政府财政稳健性、金融风险可控性和经济发展的可持续性；其次，有利于建立地方政府全口径预算体系，改善投融资体制；再次，通过市场机制建立政府信用评级体系有利于实现对地方政府的有效监管，改进地方政府的业绩考核，转变地方政府的行为模式；最后，利用市场力量和民间资本，解决地方债务问题。

具体来说，这样的一个预警机制，能够告诉地方政府你处于一个什么样的位置，未来要履行一系列的宏伟发展规划的话，可能会引发什么问题。比如我们告诉第一个样本城市的地方政府，如果你不信邪，非得扩大债务规模，那么你的信用评级会被下调两级，我们对你未来的经济发展可持续性就不是那么乐观了。

我们可以设想一下，假如未来中国的 300 多个地级市，人大出面也好，中组部组织也好，能够把这样的动态评级机制放到地方政府的考核里面去[①]，在这样的情况之下，地方政府会投鼠忌器，会对它们的行为模式产生很大的影响。

中国早一辈的改革家有过一个很富有智慧的说法，就是太棘手的问题解决不了，就留给下一代去解决。地方债务问题，现在应该说已经到了一个比较紧迫的关键时刻了，再说这样的话，就会显得我们没有智慧。未来取决于现在，取决于我们现在的选择。我们这一代人，不管是来自学界、商界还是政界，都是有能力、有智慧去彻底解决这个问题的![②]

主要参考文献：

厉以宁，"新型城镇化的钱从哪里来"，《理论导报》，2013 年 11 月。
刘俏，"让市场为中国地方债定价"，《金融时报》（中文网），2014 年 11 月 20 日。

[①] 它可能不是唯一的指标，但是可以作为一个非常重要的辅助性的指标。
[②] 除了目前已经开始施行的地方存量债务 1 万亿元置换债券额度政策之外，目前学界还提倡的债务处置手段大致包括积极尝试探索多种直接融资方式、建立基础设施产权市场、尝试发行永续国债、实施国库基金单一账户管理等。

专题四 金融业

> ## 上篇 布局金融大棋局

从国际金融角度来看,发展中国家在国际金融体系中的战略利益大致可以分为三种类型。第一种类型以吸引外资为主。这些国家经济发展的主要瓶颈是资金短缺,且国内储蓄不足……第二种类型以保障金融体系稳定为主。由于自身金融环境、人才、监管薄弱,金融行业案件迭出、损失惊人,甚至不断孕育危机,这时的金融战略利益不是谋求强有力的金融服务,而是以少出差错、减少风险为主……第三种类型以扶持本国金融业成为强势产业为主。全面提高本国金融业的素质和能力,提高在国际金融规则中的制定权和在国际金融机构中的话语权,是一国在该阶段的主要战略利益。

——中国人民银行行长周小川

非正规(金融)体系存在本身,就是对正规(金融)体系的一种嘲弄。

——秘鲁著名经济学家赫尔南多·德·索托

> 中国新动能——光华学者解析未来发展之关键

一直以来,受制于发展时日尚短以及在一定时期内决策者有意为之等,中国金融业一直存在诸多结构性失衡的现象,"间接融资多,直接融资少""存贷业务多,中间业务少"等问题,仅是其中寥寥数起。

中共十八届三中全会召开之后,随着规划中的政策依次实施,中国到 2020 年前针对这些金融业问题的改革主线,已经变得日益清晰起来。①

第一条主线,是金融市场的对内、对外开放。目前在此领域的重头戏之一是银行业改革。从机构设置的角度来看,随着门槛的相对降低,依次进入的各家民营银行逐渐开始展现其应有的"鲶鱼"本色;除此之外,中国亦在有意明显提高直接融资的比重,改变以往以间接融资、银行贷款为主的体制。随着"新国九条"等一系列利好性政策的次第出台,中国建设多层次资本市场及继续发展股票市场和债券市场的速度正在同步加快。在此基础之上,中国还有意鼓励金融创新,丰富金融市场的多层次性,以便给市场的参与者提供更多样的产品选择。

第二条主线,则要从市场的开放及价格的开放角度论及。从中共十八届三中全会决定让市场发挥决定性作用的角度而言,中国的商品市场化程度已然不低。因此,目前的主要短板及改革重点实为要素市场,尤其是金融要素市场。对于一个正在变革中的新兴市场而言,作出这种变革的决定并不容易。其一,管理者们不会轻易把这些产品的定价权交给市场,因为它们往往很赚钱;其二,由于这些产品的价格过于敏感,因此管理者们唯恐市场化的过程会造成不可收拾的后果。

尽管如此,就当前的金融要素市场价格形成机制方面而言,包括人民币汇率市场改革、人民币利率市场化,以及与之相关的推进资本项目可兑换等领域,虽然程度不同,但相关改革已然审慎启动。

从 2013 年起,中国放开了人民币贷款利率,其在债券市场、固定收益市场的利率已经完全市场化,利率"单边市场化"部分实现。而从 2015 年"两会"召开期间由一贯审慎的中国人民银行行长周小川所透露的消息来看,对于人民币

---

① 中共十八届三中全会的《中共中央关于全面深化改革若干重大问题的决定》对中国金融业的整体性勾勒是:完善金融市场体系,扩大金融业对内对外开放,在加强监管前提下,允许具备条件的民间资本依法发起设立中小型银行等金融机构。发展普惠金融,鼓励金融创新,丰富金融市场层次和产品。

存款利率的改革，在同年内出现较大的突破性进展也将是个大概率事件。

在汇率形成机制方面，中国的汇率浮动幅度已经扩大许久，而今后双向浮动更可能成为常态。据国家外汇管理局局长易纲不久前的预计：未来人民币的汇率弹性还会增加，因为中央银行对于市场的介入将逐步削弱，在越来越大的程度上，汇率将由市场决定。

不仅如此，在汇率和人民币利率改革的同时，中国也会稳步推进资本项目的可兑换。从直接融资到外债、一直到对外直接投资及外商直接投资，诸多方面的程序都作了大幅度的简化，人民币资本项目可兑换的进程将进一步加快。

然而，改革方向明确及政策出现部分调整的背后，相关的争议尚未消弭，以至于有论者曾经如此笑言："金融改革是当今最热门的政策话题，但学者、官员们的共识也仅限于应当进一步推进金融改革这一条大的原则，具体改什么、如何改、改多少，分歧相当大。"

以资本项目开放为例，顶尖专家的观点截然不同。官方的相关主管官员主张应尽快放开；而权威学者则要么主张审慎推进，要么旗帜鲜明地表示反对。同样的争论，其实也发生在利率市场化、机构准入的步骤和速度等一众金融业的改革话题当中。

各方争论的焦点问题之一，是金融业要进行如此大幅度的市场化，中国可能尚未做好准备；想要控制改革带来的金融风险，中国必须在加强金融监管体制、建立存款保险制度、完善金融机构市场化的退出机制、保障金融市场的高效运行和整体的稳定等方面取得更多的建设性成绩。

正如北京大学金融与证券研究中心主任曹凤岐教授所言，"随着自由化和国际化的展开，中国金融业的风险不是缩小了，而是加大了。我们终究还是要开放的，因为自由化和国际化是一个趋势。但是，必须有步骤、有计划地进行开放，不能贸然全部开放，这是一个渐进的过程"。

解析"资本逆向流动"之谜

中国目前仍对私营资本进入金融领域和利率进行严格的管制及控制。金融抑制使得中国的金融体系一直存在以银行等金融机构为主导的间接融资远远超过直接融资的结构性问题。中国近些年来大幅增加的金融资产主要集中在银行体系，推动了银行在规模上的迅速突破，所以在《财富》全球500强排行榜上，中国工商银行、中国建设银行、中国农业银行、中国银行、交通银行和招商银行都位列其中。因此，中国需要放开金融抑制，全面提升金融中介的效率和覆盖面。

多年来，您一直呼吁中国的金融体系要提升效率。目前这种低效率主要表现在哪里？

刘俏： 主要有两个方面的表现：一方面，作为一个经济依然在高速增长、投资机会众多的经济体，从理论上来说，中国还普遍存在大量有着较高投资回报的投资机会，还处于资本高速积累的阶段，但是我们的大量资金却开始投向美国和欧盟的资本市场；另一方面，从国内更为微观的层面来看，按照资本流向的规律，资本应该由投资回报较低的行业或板块流向投资回报更高的地方，但是我们看到的情况却恰恰相反。

在此之前，我曾经在与合作者进行的一项研究中发现，中国在改革开放期间，非国有板块比国有板块有着更高的投资资本收益率。从资源配置的角度和资本流向的规律出发，更多的资本和投资应该投向投资资本收益率更高的非国有板块。可是，我们看到的结果却是，大量的投资仍然由国有企业或者地方政府操作。经济生活中更为迫切地需要资金也拥有更好的投资回报的民营和私营企业特别是民营中小企业，却频受冷落。"钱多但资本少""钱荒"等怪象频频出现，应和了所谓的"资本逆向流动"。

何谓"资本逆向流动"？

刘俏： 在跨国资本流动这个议题上，经典经济学理论的一个预测是，资本应该从经济发达国家向经济相对欠发达国家流动。发达国家经济高度发展，有多年的积累，资本较充沛，因而资本的边际收益率相对较低；而发展中国家正好相反，资本的边际收益率较高。按照资本的逐利属性，资本应该从发达国家向发展中国家流动,这样可以获得较高回报,同时也满足发展中国家的资金需求,有利于发展中国家的经济发展。

随着全球化的推进,按照这一理论来推导,资本从发达国家流向发展中国家的速度应该加快,程度应该大幅度上升。事实却并不支持这一论断:美国这个全球经济实力最强、资本市场最发达的国家,同时也是全球最大的债务国;而中国到2014年年底,已经累积大约四万亿美元的外汇储备,其中的大部分投向美国和欧洲的资本市场。类似的情况,其实也频频出现在其他一些新兴工业化国家。

这种现象,被 IMF 前首席经济师拉古拉姆·拉赞和他的合作者称为"资本流向之谜"或者"卢卡斯之谜"。芝加哥大学著名经济学家、诺贝尔经济学奖得主罗伯特·卢卡斯 1990 年时就在文章中指出,资本从发达国家流向发展中国家的程度要远远低于理论预测。

为什么会出现这种现象?如何解释?

蔡洪滨: 从国内的情况来看,出现这种局面可能有两个方面的原因:一个方面是从金融业自身的考虑来说,大一些的国有企业没有倒闭的风险,所以比较安全;不仅如此,它们的经营效益可能也比较好,这是从经济的角度进行考虑的。另外一个方面可能是因为金融业觉得,把钱贷给大的国有企业,即使这方面出了问题,其他方面也不会出现太大的问题;但是如果贷给民营企业,情况就不是这样了。

刘俏: 在一个经济快速工业化的过程中,适度的金融抑制(Financial Repression)有利于经济发展。这样,国家就能够通过金融抑制控制金融资源,把相对稀缺的资金迅速导向国家产业政策重点支持的行业,迅速形成产业资本,从而有利于工业化的加速进行。[①]中国在过去 30 年的经济高速发展过程中,政府同样采用适度的金融抑制政策来发展经济。

从一方面来看,按照卢卡斯的解释,跨国资本流动受制于一系列的结构性因素,包括资本市场全球化程度不高、资本跨国流动门槛高、交易成本大、大量的

---

① 参见 Raghuram G. Rajan, *Fault Lines,* the Princeton University Press,2010。

发展中国家对资本账户的严格管制，等等。简而言之，传统经济学的模型里面没有考虑制度层面上的种种不完美，没有考虑由此产生的资本流动的交易成本。

从另一方面来看，我认为中国出现"资本逆向流动"现象的最根本的原因，正是中国资本市场的制度基础设施建设的薄弱，尤其是金融中介模式的长期滞后。甚至可以这么说，在中国诸多急需大量投资和资本形成的领域，制度层面上的"资本投入"是缺口最大的一环。与薄弱的制度基础设施密切相关的，是金融中介体系的低效率、资源配置上的行政干预、生产要素市场的严格管制等现象。

正是在这些因素的制约下，银行体系在将储蓄转换成投资的金融中介过程中，偏好那些国家作了隐形担保的企业和投资项目，而投资资本收益率并不是主要考虑的因素。由于利率管制，存贷利差在不同类型的企业间并没有太大的差异，因此同等条件下，资金流向国有板块的风险会低很多。这样，大量的银行资金流向那些国有企业占据主导地位的行业，在这些领域形成资本；而投资回报高、相对更需要投资的企业和行业，在现有的金融体系下得不到资金的强有力支持。

那么，中国出现"资本逆向流动"这一现象，将带来什么样的后果？

刘俏：一个直接的后果，是在经济生活相对欠缺活力的领域积累了大量的资本并逐渐固化，但这些资本并不能形成很好的投资回报，这进一步加剧了中国经济中的结构性问题。于是，我们能够看到的表象，是产能过剩行业还在不断出现大量的大额投资，而产能不足、对中国经济结构转化有显著意义的行业和领域却无法形成新的资本。在热钱满天飞的时代，急需资本投资的领域，却出现了资本不足。

2013年以来，金融体系的这些结构性问题更趋严重，我们听到大量的诸如"去杠杆""地方债务危机""钱空转"或者类似的词汇。在中国的货币供应存量（M2）已经达到GDP的2倍、信贷市场明显出现泡沫，众多媒体和普罗大众大声呼吁挤泡沫、去杠杆之际，为中国经济解决了70%以上就业的民营经济，却普遍感到融资紧张。如此一来，大量投资资本收益率高的企业因为无法得到资金而被迫放弃投资，经济增长显然难以维持。

对于现有以银行业为主导的金融体系，在上述局面的产生当中起到了什么作用？

刘俏：综合来看，我认为，中国现有的以银行业为主导的金融体系，原本应该切实为实体经济提供中介服务，从而促使实体经济更好地成长，这才是正常的金融业的本质。但在中国不正常的体制之下，中国的金融中介服务始终存在三大根本性问题：

其一，金融中介服务效率低——反映为实体经济中对经济和就业贡献最大的民营企业、中小企业长期得不到金融体系的强力支持；而一些产能过剩严重、国有经济占主导地位的行业，却从银行体系中以偏离市场真实资金价格的低利率源源不断地得到资金的支持。

其二，覆盖面窄——表现为中国经济生活中，只有小比例的企业和个人、家庭能够享受到金融中介服务这一事实。

其三，结构不合理——反映为中国的金融体系以间接金融为主，直接金融所占比重偏低且对实体经济贡献有限。

厉以宁：中国经济处于双重转型中，即一方面进行从农业社会向工业社会的转型，另一方面进行从计划经济体制向市场经济体制的转型。这两种转型是重叠的，以银行业为代表的金融体系就是一个明显的例子。比如，在转型期间，由于市场体制下经济运行的机制不完善，经济总是呈现较大的波动，于是长期存在"投资冲动怪圈"现象。盲目扩大投资，增加信贷额，从而造成货币流通量过多，导致投资拉动的通货膨胀，物价不断上涨；为此，中央政府不得不采取紧缩措施，压缩投资、信贷，货币流通量减少了，物价上涨的趋向被抑制住了；但随后又出现经济增长率下降、失业率上升的情况。如此周而复始、大起大落、大升大降，始终没有摆脱"投资冲动怪圈"现象。

对于这些问题，您有没有比较具体的改革建议？

刘俏：中国需要具有前瞻性的金融，能够直面中国经济转型中的结构性问题，并在发展中逐步去完善自己。在实施路径上，目前有两件最紧迫的事情：

一是要让市场决定存款、贷款利率。市场化的存贷利差，反映的是资金的市场供需关系，是更为真实可靠的价格信号，能够更有效地配置资源。

二是进一步消除金融行业的进入障碍，让民营资本能够合理地进入金融行业。有了竞争，就有了创新盈利模式能够脱颖而出的可能性。这二者缺一不可。

厉以宁：从中国金融业的现实情况和社会主义市场经济体制下金融机构作用的角度来考察，深化金融改革的目标应当从总体目标、金融机构目标和金融结构目标三个方面来确定。这是因为，这三个目标分别是宏观的目标、微观的目标和结构的目标，它们构成了一个完整的体系，把改革的任务具体化了。三个目标的结合，反映了未来中国金融业的全貌和总的走向。

在宏观目标方面，可以概括地说，中国金融体制应当成为以市场调节为第一次调节的体制，市场调节覆盖全社会。中国金融体制同样应当成为以政府调节为第二次调节（即高层次调节）的体制，政府调节也是覆盖全社会的。市场调节和政府的高层次调节之间的关系是，凡是市场能够做的，就让市场去做；市场做不了或做不好的，由政府去做。换言之，政府的高层次调节尽管也是覆盖全社会的，但市场能做的都由市场去做，政府只做市场做不了和做不好的事情。具体地说，像有关金融的法律、法规和规章制度的制定，金融监管，货币政策的制定和执行，货币发行，外汇管理，金融市场秩序的维护，有关金融的总体规划，政策性银行的建立和经营方针，这类工作就只能由政府去做，因为市场调节是做不了、力所不及的。

在微观目标方面，主要是界定各商业性金融机构的目标及任务。商业性金融机构的目标及任务，总的说来就是争取达到最佳效益。企业效益和社会效益之间可能有些冲突，商业性金融机构必须善于协调，并能通过努力做到二者兼顾。以商业银行对中小企业、微型企业和农户的贷款为例，这类贷款往往成本较高，企业效益较差，但由于贷款帮助了中小企业、微型企业和农户的生存与发展，社会效益很好，这同样是商业性金融机构的一大业绩。如果商业性金融机构能够努力降低成本，扩大服务领域，是可以兼顾企业效益和社会效益的。

在结构目标方面，金融体系中结构不协调相当突出。一是以银行业结构为例，国家控股的大型商业银行强大，政策性银行和中型股份制商业银行偏弱，而在基层，更缺少能在小城镇和农村开展业务的小型商业银行，以致越向最基层走，银行越少，金融服务越弱。二是从资金来源来看，现阶段中国经济中有一个值得注意的现象，即民间资本相当充裕，但没有正常途径使它们从地下金融转为正规金融。如果地下金融的资金更多地转为地上金融的资金，肯定对中国经济的发展有利，但这一转变至今未能实现。三是如今的银行体系是否适应双重转型的要求，是不是需要在现有金融机构的基础上采取企业重组和结构调整相结合的方式，进行合并或拆分，以效率提高为目标展开重组？但这种合并或拆分的重组，一定要由企业自愿参加，企业必须有自由选择权和决定权，而决不能由政府策划和主持。四是如何确定农村商业银行和村镇银行的地位，界定它们的主要服务范围。这也是当前在扩大农村信贷、支持家庭农场和农民专业合作社进一步发展中的金融机构分工的问题。五是探索城镇化推进过程中是否成立政策性的城镇建设银行，为了实现特定的城镇化目标而提供中长期贷款以及为城镇化建设中的公共服务设施提供融资，以促进廉租房建设和环境治理等项目的完成，这与城镇化过程中的商业贷款是不矛盾的。

对于民营银行的发展，目前各方的意见并不统一。对此您的观点是什么？

曹凤岐： 中共十八届三中全会的决定指出：完善金融市场体系，扩大金融业对内对外开放，在加强监管的前提下，允许具备条件的民间资本依法发起设立中小型银行等金融机构；发展普惠金融，鼓励金融创新，丰富金融市场层次和产品。应该说这是非常重要的一个决定，也是金融创新的一个重要方面。现在有人质疑，说我们现在已经有大型的国家银行——工、农、中、建、交，十几家全国的股份制银行，一百多家城市商业银行，以及农村信用社和小额贷款公司等，为什么还要成立民营银行？

我觉得成立民营银行的意义在以下三个方面：

第一，民营资本真正进入金融领域。我们"老36条""新36条"都讲了民营资本要进入，但实际上有一个玻璃门并没有打开，所以民营资本很难进入银行体系。即使进入，还是国有控股，民营资本没有更多的话语权。这次明确了以民间资本为主体设立银行，这才是真正的民营银行或民间银行。

第二，建立多层次银行体系，满足各方面的金融需求。我们有那么多银行，但是满足各方面的金融需求了吗？没有。我们要发起民营的中小银行为小微企业服务，要实现普惠金融。

第三，最重要的就是促进金融市场的决定。实际上，民营银行的机制灵活，减少行政和政策干扰，做到金融由市场决定，尤其是促进利率市场化。这样，就使得我们的金融体系、金融运行更加市场化，提高金融效率。

不过，银行不是谁想做就能做的，目前虽然政策松口了，但审批还是非常严格，所以大家不要过于热情，要从自己实际的情况出发，而不是盲目跟风。

但是，按照您刚才所说的逻辑，在目前各级银行已经林立的情况下，民营银行未来的发展空间在哪里？

曹凤岐：民营银行如何运行得更好？这个问题我们应该正视，在各种银行都存在的情况下，民营银行应当明确自己的市场定位。它们的产品和服务创新应当差异化、品牌化和特色化，不要同质化。大银行有自己的服务对象，民营中小银行有自己的服务对象、自己的市场定位，要根据自己的客户、自己的服务对象进行创新，避免恶性竞争，差异化创新是非常重要的。如果说民营银行自己的市场定位不明确，可能要出大问题。

具体而言，我个人认为民营银行应该在以下六个方面进行市场定位：

第一，民营银行的客户定位是中小企业。在中国经济成分呈现多元化态势的今天，经济结构与金融结构的不对称直接体现为缺乏与中小企业配套的中小金融机构。中国有那么多的银行，但中小企业融资难、贷款难、贷款贵的问题始终没有解决。因此，民营银行有机会进入这个细分市场，获得竞争优势，这一点我认为应该明确。

第二，民营银行的产品定位是零售业务。作为中小商业银行，在目标市场及经营方式上都应与大型商业银行有明显区别。商业银行零售业务是指对家庭、非营利机构和小企业提供的金融产品或服务,主要包括零售存款业务、零售小额贷款、透支便利、制定投资策略与组合、进行税务安排及保险服务等。零售业务具有零星分散、种类繁多、服务要求高的特点。

第三,民营银行应立志成为社区银行。民营银行应当主要为城市社区居民、农村服务。目前已经有一些中小银行包括一些城商行、农商行甚至中国邮政储蓄银行都把自己定位于社区银行。中国邮政储蓄银行充分依托覆盖城乡的网络优势,坚持服务"三农"、服务中小企业、服务社区的定位,自觉承担起普之城乡、惠之于民的社会责任,走出了一条普惠金融的发展道路。邮政储蓄银行近几年发展非常快,它的存款已经是全国第五位。很多城商行、农商行把自己定位为草根银行、熟人金融、炕头金融,大有发展前途。

第四,民营银行应成为特色银行。民营中小商业银行应当根据自己的特色和优势,办成有特色和差异化的银行。比如办成科技银行,为高新技术产业和企业服务。有的银行可办成主要为地方经济发展服务、为城镇化服务、为地方居民就业和创富服务、为农牧区发展服务的银行。像云南可设立为旅游服务的银行,内蒙古可设立为牧区服务的银行,这样的银行有发展前途,它们的服务对象恰恰是别人没有做的。所以说,民营银行成立以后,应该根据自己的特点因地制宜,建成为不同对象服务的银行,差异化才可以做得好。

第五,民营银行应实施普惠金融。普惠金融也称包容性金融,其核心是有效、全方位地为社会所有阶层和群体提供金融服务,尤其是为那些被传统金融忽视的农村地区、城乡贫困群体、中小微企业提供金融服务。普惠金融为弱势群体提供了一种与其他客户平等享受金融服务的权利,能够有效地帮助贫困群体脱贫。普惠金融体系是构建和谐社会的重要推动力。中共十八届三中全会明确提出银行应当实施普惠金融。普惠金融中有些是大银行不愿意做的事,一笔贷款只有5万元、10万元、20万元,要花费很多人力、物力,大银行是不愿意做的,因此普惠金融更适合中小银行来做。

第六,中小民营银行应当利用互联网金融的优势进行金融创新。[①]我看到了

---

① 详见本书"互联网金融猜想"部分。

几家民营银行的试点情况，至少阿里巴巴、腾讯都在互联网金融上有所创新，互联网金融做得很好。实际上，互联网金融原来是银行做的，但银行没有做好，才促使非银行机构做互联网金融。我们成立这些银行，能不能利用互联网的优势来进行创新呢？利用互联网开展综合性金融业务，包括网上银行、网上存款、贷款、结算、交易、支付，以及代理各种服务。利用互联网发展供应链金融，利用互联网开展私人银行和个人金融业务，不仅存贷，还进行理财等。另外，还应利用互联网、大数据进行客户关系管理，稳定老客户，发展新客户，服务更多的人。我们对客户信息要进行一系列的管理，这都是我们的优势。

任何一项金融创新背后都蕴藏着高风险，您认为民营银行应该如何防范风险？

曹凤岐： 民营资本进入银行的时候就应该有一个全方位的思考，或者有一些政策约束。具体来说，我们应该做到的是，第一，必须有其他银行等金融机构参与，因为这些金融机构在业务、风险控制、人才等层面有经验；第二，要有健全的法律机构；第三，要有健全的内控。

除了民营银行之外，您认为应当怎样把"草根金融"发展好？

厉以宁： 在深化金融改革的过程中，不少专家都建议把促进"草根金融"作为重要任务之一。理由是充分的，因为这是与城镇化的推进、中小微企业的新建和成长、家庭农场的扩大经营、农民专业合作社的发展等密切相关的，在提高中低收入家庭的收入、农村扶贫开发、增加就业等方面有重要作用。但目前"草根金融"机构太少了，不少地方还没有村镇银行这样的机构，许多大中型银行还没有深入县城以下的广大基层民众之中，开展为基层民众所需的小额贷款业务，这是需要尽快补上的。

但更重要的改革任务在于从政策上对"草根金融"机构进行帮扶。一是适度放宽"草根金融"的准入门槛，让更多的民间资本进入"民间底层"，建立小型、微型的金融机构，包括组建村镇银行、小额贷款公司、资金互助社、小额担保公司、正式的典当行等。适当对"草根金融"机构给予资金上的支持，设法让这些

"草根金融"机构在经营中有适当的盈利而不至于亏损。二是成立专门为"草根金融"经营状况担保的保险公司，防止"草根金融"机构在经营不善时使债权人损失过大，同时也能使"草根金融"机构开展业务时有较大的信心。三是加强对"草根金融"机构业务的指导和监管工作。考虑在地方金融监管部门设立专门的对"草根金融"机构进行监督的办公室，根据"草根金融"的实际情况进行业务指导和监督。四是帮助"草根金融"从自己的资金和能力出发，开辟新的金融服务项目，如存货单和库存单的质押业务、房产权抵押业务、小额信用贷款业务等。五是在已建立的中小企业板市场和三板市场上，允许有一定规模而且业绩好、信誉好的"草根金融"机构上市。

"草根金融"领域的贷款工作一直存在两大难题：一是风险大，二是成本高。在全国政协经济委员会的多次研讨会上，招商银行、民生银行和北京银行的负责人曾经介绍他们的做法，包括在开展"草根金融"业务、减少风险和降低成本方面积累的经验。他们的经验如下：

一是批量化。这里所说的批量化，是指贷款业务按贷款的性质进行有效分类。在此基础上对同类、标准的业务尽可能采取批量化、规模化处理模式，以降低业务成本。比如以"银政联动"方式，使银行和社区、集贸市场、商城建立合作关系，银行以小额贷款扶植小微企业、个体商户、家庭农场等草根经济单位，进而也为银行培育了一大批可靠的客户，而贷款成本和风险都降低了。

二是专业化。这里所说的专业化，是指在对客户进行认真调查的基础上，了解客户的融资需求，按专业分类，银行提供专项融资服务。这种业务还须结合银行分支机构所在地区的经济特色，"量身定做"服务项目，如对茶商有适合茶商需求的融资服务，对陶瓷商有适合陶瓷商需求的融资服务，等等。

三是投资联动，支持科技创新型小企业的成长。具体做法是由银行选出成长性良好的科技创新型小企业，经私募股权基金甄别后投入资本，然后银行配合贷款，科技部门给予贴息；银行还提供顾问服务，帮助其上市和避险保值等，从而初步搭建起商业银行、科技创新型小企业、私募股权投资基金之间的合作平台。

四是强化中间业务，调整银行的盈利结构。这是在银行之间竞争加剧和纷纷介入民间底层贷款业务后,为防止盈利下降而必须及早实行的战略性调整。银行的中间业务包括代客理财、保险业务、证券业务等高附加值的业务。即使在传统的存贷款业务中,也应强化经营特色,做好客户定位和市场细分,形成多元化的盈利模式。

提速利率市场化

为进一步推进利率市场化改革,中国自 2013 年 7 月 20 日起全面放开金融机构贷款利率管制,取消金融机构贷款利率 0.7 倍的下限,由金融机构根据商业原则自主确定贷款利率水平,并取消票据贴现利率管制,改变贴现利率在再贴现利率基础上加点确定的方式,由金融机构自主确定。下一步将进一步完善存款利率市场化所需要的各项基础条件,稳妥有序地推进存款利率市场化。

除了降低设立民营银行的门槛之外,您如何看待中国近期的一系列金融改革,包括利率市场化、资本项目开放提速等?

厉以宁:利率市场化将成为改革的大势所趋。利率市场化不等于利率自由化,应当取消对利率的管制,但这不等于对利率的波动不管不问、任其自然。

就近期来说,利率市场化有助于调动民间资本进入金融市场的积极性,从而可以扩大金融业的规模;有助于调动金融机构加强经营管理的积极性,从而可以提高金融机构的效率,使资金得到更有效的使用;同时,有助于抑制地下金融活动,抑制高利贷行为。然而,利率市场化的一个最大的弊端在于它会给中小型银行特别是社会底层的金融活动(即所谓"草根金融")带来程度不等的冲击。

就中长期来说,利率市场化的好处有三点:一是使中国银行业同国际银行业接轨,提升中国银行业在国际市场的竞争力,并加速中国银行业与国际同行的合作,从而提升中国银行业在国际市场中的地位;二是使中国银行业的资源配置效率提高,资金可以得到充分、有效的利用,这对于中国经济的进一步发展是有积极意义的;三是对中国银行业整体来说,抗风险能力增强了。因此利率市场化势在必行,从中长期看,利率市场化的好处尤其显著。

曹凤岐：对于利率市场化改革，尽管对存款利率暂时没有放开，但放开贷款利率是一个非常重大的举措，迈出了利率市场化最关键和最重要的一步，从某种程度上来说，中国基本实现利率市场化了。此前中国银行业的主要收入依赖利差，凭借相对较大的利差盈利，削减了企业进行金融创新的动力，所以利率市场化改革主要是通过利差的市场化，提高传统银行的竞争能力。例如，最近央行采取的不对称降息、扩大利息浮动区间的政策，其实际效果是缩小了利差。即便此次降息不是完全意义上的利率市场化，但能刺激银行的金融创新，创造更多的高质量产品和服务。现在已经发出利率市场化的信号，但是我们并没有完全放开，因为完全放开需要其他配套措施。利率改革要有指导利率等控制工具的建设，比如大型金融机构要像外汇市场公布外汇指导价一样，公布指导利率水平。如果缺乏这种利率协调，各银行自行其是，开放的时候会因标准缺失而导致利率上涨，对经济造成较大影响，所以对利率问题还是持慎重态度，不应全部放开。

关于汇率改革和资本项目可兑换问题，由于人民币在资本项目下并未完全可兑换，因此人民币国际化包括上海国际板的开设一直受到很大的影响。如果人民币资本项目下没有对外开放，外国公民无法用外汇进行直接投资，那么国际板的资金来源就完全是国内的资本，股民就不可能从中得到什么实际利益。但我们应该清楚的是，汇率和资本项目可兑换可能存在更大的问题，如果全部放开会导致外部资本的自由流入流出。全面放开后，一旦经济不被看好，则会出现资本外逃；一旦人民币汇率上升或者国内利率高企，资金又会涌入，而且短期资本流动非常频繁。所以，在这个问题上也应有计划、有步骤、慢慢地放开，必要时在一些领域还须加强监管和监测。

金融改革提速是与经济发展和经济改革相适应的过程，尽管目前中国经济改革进入了深水区，但是未来几年金融领域改革的力度还应加大，包括利率市场化、民间金融、资本项目可兑换等问题已经浮出水面，变革如能加快步伐，则对中国经济下一阶段的发展和改革深化意义重大。

您认为，利率市场化后将可能出现哪些风险？

厉以宁：有几个理念方面的问题值得注意：

一是利率市场化后，中国经济的深化改革并不是仅有金融改革这一项。减少经济的波动，有待于国内经济其他改革的配合和改革成果发挥作用，而不能把利率市场化看作产生影响的唯一因素。

二是利率市场化本身也涉及许多方面的配套措施。所有的银行都要强化管理，不能再依赖利率管制条件下靠存贷利差稳收利润的做法，这样才能对利率市场化作出正确的总体评价。

三是利率市场化绝不等同于利率自由化，不等于政府对利率不管不问。政府调节是一种高层次的调节，如果金融市场波动过于剧烈，引起的经济震荡已经不是市场自行调节就能化解的，那么政府的宏观经济调控依然是必要的，尤其是在紧急状态下政府是可以使用行政手段来处理的。美国和西欧发达国家在这方面都有过先例。

曹凤岐：虽然存款利率还没有完全放开，但贷款利率放开，意味着中国利率完全市场化的条件已经基本具备。现在要研究的问题是，中国利率完全市场化后会产生哪些风险？如何防范和控制风险？利率虽然不被"管制"了，但也不可放任自流，而应加强管理。我们应该认清的是，在利率市场化改革完成和政府定价管制退出之后，需要有一种机制来填补这个真空，在一段时间内对无序和过度的价格竞争进行抑制，并使之稳定在一个合理的水平和限度内。

具体而言，可能出现以下四种风险：

其一，在利率自由且同业之间缺乏协调的情况下，完全竞争的银行定价常会出现不计成本的恶性竞争乱象。在竞争客户存款方面，为扩大吸储规模，各银行可能会竞相提高存款利率，进行高息揽储，使得资金成本不断上升；在竞争贷款方面，各银行为争夺客户，可能会竞相压低贷款利率。激烈的价格竞争最终可能导致一些高度依赖信贷资产和利差收入的中小银行无力支撑而破产，严重情况下还可能引发局部或全局性的金融危机。而通过同业定价协调机制，在一定时期内维持一个相对稳定的利差水平，可以为商业银行提供一个缓冲期来开发新的业务模式和利润增长点。

其二，从国内现状来看，不少金融机构的短期行为和非理性行为仍然普遍，容易出现"一放就乱"的现象。中国市场经济改革的历史还不长，市场竞争的秩序、习惯和各种协调机制尚不完善；同时，银行经营管理成熟度还不高，特别是公司治理机制还不够完善，很多地方性金融机构受当地政府的影响较大。面对激烈的市场竞争，一些金融机构的短期行为和非理性行为仍然较多，市场秩序容易"一放就乱"。因此，建立一个有效的同业定价协调机制，对于抑制金融机构的非理性行为和保证银行业的稳健发展十分必要。

其三，中国货币市场尚不完善。无论是上海银行间同业拆放利率（Shibor），还是央行再贷款利率和再贴现利率，所发挥的作用依然较为有限。特别是中国重点培育的基准利率——Shibor，在金融市场产品定价、央行货币政策传导以及商业银行内外部定价中的影响力和实际作用仍待强化。在以上配套条件尚不具备的情况下，银行业乃至金融市场的许多参与者都面临较大的风险和挑战，有必要通过同业定价协调机制来实现平稳过渡。

其四，中国商业银行多元化经营程度不高，在与国际银行同业的竞争中尚不具备优势，需要一个较长的时期来不断培育和增强核心竞争力。未来一段时间，许多国际金融机构都将市场拓展的重点放在以中国为主的亚太市场，谋划加大竞争力度。与它们相比，中国商业银行的多元化盈利能力仍然不强。为更好地迎接来自国际同业的挑战，有必要通过同业定价协调机制为国内商业银行加快经营转型、增强产品创新能力、提升综合经营水平以及培育国际竞争力赢得时间和空间。

就利率市场化对经济产生的影响及加强管理可能带来的风险等问题，您认为有何国际经验教训可吸取？

曹凤岐：比较分析国际上一些国家利率市场化实施的背景、进程与后果，我们可以得出以下经验与教训：

第一，改革时机的选择对改革成败影响深远。利率市场化应在稳定的宏观经济环境下实施，在宏观经济形势稳定的情况下推进改革，选择改革者大多取得成功或进展顺利；而在宏观经济形势不稳定的情况下推进改革，改革多夭折。例如智利、乌拉圭、阿根廷三国在通货膨胀居高不下的环境下进行利率市场化改革，结果引发超高利率、外资过度流入、本币大幅升值、通货膨胀加剧，带来了严重的经济问题；政府为应对这些问题被迫宣布本币贬值，加重了企业和银行的外债负担，引发外资的大幅度流出，造成汇率剧烈波动，出现了严重的金融危机。再如，菲律宾在1980年进行利率市场化改革，由于当时宏观经济环境不稳定，改革两年后出现了严重的经济动荡，也爆发了大规模的金融危机。

第二，利率市场化改革的方式选择至关重要。利率市场化的方式不外乎激进和渐进两种。激进式的利率市场化改革可在短期内迅速消除一切由管制带来的扭曲，但这种方式极易造成经济运行的波动，对经济运行造成损失，如果波动幅度过大，对经济运行造成的损害则需要较长的修复时间。渐进式的利率市场化改革可以避免经济较大幅度的波动，可以避免利率市场化带来的逆向选择和逆向的激励效应，但这种方式会带来福利损失。因此，利率市场化的方式选择不能一概而论。比较各国利率市场化的进程不难发现，既有成功的渐进范例，也有成功的激进范例。一国选择何种方式推进利率市场化，要根据本国的具体情况而定。如果一国的各经济行为主体适应新形势的能力比较强（如银行能很快调整其资产组合，企业能很快调整其财务管理思维，政府能很快完备其监管手段），则应采取激进的方式推进利率市场化，以减少福利损失；反之，则应采取渐进方式。

第三，突破口的选择和步骤安排是决定利率市场化改革成败的一个重要因素。在放松利率管制的过程中，寻找合适的突破口非常关键，一般来说，这种突破口工具应具有联结自由市场利率和管制利率的功能。美国金融界找到的突破口是大额可转让存单的发行与交易，而日本以国债的发行利率和交易利率市场化为突破口成功地实现了利率市场化。突破口找到之后，合理的步骤安排也至关重要。比较各国的利率市场化进程，我们发现，成功推进利率市场化的国家在步骤安排上有不少相似点，它们基本上都是先放开银行同业拆借利率和国债利率，再过渡到贷款利率，最后才放开存款利率；而且往往从长期利率、大额交易开始放开，逐步过渡到短期利率、小额交易。

第四,要建立一套有效的银行监督体系以及适宜的法律、规章来取代对利率和金融的直接干预。在放开利率、金融自由化的过程中,必须建立一套适宜而谨慎的管理制度,制定高质量的监管标准,进行严格而有效的银行监督,评审银行风险,这对利率放开后的金融体系成功地发挥作用非常重要。新西兰在短短两个月内取消对利率的所有控制,而没有出现体制突变带来的诸多问题,与新西兰政府出色的监管工作息息相关。例如,新西兰对于银行业的进入限制严格,规定利率市场化三年内不准新银行进入,以便原有银行或其他金融机构有足够的时间来强化自我,免遭竞争不利的冲击。阿根廷、智利、乌拉圭、菲律宾和土耳其在利率放开之后,由于没有建立有效的监管机制,银行间出现了无序竞争,金融机构的清偿能力减弱,从而威胁到整个金融体系的安全。

第五,发展中国家利率自由化不能照搬发达国家的经验。发达国家在金融改革方面已先行一步,其经验可供发展中国家借鉴,但是其历程和具体方式、方法、时机选择并不一定都适合发展中国家。其一,发达国家的金融市场发育较早,其基础结构(如社会货币程度,金融市场结构,金融产品品种、规模,交易人员的数量、素质,交易的规章条例等)已较发达或完善,而发展中国家的金融不发达恰恰表现在这些方面。其二,发达国家的政府在收入方面对金融部门的依赖程度相对发展中国家的政府要小得多;而发展中国家的政府由于税收收入无法满足其日常需要,对金融部门在收入方面的依赖程度要高得多。其三,发达国家由于总体上经济管制程度不高,社会其他部门的扭曲现象没有或不严重,只是由于金融部门特有的功能和天生的脆弱性,或历史上的一些偶然因素,或其他社会文化、政治方面的因素而对之实施了管制,因此放松这些管制相对也较为容易;而发展中国家的政府对经济的管制程度要广泛和深入得多。基于上述理由,发展中国家在金融改革方面只能借鉴发达国家一些有益的经验,不能全盘照搬。

第六,改革顺序的安排要讲求规律和技巧。由于利率自由化只是金融自由化、经济自由化整体中的一个部分,因此必然涉及改革顺序的安排问题,利率改革不可超前,当然也不能久拖不改。按照一些学者的看法,在整个金融体制改革中,利率自由化改革应排在最后一个阶段进行,防止由于过早放开利率,一旦在监管方面操作有误，造成对整个金融改革进程的冲击。在实践中，由于各国的具体情况各异，改革推出的时机也不同，如何具体安排改革顺序各有实际例子，但有一点是成功者的共同经验——对改革顺序的精心安排。

第七，对后利率自由化的风险问题应尽早防范。利率自由化之后，由于对银行的其他管制也已放松，便会引起一个普遍存在的问题，即金融机构资金会大量流向一些管制背景下发展不足但却可迅速升值的行业中去。利率自由化之后，许多国家（日本、马来西亚、智利、瑞典等）都遇到具有泡沫性质资产的价格骤升问题，如有的还非常严重。这就向作为经济调控者的政府提出了一个新问题，即如何有效防止此类事件的发生或减少其破坏性影响。所以，利率自由化之后面临的另一个问题，便是原有银行如何处理好其管制时代积累的大量问题。绝大多数国家都曾面临或正在面临这一问题，但却苦无良策，如美国出现的储蓄与信贷协会危机就没有得到很好的解决。当然，后利率自由化问题还有许多，如利率波动频繁、资金流动速度加快等。在设计利率自由化政策初期，如果对这些问题给予较多的考虑，那么在后来的实践中遇到时，就可以较为主动地处理了。

您认为中国金融改革放开的终点在何处？最终放开到什么程度，或者说政府和市场的划线在何处？

曹凤岐：实际上，改革的最终目标是该市场管的市场管，市场管不了的政府管。现在的情况是，政府管得多了一些，市场管得少了一些，政府担心一放开市场就会乱。实际上，重心向市场转移是一个逐步的过程，中国相对来说是大政府、小市场的结构。所谓小市场，不是市场容量小，而是开放程度低，随着经济改革的深化，应该逐步放开。当各方面条件成熟的时候，市场能够管的就由市场管，从而形成大市场、小政府的结构。

但是，市场并非万能的，不能完全依靠市场，政府在必要的时候还是要加强监管，但是这种监管并不是行政手段，而是根据市场规律进行监管，这样才能处理好政府和市场的关系。

对于利率、汇率、资本项目放开等金融改革,存在很多反对的声音,你认为中国金融改革最大的障碍和困难是什么?

曹凤岐:实际上最大的障碍还是对风险的担心。金融改革包括两条主线:一是自由化,二是国际化。这个过程中肯定存在金融风险。随着自由化和国际化的展开,金融风险不是缩小了,而是加大了,而这种加大还是国际性的,也就是一国金融会影响他国金融,就像2008年的国际金融危机,实际上是美国的危机,但是它又影响到全世界和中国。我们对于国际金融危机会不会影响我们国家的担心始终存在。

所以我认为,我们终究还是要放开的,因为自由化和国际化是一个趋势,但是必须有步骤、有计划地放开,不能贸然全部放开。这是一个渐进的过程。从目前来看,利率完全市场化和资本项目完全对外放开还不成熟,应该在这一过程中逐渐提高放开的程度,最后实现全面放开。

构建多层次资本市场

2014年5月9日,国务院印发《关于进一步促进资本市场健康发展的若干意见》(亦称"新国九条")。实际上,早在2004年1月31日,国务院就曾发布《关于推进资本市场改革开放和稳定发展的若干意见》,将发展资本市场提升到国家战略任务的高度,并提出九个方面的纲领性意见即"国九条",为资本市场的改革与发展奠定了基础。A股市场的股权分置改革随之进行,2007年中国股市达到6 000点。时隔10年之后,"新国九条"出台,其顶层设计上的意义不亚于当年,为资本市场的改革和健康发展指明了方向。

在股份制改革与资本市场的发展中,您一贯力主进行以所有制改革为主的改革思路,请您谈谈中国的资本市场发展当中最关键的问题。

厉以宁:在邓小平南方谈话之后的20年中,随着中国股份制改革的推进和资本市场的发展,资本市场在促进结构优化方面的作用是明显的,这已为中国资本市场的实践所证实。第一个作用反映于增量调整上。增量调整是指,鼓励符合条件的新兴产业企业上市,鼓励符合条件的产能短缺产业企业上市,或者使已经上市的这两类企业扩股增资。第二个作用反映于存量调整上。存量调整是指,通过企业并购或重组,改造产能落后的企业,支持通过技术进步而有较大市场潜力的企业上市或与已经上市的同类企业合并。第三个作用反映于发挥退市机制的功能上。例如,迫使一些已经上市的落后企业或产能严重过剩的上市企业退出市场,从而迫使那些仍有希望在较短时间内致力于自主创新和产业升级的上市公司改善经营。

然而我们也不能否认,迄今为止资本市场在结构优化方面仍然未能充分发挥作用。主要原因在于:一是中国需要一个完整的资本市场体系;二是增加信息披露,促使上市公司公开化、透明化;三是证券监管部门的工作须到位;四是避免投机过度,股价大起大落,挫伤投资者信心。

要让资本市场进一步发挥作用,一个重要的问题是恢复广大投资者对中国资本市场的信心。不然这些投资者纷纷撤离资本市场,民间资本闲置了或转移到国外去,那才是最令人担心的。

从宏观层面来看,即通常所说的"刹车容易启动难"。为什么说"刹车容易"?这是因为"刹车"的主动权掌握在政府手中。如果政府要转向紧缩,财政闸门一关,信贷闸门一关,很快就会奏效。为什么说"启动难"?这是因为市场的启动掌握在民间广大消费者和投资者手中,无论政府如何加大油门,市场这辆汽车还是发动不起来;要等到广大投资者恢复了对投资前景的信心,投资才会渐渐恢复。由此可见,要让中国资本市场再次获得人们的信任,不仅需要资本市场自身的健全和完善,而且需要政府的宏观经济调控政策更多地放在微调、预调上,一定要有分寸、松紧有度。除非在紧急状况下方可采取大松大紧的措施,不要造成资本市场的大震荡、大波动,使广大投资者恢复对资本市场的信心和信任。

从微观层面来看,上市公司的质量实际上也涉及人们对中国资本市场的信心和信任。上市公司是公众公司,上市公司业绩好、透明度大、竞争力强,才能获得公众的信任。上市公司质量下降,无论政府采取什么样的救市措施都无济于事,因为上市公司质量是资本市场赖以生存和兴旺的基础。如果向公众隐瞒真相,那就会导致资本市场的大动荡。何况，公众对资本市场和上市公司失去信心、信任容易，而要让公众对资本市场和上市公司重建信心、信任则要困难得多，信心和信任要长期积累才能见效。

您认为如何才能更好地发挥资本市场在促进结构优化和资源有效配置以及技术创新中的作用呢？

厉以宁：最近十多年变化太大了，过去熟悉资本市场的人几乎都为资本市场变化之快感到震惊。我认为资本市场所有的参与者都应当重新认识资本市场的力量，因为变化太大了，所以理念需要更新。资本市场的力量主要体现于它能把原来闲置在国内各地的民间资本动员起来，汇入资本市场为投资所用，而新兴产业的美好前景、技术创新的巨大能量以及集资、筹资、融资的灵活性和盈利前景则不断地吸引民间资本的投入，这些都是前所未有的。不妨举几个例子。

第一个例子是投资银行业务的迅速开展。"成也投资银行，败也投资银行"，国际金融危机爆发前后，不少投资银行脱离实体经济，专门从事金融服务，客户需要什么，投资银行就推出某种金融服务项目来满足客户的要求，但这种"以钱炒钱"的做法却也表明了资本市场的巨大力量。近些年，中国的投资银行业务发展很快，路径是向国外的投资银行学习、模仿。总的来说，中国投资银行业务无非三大块：一是参与收购、兼并、重组；二是帮助企业到国外融资；三是作为企业的战略投资者，帮助企业进一步技术创新，进一步开拓市场。

第二个例子是风险投资迅速走向专业化。在国际上，风险投资随着高科技创新活动的开展而推广。中国的风险投资大约始于邓小平的南方谈话，起步虽晚，但发展速度很快，这主要取决于三点：一是中国风险投资的机会多。二是中国从事风险投资行业的人善于向国外风险投资行业学习，并不断总结和汲取国外同行的经验教训。三是中国的风险投资者较早地走向了专业化。专业化是重要的，从事风险投资的人准备投资哪一个行业，必须是该行业的专家或者熟悉该行业的专家。

中国新动能——光华学者解析未来发展之关键

对于旨在促进资本市场发展的"新国九条",您如何看待它出台的背景及其意义?

曹凤岐: "新国九条"出台的背景是中央提出要发挥市场的决定性作用,因此中国证券市场的宗旨、定位和理念将发生重大变化。

过去,整个国家从上到下对资本市场都没有责任感,将其当成一个圈钱的平台,对资本市场在现代金融体系中的地位和战略意义缺乏足够的认识。现在,监管部门和有关领导明确发展资本市场最核心的问题是保护投资者利益,而不是去圈钱,这对整个证券市场的法制建设、上市公司的治理结构优化都有重大的推进和提升。

作为改革措施,"新国九条"已经明确,要加快建设多渠道、广覆盖、严监管、高效率的股权市场,规范发展债券市场,拓展期货市场,着力优化市场体系结构、运行机制、基础设施和外部环境,实现发行交易方式多样、投融资工具丰富、风险管理功能完备、场内场外和公募私募协调发展。到2020年,基本形成结构合理、功能完善、规范透明、稳健高效、开放包容的多层次资本市场体系。

原来"国九条"的重点是发展多层次资本市场,规范证券市场;与之相比,"新国九条"在信息披露、进一步改革发行体制、扩大开放等方面有了进一步的细化。总的来看,"新国九条"在制度建设、法制建设上有了更大的进步,在保护投资者方面更加明确,在信息披露、退市方面也有提及。作为国务院发布的文件,在重新振兴市场方面,指明了资本市场进一步改革的方向,但如何贯彻执行"新国九条"还须作出更多的努力,关键问题还在于如何落实到位。

作为改革的对象,您认为目前中国资本市场的整体发展状况如何?

曹凤岐: 我们应该看到的是,中国的多层次资本市场已经初步形成,也初具规模。

第一,就股票市场而言,中国已有主板市场、中小板市场、创业板市场、"新三板"市场、H股和红筹股市场,最近又开通了沪港通交易市场。第二,包括公司债、企业债的中国债券市场得到长足的发展。第三,投资基金市场得到迅速发展，公募基金规模不断扩大，私募基金也异军突起，而且阳光私募也逐步公开化和合法化。过去所谓的阳光私募是不公开、不合法的，有的人或公司定向募集了一些基金投资于证券市场，没有法律保障，目前已得到法律的保护。还有创投基金、产业投资基金发展也很快，最近网络股权众筹很火，它也属于资本市场的一部分。股权众筹不是 P2P，而是通过股权方式定向募集小额资金投资小规模的项目，网络股权众筹会发展得很快。第四，信托业得到恢复和发展，信托业管理的资金规模已经超过保险业，目前大概管理 10 万亿元的资产。第五，期货、期权市场也在平稳发展。商品期货交易已经比较成熟，近几年又推出金融期货，近期有可能推出其他金融期货品种，如股指期权等。

您提及的是中国资本市场好的方面，对于其缺陷，您的看法是什么？

曹凤岐：到今天为止，中国资本市场的确还存在不少的缺陷。从整体上来看，主要包括以下四个方面：

第一，中国资本市场规模不够大，结构不合理，还没有充分发挥出资本市场调配社会资源和企业资源的作用。目前股票市场发展缓慢，规模很小，而企业债券市场规模更小，很难发挥出调配企业资源和社会资源的作用。从中国融资规模和融资效果来看，仍然以间接融资、银行融资为主，资本市场的融资规模很小。从融资占比来看，企业债券占比为 10.4%，非金融企业境内股票融资占比为 1.3%。近几年，中国每年的股票融资占整个社会融资的比例基本为 5% 左右，2007 年股市达到 6 000 点时，股票融资额占银行贷款新增额的比例为 10%，后面几年都在 5% 左右。在这种情况下，我们很难通过资本市场调配企业和社会资源。

第二，证券发行和交易行政化、计划化、审批化。长期以来，中国的证券发行和交易是行政化、计划化和审批化，这是制约中国资本市场发展最大的一个障碍。发股票、债券要先报计划，再等审批。《证券法》虽然规定证券发行实行核准制，实质上还是审批制。到现在为止，还积压着 600 多家拟上市公司等待审核。目前虽然不控制额度和规模，但对拟上市公司还实行严格的审核制度，而且主要审核企业的盈利能力，导致企业长时间无法上市。当股票市场不好的时候，为了稳定市场而停发新股，不仅没有起到稳定市场的作用，反而使拟上市公司数量越积越多。中国债券市场尤其是企业债券和公司债券市场的问题更多，可谓层层审批，多头管理，导致债券市场发展缓慢，在这种情况下，很难发挥资本市场的效率和作用。

第三，众多中小企业未能从资本市场上获得股权和债权融资。目前，主板市场以大型企业为主，而且大多是国有企业改制的股份制企业，民营上市公司非常少。为了使众多中小企业、自主创新企业能够发行和上市，2004年开设了中小板市场，2009年又开设了创业板市场，两个市场在近几年有了较快的发展，但仍无法满足众多中小企业的融资需求。中国现有4 000多万家中小企业，登记在册的达1 280万家，只靠中小板市场、创业板市场目前的发行速度，很难解决中小企业融资难的问题。

第四，广大中小投资者的权益未能得到很好的保护，未能分享到资本市场的财富效应。中国资本市场投资者到目前为止90%是散户，他们把钱给了企业，但是并未得到相应的回报。相当一部分企业多年不分红或象征性分红，而大部分上市公司的分红公告几乎千篇一律。有人说，投资者应当在市场上卖出股权，获得资本利得。事实上，中小投资者无法获得一级市场股票，大部分人是通过二级市场高价买进的，在股市低迷的情况下，可以说买一只套一只，在当前股市行情上涨的情况下还有相当一部分中小投资者没有解套。在资本市场发展的同时，老百姓却被套牢了，这就是残酷的现实。

针对这些问题，您认为中国应该如何对资本市场进行整体性改革？

曹凤岐：我们应该承认的是，目前的中国资本市场仍然是一个典型的融资市场、典型的投机市场。要使资本市场进一步发展和扩大，核心问题是把融资市场变成真正的投资市场，把投机市场变成长期投资市场。只有把市场建成能够保护投资者尤其是广大中小投资者合法权益的市场，并且是一个能投资、有回报、可赚钱的市场，资本市场才能健康发展。

具体而言，我们应该在七个方面加快改革速度。

第一，加快推进股票发行注册制。实现股票发行注册制，要做好充分的准备，尽快制订注册制改革方案，因为中国股票市场还存在一些制度缺陷，相关法律法规也不够完善。应分步从核准制过渡到注册制。一是转变证监会职能。要从核准制过渡到注册制，应首先做到监审分开。企业发行股票和上市由证券交易所审核，证券交易所初审后再上报证监会审查，证监会对拟发行公司不作价值判断，主要审查其是否合规、信息披露是否真实。建议逐步把股票发审权下放到证券交易所。实行股票发行注册制不是不要监管，而是要改变监管内容与方式。证监会的主要职能是监督管理上市公司的合法经营，维护资本市场秩序，打击和惩罚各种违法行为，保护投资者合法权益，进而保障资本市场的健康运行。但是，多年来证监会把主要精力放在新股发行的审核上，没有更多的精力对上市公司和市场进行有效监管，因此应将事前审核转变为事中和事后监管。二是推动交易所改制。目前，中国证券交易所实质上是政府机构的延伸，交易所直属证监会，并且交易所与证监会之间形分实不分。在现行体制下，如果发审权下放到交易所容易造成证监会"自我监管"的无效性。只有通过改制，才能强化交易所的自律地位，使其可通过制定适合自身需求的上市和退市规则来行使发审权，对申报资料的齐备性、上市公司信息披露等事项独立行使审核权。交易所改制还有利于改善交易所的竞争环境，促使交易所提升服务质量，不断降低成本，改善治理结构，提高市场效率，实现资源优化配置。三是强化信息披露质量，建立追责机制。市场中介机构未来要更加严格审核拟上市公司，如果发现拟上市公司有问题而不作为，作为中介机构都有责任。如果拟上市公司出现虚假陈述等问题，拟上市公司和中介机构都要受到处罚。通过落实发行人和中介机构的主体责任，推动各方归位尽责，强化信息披露的真实性、准确性、完整性和及时性，提升发行人信息披露质量，抑制虚假信息、包装上市，全面揭示可能存在的风险和可能影响投资人决策的信息。对于造假机构，应建立投诉、问责和索赔机制，加大处罚力度，通过吊销营业执照、市场禁入等措施加以震慑。四是强化公司治理和内控制度建设。为提高拟上市公司透明度，加强对公众投资者的保护，应强化发行人在健全公司治理及内控方面的监管。考虑引入独立第三方对拟上市公司的公司治理进行风险评析，为投资者认购新股提供参考，推进发行人内部控制规范体系的建设，强化资本约束、市场约束和诚信约束；并通过加大监管力度，督促拟上市公司不断提高治理水平。完善内部分红制度和退市制度。五是完善发行审核的法律法规。目前中国发行审核制度所依据的法律规范主要是《公司法》《证券法》，以及证券监管部门公布的相关准则和指导意见等，没有形成系统的证券法律法规体系，在对违法责任处罚方面，侧重行政处罚，缺乏相应的民事和刑事处罚。应当继续完善和健全有关股票发行的法律法规，加强执法力度，推行集体诉讼制度。抓紧时间修订《证券法》，给股票发行实行注册制以明确的法律确认。

第二，建议将中小板市场和创业板市场合并，建立真正的创业板市场。改革创业板市场，降低财务准入门槛，申报企业不再限于新能源等九大行业，建立小额、快速、灵活的再融资机制；加速创业板发行和上市制度，完善退市制度。建议先在创业板试点注册制，企业发行和上市无须经过证监会审核（须备案），交易所审查通过后即可发行上市。

第三，发展和完善"新三板"市场。将"新三板"挂牌公司的范围扩大到全国符合条件的中小微企业，包括广大新兴产业企业。股份公司不分行业地域、不论规模大小，均可申请挂牌，进行股份转让、定向融资和并购重组。对企业过往盈利不必严格要求，主要看企业主营业务和盈利前景。建立和完善转板机制，符合转板条件的允许转板。在这个市场上试行做市商制度，实行注册制。

第四，发展和建立场外交易市场（四板市场）。国务院发布的《服务业发展"十二五"规划》明确指出，大力发展资本市场，完善多层次资本市场体系，推进建立全国性场外交易市场。目前，中国股票场外交易市场还不完善，从股权交易角度来看，中国的场外股权交易市场应包括"新三板"市场、各地股权交易平台（中心）等；支持区域性股权市场规范发展，研究制定市场定位、发展路径、监管框架等具体规则，进一步拓宽广大新兴产业企业对接资本市场的渠道；将区域性股权交易市场变成真正的场外交易市场，众多中小企业可以在区域性股权交易市场中发行、上市，电子化发行和交易，实现发行交易即时连接（发行即开始交易），缩小发行和交易价格差别。在区域性股权交易市场上直接实行注册制。

第五，发展和规范并购、资产重组市场。通过资本市场股权收购、出卖、置换进行企业兼并和重组。兼并、重组、参股、控股、收购或出卖国有资产、引进战略投资者等过程中应当坚持市场化原则。摒弃计划、行政、指定方式进行企业兼并重组，应完全根据自愿、需要的原则。重组并购是企业行为、市场行为，除关系国计民生的特重大项目须经过审批外，其他重组与并购应采取备案制、注册制原则。重组并购要坚持公开、公平、公正和透明原则。重组并购要坚持市场定价原则，尽量避免协议定价、指定定价和审批定价。避免重组并购过程中出现以权谋私、国有资产流失和侵犯投资者权益的情况。

第六，进一步发展和完善企业债、公司债市场。取消债券发行行政审批、计划审批，采取登记注册制。只要企业资产评估、信用评估符合条件，有还款能力，应允许发行，价格由市场、企业自定。重点发行上市公司普通债和可转债。推出不设行政审批、没有财务准入门槛的中小企业私募债，为广大新兴产业企业拓宽直接融资渠道。将中小企业私募债发行主体拓展到"新三板"挂牌公司，以方便更多的企业在债券市场获得发展资金。凡是能在市场上进行交易的债券，都由一个监管部门统一监管。

第七，放开和规范私募市场。由于私募基金的市场化程度高、业态多样，证监会在私募投资基金监管领域应不设前置审批，由中国证券投资基金业协会实施自律管理，阳光私募按《证券投资基金法》进行管理。创业投资基金和股权投资基金发行实行注册登记制。

资本市场对于中国经济发展、经济改革以及经济结构的调整起到了非常重要的作用，多层次资本市场的发展还有很大的潜力。只要进一步推进资本市场的市场化改革，加强资本市场制度建设，保护投资者的合法权益，增强投资者的信心，同时培育机构投资者，吸引养老金、保险资金等长期投资者入市，中国资本市场必将得到快速、健康和稳定的发展。

您近期一直在支持网络众筹，为什么？

曹凤岐：我的确鼓励和支持网络股权众筹投资小型项目。众筹和目前的风险投资、私募股权基金是不一样的,众筹都是一个个小项目,先有项目,然后找一些人去筹资。众筹之后,需要成立公司,而这个公司属于有限合伙性质,最终不是由普通投资者来控制公司,而是由发起人(众筹人)来控制公司投资。普通参与者不负无限责任,而是负有限责任,按照实际投资收益得到回报。

现在的风险投资、产业投资都是很大的投资,存在很多问题。比如,私募股权基金会先画饼、画图,再把钱"圈"起来,但不一定有合适的投资项目。众筹选择的恰恰是一些中小企业、中小项目,因此必须重视众筹,特别是网络股权众筹。此类众筹容易吸引小的投资者,个人投资者可以出 1 000 元、10 000 元等,众人出资就可以承担一个小的投资项目,很灵活。

因此,中国需要发展股权众筹,尤其是网络股权众筹。监管部门应考虑出条例和办法进行行业规范,对其"卷款逃跑"、披露虚假信息、把投资特定项目的资金挪作他用等进行监管,对具体筹资及投资运作则不必干预。

绸缪金融监管新棋局

要解决中国金融业存在的一系列问题,不仅要求我们加快经济转型升级,寻找新的经济增长点,并逐步缓解贫富差距过大的趋势,也要求我们的金融业不再以简单的中介方式吸收存款再投向以国有经济为主导的投资领域。新一代的金融中介,需要以更为市场化的方式去促进实体经济的发展,以解决消费不足、投资过剩、国际经济不均衡、金融资产定价扭曲等中国经济成长中的结构性问题。

以您为组长,光华管理学院曾经参与由中共中央财经领导小组办公室启动的"两次危机课题研究小组"课题,结合学院的相关研究成果,您认为当前中国面临什么样的金融风险与隐忧?[①]

蔡洪滨:比照美国之前两次金融危机的成因和征兆,我们可以发现,中国经济程度不同地隐含着一系列的金融风险甚至危机发生的因素。具体来说,包括以

---

① 北京大学光华管理学院和北京大学经济政策研究所"两次危机课题研究小组"课题组,组长蔡洪滨,课题组成员包括陈玉宇、黄娅娜、姜国华、刘俏、石光、谭松涛、行伟波、颜色、周黎安。

下八个方面：

第一，经济增长模式转型缓慢，缺乏新的经济增长点。中国在过去30多年取得了举世瞩目的高速增长，未来中国经济的快速增长必须依赖效率驱动，依靠生产要素的质量和配置效率的提高，增长模式从粗放型向效益型转变。但是，目前中国依赖高投入、高能耗来推动经济增长的格局并没有发生根本性的改变，工业比重偏高，服务业和技术密集型产业比重偏低，经济转型缓慢，战略性新兴产业能否成为中国下一步的新增长点还存在多重变数。

第二，收入分配差距过大，劳资矛盾逐步显现。这是当前中国社会面临的最大问题。[①]近年来，中国劳动力成本快速上升，已经成为制约经济发展的重要因素。2008年开始实施的《劳动合同法》对中国的劳动力市场产生了深远的影响，劳动者的议价能力增强，劳资矛盾现象不断突显。长期来看，这有利于劳动者，短期内却会加剧企业的经营困难。这与美国在大萧条之前劳动力市场紧张的状况有一定的可比性，企业经营困难会拖累实体经济，并最终危及整个金融系统。

第三，房地产过度繁荣，房价飙升。毋庸置疑，中国的房地产市场存在泡沫，大量的资金涌向房地产开发市场和相应的住房抵押贷款市场。房地产泡沫一旦破灭，必然给整个金融体系带来极大的冲击。

第四，直接融资规模偏小，金融集中度偏高。这主要表现在两个方面：一是现有融资仍侧重于以金融机构为中介的间接融资，金融市场虽然在过去20年有了很大的发展，但直接融资比例仍然偏低；二是现有金融机构中，国有商业银行居绝对控制地位。

这种金融集中度偏高的局面，可能会给中国金融体系的健康发展带来一系列不利影响。一方面，高集中度会使得某些金融机构的规模变得过于庞大，使得它们本身对整个金融体系乃至经济体系变得异常重要。西方国家在2008年国际金融危机中暴露出的金融机构"太大而不能倒"的问题，同样可能出现在中国。当监管缺位或是大金融机构以倒闭"绑架"监管机构时，它们的不当行为可能会提

---

① 联合国开发计划署的数据显示，中国目前的基尼系数为0.45，已经超过国际公认警戒线。收入最高的20%人口和最低的20%人口的平均收入之比，中国是10.7倍，而美国是8.4倍，俄罗斯是4.5倍，印度是4.9倍，日本只有3.4倍。

高整个金融体系的风险水平。另一方面，金融集中度偏高可能会阻碍竞争，挤压中小金融机构的盈利空间，恶化金融资源配置的扭曲，加剧中国经济发展中的结构性问题。

第五，会计制度缺乏透明度，公允价值使用标准有待调整。目前中国上市公司制度缺乏透明度，表现在会计信息披露不充分、不及时和不真实。而在公允价值的使用上，《企业会计准则》第22号虽然允许企业使用公允价值，但在使用范围、计量方法上都作了比较"窄"的规定。随着中国金融机构和大型企业所持有的符合公允价值计量标准的资产和负债量的增加，公允价值计量对企业资产和损益的影响也会逐渐加大，我们有必要进一步对此进行研究。

第六，影子银行、非正规金融及地方投融资平台隐忧多。随着中国经济体系对金融服务需求的多元化和金融机构间竞争的加剧，中国的金融体系中也出现了一系列"另类"金融创新和"另类"影子银行。前者反映为近些年大量出现的银行与信托公司之间合作产生的大量的银信产品以表外业务的方式出现；后者则主要体现为大量非正规金融中介模式（地下钱庄或民间信贷等）。一方面，这些另类创新或另类影子银行的出现，的确满足了一部分实体经济对金融中介服务的需求；但另一方面，大量的融资服务游离在正规金融体系之外，加大了监管难度，弱化了货币政策的效果，也增加了金融体系的总体风险。

第七，中国的资信评级行业起步较晚，信用评级机构缺乏，受制于国外评级机构。1992年出台的《企业债券管理条例》鼓励发行债券的单位要先获得评级，但不是必须的。之后，一些资信评级公司开始出现，但是迄今为止，比较成规模的只有中诚信、大公国际等少数公司，其市场影响力也比较有限，完全受制于国外权威评级机构。一旦国外资信评级机构受到政治因素的干扰，将对中国经济造成极为不利的影响。①

第八，金融监管体系相对分散，缺乏协调统一。目前中国实行分业监管制度，

---

① 当前，标准普尔、穆迪和惠誉国际三大资信评级公司基本垄断了这一行业的国际市场。其对企业、政府、国家的评级，仍是国际投资者最关注的决策依据之一。标准普尔把美国主权国债评级降调为AA+级，就曾经引发全球债券和股票市场剧烈波动，这说明了全球资信评级机构对全球经济的影响力和操纵力之大。

"一行三会"分别承担制定货币政策和监管银行、证券、保险三大金融业务的责任。这种体系存在明显的监管弊端,如监管真空、错过对危机的最佳救助时机等。随着混业经营逐渐成为中国金融经营体制的必然选择,选择合作监管模式将成为中国金融监管所面临的巨大挑战。

要解决中国经济和金融体系微观机制上的这一系列结构性问题,我们的政策应该如何进行调整?方向在哪里?

曹凤岐: 就金融监管体系的相对分散而言,我认为中国金融监管体系进一步进行改革是完全必要的,因此我建议中国金融监管机构的设置应当实行"一行一会"结构。中国人民银行继续监管货币市场和外汇市场;除此之外,成立直属国务院的中国金融监督管理委员会,将银监会、证监会、保监会的监管职能合并到该委员会中,监督管理银行和其他金融机构以及除了货币与外汇市场之外的其他金融市场。为了更好地发挥这一委员会的作用,建议在其下设立审慎监督委员会、投资者保护委员会和金融稳定委员会。①

蔡洪滨: 要解决这一系列的问题,不仅需要我们加快经济转型升级,寻找新的经济增长点,并逐步缓解贫富差距过大的趋势,也要求我们的金融业不再是以简单的中介方式吸收存款再投向以国有经济为主导的投资领域。新一代的金融中介,需要以更为市场化的方式去促进实体经济的发展,以解决消费不足、投资过剩、国际经济不均衡、金融资产定价扭曲等中国经济成长中的结构性问题。

总体来看,未来中国经济和金融体系应着力实现以下八组平衡:

第一,经济增长与经济转型之间的平衡。保持中国经济的持续增长仍很重要,但不再是压倒一切的首要目标。单纯依靠要素投入的经济增长方式已经难以为继,在经济转型过程中,中国要将金融资源从效率相对较低的国有经济以市场化的透明方式转向更有活力的私营经济。走向未来的中国金融中介模式,应该为实

---

① 2015年1月20日,银监会宣布正式启动组织架构重大改革,新设审慎规制局、信托监督管理部、城市商业银行监管部等部门;同时设立普惠金融工作部,负责监管融资性担保机构、小贷和网贷(如P2P),这次改革是银监会成立12年以来首次的架构大调整。究其原因,业内人士认为正是缘于被监管主体的发展突飞猛进。

现这种平衡作出贡献。

第二，收入分配和增长效率之间的平衡。未来中国应兼顾效率与公平，在保持经济适度增长的同时，创造更为和谐的社会环境。尤其要着力提高社会流动性，为不同阶层的社会成员创造均等的教育和就业机会，充分调动每个人的积极性，避免因社会结构固化而导致的阶层分化。

第三，公司治理与政府监管之间的平衡。一方面，监管机构要独立于企业，监管机构工作人员的个人职业发展独立于监管对象；另一方面，监管机构的目标之一是保护投资者利益，但是监管机构也要独立于投资者，避免政策被投资者情绪左右。

第四，提供融资渠道和避免资产泡沫之间的平衡。在很长的一段时间里，投资仍将是拉动中国经济增长的重要杠杆，这要求金融体系保持向实体经济注入流动性的能力。但是，我们也应该认识到中国经济容易出现泡沫的特质，这主要是因为中国的金融市场还不够发达，缺乏可投资的金融资产；同时，实体经济因多年超常投资而形成大面积产能过剩，注入实体经济的资金很容易流向规模本来就小的金融市场，从而对泡沫的形成推波助澜。走向未来的中国金融体系，应该着力实现这两者之间的平衡。

第五，金融自由化与金融监管之间的平衡。严格管制资金的直接后果是金融中介缺乏创新，盈利模式简单，很难应对经济结构转型对金融中介服务的种种要求。但是我们也应该注意到过度的金融自由化尤其是以绕开金融监管为目的的金融创新对金融体系健康的危害，拿捏金融创新与科学监管之间的平衡至关重要。要进一步推动会计准则国际化，限制公允价值计量方法的使用，完善上市公司财务披露，进一步培育本土信用评级机构和运营模式。

第六，连接部分与金融体系之间的平衡。实体经济和金融体系之间的连接部分，是金融体系良好运转的必要条件。目前，中国金融体系正处于快速发展的变革之中，但连接部分却没有及时跟上，相关制度建设仍不完善。这加大了金融体系的系统性风险，削弱了其对实体经济的"润滑剂"作用，甚至会成为中国经济的一大隐患。未来中国应该在快速发展金融体系的同时，及时对金融和实体经济的连接部分进行调整完善，以求二者的协调发展。

第七，正规金融与非正规金融之间的平衡。如何界定非正规金融并对其规模作出合理评估，是一件极具挑战性的事情。拿捏非正规金融与正规金融之间的平衡，最终目标是通过制度完善使得非正规金融能够浮出水面，从而被纳入正规金融体系之中。当然，这需要时间。

第八，人民币的崛起与货币体系之间的平衡。中国的金融是建立在现有国际货币体系基础上的，人民币与美元挂钩，资本账户不开放等特点，深刻地影响着现有的金融中介模式。我们习惯了做价格的接受者（Price-Taker），而不知道该如何做价格的制定者（Price-Setter）。随着中国经济的进一步发展，人民币的作用将越来越重要，而人民币的崛起与现有国际货币体系之间的矛盾，也将越演越烈。我们应该积极主动地探索人民币国际化的过程，逐步将人民币纳入新的国际货币体系之中，这对于中国金融的未来具有决定性的作用。在中国崛起的过程中，我们应力求重塑国际金融体系秩序，尤其要在跨国金融机构全球监管和国际资本流动监管方面进行深入的实践，逐步摸索出与中国国情和国际地位相适应的新秩序。

主要参考文献：

曹凤岐等，《金融市场全球化下的中国金融监管体系改革》，经济科学出版社，2012年10月。

曹凤岐，"金融国际化、金融危机与金融监管"，《金融论坛》，2012年第2期。

刘鹤，《两次全球大危机的比较研究》，中国经济出版社，2013年2月。

李伟，《全面社会改革的中国》，中国发展出版社，2014年12月。

胡晓炼，"有序推进金融改革"，《财经》，2015年第1期。

专题四 金融业

＞下篇　互联网金融猜想

  互联网可以让资金以光速到达全球的任何角落。银行、证券、基金、信用卡等金融业务，都将与互联网深度结合。

——美国波士顿大学教授玛丽·克罗宁（《互联网上的银行与金融》）

  （相对于传统金融）互联网金融不变的因素有三点。其一，金融的核心功能不变。互联网金融仍是在不确定环境中进行资源的时间和空间配置，以服务实体经济。其二，股权、债权、保险、信托等金融契约的内涵不变。金融契约的本质，是约定在未来不确定情形下各方的权利和义务，主要针对未来现金流。但不管契约以何种形式存在，其内涵不变。其三，金融风险、外部性等概念的内涵也不变。在互联网金融时代，风险仍是指未来遭受损失的可能，也存在误导消费者、夸大宣传、欺诈等问题。

——中投公司副总经理谢平（《互联网金融手册》）

2015年1月4日，国务院总理李克强在前海微众银行敲下回车键，完成了该行的第一笔放贷业务——一名卡车司机拿到了3.5万元贷款。[①]第二天，中国人民银行发布《关于做好个人征信业务准备工作的通知》，要求8家机构（包括阿里巴巴和腾讯旗下的相关机构）做好个人征信业务的准备工作。

继互联网资讯时代、游戏时代、社交时代、电商时代之后，互联网的金融时代正在加速到来。它的背后是多重助推力：其一，与互联网相关的信息技术在中国快速发展，互联网思维、平台和技术均已达到爆发临界点；其二，中国金融业多年来因垄断而造成创新能力及服务意识较弱，客户的潜在需求无法满足；其三，金融监管理念的变化及政策出现调整，2012年以来，因新一届政府强调简政放权，"一行三会"[②]等监管机构对互联网金融表现出支持其发展的态度；其四，以"80后"为代表的互联网新生代，已开始全面入场中国市场经济与社会，刷新了传统交易主体的观念与行为。

短短数年间，以移动支付、在线资金融通（如P2P、众筹、网上小贷等）、金融产品网销（如余额宝）等为代表的互联网金融业风起云涌，越来越多的金融服务从物理网点转移到拇指之间，从传统机构主导变成用户自主自助。与以往金融中介追求规模效应、导致资源集中到对其利润贡献最大的"头部"（即有抵押、大批量、多批次的所谓"高端客户"）相比，互联网金融凭借独特的技术优势，能够实现新的信息流汇集及新客户的低成本甄别，正在逐渐满足基数庞大的"尾部"客户的广泛需求。

所以，关于"什么是好的金融"的坐标和参照体系，开始在中国金融业界内出现更替，仍然处于严密管制的金融行业也受到整体性震动。它们主要面临三重挑战：其一，随着实体接入互联网的速度加快，未来一切事物都将互联网化，人们的行为也将大多与网络相关，互联网平台将成为大数据的直接拥有者，它们在满足客户金融需求方面具备先天性优势；其二，随着互联网信贷业务的广泛发展，

---

① 这是微众银行作为国内首家开业的互联网民营银行完成的第一笔放贷业务。该银行既无营业网点，也无营业柜台，更无需财产担保，而是通过人脸识别技术和大数据信用评级发放贷款。

② 中国人民银行、银监会、证监会、保监会。

> 中国新动能——光华学者解析未来发展之关键

金融脱媒化的趋势将愈加明显；其三，随着互联网第三方支付工具的崛起，网上清算的主角将由它们来承担，传统的银行卡将失去用武之地，银行可能像中国的三大基础电信运营商正在变成数据通道一样，也变成仅仅是资金的通道。

主动或者被动，中国几乎所有的互联网及金融巨头们都在大力抢滩互联网金融。2014年10月，阿里巴巴的关联企业"蚂蚁金融服务集团"成立；腾讯在加速推进微信支付和前海微众银行；电商企业京东也已经把旗下的白条、小金库、小银票、小贷、众筹、保险等业务整合为金融集团；苏宁、新浪、搜狐、小米、联想、万达等都通过各种方式进场。而以平安集团为代表的传统金融一端也在全力互联网化，其旗下的陆金所已经成为最具影响力的P2P机构。

然而，纷繁热闹之下，现在想要定义互联网金融，或许为时尚早。正如中投公司副总经理谢平所言[1]，目前阶段，互联网金融业还远没有发展成型，这主要基于两点考虑。其一，互联网金融的发展速度，主要取决于互联网技术的发展速度，而不是金融自身的发展速度。20年后，互联网技术可能会在目前的基础上进一步大幅度降低金融活动中的交易成本，并解决信息不对称的问题。其二，20年后，伴随着互联网成长起来的这一代人将成为社会主流，他们的互联网使用习惯将极大地影响金融交易和组织形式。

因此，在各类新型模式层出不穷之际，任何对互联网金融业整体性的分析与勾勒，可能都会显得勉为其难，仿若盲人摸象，依照不同的观察角度和客户需求，会导致彼此不同的判读与体验。[2]在形成定义的最低限度上，为了研究方便，我们可将其看作一个谱系性的概念，涵盖由于互联网技术和互联网精神的影响，从传统银行、证券、保险、交易所等金融中介和交易市场，到无金融中介或市场情形的所有交易和组织形式。

---

[1] 谢平在《互联网金融手册》一书中称，"互联网金融"（Internet Finance）这一概念，实际上是他与研究团队在2012年4月7日召开的"金融四十人年会"上首次公开提出的。随后的2014年3月5日，李克强总理在《政府工作报告》中首次提出要"促进互联网金融健康发展"。
[2] 按照中央财经大学法学院教授、金融法研究所所长黄震的分析，目前与互联网金融有关的说法大致有十种观点，即跨结论、颠覆论、补充论、替代论、竞争论、冲击论、合作论、依附论、融合论、创新论。

此外亦值得提及的是，互联网对金融业的渗透，可能最终导致与它颠覆新闻、音乐和零售业一样的结局。但作为现代经济的核心，金融业的被颠覆过程可能更加艰难，程度亦可能在诸般条件制约下，无法一时在各地、各领域达到均衡水平状态，相关各方在推进其发展时，分寸、速度均须小心谨慎。而对于政府而言，互联网金融既可被用来解决中小企业融资问题和促进民间金融的阳光化、规范化，更可以被用来提高金融业的包容性水平；但与此同时，它也将带来一系列的新型监管挑战，对此应早作政策思量。

"被迫创新"实质

互联网的核心是点对点的平等交互、分享，而银行或其他金融机构的设置，正是对这种高效对接的阻断。在传统金融领域，从银行融资的行为被称为间接融资，从证券市场融资的行为被称为直接融资。互联网金融则是对二者的否定，它的理想模型是让供给方和需求方直接交易，因此它将以改变金融业以往的交易结构为基础，满足以往不被重视的各类需求，快捷、全面地实现"金融民主化"。随着业务门类的不断进化，交易过程、交易结构和金融业上层建筑，可能将是互联网金融改变传统金融业的三个层次。

目前各方都在讨论互联网金融，您能否廓清一下它的概念？

刘俏：我觉得互联网金融更基于互联网思想而不是技术，而互联网思想的本质就是重视大众，关注他们个性化、零碎化的需求。通过互联网的这种思想本质来提供金融服务，这就是我所理解的互联网金融。

曹凤岐：互联网是一个热词，互联网产业也因此被大家重视。2014年年底，中国在浙江乌镇召开了世界互联网大会[①]。看完大会的相关内容之后，我觉得稍

---

① 世界互联网大会是由中国倡导并举办的世界性互联网盛会，旨在搭建中国与世界互联互通的国际平台和国际互联网共享共治的中国平台，让各国在争议中求共识、在共识中谋合作、在合作中创共赢。2014年11月19日至21日，以"互联互通、共享共治"为主题的首届世界互联网大会在浙江乌镇举行，是中国举办的规模最大、层次最高的互联网大会。根据规划，第二届世界互联网大会将于2015年10月28日至30日在浙江省桐乡市乌镇举行。

微有点儿遗憾。之所以这么说,是因为各方都在讲互联网技术如何促进经济的发展,如何把销售变成了电子销售,企业越做越大、占领的市场份额越来越高,但在针对互联网与金融的联系方面,探讨得不多。

目前中国互联网金融有这么几种形式,比如支付结算、电子销售、网络融资、虚拟货币等。在讨论互联网金融本质及其特点的时候,有关它的第一个核心问题,就是如何对互联网金融给出一个明确的定义。实际上在全世界范围内,仍然没有一个明晰的所谓互联网金融的概念。尽管如此,究其本质来说,它是一种更民主、更普惠大众的金融形式,是金融模式、理念、方法的一种创新,它是借助互联网技术、大数据、云计算、社交网络、搜索引擎及移动通信技术,实现资金融通、支付和信息中介功能的一种新兴金融模式。互联网金融从无到有地发展到现在,不仅是技术方面的飞跃,更承载了互联网的精神,为传统金融带来了新的理念,注入了新的活力,互联网金融与传统金融的比较如图4-1所示。实际上我们应该承认,过去主要讲货币、银行,货币由央行发行,银行的主要业务就是存贷汇,现在互联网金融不仅仅是对传统金融学的颠覆,也是对金融学老师的颠覆。它已经走进我们的生活,每个人都离不开它了。去年春节的时候,我收到不少微信红包,但是一直没有去领,为什么?没有账户(笑)。

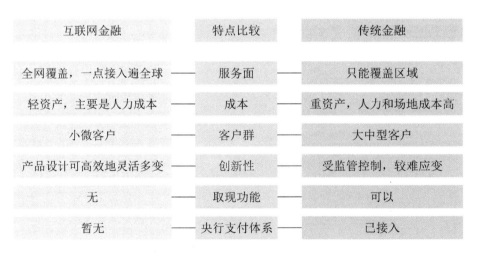

图4-1 互联网金融与传统金融的比较

资料来源:乐刷整理。

总而言之,以互联网支付、P2P、网贷、第三方支付、众筹等为代表的互联网金融的发展是金融模式、金融理念、金融运行方法的创新,无论欢迎还是不欢迎,它必将在中国金融发展和创新的舞台上一展雄姿。

赵龙凯: 我所理解的互联网金融,应该说有两个具体的维度:一是全新的业务形态,比如 P2P 行业,这是以往所没有的;二是提高以往金融业务的效率,改变以往业务的服务方式,这也是很好的。

互联网金融这几年兴起的速度如此之快,背后的助推力有哪些?

刘俏: 互联网金融是一个全新的、打破行业边界的领域。之所以能够在中国得到快速的发展,原因有三个:

第一,这个行业有很强的颠覆性,发展的前景肯定是非线性且不能预测的,这其中蕴含了大量产生创新商业模式的土壤,充满了颠覆式创新,一代新人换旧人,IT 英雄层出不穷。

第二,互联网领域是国有资本介入最少的行业,目前还未受到很多限制,留下了一个极大的可探索的空间。

第三,与国外企业相比,在这个新的技术领域的竞争中,中国企业有可能实现跳跃式的发展。在技术竞争的过程中,技术本身越来越商品化,标准变得越来越重要,而标准来源于用户数量。中国的人口数量在未来竞争中可能会变得比技术本身更加重要,因为大家都习惯于已形成的标准,而人数的多少是形成标准的基础。

除此之外,就互联网全产业链领域来说,在此之前已经吸引了大量的资本投资和具有企业家精神的创业者。在这样的领域,市场的力量更可能取代顶层设计,市场前景更可能激发众多具有创新精神的企业家去摸索可能成就伟大企业的创新商业模式。

曹凤岐: 从技术角度来说,互联网金融的快速发展,与大数据、云计算、社交网络和搜索引擎等互联网技术的突破及广泛运用有着必然的联系。在过去二十多年,互联网作为一种技术影响着世界的实业和金融业,不过它最主要的影响还

> 中国新动能——光华学者解析未来发展之关键

是集中在后台（如支付、渠道等），没有催生新的金融形态。实际上，在全世界范围内并没有一个所谓的互联网金融行业的诞生。

而从社会经济角度来说，互联网金融的蓬勃兴起，是伴随着电子商务的发展而产生的；除此之外，在中国语境之下来看，互联网金融作为对中国现行金融体制的一种突破，是在当前中国金融市场因为受到金融压抑而产生的效率低下以及利率受到管制的市场环境当中的一种必然产物。①

最要命的是，我们过去在教科书里都讲过：非金融机构不得从事信贷，不得从事金融，不得从事信托。正因为如此，金融部门、银行部门形成了自然的垄断。也许有人会说，我们的金融业占比很少，并没有形成垄断。但从实际角度来看，中小企业很难得到更多的金融服务，个人也很难得到金融服务，这就是一种金融垄断。

实际上，在互联网技术发展最早、最成熟的美国，并不存在广为人知的互联网金融概念。中国互联网金融目前的一些主要形式（如网上银行、第三方支付、网络信贷、网络众筹等），在美国早有相应的发展，但规模都很小，与庞大的传统金融行业相比简直是微不足道，也从来没有像在中国这样尽人皆知、全民关注。

刘俏： 就当前中国金融市场的低效率，我想再提一点想法，大家都知道，中国的金融体系是严重滞后于实体经济发展的。目前来看，这个金融体系主要有三个缺陷：第一个是覆盖面非常窄，第二个是效率低下，第三个是结构不合理。而互联网金融涌现的本身，就是针对这三个结构性问题给出一定的解决方案。从这个角度上来说，它能够满足碎片化、个性化的各种现实的金融服务需求，实际上蕴含了无穷的可能性在里面。②

---

① 按照学者麦金农和肖所描述的金融压抑概念，其主要特征包括利率受到监管、主要资金由银行体系进行配置，而且是分业经营、分业管理——保险、证券、银行是分开的。
② 在中国，整个金融系统每年要支付的工资大约为 1.4 万亿元，盈利 1.2 万亿元，每年税收 1 万多亿元，总共产生约 3.6 万亿元的交易成本。而按照互联网金融的逻辑，这些成本中的绝大多数完全不必发生，互联网金融的高效正是由此而来的。

互联网金融的优势在哪里？

曹凤岐： 其一，互联网金融能够突破空间局限，在任何时间、任何地点灵活地服务于广大时空范围的消费者和金融需求者。

其二，互联网金融还可以大幅度地降低业务成本。按照欧洲一些银行曾经测算过的单笔业务成本来看，营业点为 1.07 美元，电话银行为 0.54 美元，ATM 为 0.27 美元，而通过互联网仅为 0.10 美元。一般而言，银行通过在线提供虚拟服务的成本，仅是通过物理分支机构提供服务成本的 1/16—1/6。

其三，互联网金融能够借助大数据的信息收集和处理能力，大幅度提升互联网金融服务的风险控制效果，做到有的放矢。

那么，中国的互联网金融已经发展到了什么程度？

曹凤岐： 按照我的分析，中国互联网金融的发展至少走过了四个阶段：

第一个阶段是在 2005 年以前。在这个阶段，互联网金融的作用主要体现在互联网对金融机构提供技术支持，帮助银行把业务搬到网络上，还没有出现真正的互联网金融业态。因此，大家通常把这个阶段称为"金融互联网"，意思是用互联网来做银行业务。

第二个阶段从 2005 年开始，各项新型金融服务业务开始萌芽，包括第三方支付机构也在逐渐成长起来。这一阶段当中，互联网与金融的结合开始从技术领域深入金融业务领域；这个阶段的标志性事件，是 2011 年中国人民银行开始发放第三方支付牌照，第三方支付机构进入发展轨道。

第三个阶段从 2013 年开始，我将其称为"中国互联网金融元年"，这是互联网金融得到迅速发展的一年。P2P 网络信贷平台从这一年开始快速发展，以天使汇等为代表的众筹平台开始起步，第一家专业性的网络保险公司获批，一些银行、商店开始以互联网为依托对业务进行重新改造，加速建设线上的创新平台。

除此之外，我认为中国的互联网金融正在进入第四个阶段，也就是从互联网金融阶段进入移动互联网金融阶段，各种服务开始向全方位的方向发展。通过移动互联网、手机，人们现在已经可以完成支付、缴费、网购、微信支付、送红包等业务,这是一个不可阻挡的大趋势。随着互联网、移动互联网的发展,可以说这个大趋势最终会发展到什么程度,是今天的我们所很难预料的。比如说银行的物理网点要减少,因为大家都不去柜台了;有人说现在通货膨胀要印发更大面值的钞票,其实也不是很需要了,因为纸质货币已经变成电子货币了,用手机就可以支付。所以说,整个金融业的改变,将不仅仅是业务门类的改变,还包括整个流程的再造,是一种根本性的革命。

就业态分类而言,您认为中国互联网金融服务已经形成了哪些比较成熟的模式?

曹凤岐:目前互联网金融的运营模式已经很多,比如第三方支付平台模式、P2P网络信贷模式、众筹筹资模式、虚拟电子货币模式,等等。具体而言,它们可以被分为五种主要的形式:

第一,是支付结算、第三方支付。过去结算必须通过银行,现在这些业务则独立于商户和银行,所以银联才会大声惊呼"我们的业务没有了"。

第二,是电子销售,也就是所谓的金融网销,现在已经发生了非常大的变化。

第三,是网络融资、网络借贷、P2P等形式的新业务。它们在过去是完全被禁止的,而现在已经得到广泛的发展。

第四,是现在还处于萌芽状态、仍有门槛限制的网络众筹,也就是通过网络平台来募集资金。P2P实际上也是一种众筹,虽然它采取的是借贷的形式。众筹并不是刚刚出现的新概念,乞丐乞讨其实也是一种众筹,而过去在中国民间流行过的标会,也是一种众筹。除此之外,甚至连创投、风险投资、私募基金等,也都符合众筹的概念,但它们的问题在于往往都有门槛限制,满足不了一些小项目或者是中小型投资者的要求。现在通过互联网开始出现一系列的小额众筹项目,大家都可以很方便地入股参与进来。它们主要是商品回报式的,并不完全是股权式的,而后者正是今后的重要发展方向。[①]

---

① 众筹网站在美国也是一个很火的概念,现在国内类似的众筹网站并不少见。究其本质来说,众筹就是某人在网上为某个项目募集资金,同时承诺给予支付资金的人一定的回报,看好项目的人通过网络直接给予资金支持。即使每个人只投入50元,由于"众人拾柴火焰高",累积起来也是个可观的数字。而项目一旦成功募集资金,作为中介的网站会抽取总额的1%—10%作为回报。

第五,也是非常重要的一个形式,就是虚拟货币。实际上,现在它们已经通过网上交易实现了相应的货币功能。所以说,这已经不仅仅是网络货币的问题,更重要的是货币电子化的问题。正因为这一趋势的出现,有人提议现在的交易额动辄这么大,不如发行 1 000 元面额的人民币。我认为根本没有这个必要,现在发工资都不需要见到人民币实物了,都是划到账户上。货币电子化带动了很多的周边产业,如金融搜索、理财管家等。①

现在看来,互联网金融这条"鲶鱼",已经给中国的金融生态带来了什么样的改变?

曹凤岐: 首先,互联网金融打破了银行对金融的垄断,这是目前中国金融业改革非常重要的一个部分。以前没有人真正为小微企业服务,银行的数字看上去很好,但实际上在这方面没有多大的作为。银行做一单大企业的业务,达几亿元甚至几十亿元,做一单小企业的业务,只有几千元几万元,银行会觉得又费事又不赚钱。而互联网金融正是为这一部分金融需求服务的,为小微企业、三农、个人服务,这是一个非常大的变化。

其次,互联网金融加速了中国的利率市场化进程,提高了投资者的收益。在此之前,我们一讲利率市场化,银行就会很紧张,为什么呢?因为它们主要就指着吃利差盈利。现在中国贷款利率市场化已经放开了,但是存款利率因为种种顾虑还没有放开。②但在互联网金融领域,可以说基本实现了利率市场化。现在包括余额宝、理财产品在内的多种金融产品,实际上已经把这一块放开了。存款利率 3%,理财产品至少 5%,互联网金融让这个领域市场化了,这是挡不住的。

---

① 波士顿咨询公司预测,通过互联网金融,到 2020 年,中国的基金投资理财覆盖率将从目前的 3%提升到 25%—30%,基本与发达市场持平;中国的小微融资覆盖率将从 11%提升到 30%—40%,为超过 300 万家目前未被覆盖的小微企业和个体工商户提供融资渠道。
② 2015 年 3 月 12 日,在十二届全国人大三次会议的记者会上,中国人民银行行长周小川表示,"2014 年,人民币存款利率的上浮空间又扩大了 20%,今年前不久的这次利率调整,又进一步将向上浮动区间扩大了 10%,因此大家非常合理地估计,我们离利率市场化也就是最后的存款利率上限已经非常接近了。今年如果能有一个机会,可能存款利率上限就放开了,大家期望中的最后一步就走出来了,这个概率应该说是非常高的"。

最后，互联网金融能够让金融产品不再是普通人看不懂的专业术语，理财产品、货币基金也不再是参与门槛极高的权贵产品。比如你现在到银行去看，购买相关产品，起点往往是5万元、10万元，如果做私人银行业务的话，起点可能是100万元；但你在余额宝开办类似的业务，起点为0，这就是互联网金融的优势所在。

互联网金融业务的发展，未来还有多大的空间？

曹凤岐： 互联网金融的发展，可以说是方兴未艾，这其中主要的助推力，就是互联网正在加速向移动互联网时代迈进。正因为如此，小米的雷军才敢说，要把小米手机做成全球第一。与之相应的，现在不管是存贷款还是众筹等金融业务，不管是在火车上还是飞机上，都可以进行了，不用再跑到银行网点去。

除此之外，我们还应该注意到的是，移动互联网化不仅仅是以往的销售模式发生变化，还意味着营销模式、消费模式的变化。每年"双十一"一到，马云担心的已经不再是销售额，而是配送能力的问题。伴随着这样的变化，我们过去买衣服要到王府井、东单和西单，现在已经不用了；原先百货大楼的从业人员，可以变身为配送公司的人员。这样一来，就把互联网、金融、物流、供应链金融都集合到一起。你说它是工业、农业还是制造业？实际上，它已经把所有的业态联系在一起了，这就是互联网正在做的事情。它不仅让人们的生活发生了巨大的变化，还让所有的金融理念、金融方法都得到了革新，这个趋势，大家一定要重视起来。个人金融电商化如图4-2所示。

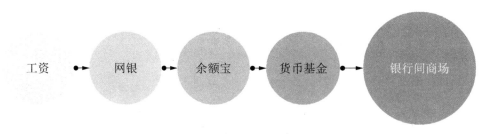

图4-2 个人金融电商化

资料来源：中信证券研究所。

邱凌云： 就像是淘宝对传统销售渠道的挤压一样，互联网金融也在挤压传统金融机构的业务，实现金融脱媒化。二者之间的差别是，前者的替代可能已经基本定型，但是后者可能才刚刚开始。

随着互联网金融的发展，各方目前普遍关注的一个问题是，它与传统金融业之间的关系，它们之间是不是"你死我活"？您觉得未来银行业的发展方向是什么？

曹凤岐： 现在传统金融非常惧怕互联网金融，所以有一些相当权威的人士在报纸上写文章，呼吁取缔互联网金融，说互联网金融是传统金融的敌人。实际上，他们没有看到，互联网金融的发展态势是不可阻挡的，它将在中国金融发展史、经济发展史上涂抹浓墨重彩的一笔。

当然，如果进行分析就可以发现：目前的互联网金融（正如马云所说的那样），还是小打小闹，主要解决中小企业融资难的普惠金融问题，在需要大量资金的行业里还是竞争不过大银行、大机构的，企业还得需要后者。而对于传统金融来说，唯一的出路就是积极应对，加速改变。

大家的分工不同，这是传统金融将在一段时间内保持下去的优势之一。在此基础之上，银行、保险、证券这些机构也要发生相应的改变。以银行为例，它们原本不进行互联网金融业务，只进行银行间网络借贷，而现在互联网金融几乎要取代这种网络借贷。银行应该利用其原有的优势，通过诸多的线下网点和网络资源进行互联网金融业务，要么自己做，要么与其他互联网金融机构进行合作。这样一来，传统金融就与互联网金融有机地嫁接在一起。银行不能再靠过去那种传统业务盈利，要拓展其他业务，包括综合业务、中间业务、表外业务等。

其实反过来也是一样的，因为银行有它的优势，有网点，也有网络金融的优势，所以有一些存款必须与其相结合。或者应该这么说，互联网金融或者平台必须与传统金融结合起来才能发展。这一点作为互联网金融的同仁们必须清楚，要与传统金融进行真诚的合作，共同发展新品种。

除此之外，实际上网络金融是实实在在地在做普惠金融。如果网络金融不做普惠金融，那是没有出路和发展的，因为它们最终竞争不过大银行。

邱凌云：现在的 P2P 和众筹等行业，实际上并未伤及银行的业务核心，未来互联网银行（包括民营银行）的出现，可能会与现有银行体系产生直接竞争。

具体而言，银行原来的业务主要有三块，即所谓的存贷汇。其中支付业务是赚钱最少的，所以银行逐渐将其让步给支付宝了。但银行没有意识到，尽管支付本身不赚钱，但支付中含有大量的支付信息，未来可以用来研发基于大数据的产品。把这一块拱手让人，其实是非常大的损失。

对于存款业务来说，"宝宝们"对银行的挤压，等于是倒逼利率市场化的加速实现。作为回应，银行即使不直接改变定期或者活期利率，至少也会推出一些"宝宝类"的产品。在某种程度上来说，它们也在发生改变。

对于贷款而言，互联网金融仍然没有对银行产生直接的冲击。P2P 能够做的其实还是小额贷款，不会和银行产生直接冲突，这些业务本来就是银行以前不愿意干的事情。

除此之外，在供应链金融和消费金融方面，互联网企业已经做得风生水起了，而传统银行做得还远远不够。

但不管怎么说，银行在看到淘宝对零售业的挤压过程之后，它们的反应要比当年的苏宁、国美等传统渠道快得多，银行自身很快就实现了在互联网上开展业务。因此，哪怕从今天开始，中国的金融市场就完全放开了，自由竞争，那些大银行由于拥有大量的资源，今后仍然可以在很长一段时间内保持生存无忧；更何况它们现在也已经感到压力，紧张起来了。

王汉生：目前国内银行业在利用金融大数据方面，其实也存在很大的不足。比如，我在美国用了一段时间的招商银行信用卡，可它推送给我的广告还是北京的（如去万达看电影之类的），如果它能够推送一些美国奥特莱斯的广告，也许我就会去了。这方面银行的数据分析就比互联网公司差了很多，亟待改进和提升。

赵龙凯：银行要与互联网金融结合，一定要找到另外一套人，以另外一种思维去做事情。不然的话，效果堪忧。

"鲶鱼"阿里巴巴

2010年6月,浙江阿里巴巴小额贷款股份有限公司成立。当时很多人认为,这不过是马云在与建设银行、工商银行合作提供无抵押低息贷款失败后的一次自娱自乐而已。但是短短数年之后,各种新型的金融产品与服务翻滚而至,"互联网金融"作为一个专业名词,不但纷纷摆在互联网与金融从业者的案头,而且已经开始吸引普罗大众的目光。

对于阿里巴巴进军互联网金融,您怎么看?

曹凤岐:2014年召开世界互联网大会的时候,马云作了很长的一个发言,但很遗憾的是,没有讲到阿里巴巴和互联网金融的关系。实际上我认为,阿里巴巴现在已经在很大程度上转型为一个互联网金融公司了。

刘俏:阿里巴巴作为电子商务领域的领军企业,近两年在金融服务领域的确开展了卓有成效的商业模式创新。简单来说,阿里巴巴以第三方支付为突破口,让自己跻身网络小额信贷等金融领域,利用网络平台和大数据为用户提供信贷、支付结算等金融服务,并为从事其他金融服务奠定了技术基础,对中国金融业已经形成了一定程度的冲击。

阿里巴巴进入金融领域,是企业自身发展的一个必然选择。阿里巴巴于1999年成立,最初是帮助外贸企业获取国际订单的一个信息平台。后来,阿里巴巴把这一模式复制到国内市场,帮助中小企业获取订单,形成B2B平台。再后来,阿里巴巴又开始帮助个人零售与创业者获取订单,形成淘宝网。为了解决网上交易的问题,阿里巴巴又投资开发了中国主流的第三方网上支付平台"支付宝"。2007年,阿里巴巴就开始考虑平台上的信息能否帮助银行让更多的小微企业获取金融服务。经过几年的尝试之后,阿里巴巴暂时放弃了与银行合作的路子,决定延展自己的平台服务,为用户提供对应的有附加值的金融服务,于2010年正式进军金融领域。

阿里金融通过电子商务平台上庞大的客户资源,收集海量的交易数据,并利用信息技术手段和大数据分析方法,判断中小微企业的业务范围、经营状况、信用状况、用户定位、资金需求和行业发展趋势，实现了微贷业务的"批量化生产"，"小额金融贷款工厂"模式逐渐成形。除此之外，阿里金融于2013年又与天弘基金联合推出"余额宝"，全面挺进金融领域之势已经形成。

阿里金融的腾空出世，对金融行业造成了极大的冲击。有人把阿里金融称为"金融行业搅局者"，也有人把阿里金融看成互联网金融的代表，必将颠覆商业银行的传统模式。对此您怎么评价？

刘俏：不论臧否，都不能忽视阿里金融的存在和它在未来对金融中介模式可能起到的革命性作用。之所以这么说，是因为在构成金融中介服务商业模式的几个主要模块里（消费者细分、价值理念、成本结构、关键资源等），阿里金融都有以价值创造为目的的创新，直接推动了投资资本收益率的提高，展现出非常强的竞争力。

在消费者细分这一模块，阿里金融非常明确地把自己定位为"为小微企业和部分个人服务"。小微企业贷款难是一个全球性难题，要想通过银行贷款，小微企业需要提供担保、抵押，这是小微企业跨不过去的门槛。因为这个原因，很多小微企业贷不到款。但小微企业对融资有极大的需求，如果能以创新的模式锁定这一传统金融机构忽视的群体，必然有巨大的成长空间。由于传统银行的授信成本很高，基本上不能覆盖小微企业，因此很多小微企业面临贷款难的问题。互联网技术的介入，恰恰填补了这一空白。阿里金融的数据有效地解决了小微企业信息不对称的难题，电子金融化又大大降低了金融业的信息成本和交易成本。

在价值理念方面，阿里金融坚持它们所从事的是平台服务，金融服务只是平台服务的一种延伸。为解决小微商户和消费者的融资需求，阿里金融涉足金融领域；阿里金融认为阿里平台本身提供了一种可能性，让阿里金融能以更为有效的方式服务客户。这样一种价值理念，赋予阿里巴巴的平台一种流动性，完全可以根据客户的需求来设计不同的金融服务，展现出强大的灵活性及可持续的特质。

为了实现这些目的，阿里金融的优势在哪里？

王汉生： 阿里小贷的借款方都来自淘宝和天猫以及阿里巴巴平台的商家，网络上留存的各种经营信息（包括经营年限、交易状况、商业纠纷等），形成其信用评级的基础数据。阿里小贷正是运用这些数据形成了针对小微企业的信贷技术，为其提供纯信用贷款。目前通过阿里小贷平台获得贷款的企业有 37 万家，累计贷款超过 1 000 亿元，但是坏账率仅在 1% 左右。①

赵龙凯： 阿里巴巴经营金融业务是建立在数据基础之上的，它能够进行数据挖掘。在这方面，阿里巴巴已经做了不少，未来的潜力其实更大。我曾经看过一个案例：一般美国投资者找创业对象进行投资，都要看创业模式；但有一个投资者就不是，他分析的是这些创业者在 Facebook、Twitter 上的行为，将这些人的行为与乔布斯或者其他伟大企业家的特点进行对比，有些人可能一开始什么商业模式都没有，最后也能够获得支持。这就是数据挖掘的潜力。

正因为如此，现在很多 P2P 公司根本和数据没什么关系，其实就是在做一些传统金融业不愿意做的事情（比如用车子作抵押进行贷款等），只是挂了一个互联网的牌子而已，其实和互联网的关系并不大。而互联网金融未来发展最大的趋势，就是发掘信息、发掘数据。

刘俏： 阿里金融的关键资源和营收源泉，是阿里巴巴平台上的海量数据及其对大数据的分析。阿里巴巴平台上庞大的用户和交易量，是阿里金融进行数据挖掘的基础。阿里巴巴把其平台上的资料、资金交易情况、订单数量、库存周转、销售额、销量及投诉情况等海量的数据，通过模型进行定量分析，同时还采集客户内外部的诸多信息进行定性分析。通过这些大数据分析，阿里金融以极低的成本解决了小微金融里的企业征信这一难题。通过数据挖掘信用，极大地降低了阿里金融的运营成本；与此同时，阿里金融在小微贷方面有强大的议价能力，可以征收高达 20% 的年化利率，小微贷的利润很高。

这是在贷前方面，在贷款回收方面，阿里金融的风险管理可以因为对于数据

---

① 按照王汉生教授的分析，为了打破小微企业与市场信息不对称的格局，需要综合多方面的社会信息来支撑。我们能够获取的数据平台资源其实非常丰富，从电信、金融、房地产、医疗、社保、征信体系等部门，再到电子商务平台、社交网站等，覆盖广泛。

的掌握和分析而变得更为有效。阿里金融已经建立了多层次的微贷风险预警和管理体系,实现了贷款前、中、后三个环节的紧密结合,有效规避和防范了贷款风险。贷前,阿里金融根据企业电子商务经营数据,辨析企业经营状况,反映企业偿债能力;贷中,阿里金融通过支付宝及阿里云平台,实时监控商户的交易状况和现金流,为风险预警提供信息输入;贷后,阿里金融通过互联网监控企业的经营动态和行为,可能影响正常履约的行为将被预警,同时建立贷后监控和网络店铺关停机制,提高客户违约成本,有效控制贷款风险。

简而言之,阿里金融相对于传统金融,将具备以下优势:

其一,传统银行依靠的是物理位置上的网点,阿里金融依靠的是网络平台,这种新兴渠道的最大价值在于数据。物理位置上的网点需要大量的固定资产和资本投入,而后者在这方面具有无可比拟的优势。

其二,阿里金融目前针对小微企业、商户、个体,都是传统金融忽视的金融服务弱势群体,他们对价格并不敏感,阿里金融可以收取更高的贷款利率,从而提高运营收入。

其三,阿里金融利用互联网和大数据分析,大大加速了贷款的审批过程及贷款资金的周转速度。

其四,阿里金融以电子化手段为支持提供标准化、大众化和规模化的服务,这种集约式商业模式能够有效降低经营成本。

您说的都是传统商业性金融的不足和阿里金融的优点,但阿里金融有没有不足或者说风险?

刘俏: 当然,阿里金融的商业模式中,的确存在一系列的缺陷。

其一,目前阿里小贷的贷款客户集中于销售和购买端,这种状况是与其电子商务的模式高度匹配的。未来业务可以考虑拓展至产业链的其他环节(如原材料、研发、生产、物流等),但受制于信息技术平台的搭建,目前的模式难以复制到产业链的其他参与方。

其二,阿里外贷的资金仅限于注册资本金。[①]阿里金融向客户发放的贷款,

---

① 这个问题在阿里金融获得银行牌照后有望得到缓解。

只能来源于股东的注册资本金；同时，若公司在银行获得授信，央行规定不超过注册资本金50%的部分可以放贷。理论上，商户和个人消费者的资金阿里金融都不能用于发放贷款，否则就涉嫌非法集资。相比平台上庞大的客户群，贷款资金来源问题迟早会成为其发展的桎梏。

其三，政策前景并不明朗。由于对民营资本进入金融领域有各种限制，阿里金融许多现有业务或拟开发业务都具有比较大的政策风险。同时，小额贷款公司面临较为沉重的税收等成本负担，非金融机构的身份使得小额贷款在所享受的政策等方面与金融机构有着较大的差别。

其四，阿里金融在互联网金融方面有许多潜在的竞争对手。一些有能力获取用户身份、行业踪迹、行为习惯等信息的非金融企业，尤其是对用户信息具有强制实名能力的企业（如中国移动、腾讯）完全有可能进入金融领域，形成掎角之势。此外，产业链中的"链主"企业也可以利用掌握的数据从事部落化的金融服务（如供应链金融），形成冲击。

但不管怎么说，阿里金融仍然以互联网的思想和技术冲击着效率低、覆盖面窄、结构不合理的金融体系，迫使金融机构对种种冲击作出回应，强迫它们放下高傲的身段，抛弃以产品为核心的思路，转向以客户体验为核心的互联网新思维。

在阿里金融上述各种形式的互联网金融业态当中，余额宝等各种"宝宝们"最受人关注。

曹凤岐：余额宝、支付宝的问题已经不能小觑，而须重点强调。为什么呢？因为它们已经是一个很大的概念，已经打破了银行才能吸收存款的传统界限。大家都在淘宝网上买东西，先预付一部分货款，随着客户越来越多，预付款项也就越来越多，积累了大量的资金。阿里巴巴之所以要从支付宝发展到余额宝，就是回避监管的一种被迫手段，是一种被迫创新。

何谓"被迫创新"？

曹凤岐：这个概念的意思是，随着大家在支付宝里的钱越来越多，从几亿元到几十亿元，如果不买东西的话，钱要存到银行当中，那是会产生利息的。那么利息应该给谁？银行不让阿里巴巴动用这些利息，为什么呢？因为钱不是你的，是客户的，你不能动。人家在支付宝里放了 1 000 元、10 000 元，至少要给人家活期利息吧，但是按照现行的政策来看也不能给，因为给了利息，支付宝就变成非法吸储了。支付宝就想办法，说帮大家理财、投资吧，于是就与天弘基金合作发行了货币基金，到 2014 年的时候，已经成长为 5 000 亿元左右的一个盘子。相比之下，华夏基金十年没有达到的规模，余额宝几个月就达到了。不仅如此，因为它是第一家，所以利息很高，很多人的钱就被吸引过来了，非金融机构做金融业务，最终变成了一种金融创新。所以我说，这种创新是被逼出来的。

大家都看到了，因为需要借助别人的渠道，所以阿里巴巴不仅仅与基金、其他金融网站合作，也在与电商、保险合作，这就相当于把证券、保险、银行等联系在了一起。现在已经无法说清楚这种合作关系是银行还是保险，抑或是证券了。这就等于是另外一个层面上的创新，这种创新是在中国这块金融管制、金融压抑的土壤上成长起来的，它打破了以往所谓的金融分业经营、分业管理的模式。

还有一个标志性的事件，余额宝自 2013 年 6 月推出，发展的速度大大超过了很多人的预期，以余额宝为代表的互联网金融产品自 2013 年年底到 2014 年年初出现了跳跃式的发展。到 2014 年 3 月末，余额宝的用户超过 8 000 万，集资金额超过 540 亿元，累计为客户创造收益达到 75 亿元。大家知道余额宝是与天弘基金合作，天弘基金本来是一个排名比较落后，甚至快关门的基金，正是因为落后才寻求变革——阿里巴巴入驻。和余额宝挂钩之后，天弘基金在全世界的基金排名也很靠前，2014 年第一季度，天弘基金的规模已经达到 5 000 亿元；我们很多老的基金管理公司，这么多年的管理规模也就是几百亿元到上千亿元。所以，天弘基金的规模还是非常大的。①

---

① 2014 年 6 月 13 日，余额宝上线一周年，从收益逆袭强势冲击银行储蓄业务，到收益收窄逐渐与银行"和平共处"，中国式利率市场化的首次交锋暂告一段落。2015 年年初，各种"宝宝"们大多偃旗息鼓。之所以出现这一局面，是因为它们的主要收益来自银行的协议存款，"钱荒"不再之后，银行们也就不必给出高额利息；不仅如此，银行业还大力推广理财产品以对其进行打压。因此有分析人士称，在一定程度上，互联网金融的本质目标仍是追求流量、用户基数，用户利益反在其次，而高收益、高流动性可能只是噱头而已。

新风控 新监管

美国的一家 P2P 平台——Lending Club 近期的上市异常引人关注。它起步于 Facebook，后者的用户同意它获取自己的 Facebook 状态及朋友圈数据后，可以申请贷款。Lending Club 之所以能够撮合借贷关系的成立，就是因为在 Facebook 的用户相互之间总有一些关系。基于亲和力准则，这家公司开发了一套搜索和识别贷款机会的系统，其中包含多重关系，如 4.7 万个美国城市、1 000 家公司、500 个政府机构、6 300 所大专院校、1 600 个国家组织和其他组织等。它还拥有一个相关模型来计算借贷人和投资人的信用资质，以决定贷款成立与否以及贷款的等级。

对于互联网借贷来说，一是关注那些偏小、偏微的借贷者；二是关注那些没有清晰的资产抵押品的借贷者。但在中国，大量的平台存在"忙着拉客户还来不及，哪里顾得上拒绝，干着比美国风险高的业务，接受着比英国信用低的借款人"的问题。您认为，在这种情况之下，风险应该如何控制？

王汉生： 在这个时候，如何解决征信问题，如何应对挑战，是绝对的关键中的关键。

挑战主要在哪里？

王汉生： 主要的挑战在于，对于这些客户，任何的历史数据都是非常有限的。但好处在于，这些客户的借贷金额比较小，回报的周期很快，而且回报的利率也很高。

所以问题的关键就在于，如何在贷前尽量采用丰富的数据对客户进行征信判断。这个时候就非常考验各家互联网金融企业对数据分析的能力了。以前一个人找我借 20 万元，我没有任何判断的依据，所以可能无法实现最终的交易。

对于这些难题，互联网金融如何解决？

王汉生： 对于互联网金融来说，社交网络非常重要，因为它可以用不是很高的成本去解决两个重要的问题：一个是征信，另一个是催收。这种认识可能永远无法做到非常准确，但是考虑到风险和回报率，如果能够在一个合理的范围之内，那就可以了。比如说，我这项业务的年化收益率只有10%，那我最好能够做得像大银行一样准确才行，因为一个呆坏账可能就让我其他的很多业务的盈利泡汤了。但如果说，我这项业务的年化收益率是200%，那我能够承担的风险就会增加很多。

在有了网络结构数据（目前主要是社交网络数据）之后，我们能够通过你的好友来增加对你的了解。也就是和你经常亲密接触的都是些什么样的人，如果这些人中有好有坏，那么就能够通过他们，增加对你这个人的认识。俗话说，"物以类聚，人以群分"，这是社交网络能够给互联网金融提供的第一个重要的帮助，也就是给你一个新的数据源，能够帮助你去更好地开展征信业务。

第二个重要的作用是，比如，一个人在金融借贷平台上借了20 000元，之后不想还钱了，而通过社交网络，能够给欠钱不还者施加压力。这就是为什么现在很多互联网平台专做校友圈子，因为它们相信，校友圈子一是能够帮助自己理解借贷者是一个什么样的人，二是当不好的事情发生的时候，校友会给对方施加很大的压力。

所以说，这个时代在极大地促进金融民主化、便利化、个性化的同时，也对每个个体和市场主体的信用提出更高的要求。未来个人生活中几乎所有场景的行为，只要涉及信用，就会被记录，被数字化、透明化，而且长久存在。从打车预约却多次爽约，到网购物品收货后却一拖再拖不付钱，都会被数据定格为一种失信行为。所有这些数据交织成信用形象，成为风险管理与服务定价的依据。

目前互联网金融领域也出现了一系列的负面新闻，比如P2P行业的大量倒闭现象，对此您怎么看？

赵龙凯： 对于互联网金融的理念，我是认可的，因为它的确会对传统金融提出挑战，这是有意义的。但是具体到实践当中，比如现在一些P2P的做法，我并不看好，它们现在很多已经出现问题了。金融的本质是降低交易成本、减少风险，可它们实际上却是提高了交易成本,增加了风险。①

除此之外,互联网金融的确能够降低金融服务的门槛,但在很多时候,我们需不需要降低门槛?或者一味地把门槛降得那么低,真是件好事吗?这其实都是大问题。我认为,很多金融需求,其实没必要不看风险地全部满足或者部分满足。以创业借贷为例,因为成功率非常低,所以以往它们都是自生自灭的,没有把这种风险系统化、内化到金融体系当中。但是通过互联网金融满足金融服务需求之后,实际上是把风险内化到金融体系中了。在此之前,银行之所以要挑选贷款对象,是因为要在一定的风险系数之下,保障整体的安全。对于风险更大的项目,有 PE、VC 参与支持。

要知道,互联网金融的服务门槛低,但它们的利息相对也较高,而这很可能会出现道德风险和逆向选择。什么样的业务门类能够承担 20% 的利息?是不是会出现一些人,其借钱的目的就根本不是还钱,所以多高的利息都能够接受?如此一来,如果没有门槛、没有监管的限制和约束,实际上会把地下的钱庄阳光化,弊大于利。

因此,如何加强监管是目前各方比较关心的话题。您认为我们的监管应该秉持什么态度?

曹凤岐: 互联网金融代表了金融创新的方向,我们应该以积极的态度(包括政策措施)创造良好的发展环境,但是对其存在的问题也应予以重视和解决,提高其防范风险的能力。应该看到,目前中国互联网金融面临的风险还是比较大的,一些来自内部,另一些来自外部。现在我们发现许多 P2P、众筹拿钱"跑路",投资者的资金安全是一个值得关注的问题。许多平台唯一的目的就是赚钱,有可

---

① 2013 年 10 月以来,倒闭的 P2P 网贷平台一家接着一家,几乎以每天一家甚至每天几家的速度出现。一面是仍旧不断涌入的新平台,另一面是不断发生的倒闭危机,P2P 网贷行业又迎来一场前所未有的信任危机。究其主要原因不难发现,这是贷款集中到期但平台无法兑付而引发的连锁挤兑危机。有些是因为平台在风险控制方面的失误,造成贷款无法收回而无法给投资人兑付;也有些一开始就将资金挪作他用,没有足够的资金应对流动性危机;更为严重的是,有的平台或许本就抱着集资跑路的心态而"人间蒸发"。不论哪一种情况,受害的始终是投资人,没有收益不说,连本金也难以收回。

能出现"庞氏骗局"①,这很危险。

除此之外,现在还有一个问题,我们互联网金融在很多方面已经从事了银行业务,但是它们没有受到银行规则的监管,甚至突破规则、越过规则去竞争,规则的破坏对金融稳定将带来很大的隐忧,我们肯定互联网金融的积极方面,但是互联网金融所带来的隐患也不可忽视。与银行采用的封闭运行的业务相比,互联网金融更容易受黑客的攻击、病毒的侵袭,信息更容易被盗取、篡改,特别是对交易者身份的真实性,有时很难确认,存在较高的消费者信息泄露以及受欺诈诱骗的风险等。所以,我们应该加强对互联网金融的监管,目前应从几个方面来进行监管,包括内部的自律和外部的监管。

具体而言,包括哪些方面?

曹凤岐: 第一,目前我们应该明确互联网机构的法律定位,允许做各种金融服务工作,但是不能越界经营。

第二,不能非法集资。众筹实际上也是一种私募,是按照私募的项目来做的,因此我们要掌握两个底线:一是不能非法吸收公共存款,二是不能非法集资。

第三,健全互联网企业的内控制度。内控制度不健全可能引发金融风险,我们可以把内控制度看作互联网的防火墙,好的制度可以有效地防范金融风险。实践中一些互联网企业片面追求业务和运营能力,采用了一些有争议的高风险的交易,也没有建立客户识别和交易分析报告机制,容易被不法分子利用,为其进行洗钱创造条件。还有些互联网金融企业不注重内部管理,信息安全水平比较低,存在个人隐私泄露的风险。应该说,互联网金融是一个综合金融,既做贷款也做理财,也可能做保险,也就是一个公司做多项业务——综合业务。完善内部制度

---

① 查尔斯·庞兹(Charles Ponzi)是一位生活在19、20世纪的意大利裔投机商,1903年移民美国。1919年,他开始策划一个阴谋,骗人向一个事实上子虚乌有的企业投资,许诺投资者将在3个月内得到40%的利润回报;然后,狡猾的庞兹把新投资者的钱作为快速盈利付给最初投资的人,以诱使更多的人上当。由于前期投资的人回报丰厚,庞兹成功地在7个月内吸引了30 000名投资者,这场阴谋持续了一年之久,被利益冲昏头脑的人们才清醒过来,后人称之为"庞氏骗局"。

建设的另一点是建立防火墙制度,也就是一个公司要做到业务分离、资金分离、人员分离。国内这块做得还不够,很多外资企业(如高盛、摩根士丹利)做得就比较好。很多国外金融企业的业务范围涵盖投资银行、证券、投资管理及财富管理等,业务涵盖的范围很广,它们在总公司下设几个部门,分管不同领域的业务,但各部门之间的工作、人员、资金是分开的,是相对独立的。除了总公司的统筹和在总的层次上的协调之外,每个部门都有自己的一套班底和运作模式,互不干涉,只管做好自己特定领域的业务。把银行领域筹到的钱用到证券或者投资上去,这种行为是不被允许的;类比而言,众筹企业这块筹到的钱挪到别的地方也是不可以的,这就是防火墙制度。防火墙制度有利于保证企业内部不同领域的业务均能够有序进行,提高效率,保障安全。

第四,加强互联网金融外部监管。互联网金融本质上是金融,是利用互联网技术来做金融。目前外部监管对互联网金融这一块应该说在某种程度上是一个盲区。货币基金谁来管?互联网保险谁来管?P2P谁来管?现在我们不是很清楚,尤其一个互联网的企业做了综合的业务谁来监管?现在的麻烦之处在于,包括规则、归谁管等一系列关键的方面都存在问题,你都不知道谁是谁的孩子,怎么抱呀?货币基金既是货币,也是基金,那么是人民银行管,还是证券部门管呢?不知道是谁的孩子怎么管?然后的情况是,坏孩子大家都不管,觉得风险太大;好孩子大家都去抱、都去管,就乱套了。

所以,在这个问题上还要加强,我个人的意见是,中国的监管体系应该改革了,现在"一行三会"的模式已经不适应需要了。不仅仅是互联网金融,包括金融控股、混业金融等,现在还是分业管理,人民银行管一块,银监会管一块,证监会管一块,保监会管一块。比如说中信集团,中信集团总部已经不做业务了,纯粹为控股公司,现在我们有一些互联网公司也发展为集团,那么谁来管呢?所以我主张,把"一行三会"变成"一行一会",也就是人民银行继续管货币市场、管外汇,然后由一个部门管银行、证券、保险、互联网金融,其下面再去分工,对此我主张成立中国金融监督管理委员会。

> 中国新动能——光华学者解析未来发展之关键

互联网金融的各种模式经过爆发式增长之后，乱象横生，许多业内人士呼吁加强行业自律，您认为行业自律可以发挥多大的作用？

曹凤岐：对比境外行业协会，中国内地行业协会的作用发挥得不够。在境外包括证券协会、保险协会等，许多规则、制度实际上在协会内部就可以制定，不需要监管部门去做。中国内地的协会基本都是官方的，没有什么独立的协会，制定不了什么规则。因此，在这样的情况下，行业自律的作用就很难发挥，仍旧需要监管部门的直接介入。

境外很多都是行业协会监督本行业的企业进行公平竞争，以英国为例，英格兰银行和金融服务局监管整个英国社会的经济运行，但更多的是把事务交给交易所处理，而不是直接介入。交易所有很多工会，自律就是通过工会来实现监管。中国香港和台湾地区的银行工会也类似于此，这些银行工会完全可以对个别银行进行处罚，而且它们有一个大家必须遵守的行规。行业自律对于规避非正当竞争、实现良性发展具有很重要的作用。

中国内地行业协会要想真正发挥作用，就要实现其独立性，能够制定行业规则，如果能有一定的处罚权，就会更好。

外界普遍认为2014年是互联网金融监管元年，在金融监管方面您建议构建"一行一会"的监管体制，您觉得互联网金融有助于加快监管转型吗？

曹凤岐："一行三会"一直受业内诟病，主要原因是权力分散，监管效率比较低。

其一，银监会的一个文件需要证监会的批复，由于两个机构是同一行政级别的，程序上就比较复杂和微妙，经常出现延迟拖后的情况，有些则不了了之了。目前实行的跨机构联席会议制度也很难解决综合监管问题。

其二，金融多头监管体制下，每个监管部门各司其职，但在一些模糊领域很难厘清。监管时，"一行三会"奉行的原则是"各抱各孩"，但是很多金融创新（如余额宝等货币基金）既归银监会管，又归证监会管，这就很难厘清责任和义务。

其三，由于监管部门的分割，在一些存在监管难度的领域，情况就更加复杂了，各个部门都互相推诿扯皮，无法进行有效监管。此外，对于已经出现了的新型金融产品，即使现行监管部门厘清了监管关系，也适应不了层出不穷的金融创新。

因此，我认为当前的"一行三会"已经很难适应需要了，互联网金融带来更多的金融创新，这有助于监管部门整合资源，调整监管思路。我建议成立中国金融监督管理委员会，联合中国人民银行形成"一行一会"的金融监管体制。中国金融监督管理委员会下设不同的行业管理部门，转变当前功能性监管的模式，实现金融的综合监管。这是一个比较复杂的探索，有许多内容需要研究，好多事情都得慢慢来。

主要参考文献：

曹凤岐，"互联网金融对传统金融的挑战"，《金融论坛》，2015年第2期。

谢平、邹传伟、刘海二，《互联网金融手册》，中国人民大学出版社，2014年4月。

李耀东、李钧，《互联网金融：框架与实践》，电子工业出版社，2014年4月。

〔美〕罗伯特·希勒著，束宇译，《金融与好的社会》，中信出版社，2012年12月。

壹零财经，《互联网金融+》，电子工业出版社，2014年6月。

姚文平，《互联网金融：即将到来的新金融时代》，中信出版社，2014年2月。

"新金融双雄"，《财经》，2014年1月6日总第380期。

邢海洋，"被招安的'宝宝'们"，《三联生活周刊》，2014年第24期。

专题五 企业

>上篇　企业新长征

　　古之所谓豪杰之士者，必有过人之节。人情有所不能忍者，匹夫见辱，拔剑而起，挺身而斗，此不足为勇也。天下有大勇者，卒然临之而不惊，无故加之而不怒，此其所挟持者甚大，而其志甚远也。

——苏轼（《留侯论》）

　　回顾一生的辛劳，我最自豪的，很可能是协助创设了一家以价值观、做事方法和成就对世界各地企业管理方式产生深远影响的公司。我特别自豪的是，留下一个可以永续经营、可以在我百年之后恒久作为典范的组织。

——惠普公司共同创始人威廉·休利特

> 中国新动能——光华学者解析未来发展之关键

曾为美国《时代》杂志首席科技作家的亚当·科恩于 2003 年出版了一本名为《完美商店》(*The Perfect Store: Inside eBay*)的商业传记，其写作的主题是美国的 eBay 公司。

书籍以"完美"命名，讲述的却是大量与之含义相反的命题——拍卖阻击、欺诈、销售限制、长时间系统瘫痪，以及网络社区对于过度商业化的反对和抗争，等等。其中可能蕴含的商界规律在于，每当一家公司越来越大的时候，它将遇到的问题及阻力会成倍增加，公司决策面临的选择日益复杂，要维持平衡亦是越加困难。

曾经在同类市场上将 eBay 挤出中国的阿里巴巴，在美国成功上市后不久，亦因 2014 年年底的一场假货争端，遭遇了类似的"成长的烦恼"。按照亚当·科恩的观点，这一切都可归因于"每一家成功的创业公司把天真无邪丢在一边，转而拥抱一种更加复杂的成人身份的时候，它都会有失落天堂的时刻"。

对于基因健康的中国企业来说，不管愿意与否，长大都无可避免，而这也意味着内外多重压力将频频袭来。正因为如此，风波过后的阿里巴巴，堪称正在进入现实世界的中国企业的一个典型缩影。曾经赖以孕育及成长的营商环境，存在大量不规范、不健全的体系，它们均是一把"双刃剑"，如仍不加以改进或避免，今后可能更多地表现出其弊端的一面；此外，随着中国经济进入"新常态"，其增长模式也开始从投资拉动向消费拉动、从粗放发展向效率驱动进行转换，这对中国经济在未来能否以高质量的方式继续增长的意义毋庸置疑。同时，这也意味着市场逐步进入稳定状态，以往的快速发展动能衰竭，被忽视的问题逐一浮现，身处其中的大量曾经看似光鲜亮丽的企业需要经历重重考验，以此重拾对市场及投资者的信心……对于转型中的中国经济和中国企业来说，这是一组群体性的核心命题。

在解析这一企业发展内外范式的转换时，北京大学光华管理学院 EMBA 中心主任刘俏教授指出，中国作为一个高速成长的经济体，在以往的发展过程当中，国家和企业两端都太关注成长、规模及速度；与此同时，对商业文明的基本元素（比如诚信和契约精神）却注重得不够。因此，从微观层面上来看，中国企业要真正成长壮大，就需要其从商业利益驱动模式转向价值驱动。

这里的价值驱动大致蕴含两层意思，除了企业能够持续地盈利之外，还包括其能够追求社会价值以及对商业文明的维护。但对于目前中国的一众知名企业来说，它们除了能够勉强满足前者之外，与后者的标准差距仍然相当遥远。事实上，中国很多看似活跃的企业都需要这种能力，因此对企业和社会所提出的要求是，搭建健康的公司治理架构，培育文化和商业文明以及改进外部的产业环境。

当然，在承担企业社会责任的同时，企业存续的立身之基仍是盈利。在刘俏教授看来，提升投资资本收益率将成为中国经济第二次转型成功的关键。这对于中国经济的微观单位——中国企业而言，意味着它们需要把战略和经营的侧重点从对大和规模的追求，转向对伟大的追求。从公司金融的角度来看，那些长时间保持高水平投资资本收益率的企业，能够长时间地创造价值并最终赢得市场（特别是资本市场）的尊重。这样的企业，也就堪称伟大的企业。

值得引起警惕的是，中国为数众多的企业经营者在这一过渡阶段所展现出来的，可能是对于上述一系列观点的漠视，以及继续对企业规模及发展速度保持旺盛的追求兴趣。这源于中国以往用投资和出口来拉动的经济增长模式，涉及工业化进程中的适度"金融抑制"政策，涉及地方政府的GDP情节和增长主义倾向，涉及一大批"巨无霸"在崛起之后对更有活力的中小或小微企业的"挤出效应"，还涉及这个时代大背景之下企业家精神的迅速流失。

脆弱的制度基础设施以及不完善的制度和政策设计，往往为经济生活的参与者提供了各式各样、或大或小的寻租机会，寻找制度"漏洞"的套利便成了中国特有的商业"模式"。但这种追求"短平快"的财富攫取方法，只会造成中国企业的商业实践和商业思想更加落后，难以成为能带来高投资资本收益的可持续商业模式。企业"基业长青"尚且不易，"追求卓越"则更是难上加难。

简而言之，对于中国的企业来说，"快钱""便宜钱""权力钱""关系钱"赚多赚久了，就如同浸泡在温水里的青蛙，看似舒适，其实结局的吉凶大致已定。而在悲观者眼中，即使认识到转型变轨改革的必要性，但因为外部环境依然糟糕，改变几无可能。必须指出的是，纵观古今中外的商业历史，我们有理由相信，只有（也必定会有）能够率先摆脱以往发展内外多重桎梏的企业，才会茁壮成长为伟大的"国家企业"。①

从这一角度而言，加速让属于市场的回归市场、完善市场和竞争机制、改变微观结构，将成为影响与改善企业的行为模式和最终表现的动力，是造就中国伟大企业的沃土。

迅猛崛起探因

在相对微观的层面去理解中国过去三十多年的改革变迁，一个重要的标志就是，在各行各业当中都诞生了包括联想、华为、双汇等一系列能够跻身于《财富》全球500强的企业。

伴随中国经济的崛起，在过去三十多年的时间当中，我们见证了中国企业在规模上的全面崛起。在您看来，为什么会出现这种改变？

刘俏：技术革命、工业革命、制度变迁和高速经济发展催生出了大企业。这一历史规律从中国经济这三十多年的发展中再次得到验证。

如果《财富》全球500强的分布能够反映一个国家企业的整体实力，2012年跻身这一榜单的中国企业已经达到73家，而且过去十多年中呈现的一直是急速上升的态势。1996年，中国的全球500强只有2家，到2014年7月最新的榜单公布时，中国上榜企业已经激增到100家。

中国企业在规模上的迅速突破，从宏观层面来看，既是过去三十多年中国经济高速发展的结果，也反映出国际经济格局的结构性变化。按照各式各样的预测，中国经济规模应该在2020年左右超过美国，届时中国将占据世界经济总量的25%。如果企业实力与国家的经济规模相当的话，就将意味着：今后一段时间之内，中国还会有超过50家的企业跻身全球500强，总数超过美国。

---

① 2014年年底，在阿里巴巴内部的一次会议上，马云提出要创办国家企业的观点。他认为，就像三星是韩国的国家企业、奔驰是德国的国家企业、谷歌和苹果是美国的国家企业一样，今天的中国，需要诞生并成长一批能代表中国的年轻人，代表中国的创新技术、创新能力，代表中国对世界的贡献的国家企业。

您能否将这些比较宏观的分析分别在中国的语境当中进行细化？

刘俏：从中国自身的经济增长模式来看，经济的高速成长伴随着中国企业在规模上的迅速做大。大企业在经济生活中的迅速崛起，得益于中国经济中固有的一系列的结构性原因：

第一，大企业的崛起与中国经济的增长模式有关。推动中国经济增长的"三驾马车"分别是固定资产投资、出口和消费，它们当中最可靠也是最见效果的是固定资产投资。投资高速增长的经济体对能源、基础原材料、资金等生产要素的需求极其旺盛，客观上为这些企业规模的迅速扩大提供了保障。中国的大企业集中分布在银行、能源、电力、钢铁、铁路、电信、建筑材料、金属产品和汽车等行业，这些行业的分布状况显然与中国经济增长靠投资拉动这一特性是密切相关的。

除此之外，中国的大企业集中在银行业当中，这是因为在一个经济快速工业化的过程中，适度的金融抑制（Financial Repression）有利于经济发展。这样，国家就能够通过金融抑制控制金融资源，把相对稀缺的资金迅速导向国家产业政策重点支持的行业，迅速形成产业资本，从而有利于工业化的加速进行。[1]中国在过去三十多年的经济高速发展过程中，政府同样采用适度的金融抑制政策来发展经济，这主要表现为国家对私营资本进入金融领域的严格控制和对利率的管制。金融抑制使得中国的金融体系一直存在以银行等金融机构为主导的间接融资远远超过直接融资的结构性问题。这样，中国近些年来大幅增加的金融资产集中在银行体系，推动了银行在规模上的迅速突破。因此，在《财富》全球500强榜单上，中国工商银行、中国建设银行、中国农业银行、中国银行、交通银行、招商银行和中国民生银行都位列其中。

同样的现象也出现在石油天然气行业。中国的能源消费总量在2012年已经超过美国，成为全球最大的能源消费国。随着能源消费的大幅度增加，控制油气板块的三大央企——中石油、中石化和中海油的营业收入大幅度提升。

综上所述，投资拉动的经济增长模式极大地刺激了中国企业对能源、基础原

---

[1] 参见 Raghuram G. Rajan, *Fault Lines,* the Princeton University Press, 2010。

材料、资金等要素的需求；国家对生产要素市场的垄断，再加上适度的金融抑制，使得这些行业迅速涌现出一批大企业。

第二，从全球贸易自由化的角度来看，推动中国企业规模迅速做大的第二个结构性因素是从20世纪末开始提速的全球贸易自由化，这为中国企业的迅猛发展创造了机会。除了固定资产投资外，出口一直是中国经济增长的重要引擎。贸易自由化降低了出口关税，使得中国企业获得了更大的国际市场和快速成长的机会；反过来，贸易自由化和加入WTO，也使得中国各行业能够大幅度降低进口关税，外资和外国商品的进入有助于提高中国产品的竞争力，促使中国企业以更多的投资、更多的技术革新和产品升级换代来迎接挑战。这些变化，增强了中国企业的竞争力，也扩大了中国企业的规模。①

第三，从政府有倾向性的经济政策角度来看，除了上述原因之外，政府在最近十多年出台的一系列关于企业改革的政策、法规，以及整个中国经济政策向国有板块的倾斜，均有利于企业在规模上迅速突破。2002年，中共十六大提出要进一步深化国有企业改革，探索公有制特别是国有制的多重实现形式。除极少数必须由国家独资经营的企业外，积极推行股份制，发展混合所有制经济，实行资本主体多元化，重要的企业由国家控股；同时，完善公司治理结构，推行垄断行业改革，积极引入竞争机制。通过市场和政策引导，发展具有国际竞争力的大公司、大企业集团；时至2006年，国资委首次明确了国有经济发挥控制力、影响力和带动力的具体行业及领域。一系列的举措都有利于企业在规模上通过资产重组和收购兼并迅速实现扩张。

我基本认同麻省理工学院的黄亚生教授在进行相关分析时的观点：中国政府的改革思路和采取的经济政策在20世纪90年代发生了变化。自下而上、市场主

---

① 《经济学人》记者Joe Studwell在他2013年出版的畅销书 *How Asia Works* 中讨论了亚洲几个经济体的工业化过程。他发现，包括中国、韩国和日本在内的几个亚洲国家的工业化进程都是从制造业开始的。因为制造业主要依赖机器设备，可以让亚洲经济在发展的早期阶段克服缺乏高技能人力资本和管理技能等缺陷。相比制造业，服务业的发展要困难得多。服务业劳动生产率的提高取决于教育程度的提升和人们观念的改变；而且，推动制造业的国际贸易要比推动服务业的国际贸易容易得多。因为服务业的开放意味着人员可以跨国界自由流动，对于这一点，即使是最支持自由贸易和全球化的人也会觉得很激进。

导的经济慢慢为自上而下、政府主导的经济所取代,而政府主导的经济更易于规模巨大的大企业的出现。与国家具有倾向性的政策相配合,地方政府和央企也把做大做强作为重要的业绩指标来追求。地方政府普遍具有增长主义倾向,因为GDP是考核地方政府业绩的重要指标,而投资、做大规模是推动地方GDP成长的有效手段。这样做的直接结果是大量规模巨大的企业集团的涌现,明显后果就是部分行业出现产能过剩。[1]

正因为如此,分析这两年《财富》全球企业500强的中国上榜企业,我们可以发现三个核心特点:其一,依旧集中在钢铁、资源、化工、金融等行业;其二,绝大部分是国有企业,民营企业很少;其三,利润绝大多数集中在商业银行。

在相当长的一段时间之内,中国企业大多强调的是规模的重要性,因为它们相信"只有迅速做大才可能生存下去"。就经营企业的人来说,如何对这一现象进行解释?

张志学: 因为我多年在商学院教学,得以接触为数众多的海内外企业家。相比起来,中国的企业家明显表现出独到的霸气,而且往往体现在多个方面——他们讲话时充满激情、作决策时说一不二、行动时雷厉风行、经营时无所畏惧、待人接物时又恩威并济。这种霸气虽在不经意间流露,却让海外同行感到困惑、敬畏和羡慕。对方困惑的是,中国企业家是怎样以似是而非的粗枝大叶来打造自己的帝国的;对方敬畏的是,自己在竞争中能否应对得了这种"气场";而对方羡慕的则是,中国同行们在本土市场上的呼风唤雨。

这种霸气是一种表象。要解释为什么中国企业大多强调规模的重要性,可以拿我经常在课堂上让高管们做的一个情境练习作为例子:设想你的公司巨额投入某药品研发并已完成大部分进程,此时却得知有5家主要竞争对手已完成所有临床试验,即将投产;他们的产品性价比很有竞争力,而累计的生产规模基本可满足市场需求。面对这种情况,你是继续投资完成研发,还是中止投资?

---

[1] 有关地方政府在过去三十多年时间里积极推动地方经济增长的原因及其造成的影响,可详见本书"地方政府转型博弈"部分的相关论述。

在这个情境中，即便完成研发，营销成本也将非常高昂，继续投资显然是很凶险的。受过规范管理训练或者在成熟市场竞争中历练过的人，对这道题的回答都显得非常谨慎。例如，2009年年底，50名来自美国不同企业的高管们选择"继续投资"的只有8名。他们的理由主要包括"今后还要投多少钱属于未知""已投入的资产可用于其他产品""竞争不过别人，不必继续"，等等。

相比之下，中国的企业家选择"继续投资"的比例要高得多——2005年以前，约80%；2005—2008年，约65%。而他们的理由包括"市场很大，多少可以抢占些份额""已经投入了大部分，不坚持就肯定输了"，等等。

中国的广阔市场和无穷可能性，造就了中国企业家们雄厚的"底气"。空间巨大，即便犯错也未必致命；各地经济发展不均衡，总能找到施展的机会；制度与监管的空白地带，为站稳脚跟赢得了宝贵的时间；重视人情，庞大的人脉网络成为核心竞争力之一；早期草莽英雄的发家史鼓励了新一代企业家前赴后继续写传奇，而中国也的确从来不缺奇迹。

改革开放释放了中国人的创造力及欲望，而企业家们则是一马当先，寻找各种商业机会，成为追求财富的普通人的楷模。不过，跑马圈地的时代已经过去，越来越多的中国企业家开始将自己的霸气转移到缜密的运筹和精细的经营中。也许"后霸气时代"的征兆已经出现——对上面那道题选"继续投资"的比例已比往年显著降低：2011年4月和9月，分别约为50%和40%。

第二次长征

中国企业在艰难地完成了第一次长征之后，马上面临从"大"到"伟大"的第二次长征。这一次将更加艰苦卓绝，将面临制度环境、市场环境、商业模式、企业家精神等全面的挑战。中国企业的这一次长征，成败与否，将直接关系到经济结构转型能否成功，关系到中国能否摆脱"中等收入陷阱"。

除了上述领域内的企业之外，阿里巴巴、百度等一大批没有太多垄断及政府背景的本土科技型企业，也正在各自的领域内成为全球性的公司。但近期，阿里巴巴与国家工商行政管理总局出现了一场"假货争端",是否也意味着它的"大而不强",或者按照您的逻辑,"大,但是不伟大"?

刘俏: 这次事件对于阿里巴巴来说是一个教训。过去 15 年发展得很快,没有太多时间去思考公司治理,这次把软肋都暴露出来了。

我们可以把阿里巴巴与美国的通用电气进行比较。阿里巴巴在美国上市以后,市值曾达到 3 000 亿美元,超过通用电气了。通用电气有 150 多年的历史,反观阿里巴巴,则只有 15 年的历史。150 多年历史的公司,在公司治理、企业文化方面,肯定有很多出色的地方,否则它也活不了 150 多年。马云也号称要做百年老店,怎么延续就是个问题。

阿里巴巴之前过度关注规模的成长,尤其是在进行 IPO 以前。阿里巴巴要做平台、做集市,但前提是集市里要是合法的生意,货是真货。

敢于面对市场,敢于直面弱点并加以改正,这样的企业就有可能成为伟大的企业。中国公司中,华为有这样的可能性。它在全世界竞争,靠自己的创新与独特的文化,经历了很多国家的严苛考验。阿里巴巴在经历这次事件之后,若能把它当作一个教训来接受,对自身的短板进行修正,也有机会。

中国技术跃升周期中外部环境的重大变化如表 5-1 所示。

表 5-1 中国技术跃升周期中外部环境的重大变化

技术跃升周期	制度(外部环境)特征
1985 年前	计划经济特征的科研——生产体系
1985 年	1985 年第一次科技体制改革 1997 年亚洲金融危机
第一波(1998—2001 年)	1999 年第二次科技体制改革 2000 年互联网泡沫破裂
第二波(2001—2004 年)	2002 年正式加入 WTO
第三波(2005—2006 年)	—
第四波(2008—2010 年)	2008 年国际金融危机

资料来源:张军扩等,《追赶接力:从数量扩张到质量提升》,中国发展出版社,2014 年 8 月。

> 中国新动能——光华学者解析未来发展之关键

您一直强调中国企业必须升级。这种升级的必要性可以体现在哪些层面？而方向又是什么？

刘学：转型已经成为企业家、经济学家等使用频率最高的一个词汇，与转型相关的、引起广泛共鸣的一个说法是"不转型等死，转型找死"。这种说法，反映了社会各界普遍的焦虑心理。的确，对任何一家企业，何种情况下需要转型、转型的方向如何选择、转型的范围如何控制，都是涉及企业生死存亡的关键问题。

企业最基本的目标之一是实现自身的持续成长，要实现这个目标，要么把现有业务做大做强，要么进入新的业务领域。过去很多企业决策者在思考转型时，习惯从一个业务领域进入另一个业务领域，或者沿着产业纵向链条向上下游延伸。然而，如今在"新常态"下，这种转型的思维模式遇到了挑战——绝大多数行业都严重供过于求；从全球范围内看，中国相当一部分业务领域不再有成本优势。因此，企业从一个业务领域进入另一个领域，或者沿着价值链向后或者向前延伸而成功转型的机会已经非常有限。

刘俏：从核心来说，中国企业必须进行新一轮的升级，也就是所谓的进行"新长征"，而这次长征的主题，则是从"大"到"伟大"，是实现盈利模式的突破。

我之所以在这个时候如此强调这一观点，其背景是，以往支持中国企业快速发展的经济增长模式，已经开始迅速转型，由投资和出口拉动转向需求拉动，由粗放式增长转向效率驱动的集约式增长。应该说，高速增长、出口和投资导向，这些使得中国企业能够在短期内实现规模上的突破、跻身大企业行列的结构性因素在未来将逐渐式微。对于中国企业而言，未来十年，"追求伟大"将逐渐演变成企业战略和经营的主旋律。

在这个过程当中，我们必须尤为注意的是：虽然"大"与"伟大"只是一字之差，但含义上的差异却有天壤之别。中国跻身全球500强的大企业中，没有几家已经堪称伟大的企业。以中石油、中石化和国家电网为例，它们均以销售收入规模取胜，而盈利能力、股东回报等方面的表现却不尽如人意。中国虽然是制造业大国，但大部分企业却聚集在价值链的低端环节，赚取很低的利润，鲜有中国品牌能够获得国际性的认知和认同。以汽车业为例，在中国的汽车产业当中，自主品牌的市场份额达 1/3 以上，却只在产业链上赚取了不到 5%的利润，剩下的利润都被合资企业或外资企业赚走了。

那么，您认为我们应该如何定义"伟大的企业"这一概念？

刘俏：王国维曾经在《人间词话》里用短短数千言论尽古今词人。他的总结是"词以境界为上，有境界则自成高格"。这其实也适用于鉴别伟大的企业。伟大的企业是那些有境界、自成高格的企业，是那些不拘泥于一时一域、谋求全局和万世的企业。显然，伟大的企业应该具有与众不同的基因。

对于这些与众不同的基因，不少学者都曾经给出不同的答案，我认为较有影响力的有两个。一是美国学者吉姆·柯林斯和杰里·波拉斯在《基业长青——企业永续经营的准则》中的六个标准：处于所在行业中第一流的水准、广受企业人士的崇敬、对世界具有不可磨灭的影响、已经历很多代 CEO、已经历很多次产品周期、在 1950 年前创立。随着时间的推移，柯林斯的这一思想在后来略有改变，变得更加简洁，总结为两个品质：一是伟大的企业必须是业绩表现非常优秀的企业，能创造价值，给股东高水平的回报；二是伟大的企业能以独一无二的方式，通过产品和服务改变人们的生活。如果这些企业消失了，它们所留下的空白没有别的企业能够填充。

二是全球顶级咨询顾问公司麦肯锡在 2010 年推出的一系列研究报告中，特别针对中国企业列出的鉴别伟大企业的重要指标：产品和服务的地位、长期投资价值、公司资产的合理利用、创新能力、管理质量、财务稳健程度、吸引和保留人才的能力、社会责任、全球化经营的有效性。为此，麦肯锡归纳了"世界一流企业"的三个特征：其一，要"大"，即具有足够的体量，对行业乃至全球经济具有显著影响力；其二，要"强"，即不断创造不俗的业绩并保持所在行业的领袖地位；其三，"基业长青"，即具有发展的长期持续性，经历市场变幻、风吹雨打依然屹立不倒，积累了长盛不衰的国际名声。

但问题在于，依照这些指标寻找出来的伟大的企业，经常出现无法经受住时间考验的问题。

刘俏： 事实上，判断一家企业伟大与否是一件很主观的事，基业长青远比人们想象的要困难。很多被上述标准圈定为"伟大"的企业，最终并没有经受住时间的考验。而吉姆·柯林斯在 2001 年又出版了《从优秀到卓越》一书，让人忍俊不禁的是，这一次他又遭遇了滑铁卢。在其新圈定的企业中，很多在上榜后的表现平平，这又使他的观点的说服力打了很大的折扣。

这些尴尬几乎适用于任何一本研究伟大企业的书籍。之所以会出现这种局面，是因为这些书籍的一个共性，是它们都是用事后整理回顾的方式去找寻那些使得企业成功的因素。这些书籍预设了一个前提：过去的成功经验能够确保企业在未来也同样成功。而这个前提在现实生活中并不存在，商业社会充满了各式各样的"颠覆式创新"[①]。所以说，上述这些因素并不一定能够确保企业在未来取得成功。我们必须时刻保持警惕的是，未来是非线性的，充满了不确定性。因此，理解过去并不意味着能够预测未来。

如果有中国的企业可以被称为"伟大"，您会怎么定义？

刘俏： 我无法讨论中国的伟大企业应该具有的特性，我并没有能力给出确切的答案，甚至还怀疑答案的存在。

一方面是因为过去的成功并不意味着以后也能获得同样的成就；另一方面，现在我也无法找到一批伟大的中国企业供我去解剖、去研究、去发现一般规律。我在目前这种局面下能够做到的，就是回到企业经营的原点，思考什么样的本真、什么样的原始动力能驱使一家企业不断往前走，最终成就伟大。我相信答案存在

[①] 颠覆式创新是一种创新的结果。所谓的"颠覆"，是对创新结果的一种描述，即在传统创新、破坏式创新和微创新的基础之上，由量变导致质变，从逐渐改变到最终实现颠覆，通过创新，实现从原有的模式完全蜕变为一种全新的模式和全新的价值链。最初将这一概念发扬光大的是被称为"创新大师"的哈佛商学院教授克莱顿·克里斯坦森，1997 年的 *The Innovator's Dilemma: When New Technologics Cause Great Firms to Fail* 出版时，他还只是哈佛商学院的助理教授。此书确立了他在创新技术管理领域的权威地位。

于千千万万家企业对"伟大"的追求之中。

除此之外,我还相信统计学里的大数定理,当数量足够多的企业在不懈追求、尝试能够不断提高创造价值、创造能力的新的商业模式的时候,从它们中间涌现出一批伟大的企业就是必然的。我们能够做的,只是去挖掘、培育、维护这样一群基数庞大的企业,鼓励它们去追求伟大。或许在十年或者二十年后,当中国真正有一批世界级的企业傲然屹立于世时,我能有幸去研究这些伟大企业的成功基因,从中抽象出一系列规律;而当下,我能够做到的,只是给出中国企业要成为伟大的企业必须具备什么样的外部和内部条件。

当然,截止到目前,我已经找到了一个初步的答案,它可以说是异乎寻常地简单,那就是:伟大的企业,要进行价值创造。

这句话应该怎么理解?何谓进行"价值创造"?

刘俏: 伟大的企业立意高远,所追求的是为最大数量的人提供最大限度的福祉。价值创造不仅仅是为股东创造价值,实现股东权益最大化;也包括为所有的利益相关方(包括雇员、客户、供货商、社区等)提供长久的福祉。以这样的目标作为诉求去追求卓越,应该是每一个企业追求的终极目标。如果追求的过程是一个以价值创造为目标的过程,那么这种追求本身将促使更多的企业去提升经营表现,这将全面提升中国企业的整体竞争力和素质。

中国有句俗语:"取法乎上,得乎其中;取法其中,得乎其下。"假如我们的企业都以全面的价值创造作为追求目标,那么一个很小的概率乘以一个庞大的基数就意味着中国一定会出现一些伟大的企业。这些伟大的企业将带动更多的企业将中国的商业实践向上引领。

您所谓的用"价值创造"来定义企业是否伟大,可否有更加清晰的衡量指标?

刘俏: 对于一个伟大的企业,如果我们理解企业经营的前瞻性目标是持续的价值创造,那么实现这一目标的最基本的手段——持续保持高水平的投资资本收益率就应该成为企业关注的重中之重。大量的实证研究显示,投资资本收益率（Return on Invested Capital，ROIC）是与企业价值创造关系最为密切的指标。四季更替、日月轮转，所有的企业都在改变；然而，伟大企业的内核一直在那里，从来没有变过。"伟大"的一个重要内涵是能够创造价值，而实现价值创造的微观基础是企业能在很长一段时间里保持比竞争对手、比资本成本高出一截的投资资本收益率。

也就是说，如果一家企业能够在较长的一段时间内保持比加权平均资本成本（Weighted Average Cost of Capital，WACC）高出一截的投资资本收益率，即该企业能够在较长时间内使得 ROIC≥WACC 成立，那么该企业堪称伟大的企业。

作为您的核心观点之一，您能否再详细解释一下投资资本收益率这一概念？

刘俏： 简单来说，投资资本收益率衡量的是一家企业投入经营活动的资本所带来的收益率。如果一家企业的 ROIC 是 10%，就意味着这家企业每 1 元投入经营活动的资本每年能够产生 0.1 元的税后利润；而加权平均资本成本衡量的则是企业的总体融资成本。企业外部资金来源主要有两类，即股东权益和债务。因此，加权平均资本成本主要是这两类资金来源的融资成本的加权平均；换一个角度来说，它衡量的是企业使用资金的机会成本。如果有一家企业，一半的资金来自银行贷款，利率是 6%；另一半的资金来自一个出资人，该出资人期望得到 12%的投资回报。在这种情况下，这家企业的加权平均资本成本是 9%。这意味着，这家企业进行外部融资时，需要向它的资金提供方平均提供 9%的回报。可见，加权平均资本成本是一个以市场为基础，基于市场上资金供需所决定的资金的均衡价格，是一个很重要的价格信号。

正因为如此，一家企业只有在其投资资本收益率大于加权平均资本成本时，才创造了经济价值（Economic Value Added，EVA）。也只有如此，这家企业才有存在的必要性。

事实上，这一概念同样适用于中国的宏观经济。用一个简单的方程式来解释中国经济的转型过程：增长率=投资率×投资收益率。投资率和投资收益率都能够促进经济增长；但是，中国经济转型要求我们降低投资率，提高消费所占比例，增加投资资本收益率。唯有这样，中国经济才能实现从数量增长向质量增长的转型。

除了自身的学科背景之外，您如此推崇投资资本收益率这一指标，有何具体原因？

刘俏：其一，过去多年的学科研究的确影响了我的思维观念；其二，我深刻地体会到在过去十年，我们的企业对大和规模的追求已经到了无以复加的程度。在这种情况下，我愿意用一种显得极端的方式去推介投资资本收益率这个概念。

我可以以资本市场为例来进行解释：美国资本市场在过去100年给投资者的平均真实收益率达到10%—11%的水平，远远高于同期美国国债给投资者的收益率。这两个收益率之差，在金融学里叫做股票风险溢价。应该说，美国的上市公司在过去100年里给予了投资者非常具有吸引力的回报；而在这背后，是上市公司存在业绩上的支撑。根据新古典经济学的分析，投资股票的收益率在均衡状态下应该等于该股票所代表企业的投资资本收益率。美国资本市场过去100年能够给投资者10%以上的投资回报，说明美国上市公司的投资资本收益率在这个阶段也应该是同样的水平。

我曾经计算过在纽约交易所和纳斯达克上市的所有企业（金融企业和公用事业企业除外）1963—2001年的年平均投资资本收益率，在这期间美国上市公司的平均投资资本收益率虽有起伏，但平均高达11.6%。这与新古典经济学的观点是一致的。美国资本市场之所以能够长期给投资者相对较为理想的投资回报，就在于上市公司能够保持较高的投资资本收益率。

正是在这样的商业土壤的基础之上，美国企业史上出现了一个著名的判例。1916年，密歇根州高等法院在审理"道奇兄弟起诉亨利·福特案"时裁决：一个商业企业的组织与运营必须首先为股东的利益服务。这一裁决奠定了美国股权文化的法理基础，其核心思想就是：对于企业而言，利润就像身体里的氧气、食品、水和血；它们不是生命，但是没有它们，也就没有生命。

> 中国新动能——光华学者解析未来发展之关键

在当下的中国商业环境中，美国的这一规则、模式，甚至投资资本收益率这一概念本身，是否适用于中国？

刘俏：事实上，即使在中国资本市场这样一个曾被吴敬琏先生称为"连赌场都不如"的市场里，投资资本收益率最高的前20%的企业也能够给它们的股东带来高达13.2%的年化收益率，基本与中国实体经济的名义增长速度持平。对于投资者而言，如果选择这样的股票，就会发现中国股市与实体经济其实并不脱节。投资资本收益率的确能够准确地反映中国企业的经营状况和价值创造能力。

随着改革开放的深入和中国市场经济的不断发展，企业应该以创造价值作为经营目标的观点已经为大多数企业所接受。当然，也有很多企业尤其是大的央企，除了强调企业的经济责任之外，也强调企业的社会责任和政治责任。这里其实并没有本质上的区别。无论如何，企业归根结底必须靠创造价值来证明自己存在的合理性。我以往的一系列研究也证明，投资资本收益率同样是衡量中国企业是否伟大的重要指标。比如，我曾经计算过样本范围内的中国上市公司1998—2012年的投资资本收益率，有如下四个发现：

其一，如果用行业在1998—2012年平均投资资本收益率（中位数）来排序，交通运输、仓储和邮政业是中国上市公司中投资资本收益率最高的行业；行业投资资本收益率的中位数为4.58%；其次是其他制造业，行业投资资本收益率的中位数为3.91%；排名第三的是交通运输设备制造业，行业投资资本收益率的中位数为3.39%；再往下依次是采矿业（2.93%）、房地产业（2.86%）、电子信息技术业（2.70%）等。

其二，1998—2012年，投资资本收益率的中位数最低的行业是文化、体育和娱乐业（0.03%）；其次为生物、医药制品业（0.22%）；再往上是社会服务业（0.41%）和综合类（0.65%）。

其三，如果以行业内投资资本收益率的差距来排序（第75百分位数减去第25百分位数），行业内表现差异最大的是采矿业，相差12.61%；其次是电子信息技术业，相差12.42%；交通运输设备制造业排第三，相差11.19%。

其四，行业内差距最小的行业是电力、燃气及水的生产和供应业，中间50%

的企业的投资资本收益率之差是 5.08%；其次为造纸、印刷、文体用品制造业（5.68%）；排第三的是综合类（6.54%）。

除此之外，我的研究还揭示了几个非常值得讨论的现象：首先，综合类企业的平均投资资本收益率并不高，只有 0.65%。这样的一个投资回报在所有行业中排倒数第三，表明多元化并没有带来明显的价值创造。企业通过多元化来追求"大"，反而离"伟大"越来越远。其次，中国行业间的投资资本收益率的中位数分布在 0.03%—4.58%，而行业内差距在 5.08%—12.61%。显然，行业内差距远远大于行业间差距，这一结论对中国上市公司思考、设计未来的企业战略有深远的影响。

为什么得出这一结论？

刘俏：投资拉动的中国经济近年出现的一大痼疾是大面积的产能过剩，这使得很多行业的利润率大幅下降。许多企业开始寻找蓝海，把多元化、进入新的行业作为企业未来发展的主导思路，大量的企业开始投资金融与房地产等热门行业。这种对于"蓝海战略"的片面理解，其实不能帮助企业创造价值。由于行业内的差距要远远大于行业间的差距，因此与其盲目进入一个"看起来很美"的新行业，还不如扎根主业，着力挖掘新定位，力争实现盈利模式上的差异化，成为行业龙头。后者提升投资资本收益率的空间比前者要大很多。

多重掣肘

在完成第一次长征、规模急速膨胀之后，真正具有高投资资本收益率及令人耳目一新的商业模式的中国企业，其实仍然十分匮乏。

中国企业为什么很难做到伟大？这背后隐藏着什么原因？为何中国企业如此偏爱规模、多元化，而非投资回报？

刘俏：这其实是几个问题。总的来看，我认为能够回答它们的，有两个外部的结构性的原因：其一，与中国经济增长模式有关；其二，与中国目前脆弱的制度基础设施有关。

就第一个原因而言，中国的经济增长模式造成了哪些困难？

刘俏：长期以来，中国的经济增长主要依靠"三驾马车"来拉动。其中，消费对经济增长的拉动作用长期偏弱；最近五年随着中国经济外需环境的恶化，出口对经济增长的贡献也在减弱；只有投资尤其是固定资产投资，始终是支撑中国经济增长最有力的推动力量，但这也带来了产能过剩、周期性的经济过热等结构性问题。

在此基础之上，虽然国有企业改革历时多年而取得了许多阶段性的成果，但"预算软约束"、道德风险泛滥一直困扰着国有企业和地方政府。这些由地方政府主导的投资也许能够很快形成产能和规模，但是它们的投资资本收益率并不会太高。中国光伏行业的经验教训，揭示了中国经济近三十年屡见不鲜的一个尴尬规律：要在短时间内把一个伟大的概念做成一个垃圾的概念，最简单的办法就是一窝蜂投资。

地方政府或国有企业的投资资本收益率一定不高吗？

刘俏：学术界一直在努力寻找验证这一观点的实证证据。计算中国企业的投资资本收益率是一件极具挑战的事情，因为大部分中国企业并没有上市，即使是上市公司，它们的财务数据也不一定可靠。

直接评估工业企业的投资资本收益率非常困难，因为相关信息并不完整。国内学者一般用净资产收益率（Return on Equity，ROE）来反映投资资本收益率，但这不能准确反映一个企业的基本面和价值创造能力。税后利润（ROE 的分子部分）包含非经营性利润（如投资股市、房地产等产生的收益），有可能扭曲企业经营的真实情况；另外，净资产收益率的取值受到企业融资决策的影响，高杠杆会拉升净资产收益率。因此，它并不是一个准确的、有关企业投资资本收益率的衡量标准。

您与香港的合作者曾经在 2011 年对此发表相关论文，它能够在多大程度上解决这一问题？

刘俏：我们研究了国家统计局公布的规模以上工业企业。这些企业的年销售收入和总资产在 500 万元人民币以上,每年被统计局纳入统计的企业数量从 20 万家到 40 万家不等。我们利用经济学里的一个重要定理(即在均衡状态下,投资的边际成本应该等于边际收益),设计了一个实证方法。在这一条件下,根据企业的实际资本开支(即投资)倒推出一个折现率,它使得企业下一期的边际收益等于当期的边际投资成本。我们用这个折现率来衡量企业的投资资本收益率。

简单来说就是,企业只有在投资回报达到这个折现率时才愿意投资,因而这个折现率本身就反映了这家企业期望得到的投资资本收益率。

根据我们的计算结果,2001—2005 年,国有企业的平均投资资本收益率为 5.3%—5.8%;而非国有企业的平均投资资本收益率大都在 9% 以上。二者相差至少 4 个百分点。

这一发现意味着,国有企业不断做大规模会产生非常严重的负外部性。在一个资源尤其是金融资源相对稀缺的经济环境里,国有企业大量投资会产生挤出效应,挤占本可以流向投资资本收益率较高的非国有板块的投资。

应该回到会计学的一个重要的等价公式:增长率=投资资本收益率×投资率。这个公式是在理解中国经济时最有用的逻辑框架之一。中国经济转型的一个重要方面,就是改变中国经济靠投资来拉动增长这一特征。这就要求在未来更多地依赖投资资本收益率而非投资率。

除此之外,您所说的阻碍中国出现伟大企业的另外一个原因是制度基础的薄弱,您是从哪个方面来理解这一问题的?

刘俏: 很多学者的研究都表明,良好的制度基础对经济发展具有显著的正面推动作用。[①]中国经济经历了三十多年的高速发展,铁路、公路、航运等基础设

---

① 美国麻省理工学院经济学教授达龙·阿西莫格鲁及其合作者在 2001 年的《美国经济评论》上发表了一篇可能算是近些年在这一领域内最重要的实证文章。在这篇文章中,作者用实证方法研究跨国数据,显示出当一个经济体拥有良好的制度时,它的经济发展水平相对会更高一些。之后,许多学者沿用类似方法,用不同国家、不同历史阶段的数据反复论证了制度与经济发展之间的因果关系。因此,制度对经济发展的推动作用已经在学界被广泛接受。

> 中国新动能——光华学者解析未来发展之关键

施建设取得了长足的进步,也为中国经济的稳定增长提供了强有力的保障。但中国的制度基础设施建设却一直落后于基础设施的建设,对私有产权的确权和保护滞后,金融体系长期受制于结构不合理、覆盖面窄、中介效率低等结构性痼疾,没有建立起有效的破产保护机制和有效的破产流程,政府公共与经济职能混淆不清等,不一而足。

企业家在全世界都是稀缺资源。中国也许拥有全世界最勤奋好学、最贴近市场的企业家,他们能在短短三十年杀出重围,具备了市场敏锐度和对远景的综合掌握。可是,中国却很少产生类似于通用电气或者 IBM 那样的世界级企业。在这里,正确理解经济结构和制度基础设施,便成为解读企业行为及其表现的关键。

事实上,目前活跃于各行各业的中国企业,大致可以分为三类:第一类是大型央企,主要分布于金融、电信、能源等垄断性行业;第二类是地方政府主导或经营的大量散布于各个垄断或非垄断行业的国有企业;第三类则是大量的民营企业、三资企业、中小企业和小微企业。

从盈利表现及投资效益的角度来看,数量庞大的民营企业和三资企业正在日益成为中国经济发展的引擎。然而,这些企业单一的经营模式却使得它们中间很难出现一些世界级的伟大企业。这些企业大多聚集在价值链的个别环节,为了微薄的利润进行残酷的市场竞争。它们中的绝大多数不具备整合价值链或是从价值链的个别环节上摄取更多价值的能力;少数具备能力者,也因为不能从现有的金融体系中得到足够多的支持而步履维艰。

除此之外,脆弱的制度基础设施、不完善的制度和政策设计,还往往为经济生活的参与者提供了各种各样、或大或小的寻租机会,寻找制度"漏洞"的套利便成了中国特有的商业"模式"。但这种追求"短平快"的财富攫取方法,只会造成中国企业的商业实践和商业思想更加落后,难以成为能带来高投资资本收益率的可持续商业模式,企业做强谈何容易?

让属于市场的回归市场、完善市场和竞争机制、改变微观结构,才能影响与改善企业的行为模式和最终表现。

除了外部环境之外，从企业自身角度来说，是否也有一部分具有中国特色的因素制约了它们走向伟大企业的步伐？

刘俏： 从这个方面来看，制约中国出现伟大企业的两个内因分别为：其一，具有中国特色的公司治理模式；其二，中国企业普遍存在企业战略上的误区——追求规模与片面多元化。

何谓"具有中国特色的公司治理模式"？

刘俏： 公司治理源于代理问题。目前中国在理解公司治理的时候存在一个误区：太强调各种模式的争论，而忽略了公司治理的实质。设立公司治理机制的目标，是不论在哪一种模式下，都能解决代理问题，降低公司控制者和管理者的寻租空间。在现阶段，我对公司治理的更具操作性的描述是，好的公司治理就是有一套行之有效的内部或外部机制，使得 ROIC≥WACC。

虽然中国的公司治理改革自2001年正式启动后已延续多年，但中国的上市公司仍然主要采用控制式的公司治理模式。这与中国发展资本市场的初衷有关——配合国有企业改革，帮助国有企业利用银行以外的渠道获得融资，并建立现代企业制度。这使得中国的资本市场发展带有很强的计划管控色彩[1]，也决定了国有企业占上市公司绝大比例这样一种上市公司结构。在这种情况下，上市公司造假严重，大股东肆意侵犯小股东利益等问题不一而足。

当资本市场上大部分的上市公司肆意操纵其盈利数字、予取予求时，我们怎么能相信这些公司是以企业价值创造为经营目标的呢？我们怎么能够相信这些企业在投资决策时考虑的主要因素是投资资本收益率呢？如果这些企业不是以提升ROIC为目标，它们又怎么能变成伟大的企业呢？

多元化歧途

通用电气倡导通过并购剥离来跨越单纯依靠自身增长所带来的速度和规模上的瓶颈，但其企业战略的核心一直是保持盈利的可持续增长；雀巢在其近150年

---

[1] 这反映在国家对上市资源的配额管理，自上而下的公司治理体系和高度集中的股权结构等方面。

的历史中一直注重可持续的增长,在不断进入新市场的同时,保持并利用其强大的无形资产(雀巢品牌)成为雀巢公司最核心的企业战略;而 IBM 在其转型过程中则强调重新塑造业务组合以保持强大的价值创造能力。

您刚才也提到,中国企业往往并不重视从"大"到"伟大"的转型。在遇到困难或发展瓶颈的时候,往往希望借力多元化来摆脱窘境,为什么会出现这一局面?

刘俏: 仔细分析成功企业的多元化战略,我们可以发现,它们的共同特点是能够充分利用其核心优势去不断地培育新的业务增长点,维持一个灵活且具有生命力的业务组合,并以此为基础改变企业的组织结构、决策和经营模式。这一理念在麦肯锡公司于 2000 年出版的《增长炼金术》(The Alchemy of Growth)一书中得到了很好的体现。一个企业的业务可以按照其带来利润的时间点分为三大类:第一类业务是该企业当下的核心业务,是企业目前的现金牛;第二类业务属于潜力巨大的新业务,它们或许在不久的将来能成为企业现金流的贡献者;第三类业务只具备发展远景,充满不确定性。

简而言之,一个成功的企业最重要的核心竞争力就在于灵活管理其业务组合,目的就在于使企业能够在长时间内保持一个较高的投资资本收益率。但遗憾的是,很多中国企业在思考未来发展战略的时候,简单地把这种战略性思考理解为"多元化"。更有甚者,在企业普遍面临产能过剩,竞争日趋白热化的背景下,很多企业把不断进入新的行业理解为实施"蓝海战略"。我特别想要强调的是,多元化和追求规模,是中国企业在战略层面上的最大误区。

是不是可以这么理解,多元化本身无可非议,是中国很多企业把"经唱歪了"?

刘俏: 实际上,对于多元化的质疑,一直没有停息过。[1]实证金融学在过去

---

[1] 大型企业多元化的经营趋势始于美国 20 世纪 60 年代的第三次并购浪潮,期间涌现了一批像通用电气、强生等业务涉及不同行业、销售规模庞大、盈利稳定上升的大型企业,这种战略因此逐渐被越来越多的企业效仿,尤以 20 世纪 80—90 年代的日本和韩国企业为甚。鉴于日韩经济在 20 世纪后半段所取得的巨大成就,多元化在其他新兴市场国家也获得了热烈的响应。

二十多年的研究中也有一个相当重要的发现,那就是"多元化折价",指的就是多元化经营的企业相较于专业化经营的企业在市场估值方面会有一个折价。①

"多元化折价"这一概念,过去二十多年里已经在多个国家、多个行业和多个时间段被反复验证,结论甚为稳定。不仅如此,原本学界一直以为这种现象主要集中于制造业,但是最近一项由美国学者罗斯·列文主持的研究发现,这一现象也存在于金融机构中。那些力求打通金融服务链、巨无霸型的金融机构,在市场估值上其实是有折扣的。这对于像花旗集团、瑞银集团等致力于打造一站式金融服务的全能金融机构,以及孜孜不倦地致力于复制全能模式的中国金融机构来说,不啻为当头棒喝。

现在看来,这些相关的认识并没有在中国企业寻找发展路径时起到太大的作用。

刘俏: 这就是让人感到遗憾的地方。中国企业追寻的正是与"去多元化"背道而驰的发展路径,这从中国民营企业与国有企业在过去十年所经营的业务板块个数呈现明显上升趋势这一现象中可以明显感受到。

我的观点是,民营企业追求多元化,相对而言,可以理解为是市场行为,其成败与否还能接受市场的考验,后果需要自己承担;国有企业追求多元化,一方面占用大量的资源,另一方面因为软预算约束,投资的回报并不乐观。

有的企业家言必称要做中国的通用电气或者强生,殊不知它们多元化的背后,有对企业战略和市场机会严格的论证及试错。与通用电气、强生等同时成立的企业,也有许多追求多元化的,但大多已经灰飞烟灭。过分放大一个小概率事件成功的可能性,反映的其实是企业家们的行为缺陷和盲目自大。

但为什么在中国尤其是中国的国有企业,有着这么强烈的多元化冲动?

刘俏: 其一,国有企业本身就有追求规模的强大动机。如同地方政府的增长

---

① 多位学者曾经研究美国的上市公司,他们都发现多元化经营的企业在市场估值上平均会有10%的折价。也就是说,这些多元化的企业如果能把其业务板块分拆并独立经营,平均能获得10%的价值提升。

主义倾向和 GDP 倾向，进入《财富》全球 500 强或是《财富》中国 500 强往往是考核国有企业领导成功的重要指标。琳琅满目的排行榜大多以销售收入、资产规模，甚至员工人数作为排名标准，于是大肆投资、扩大规模也就成为这些企业的自然选择。

其二，在现有制度基础设施相对薄弱的情况下，公司治理机制缺失，投资本身也就成为一个充斥着寻租机会的活动。当企业能够以被严重低估的价格从金融体系中获取大量的融资时，投资冲动更是难以遏制。

其三，国有企业大多处于垄断行业，优惠政策、廉价融资、国家保护等使得相当一部分国有企业能够长期保持相对稳定的高额垄断利润。在现有分红制度下，这些利润大部分留存在企业内部。回到公司金融理论中被广泛讨论及验证的"自由现金流"问题，当一家企业有大量的自由现金流时，就会不可遏制地产生强烈的投资冲动。

因此，中国经济转型要成功，当务之急是企业要尽力去提升投资资本收益率。对于大部分缺乏自主创新和令人信服的商业模式的中国企业，在自己专属的领域尚且不能保持一个相对较高的投资资本收益率时，就匆忙涉足其他领域，追求规模的多元化经营，显然与提升企业的价值创造能力、改变中国经济增长模式这一方向背道而驰。

新长征之基

在中国企业的第一次长征中，相当多的企业遵循的是这样一种成长路径：追随约定俗成的游戏规则，搜寻制度和政策设计的漏洞，把"制度套利"作为一种基本的盈利模式，捕捉那些非常短的时间窗口，用一种短平快的成"财"模式迅速实现规模上的突破。中国企业要顺利完成第二次长征，需要重新思考、评估这些类似的、让自己在短期内迅速做大的因素。

中国企业要实现第二次长征，应该怎么做？

刘俏：中国企业要实现从"大"到"伟大"的转型，就外部的环境改造层面来说，最重要的一个前提是需要真正努力加强制度建设，努力夯实制度基础设施。在这个层面上，最重要也最迫切的三件事是：其一，政府职能转变，实现从经济生活决策者向公共服务提供者的角色转换；其二，放开金融抑制，提升金融中介的效率，扩大其覆盖面；其三，营造公开、公正、公平的环境，激发个体创新、创业的动力，重塑企业家精神。

就市场的外部环境来说，中国政府从20世纪90年代开始，逐渐转换了它在经济活动中的角色，重要性越来越大，"在场"的迹象越来越明晰。中共十八届三中全会之后，各方对于以市场为基础对经济活动进行调节的共识越来越强烈。但政府和市场的角色，到底应该如何定位？

刘俏： 在我们的经济活动中，政府与市场之间的界限长期模糊，导致的一个直接后果是政府主导的经济增长方式成为主流经济的成长模式。政府成为推动经济发展的主体，上大项目、搞大投资、搞大企业、追求重化工业，等等。这些政府主导的投资项目的投资资本收益率并不高，但这些项目占用了大量的原材料和金融资源，形成了对民营经济和私营经济的挤出效应。市场经济下应该是市场起主导作用，市场来主导，配置资源的基础性作用才能发挥；市场来主导，政府的作用才能明确。政府的核心任务不是主导经济活动，而是服务。只有这样，真正有活力、有良好的商业模式的企业，才能得到足够的资源去进一步发展，从而有机会跃升为伟大的企业。

改变政府职能是一件迫在眉睫的事情。具体而言，应该有如下定位：

其一，逐渐淡出投资领域。中国改革初期，企业对政府有诸多期望，希望政府能果断启动改革，并对企业提供政策、资金、技术等多方面的支持，这主要是因为中国从计划经济向市场经济转型时期几乎没有市场的存在。但在中国经济高速发展多年之后，市场扩大并逐渐成熟，企业对政府的期望也在逐渐变化。企业现在更多的是需要政府的服务，而不是由于政府干预而产生的不公平竞争。在这种背景下，政府应逐渐淡出投资领域，转变其职能的侧重点，这样更有助于企业的发展。

其二，制定市场规则，维护公平竞争的市场环境。进一步改革垄断行业，对国有资本作出战略性调整，对公共资源进行市场化配置。市场化要素价格等都需要在今后予以深化。如果这些改革不能到位，公平竞争的市场环境就很难形成。政府施政的侧重点显然应该朝这个方向倾斜。

其三，致力于减轻企业税赋和保护公民财产权。实体经济成本不断上升、税赋水平高，会严重影响企业的竞争力。对财产权缺乏保护，导致部分民营企业家投资移民的问题比较突出，长期如此必然会影响中国经济的微观活力。在这两者缺位的情况下，那些具有创新气质、企业家精神的个体的创新热情会受到损害，中国伟大企业的梦想就会变成无源之水、无本之木。

在外部环境改善的基础之上，对于那些希望能够完成"第二次长征"、希望"伟大"的企业来说，您还有什么具体的建议？

刘俏： 第一，决定企业伟大与否的，永远都是投资资本收益率。以全面价值创造为目标的企业在决策过程中所依据的准则是，投资资本收益率大于资本成本。投资资本收益率是企业做大做强之本。

第二，企业应该放弃对"大"和"规模"的迷恋，不要紧紧盯着世界第一不放。修建世界最高的大楼以及拥有世界最大的市场份额，并不一定会带来利润，更不一定会带来价值创造。伟大的企业坚持的是价值创造，而且它们会把这种坚持上升到企业战略层面和制度逻辑层面。

第三，保持企业的创新活力，时变时新，致力于寻找新的获胜商业模式。伟大的企业是能够在比较长的时间内保持高水平投资资本收益率的企业。技术革新、全球竞争、创新商业模式的不断涌现，使得企业的生命周期越来越短，基业长青越来越像不可能实现的目标。致力于成就"伟大"的企业，要敢于进行"创造性毁灭"，敢于更新自己的商业模式，敢于在商业模式的各个构成模块上寻找能够提升投资资本收益率的元素，敢于在把各个模块组合在一起的"建筑"层面进行革命性和颠覆性的创新。

第四，坚持企业战略的一致性和连续性。再伟大的商业思想，如果没有长期的坚守,都只能停留在策略层面,是小格局;唯有长期坚守,才能上升到战略层面,才能带来长久的繁荣。

第五,提升公司治理。公司治理解决的是代理问题,是设立一套行之有效的机制以确保投资资本收益率能够大于资本成本。良好的公司治理利于企业价值创造,利于企业提高投资资本收益率,从而利于企业做大做强。事实上,通过我过去的研究已经可以证明:其一,中国的投资者愿意为良好的公司治理水平付出一个相当可观的溢价;其二,从国际经验来看,中国投资者愿意为良好的公司治理机制付出的溢价要远远高于世界上其他新兴市场的水平。从某种意义上来说,中国的股市虽然确实不够成熟,但是投资者也有成熟的一面,他们至少能够在一定程度上把好的公司和差的公司区分开来。

张志学:我想特别强调的是,就目前中国企业的公司治理而言,我们必须承认的一个现实情况是,不管是对于国家、企业还是个人来说,中国在过去的几十年当中,一直沉醉于高速度,或者说"不快则不快"。前一个"不快"是指速度,后一个"不快"是指心情。我们追求 GDP 高增长,追求快速城市化,对按部就班的生活不耐烦,对任何排队等待也不耐烦。刚学骑脚踏车的人,必须快速前行,一慢下来就可能摔倒。很多企业是在高速发展的大环境下狂奔过来的,如果前行速度放缓,以往的"成功经验"还会奏效吗?一直快速行进的脚踏车会不会倒下呢?

从企业自身的角度来看,主流的企业运营逻辑在于:根据环境的特点制定合适的战略,再建立组织体系以支持战略的实施。不过,这种逻辑曾经在中国受到质疑。当市场环境高歌猛进时,大多数企业都可以获利,不少人因此成功得稀里糊涂。他们觉得不需要学习商学院传授的商业运营的理论和实践,甚至认为多结交朋友远远胜过思考企业的战略定位和组织建设。

目前来看,宏观经济放缓会导致需求降低,这就要求分析客户、竞争者和替代产品的特性,洞察市场需求,进而予以满足。为此,企业既要有准确的战略定位,又要具备足够的组织能力去实施战略。而只有让企业的目标、领导行为、组织结构、制度系统、工作流程、企业文化等组织因素形成合力,才能发挥组织的能力。这就要求企业领导者要成为一个组织专家，像医生诊治病人一样诊治企业的毛病，从而使企业能够抵御各类疾病的侵袭。

在这里，我愿意提及一个被遗忘的经典案例，美国通用汽车的创始人比利·杜兰特擅长制定宏大规划和并购扩张，他虽然聪明绝顶且精力充沛，但还是抵御不了福特T型车的竞争压力，最终因市场萧条而被迫黯然离开通用。接任杜兰特的斯隆意识到，必须靠组织智慧而非企业首脑的个人能力才能持续发展。斯隆致力于研究怎样将企业内部有效地组织起来，创造高度职业化、基于信息而非个人喜好的、进行理性决策的经理阶层；他还设立事业部的结构，解决了组织中的分权与控制的关系，将经理人从日常经营中解放出来，思考长期规划。

斯隆给后人的启迪在于：企业首脑要成为组织专家，建立能够提高组织运营效率的组织结构，并培养大批能干的职业经理人。相比之下，中国企业家往往更注重具体任务的执行，其风格更像一线主管，而非本应致力于"顶层设计"的高管。如今，当我们的"中国速度"终于慢下来的时候，也该是我们致力于精细的组织建设的时候了。

主要参考文献：

刘俏，《从大到伟大：中国企业的第二次长征》，机械工业出版社，2014年3月。
张志学，"大陆企业家'霸气'不再？"，《天下杂志》（台湾），2012年3月7日。
张志学，"慢，也是机会"，《天下杂志》（台湾），2012年11月14日。
刘杰等，"阿里命题 中国需要什么企业"，《商业周刊》（中文版），2015年2月9日。
〔美〕吉姆·柯林斯著，俞利军译，《基业长青》，中信出版社，2009年9月。

专题五 企业

＞下篇 建言"新国有企业改革"

无论从企业层面来看，还是从宏观经济层面来看，发展混合所有制经济都是当前最重要的改革措施，而且是能够迅速见效的改革措施。未来国有企业、民营企业都要走混合所有制的道路。"国退民进"和"国进民退"的纷争定将成为过去。在一定时间内，国有企业（包括特殊行业的国有独资企业）、混合所有制企业、纯粹的民营企业（包括大量小微企业）将会三足鼎立，支撑着中国经济，但各自所占GDP的比例将会有所增减，这是正常的。

——北京大学光华管理学院名誉院长厉以宁

混合所有制经济改革，要符合两个判断标准：一是通过混合所有制的实现，真正取消市场上不同主体之间因为它们的所有权性质所带来的特殊优待或者歧视；二是通过混合所有制的建立，真正把公司的现代企业制度建立起来。站在这个角度上来说，我所理解的国有企业混合所有制改革，不是在股权上面简单作一点增加或者减少，而是要改变管理模式和治理模式。

——北京大学光华管理学院院长蔡洪滨

> 中国新动能——光华学者解析未来发展之关键

以发展混合所有制经济为突破口,新一轮国有企业改革的帷幕已经拉开一年有余。

就中国整个的国有企业改革历程来说,这很有可能是最后一轮如此体量的改革。一是本轮改革完成之后,不管最终成效如何,国有企业都可能落入"改无可改"的境地,就其体量和规模两个方面来说,都将无法再次引起足够的重视。

二是通过混合所有制改革,国有资本最终能够基本实现中共十八届三中全会所提出的"放大功能、保值增值、提高竞争力"的目标,收尾已经延宕近四十年的国有企业改革历程。

就此方面而言,中共十八届三中全会发布的《中共中央关于全面深化改革若干重大问题的决定》勾勒出的蓝图可谓足够清晰,首次提出"以管资本为主加强国有资产监管""改革国有资本授权经营体制,组建若干国有资本运营公司,支持有条件的国有企业改组为国有资本投资公司"。

从管资产到管资本,是改革方法论的创新。而这将意味着,中国过去十年当中以"控制力、保值增值"为核心的国资管理体制已经出现了调整的契机,停滞已久的国有企业改革有了再次被激活的希望,国有企业改革中所蕴含的改革红利也有了被释放出来的可能性。

而混合所有制的改革路径,可能将成为本轮国有企业改革大步前进的一个契机。正如光华管理学院厉以宁教授、曹凤岐教授等多位中国股份制改革建言者所言,混合所有制也是一种股份制。而通过这种形式,有利于进一步提高中国国有资本的配置效率,实际上也意味着整个社会资源配置效率的提高。

除此之外,要在当下继续推行股份制,推进混合所有制改革,还源于两个方面的原因。其一,这是企业发展的内生性需要。从美国及欧洲的经验来看,家族企业大多经历过这样一个过程——从家族企业变成股份制企业。这是因为企业规模变大之后,家族不可能有那么多的资金与人力注入企业,管理能力达不到专业化程度。中国的国有企业依靠的是国家财政注入,但正如厉以宁教授所言,只要能够做到控股,同样的资金原本只能掌控一家企业,现在可以掌控十家企业,国有资本的掌控力实则在增加,何乐而不为?

其二，从社会财富分配的角度而言，中共中央也已经提出，要让普通大众拥有财产性收入。股份化是企业及国有资产改革的内生性需求，但在这一过程中，如果采纳"员工持股制"等体制性安排，最终的结果是财富的社会化分享。

就具体的实操层面而言，推动改革的各方所选择走上的，毫无疑问的将是一条"光荣的荆棘路"。

从有利的层面而言，本轮改革与20世纪90年代的"草莽"改革的基础条件已然不同，相关的法律法规与监管模式、金融市场、资产定价流转体系、社保体系，以及各路资本实力已初步形成并可发挥一定的力量。简而言之，开明政府+高明企业家+公开透明的改制流程=改革红利。

但就目前仍然在限制此项改革的几个重要方面而言，本轮改革仍将面临以往历轮改革都曾经面临的困难。一是理论层面的争议尚未全部消弭，国有企业改革的目标和方向并未最终尘埃落定。有意见认为应该大幅度收缩国有经济战线；但也有意见强调国有企业要进一步做大做强，提高它们的"活力、控制力、影响力"；还有的意见则从政治角度来把国有企业和社会主义制度完全联系起来，令问题愈加棘手。二是现实当中具体的改革对象及尺度，更是难言已经定论。谁可改、谁不可改，谁可大改、谁可小改，进退具体如何拿捏，都仍是模糊状态。

除此之外，在各方利益束缚之下，政府仍然无法下决心把国有企业真正当成单纯的经济组织来对待，这也是此轮国有企业改革的巨大障碍。政企彻底分开，则意味着党政机关无法再轻易支配国有企业资源，这显然不是一个容易作出的决定。但这一步不跨越的话，国有企业改革势必最终半途而废。

因此，正如一些媒体所言，让市场在资源配置中发挥决定性作用。中共十八届三中全会已经作出这个掷地有声的决定，现在最需要的，是同样掷地有声的行动。

改革未完成

1980年夏，时任国务院副总理的万里主持召开了全国劳动就业会议，目的是解决当年"上山下乡"运动中回城知识青年的工作问题。参加这次会议的绝大多数人士认为,为了吸收更多的劳动力,政府应当大力兴办企业。但是,国家没有那么多资金怎么办?经济学家厉以宁在这次会议上提出,可以组建股份制形式的企业来解决就业问题,通过民间集资,不用国家投入一分钱,就可吸收更多的劳动者就业。厉以宁的这次发言,是第一次在高层会议上发出的关于股份制的声音,受到了国务院的高度重视。

中国的国有企业改革是一场广泛而深刻的变革,中共十一届三中全会就开始对国家经济管理体制和经营方式进行改革,中共十八届三中全会更是把这一问题提升到一个相当的高度。您认为改革背后的助推力是什么?

曹凤岐: 对这一问题,我在20世纪80年代出版的《中国有企业股份制的理论与实践》中就已经讲道,"中国以往的企业,尤其是大中型全民所有制企业是建立在传统的公有制基础之上的。传统的公有制模式最大的特点或弊病就是产品经济模式。企业所有者不明,产权界定不清;企业内部机制不能发挥作用,外部不能正常参与市场交易与公平竞争;国家既是全民所有制企业的所有者,又直接参与企业经营。一方面表现为企业的所有者是抽象的国家,造成所有者主体缺位;另一方面国家各行政机构又都成了企业的当然所有者,这就导致企业成了政府的附属物,政企不分"。从而导致国有企业效率低下,这样的国有企业必须进行改革。

中共十八届四中全会《关于全面推进依法治国若干重大问题的决定》指出:社会主义市场经济本质上是法治经济。使市场在资源配置中起决定性作用和更好地发挥政府作用,必须以保护产权、维护契约、统一市场、平等交换、公平竞争、有效监管为基本导向,完善社会主义市场经济法律制度。健全以公平为核心原则的产权保护制度,加强对各种所有制经济组织和自然人财产权的保护,清理有违公平的法律法规条款。创新适应公有制多种实现形式的产权保护制度,加强对国有、集体资产所有权、经营权和各类企业法人财产权的保护。国有企业的改革实际上是产权制度的改革。

当前,经济体制改革已经进入深水区,容易改革的领域都改过了,现在剩的都是难以改革的。具体到国有企业改革而言,虽然我们取得了一些成绩,但是,应该说也到了攻坚克难的阶段。因为,深化国有企业改革不仅受到理论思想的干扰,也受到来自利益集团的干扰。不管怎么说,深化国有企业改革就是要把国有企业进一步推向市场,把绝大多数国有企业都变成混合所有制企业。最核心的就是进一步改革企业产权制度,明确企业产权关系,保护企业合法产权,必须依法深化国有企业改革。

回过头来看的话,在中国以往的国有企业改革过程中,有无争议?

曹凤岐: 在国有企业改革过程中,主要有两种不同的思路:一种是"两权分离"的改革思路,另一种是"进行所有权、所有制的改革"的思路。

第一种思路的改革方法,是要对所有权和经营权进行"两权分离",国家牢牢掌握所有权,下放经营权。实际上,在整个20世纪80年代,中国都是按照这个思路进行改革的。1980年前后是改革的初期阶段,开始意识到对企业的捆绑太死了,要进行放权;在1978年召开的党的十一届三中全会上,确立了以扩大企业自主权为主要形式,调整国家与企业之间利益关系的国有企业改革方针,在企业内部建立各种形式的经济责任制,在企业领导体制上实行厂长(经理)负责制;1984年,党的十二大明确提出,经济体制改革的中心环节是搞活国有大中型企业,在所有权与经营权分离的条件下出现了承包经营责任制、租赁制、资产经营责任制、税利分流等探索搞活企业的多种经营方式;1985年左右,开始以实施承包经营责任制为主要形式的国有企业改革,这一阶段的特点是什么都承包,甚至连税利都承包了。

但是,改革者们后来逐渐发现,这种改革并没有触动所有权的改革,是非常浅层次的改革,而且它还会牺牲社会效率。为什么这么说呢?把企业承包给一个厂长(当时不像现在,大款有的是,包给他们),权责实际上并不平等:一是如果承包失败了,厂长赔不起;二是在承包期内出现种种短期行为,比如"拼设备""拼人力"等一系列不好的现象。比较明显的是,公司领导为了满足工人同意承包的条件,就开始给职工建宿舍、发奖金。国家觉得这样不行,于是就开始收权,然后就陷入了"一管就死,一叫就放,一放就乱,一乱再收"的恶性循环。

事后来看,这种改革只能说是经营层面的浅层次改革,而国有企业改革是一个制度性的问题。如果国有企业制度本身不进行改革,还是按照计划经济、产品经济的模式进行经营,肯定是没有出路的。

随着前一阶段的尝试不太成功,改革开始进入第二阶段。

曹凤岐: 对。随着改革的不断发展,从20世纪80年代初开始,就有专家学者提出在大中型国有企业推行股份制,提出进行所有权、所有制的改革,这也就是中国国有企业改革的第二种思路。实际上,在此之前已经有企业开始推行股份制改革了。

改革为什么进入这一阶段?就像我在《中国有企业股份制的理论与实践》这本书中所写到的,"十年来,我们按照所有权与经营权分离的思路进行了一系列改革,扩大企业自主权,利改税的改革、各种经营责任制的改革取得很大的成绩。但是,全民所有制大中型企业和集体所有制企业真正活跃起来了吗?没有。企业的动力和制约机制没有真正地形成,没有从根本上摆脱国家行政干预的藩篱,这就向我们提出了一个非常尖锐的问题——中国有企业改革尤其是大中型企业全面所有制改革向何处去?结论只有一条,彻底改变传统公有制模式,走产权一体化道路"。

在当时的条件之下,为什么提出要搞股份制?

曹凤岐: 股份制企业有很多的特点,或者说是优点。我们都知道的是,现代企业制度就是现代公司治理制度,它的基本组织形式就是有限责任公司和股份有限公司。中国的国有企业改革的根本目的,就是建立一个现代企业制度,通过市场调配社会资源尤其是企业资源;就是要把大多数国有企业变成公司制企业,变成股份制企业,这是我们提出来的最根本的改革。

具体而言,股份制改革具有三个方面的特点:

其一,它是实行社会化大生产和市场经济的一个潜在条件。我们讲"两权分离",实际上当时国家还牢牢地掌握所有权,只给企业部分的经营权,实际上没有办法搞好。而股份制企业则是"三权分离",有完善的法人治理结构,股东大会是最高的企业权力机构,出资人拥有的是所有权;董事会是决策机构;经理及其班子是执行机构;监事会是监督机构。这样的企业制度,与原先的国有企业管理制度是绝对不一样的。

其二,股份制企业就是一种混合所有制企业,这是中共十八届三中全会已经明确提出来的。什么是混合所有制?实际上混合所有制的出资人不是一个人,而是大家共同出资组成一个企业。混合所有制并不仅仅是股份制,合作企业、有限合伙等都是混合所有制的一种。国有企业进行混合所有制改革,指的就是实行股份制,就是要建立现代公司制度、现代企业制度。但混合所有制的概念更加宽泛,它是一种混合的制度。比如说,我们都说要让国资委管国有资产,实际上在混合所有制经济当中,它管的并不是国有资产,而是国有资本。

其三,股份制改革还包括产权商品化、市场化、货币化、证券化,以及要聘请专家来管理企业,而不是由小业主亲力亲为。

综上所述,这么好的制度,我们没有理由不采用。

包括厉以宁教授和您在内的北京大学学者,首先在国内提出要推行股份制改革,并在理论上论述了进行改革的必要性及具体的操作方法,但此后的改革似乎并不顺畅。

曹凤岐:厉以宁教授在很久之前就明确提出了中国必须进行所有制改革,他比较有代表性的一篇文章是刊登在 1986 年 9 月 26 日的《人民日报》上的一篇文章,名为"我国所有制改革的设想"。当时这些观点的确受到很多人的批评,说厉以宁要把公有改成私有,实际上这完全是一种误解。我们提议的,是转换所有制的实现形式,不是改变所有制的性质。

尽管如此,中国国有企业的股份制改革,此后还是经历了一系列的风风雨雨。实际上,直到 20 世纪 90 年代之后,党中央才开始真正加速推动股份制改革,接受了产权制度的改革思想。①1992年,当时的国家体改委制定了三份重要文件——《股份制企业试点办法》《有限责任公司规范意见》《股份有限公司规范意见》,标志着中国的股份制企业开始规范发展。

在此后的改革进程当中,还有哪些标志性的事件或者说文件?

曹凤岐: 1992年10月,中共十四大提出中国经济体制改革的目标是建立社会主义市场经济体制,要使市场在社会主义国家宏观调控下对资源起基础性作用,发出了把国有企业推向市场的强烈信号。所以,要让市场起基础性作用,不是在中共十八届三中全会上提出来的。

1993年10月召开的中共十四届三中全会上,又提出"建立现代企业制度是发展社会化大生产和市场经济的必然要求,是我国国有企业改革方向",现代企业的基本特征是"产权明晰、权责明确、政企分开、管理科学"。现代企业制度改革就是把国有企业改造成有限责任公司和股份有限公司,这一点非常明确。

1997年提出"调整和完善公有制结构,公有制实现形式可以多样化",这就意味着公有制的实现形式可以不完全是国有企业,股份制也可以是公有制的实现形式。但是这次会议上没有明确这一说法,而是提出"抓大放小"战略,提出"坚持有进有退,有所为有所不为",实际上是对国有企业进行战略调整。

2002年中共十六大继续调整国有经济的布局和结构,改革国有资产管理体制,提出深化经济体制改革的重大任务。这一年开始在国家层面上建立国资委,管理国有资产,各地方也都开始了地方层面的实践。

2003年中共十六届三中全会则进一步提出,大力发展国有资本、集体资本和非公有资本等参股的混合所有制形式。因此,混合所有制经济、实现投资主体多元化、使股份制成为公有制的主要实现形式等是中共十六届三中全会而不是中共

---

① 中国股份制的萌芽,在20世纪80年代初期和中期就已经开始。上海飞乐、深圳宝安、北京天桥、天龙、北旅是自发进行股份制试验的代表。1984年12月,上海飞乐音响公开发行股票,这是1949年以来中国首次公开发行股票。而更加具有标志性意义的事件,是在1986年的时候,邓小平同志在人民大会堂会见了美国证券交易所董事长范尔森,赠送给他一张上海飞乐音响的股票,这揭开了中国以股份制为主要形式的国有企业改革试点的序幕。

十八届三中全会提出的。而中共十六届三中全会还明确了公有制的主要实现形式,需要国家控制的企业包括绝对控股和相对控股,坚持政府公共管理和国有资产出资人全分开,国家经营管理可以通过行政的、税收的、金融的手段进行宏观调控。

这就是中国股份制改革的历程,是一步接一步走下来的,是曲折的而不是直线的,但不管怎么说,总是前进的。

按照您的分析,中国上一轮的国有企业改革,实际上是从20世纪90年代开始的,那么在这二十多年的时间当中,取得了哪些成绩?

曹凤岐: 我将成绩总结为六条:

第一,1993年12月,我们出台了新中国第一部《公司法》,后来又进行了两次修订;1998年12月出台了《证券法》[①]。这两部法律,为在中国的国有企业内部建立现代企业制度、准备发行上市、规范其在资本市场的行为,奠定了法律基础,提供了法律保障。这是很大的一个成绩。

第二,建立并完善国有资产管理体制,探索国有资本监管、投资和运行的新途径,也就是成立了国资委。

第三,国有企业公司制、股份制改革取得明显进展,现代企业制度趋于完善。按照中共十六届三中全会提出的实现投资主体多元化,使股份制成为公有制的主要实现形式的要求,大力推动中央企业进行公司制和股份制的改革。截至2013年年末,A股共有2 516家企业,其中983家是国有企业,应该说很多是国有企业改造的,其市值占了60%。香港上市的红筹股、我们在香港的国有企业和H股中的国有企业市值比A股更高。分行业来看,金融、电信、能源、电力、基础设施等行业的国有企业的市值占比较高,其他的多数与消费相关行业的国有企业的市值相对低一些。重要的企业和重要的行业都进行了改革,不能说我们的成绩不大。

第四,中央企业的调整重组力度加大,国有经济布局和结构得到优化。我们进行国有企业的重组、并购,兴建了一些公司,原来管180多家企业,现在管140多家,中央直接管的越来越少了。实际上中央管了70多个国有集团公司,剩下

[①] 2003年曾经进行修订,目前正在准备再次修订,已经提交人大常委讨论。

的都放了,就是说中央管的企业通过资产重组发生了变化。通过重组,使一批规模小、竞争力弱的中小企业退出国资委直接监管的序列,一批业务相关的企业完善了产业链和价值链,实现了协同互补效应;一批困难企业实现了扭亏脱困,焕发了新的生机;研究院所的重组提高了中央企业的自主创新能力等。有时重组资产无偿划转(大家都是中央企业,可以划转的,主人是一家),实现了强强联合,增强了大型骨干企业的综合竞争能力。

第五,大力推动具有国际竞争力的大公司、大集团的形成。一是推进中央企业内部整合,减少企业管理层次,如中国石油天然气集团总公司、中国华能集团公司、中国华润集团公司等通过内部整合提高了企业集团控制力;二是推进中央企业非主业的剥离重组,提高中央企业核心竞争力等;三是支持中央企业通过股权转让、增资扩股的形式与跨国公司合作,引进战略投资者和先进管理技术,促进股权多元化和制度创新。

第六,在公司制企业和集团中初步建立了法人治理结构。在上市公司中普遍建立董事会、监事会、独立董事制度,《公司法》曾经提出的国有独资公司可以不设董事会,现在也在试点研究。

但一直以来,国有企业改革中存在的问题也不少,对此您怎么看?

曹凤岐: 我们要谈成绩,当然也不能讳言毛病。

第一,在中国的国有企业(包括国家控股的股份公司、集团公司、上市公司)体制中,国有资产管理仍然是政企不分。现在中央成立国资委,下面是地方国资委,实际上是什么都管,人、财、物全管,连干部也是国资委任命的,等等。实际上成立了国资委以后,等于企业又多了一个"婆婆",大多数事情都必须请示汇报,包括人事安排(尤其大型企业的领导),因为基本都是副部级,属于中央管的干部,要中组部批才可以。此外,一系列的重大资产重组也必须经过审批。在这种情况下,可以说仍然是政企不分,而且管得越来越厉害。

第二,国有企业改造成股份公司后,存在"一股独大"的问题,很难发挥产权主体多元化的制约作用。国有企业上市后损害了流通股的权益,对中小投资者造成很大的损失,这是我们被迫进行股权分置改革的重要原因。国有企业在组建的时候,是按照原始价格进行的,发行的时候是10元、8元,市盈率是20倍、30倍、40倍,结果一发行,全赚了。为什么中国的股市总是兴旺不起来,就是因为资产都被拿走了、价格差被拿走了。除此之外,"一股独大"的毛病还在于它没有办法发挥治理结构的作用,还是国有企业管理,这一问题相当严重。

第三,公司治理结构不完善。有人说,中国的所谓上市公司或者股份有限公司,有董事会也有监事会,但实际上是"形似神不似"。因为股东会是国有股"一股独大",还是政府说了算;其他人即使进入了也是小股东,说了也不算。除此之外,中国股份公司的董事会结构也不合理。为什么这么说?我们都知道,原始董事会实际上是产权董事会,谁投资最多,谁就当董事长。因为是产权董事,所以要对自己的产权负责。中国的董事会当中,大多是国有股代表,董事在企业没有自己的财产。这样当然也可以,但是这样的话,这家企业搞好搞坏与董事长就基本没有什么关系了。这实际上还是偏离了公司制的实质。

第四,内部人控制严重。直接任命的"企业家"(包括董事长、总经理)往往是一人决策,无人制约。而企业家不仅把自己的收入定得很高,而且以权谋私,出卖企业利益,中饱私囊。这就是因为他拿不了更多的报酬,所以要堤内损失堤外补。

第五,大型国有企业、国有控股公司的行业、业务仍然高度垄断,民营企业很难参与重组并购,很难进入国有企业,很难实现真正的混合所有制经济,甚至出现了"国进民退"的情况,对民营企业产生了挤出效应。"老36条""新30条"都说,民营企业可以参与航空、电信、铁路等行业,然后也提出发展混合经济来做这些事情,但是这里边有一个"玻璃门"没有打破,我看见里边挺好,但一进去就会撞一个大包,就是因为我们仍然处于高度垄断。在这些重要的企业中,还是国有经济占主导,在这种情况之下,民营经济怎么发展?怎么建立真正的混合经济?

除此之外,在国有企业改造成股份公司的过程中和改造后,普通职工的权益没有得到很好的保护,很多下岗分流职工没有得到补偿。另外,近几年来职工收入占企业利润的比重下降,与企业负责人的收入差距也是越来越大,企业内部的激励约束机制没有建立起来。

所以说,中国的国有企业改革还没有完成,应该说最艰难的还在后面。但是我认为,这并不是股份制改革本身的问题,而是股份制改革还不到位。要想解决这些问题,必须深化国有企业改革。

对于国有企业改革与国有资本之间的关系,现在各方的意见有很多,您对此有什么观点?

厉以宁: 现在的一个关键性的问题,是要把国有企业体制改革提升到国有资本体制改革的高度,着重提高国有资本配置效率,把国有资本用到最有利的地方,比如新兴行业和高新技术行业。要在现有基础上赋予国有企业更多的经营自主权,让国有企业成为自主经营的主体,有健全的法人治理结构,这样才能调动国有企业的积极性。

国有资本体制改革分两个层次:一是国有资本配置体制改革,要点是使国有资本配置优化,结合结构调整进行,产生更高的配置效率;二是国有企业管理体制改革,要点是改革后的国有企业一律按股份制企业模式运行,使企业效率提高,使国有资本保值升值。两个不同层次的体制及其改革,不可混为一谈。在现阶段谈到中国国有资本体制改革时,必须两个层次的改革一起进行,而且着重点应当放在国有资本配置体制的改革方面。

具体而言,这一方面的改革应该如何进行?

厉以宁: 国有资本的特殊性决定了国有资本配置体制改革的方向和实际做法,具体而言,可以从四个方面来论述:

其一,重在提高国有资本的配置效率。在经济学中,长期以来着重的是生产效率的变化。而事实上,资源配置效率和生产效率是同等重要的。今后,改革国有企业体制的着重点,不在于如何调整国有资产监督管理部门的权限,而在于把它的权限规定为只管国有资本的配置,而不再管国有企业的运作。国有企业尽可能改制为股份制企业，其中又尽可能改制为上市公司。它们同其他非国有的或非国家控股的股份制企业、上市公司一样，一律自主经营管理，由股东大会、董事会、总经理、监事会行使各自的权利，承担各自的责任。

其二，调动国有企业的积极性。国有企业在管理体制方面至今存在的一个突出的弊病或问题，就在于政府部门干预多，国有企业并未成为真正的市场经营主体。这在很大程度上同国资委没有把工作的重点放在提高资源配置效率方面，而对本来可以由国有企业作为一个市场经济主体自己决定的事情，通过繁琐的申请与批准的程序，集中由国资委作出决策有关。这样，不仅容易错过机会，而且还挫伤了国有企业的积极性，在某些场合还会使一些国有企业养成事事依赖国资委的习惯。假定通过国有资本体制改革，国有资本配置体制由国资委直接管理，那么国有企业就可以成为真正的市场经营主体，它们的主动性、积极性也就可以调动起来。

其三，国有企业应该致力于健全法人治理结构。国有企业既然成为市场经营的主体，就应当健全企业的管理体制，建立完善的股东会、董事会、总经理和监事会制度。这样，国有股不一定占绝对多数，在非国有股股权分散的情况下，国有股可以占相对多数，这实际上是让更少的国有股份取得对企业的控制权。在不止一个国有投资单位参股某个国有企业时，可能形成不止一个相对大股东，这也有利于改变董事会的结构，便于董事会决策的合理化、民主化。

第四，伴随国有企业市场经营主体地位的确立、国有企业积极性的调动，以及国有企业法人治理结构的健全，国有企业的另一个弊病和问题——创新动力不足和创新能力弱也将发生变化。造成国有企业不敢自主创新的障碍主要有三个：一是国有企业受政府部门的干预过多，使它们没有主动性和积极性；二是怕吃力不讨好，风险责任大，而利益和责任却不对称；三是部分国有企业总是对现实生活中存在的行业垄断现象有依赖性，以为自己可以在行业垄断的保护下，不必搞什么自主创新，也能够持续取得巨额利润。通过国有资本体制两个层次的改革，情况将会发生变化，上述不利于国有企业自主创新的三个障碍将逐步消失，从而会出现国有企业自主创新、技术突破、产业升级的热潮。

改革再出发

如果混合所有制不能在破除预算软约束上下工夫，最大的可能性就是这些混合所有制企业比其他纯民营企业具备了预算软约束的优势，不必担忧市场竞争的威胁；最终可能是企业内部效率等大幅度下降，既不利于企业，也有损市场竞争。就此而言，如果混合所有制只是需要社会资本而不让社会资本真正参与企业的运营和管理，混合所有制就很难说是成功的。

除了上述原因之外，结合当下中国经济改革的阶段性特征，您能否解析一下，在国有企业改革的路径选择当中，为什么中共十八届三中全会对于混合所有制的改革如此重视？

厉以宁：市场起决定性作用以外，中共十八届三中全会的另外一个重大突破就是将混合所有制的发展作为我们基本经济制度的重要实现形式，这是一个与市场决定性作用一样的大突破，这个好处在哪里？就是长期以来，人们一直认为所有制形式就是公有、私有，或者说国有、民营这两种形式。那么这二者之间还有其他的形式吗？

有，那就是混合所有制经济了。混合所有制经济既不是全公，也不是全私，而是公私混合的。各种发展方式、各种所有制都有自身的优缺点，混合所有制能把各种优点集中起来。比如，国有经济的优势是资本消耗少、技术力量强、人才济济；民营经济的优势是机制灵活、敢于创新、自负盈亏。民营企业自负盈亏、敢冒险，国有企业敢吗？国有企业的决策要经过层层审批，结果把机会就丧失掉了。那么，把两者的优点结合起来不是更好吗？而且今后无论国有企业，还是民营企业都要做独立经营的市场主体。独立经营的市场主体就是企业，国有企业很多已经改成股份制企业、上市公司，既然是股份制企业又是上市公司，你为什么还要行政干预它呢？它有法人治理结构。首先国家的法律法规就把它限制住了，不能过这条线。然后靠法人治理结构来治理，有股东会、董事会、监事会，聘任总经理，有这套制度在，它不成为真正的市场主体能行吗？所以说，混合所有制经济是使企业真正成为独立的市场经营主体。

实际上,"混合所有制"这个名词,在1997年召开的中共十五大的官方文件中就已出现。中共十六届三中全会通过的《中共中央关于完善社会主义市场经济体制若干问题的决定》中,对混合所有制经济有明确的论述,强调要大力发展国有资本、集体资本和非公有资本等参股的混合所有制经济,实现投资主体的多元化,使股份制成为公有制的主要实现形式。这些论述是以往社会主义经济理论中所没有的。

所以我们必须指出的是,支持并鼓励混合所有制经济的建立和发展,这是中国社会主义经济理论的重大创新。之所以这么说,是因为长期以来,在社会主义经济理论中存在简单的两分法,即非公即私、非国有即私有、非国营即民营的划分。这样,就把处于两端之间的中间地带忽视了,而经济实际上是多元的。就以两分法所提到的公有制和私有制这两端来说,其实无论是公有领域还是私有领域都存在不同类型的公有经济或私有经济,不宜笼统而言。而在公有和私有之间的中间地带,同样存在不同类型的混合所有制经济。这是客观存在,不容忽视。

2013年中共十八届三中全会的决定,对社会主义经济理论中有关混合所有制经济的地位、性质和作用作出了更加明确的表述,即把发展混合所有制经济作为中国基本经济制度的重要实现形式,既鼓励国有经济走向混合所有制经济,又鼓励非公有经济走向混合所有制经济。具体的做法将体现于改革之中,使国有资本和民间资本都能因参与混合所有制经济的建立和发展而增强活力,提高效率,增加收益,从而切切实实地使中国经济登上新的台阶。从这个意义上说,中共十八届三中全会有关建立和发展混合所有制经济的决定确实是中国特色社会主义经济理论的重大创新。

对于中国来说,建立和发展混合所有制经济除了理论上的创新之外,还有什么实质性的改革意义?

厉以宁: 首先要从经济学中有关效率概念的发展谈起。在经济学中,生产效率一直是人们关注的重点。生产效率指的是投入产出之间的关系,有投入,才有产出。如果投入减少,产出能维持原状,或者产出增加,而投入能维持原状,都表明生产效率提高了。因此，人们关注生产效率的提高或下降是合理的，生产效率是必须受到重视的。但20世纪30年代尤其是第二次世界大战结束以后，经济学中出现了第二种效率概念，即资源配置效率。

何谓资源配置效率？

厉以宁：资源配置效率是指：如果投入为既定，以A方式配置资源，能有N产出，而以B方式配置资源，则有N+1产出，那就表明资源配置效率提高了；如果以C方式配置资源，有N+2产出，那也说明资源配置效率提高了。

因此，资源配置效率实际上比生产效率更重要。生产效率主要是从微观经济的角度进行分析。一家企业、一个生产单位无疑需要走技术创新和加强管理之路，以便不断提高生产效率。但从社会、从宏观经济的角度进行分析，资源配置效率的提高无疑更为重要。

而这里的关键之处在于：只有从宏观经济的层面把资本盘活，使资源配置得更合理、更有效，资源配置效率才能不断上升。重视生产效率是对的，但如果忽视资源配置效率，物不能尽其用，人不能尽其才，土地不能尽其利，货币不能畅其流，经济运行就谈不上是有效的。资源配置效率低下，实际上是资源的最大闲置与最大浪费。

具体来说，这种观点出现之后，已经对经济生活产生了巨大的影响。第一个变化，是我们对于资本市场的重要性增加了认识，对产权交易平台的重要性增加了认识，因为这是提高资源配置效率的最有效的权衡。第二个变化，是我们长期以来把从事融资、筹资工作的人，从事人事组织工作的人，从事宣传工作的人，从事行政管理工作的人笼统称为非生产人员。之所以这么说，是因为他们看似与生产效率没有直接的关系，但是资源配置效率的观念更新之后，这个观点就显得非常陈旧了。从事融资筹资的人直接参与资源配置效率的提高；做人事组织工作的人能够在人力资源上做到最佳配置，提高效率；重视宣传工作的人，他们使每一个人变得更有积极性；从事行政管理工作的人，能使物质资源和人力资源更好地结合起来。所有这些人都让资源配置的效率得到了提高。

我们刚才已经谈到提高资源配置效率的重要意义。据保守估计，目前的国有资本存量约有数千万亿元人民币，如果把尚未资本化的国有资源（如土地资源、森林资源、矿产资源、水力资源、海洋资源、风力资源、太阳能资源等）计算进去，那么国有资源也有数千万亿元人民币之多。资本不用、资源闲置，这都是损失；资本低效率使用，资源不断浪费、不断流失，这同样是损失。由此可见提高国有资本、国有资源的配置效率的迫切性与重要性了。也就是说，不仅要把国有资本盘活，让国有资本有效地发挥作用，也要把国有资源的开发和使用列入规划之中，使它们参与中国经济的建设，发挥其应有的作用。

就当前中国经济体制改革和经济发展而言，没有比提高资源配置效率更为迫切的了。这就是为什么中共十八届三中全会的决定中强调市场调节在资源配置中起决定性作用，这正是为了大幅度减少政府对资源的直接配置，充分发挥市场的调节作用，大大提高市场在资源配置中的作用。

在这个时候，清晰勾勒出政府和市场的界限就显得十分重要。

厉以宁： 对。政府做自己该做的事情，而且一定要做好。市场做自己可以做的事情，也应该做好。凡是政府可以做、市场也可以做的事情，只要市场愿意做，就交给市场去做。政府只做市场做不了或做不好的事情，如国防、司法、治安、义务教育、社会保障等公共产品的提供，地区收入差距的缩小，个人收入分配的协调，公益性重大工程的建设，稀缺资源的开发和分配，宏观经济调控，等等。政府干预市场对资源的配置，或政府未把自己该做的事情做好，都有损资源配置效率的提高，这是应力求避免的。

在这里，建立独立的、完善的市场主体起着至关重要的作用，而建立和发展混合所有制经济正是建立独立的、完善的市场主体所不可忽略的一步。

具体而言，您认为中国建立和发展混合所有制经济有哪些途径？

曹凤岐： 在改革具体进行之前，有一些原则性的问题必须规定清楚：

第一，我们必须从法律上承认和确认混合所有制是一种独立的所有制形式，它既不是国有企业,也不是民营企业,而是多元化的股份制企业。混合所有制工商登记应该直接登记为股份责任公司、有限责任公司,或者股份制企业。

第二,必须从法律上承认混合所有制股份制企业是公有制的一种实现形式,这实际上已经在党的决议中明确了。

第三,必须从法律上确认股份公司的资产是出资人的共同资产,是法人资产,是不可分的,任何股东不得随意动用公司资产。

第四,国有企业转为股份公司以后,国家投入的是资本,这部分资本也不得随意退出,像普通股民一样,是不能退股的。如果要减持或增资,则需要股东会等同意,定向在公开市场减持或者增资,必须有法律程序或者《公司章程》。

厉以宁:建立和发展混合所有制经济的途径有很多,但基本上可以归纳为四个途径:

其一,鼓励现有的国有企业走向混合所有制,包括容许非国有资本参股国有企业,使国有企业由全资国有转为多种所有制合营。

其二,鼓励发展非公有资本控股或参股的混合所有制企业。在这方面,应采取自愿原则,即民营企业或民间资本是否参股国有企业,是否愿意与国有资本共建一个混合所有制企业,完全听其自愿,不采取硬性规定,不摊派,不强制。

其三,加强员工持股的规范化。无论是国有企业还是民营企业,如果愿意实行员工持股制,由它们自行决定;政府有政策,员工持股制的实行有政策可依,但应当规范化,这样才能避免出现种种后遗症。

其四,界定不同行业的国有企业功能,针对不同行业特点提出改革措施。

目前来看,一个可能比较棘手的难题,是在原有"国有企业下的集体所有制"实践基础上进行混合所有制经济试点。为了将原来的"国有企业下的集体所有制"从不规范转向规范化,我们应该采取哪些步骤?

厉以宁:具体说来,可以采取以下步骤:

第一步,应当有一套着眼于中长期发展的规划,包括所要建立的子企业的性质、资本多少、主营业务(最好能与母企业的主营业务配套,或者是为一线企业提供零部件，或者是为母企业服务）、企业将来的规模多大、所需劳动力和厂房从何而来，以及近期的盈亏估算等。这样，建立子企业时就能够做到心中有数。

第二步，在母企业帮助下建立子企业。母企业提供一部分资本，以入股的方式投入，可以用现金，也可以用厂房、设备、原材料等，均可折股。母企业也可以派出一些有经验的管理人员、营销人员、技术人员到正在创始阶段的子企业协助工作和指导。他们如果愿意今后留在子企业，可以尊重他们的意愿，否则在一段时间以后应返回母企业工作。

第三步，为新创办的子企业融资、筹资。子企业不要采用"集体所有制"形式，因为这个概念是不清晰的，而应该采用"混合所有制"形式。母企业的现金投入和厂房、设备、原材料投入都折成母企业持有的股份，但持股比例应低于50%，最好在20%—30%左右，其余的资本或者来自母企业员工的自愿参股，或者来自子企业新招收的员工的自愿参股，也可以来自其他民营企业的自愿参股。这样，股权结构是比较合理的。所有的投资方中，没有一方拥有绝对的控股权，但可以形成几方投资者相对控股的均衡状态，这将有利于子企业今后法人治理结构的运作。要知道，股权过于分散，全是小股东，容易导致企业偏重短期行为而忽视中长期发展。

第四步，混合所有制企业正常运转。资本、技术、管理体系和营销渠道都具备以后，一个混合所有制企业就可以正常运转了。这尽管是20世纪90年代已经有过的老办法，但经过上述各个步骤，旧形式已具有新内容，而且是规范化的新形式。我在一些省市考察时，听到的反映是，在国家企业、国家控股企业改制转型的过程中，为了减轻就业压力，不妨一试。

另外一个比较棘手的问题是哪些领域可以进行改革，哪些领域不可以进行改革。您认为界限应该划在哪里？

厉以宁：比如，城市供电、供水、供气、公共交通、垃圾处理、廉租房建设和管理等以保障民生为目标的公益性国有企业，国有资本可以控股，但也可以发行一定比例的股票，供民间投资购买。这样，可以促进这类企业在提供公共品方面发挥更大的作用。又如，石油、天然气、电信、电网、铁路、稀有金属开采与分配等具有自然垄断性的行业，仍须国家控股，但这不排除国有企业股权设置的多元化，也不影响规范地实行员工持股制（包括产权激励制）。

在这里需要说明的是，国有资本的实力不在于资本存量本身，而在于国有资本的控制力大小。如果某家国有企业的资本存量是 1 000 亿元，100%由国家控股，那么国有资本的控制力仅仅是 1 000 亿元；如果国家以 50%的股权就可以相对控股，那么国有资本的控制力将是 2 000 亿元；如果在股权分散的条件下，国家以 25%的股权就可以相对控股，那么国有资本的控制力将增加到 4 000 亿元。可见，资本的控制力比资本存量更能说明问题。

曹凤岐：深化国有企业改革的具体方向，就是积极发展混合所有制企业，就是深化股份制改革，所以我称之为股份制改革的 2.0 版。在这一版本中，混合所有制企业将是中国有企业的主要形式和典型形式，应当把绝大多数国有企业改造成混合所有制企业，在国有企业中更多地引入非公共战略投资者，推进产权制度的多元化。但是，我们也要从战略的高度去考虑如何具体发展混合所有制经济，应该指出的是，不是所有的国有企业都发展为混合所有制企业，关系国家安全的重要企业（如军工、航天、核电）还是应该由国家直接经营、直接管理。

因此，重要的企业（就是重要的经营机构，包括四大国有商业银行，石油、电力、通信等企业的总公司和母公司）还是应当由国家控股，因为涉及国家的一些基本利益；而其下属的分公司尤其是子公司，持股比例不必限制，但是母公司可以控制；其他竞争性的混合所有制企业，国家和民营企业参股比例更不应该受到限制，而应鼓励民营企业参股，甚至控股。国有企业可以引进国外战略投资者。有人说，四大国有商业银行中，美洲银行和苏格兰银行都入股了，但是我们有一条限制，外国资本不得超过中国资本的 22%，这是一条线，我们一直在控制。

在改革完成之后，政府对于混合所有制企业应该采取什么样的管理体制和方式？

曹凤岐：第一，国家对混合所有制和其他所有制的企业，都可以通过经济的、金融的、税收的、行政的手段进行宏观调控管理，都是公共管理手段，这就是国家的宏观经济政策，这是没问题的。但是，对其中的国有资本，要通过股权、通过出资人所有权进行管理，不能直接干预企业内部事务。

第二，必须取消企业的行政级别。现在我们的企业是有行政级别的。对混合所有制企业干部的任免、聘任、薪金应当按《公司法》的规定办理，而且对企业不要限薪，企业家也不存在退休问题。企业就是企业，干部就是干部，行政部门就是行政部门，必须区分开。

第三，转变投资者职能，对混合所有制企业，从直接管理变成间接管理，通过资本进行管理，然后组建完全市场化的国有运营公司或者投资公司。国有资产管理机构可以对混合所有制企业进行参股、控股、投资，成为企业的股东，实行股东投票，进行管理和分红，为国家赚取利润，当然应共担盈亏，完全市场化。国资委应该像证监会、保监会一样，成为监督管理机构，看企业有没有给国有资本增值、符不符合法律，这是国资委的职能；而不是直接给项目、聘用人员，否则就是政企不分。

第四，兼并、重组、参股、控股、出卖国有资产、引进战略投资者的过程中，应当坚持市场化原则。要摒弃计划、行政、指定等所谓"拉郎配"的方式进行企业兼并重组，应该完全根据自愿、需要的原则。另外，除关系国计民生的重大项目须经审批外，重组与并购要开始启动备案制、注册制等途径，削弱国家发改委的权力。

第五，坚持公平、公开、公正的透明原则，坚持市场定价，尽量减少协议定价、指定定价、审批定价，避免重组并购过程中出现以权谋私、国有资产流失和侵犯投资者利益的情况。

深挖改革红利

随着依法治国方针的贯彻执行、国有企业改革的深化、混合经济的发展、资本市场的完善，中国有企业结构会更加优化，产业结构会更加合理，企业活力会更加增强，中国经济必将继续蓬勃发展。

> 中国新动能——光华学者解析未来发展之关键

就您看来,建立混合所有制经济,对于中国经济的发展而言,将带来哪些红利?

厉以宁: 混合所有制经济是国有资本和民间资本合作的场所,民营企业与国有企业公平竞争、合作共赢。我们目前可以清楚地了解到,建立和发展混合所有制经济至少有六大好处:

第一,通过把国有企业资本雄厚和民营企业机制灵活的优势集中到一起,取长补短,能够把国有资本盘活,通过国有资本的合理、有效配置,大大提高资源的配置效率,有利于经济的持续增长。

第二,建立适合市场调节在资源配置中起决定性作用的机制,减少行政部门对资源配置的干预,切实做到政企分开、政资分开;在完善的法人治理结构充分发挥作用的前提下,经营管理水平将不断提高;混合所有制经济是法人治理结构中最有效的,如果法人治理结构好的话,企业根本就不需要什么"婆婆"。

第三,有利于各种所有制取长补短,发挥各种所有制机制的长处,参与市场竞争,企业的活力也将增强。

第四,通过员工持股制的推行,有利于调动员工的积极性,产权激励制度实行后,有利于提高高管、高级技术人员的积极性。

第五,市场调节的作用将在不断进行资产重组的过程中显现出来。资产重组是生产力发展的新起点,混合所有制经济的效率也正是在不断的资产重组过程中涌现出来的。市场调节下的资产重组活动将把每一个企业(包括混合所有制企业)推到前沿,不进即退、不进即停,每一个企业在市场和资产重组的压力下,都将求实创新,增加收益。这样,中国未来的企业界必然是生机勃勃的市场主体的组合。

第六,"走出去"不会被其他国家限制,也不会因力量小而成不了气候,假定混合所有制还有外资参加,则对企业"走出去"是有好处的。

曹凤岐: 总体而言,我相信随着依法治国方针的贯彻执行、国有企业改革的深化、混合经济的发展、资本市场的完善,中国的企业结构会更加优化,产业结构会更加合理,企业活力会更加增强,中国经济必将继续蓬勃发展。

现在社会上关于混合所有制经济的讨论有很多，误解可能也不少。有些人认为，到目前为止，许多国有企业已经改制成股份有限公司或有限责任公司了，股份制改革在这些国有企业中已经实现了，有些国有企业甚至已经成为上市公司，它们或在中国内地上市，或在中国香港上市，或在国外上市。这表明混合所有制经济的建立和发展已经取得了巨大的成就，今后基本上沿着现在的路子走下去就可以了。您对此如何看待？

厉以宁： 这种说法是不准确的，甚至是错误的。要知道，建立混合所有制企业，绝不是简单的投资主体多元化的问题。一家国有企业要成为名副其实的混合所有制企业，关键在于建立完善的法人治理结构，形成现代企业制度。投资主体多元化只是最初的一步，这一步必须跨出，但这与建立完善的法人治理结构并不是一回事儿。比如，完善的法人治理结构包括股东会、董事会、监事会、总经理聘任制和任期制等制度的依法设立，并依法发挥各自的职能。试问，国有企业改为股份制企业或上市公司后，股东会开过没有？股东会是否按时召开并行使权力？董事会是如何产生的？董事长是上级行政管理部门委派的，还是股东会选出来的？监事会是否存在？是否起作用？总经理一职是否由上级行政管理部门委派？如果这些问题没有根本解决，那就不符合现代企业制度的基本要求。

因此，要让国有企业成为现代企业式的混合所有制企业，一定要有完善的法人治理结构，这才是实质所在。怎么能认为按照现在的国有企业股份制的路子走下去，就可以建立混合所有制经济了呢？

还有一种说法，就是现在国有资本已经退到不能再退的地步了，再退就要越过底线了。

厉以宁： 这种说法也是一种误解、误导。我在前面已经说过了，国有资本的实力不在于国有资本的存量，而在于国有资本的控制力。也就是说，在现阶段仍有必要由国有资本控股的一些行业和企业，在股权相当分散的条件下，国有股减持到相对控股的程度，实际上意味着国有资本的控制力加大了。这并不会影响国家控股经济在经济中的地位。

> 中国新动能——光华学者解析未来发展之关键

再说，在一些竞争性的行业和企业中，国家是不是一定要控股，也是可以讨论的。如果说在这些行业和企业中，国家已经控股了，甚至已经绝对控股了，那为什么不能减持国有股呢？减持国有股并不是国有股的消失或流失，而恰恰是国有资本重新组合的一个步骤，国有资本减持后，可以被用于其他方面（包括投资高科技产业、新兴产业），从而提高国有资本的资源配置效率。

进一步说，在某些经营不善、管理不善而亏损累累的国家控股的企业中，如果不采取国有股减持或让民间资本参股甚至控股，而使得这些企业继续亏损下去直到破产清理，将使国有资本蒙受更大的损失。从这个意义上来说，采取国有股减持或让民间资本参股甚至控股的做法，是拯救国有资本、使国有资本得以新生的途径，而不能认为是国有资本的消失或流失之路。

那么，您认为国有股减持，让民营资本参股甚至控股的底线在哪里？

厉以宁：我不太同意所谓的国有资本的底线在哪里这种说法，这是需要澄清的大问题。的确，现在的国有企业和国有资本控股的企业，是多年以来通过国家投资和企业积累、辛辛苦苦创办和发展而形成的。然而处于当前市场激烈竞争的形势下，不融资、不筹资、不转亏为盈、不增加新的资本、不改善经营管理，怎样才能使竞争性行业的国有企业、国家控股企业走出困境？人们并不是没有想过办法，但是经验表明，通过国有股的减持，吸收民间资本参股甚至控股，不失为一种可行的做法。因此，竞争性行业的混合所有制经济的发展，不仅不是国有企业的灾难，反而是国有企业、国有控股企业的新生之路。

除此之外，可能有人还会认为"这又是一场国退民进的活动"，这种说法也是不准确的。"民进"是对的，"国退"却并不符合实际。因为，我们的视线并不是死死盯着某一个竞争性行业的具体企业，而是以国有经济的资源配置效率提高为着眼点。这样看来，从宏观经济的角度分析，应当是"国进"而不是"国退"，应当是"国进民也进"而不是"国退民进"。把国有资本的减持看成是"国退"，显然不正确。

国有资本减持、国有企业重组和国有资产私有化的关系是什么？

厉以宁：国有企业改制为混合所有制企业的过程（或国有股减持的过程），很可能成为不法分子攫取国有资产的机会，结果会造成国有资本的大流失，使国家遭受严重的损失。

这种说法并不是没有道理的。以俄罗斯和某些东欧国家在20世纪90年代改制转型过程中国有资产的私有化为例，我们必须警惕这种廉价出售国有资产或某些有权势的国有企业负责人把国有资产化为个人私有的行为。

但我们也不应该因噎废食。从中国的实际出发，我们在发展混合所有制经济的时候，应该一切按照法律规范、规章制度执行，且有序执行。成熟一个，改革一个，切不可一哄而起，表面上轰轰烈烈，但弊端丛生，后患无穷。

方向明确了，但问题在于，不少民营企业可能会担心，在国有企业控股的前提下，一旦参股，很可能等于把钱白白送进去，实际上仍然受到国家控股企业的摆布，它们仍然处于附庸地位，而这会影响民营资本参股的积极性。您认为应该如何避免出现这一尴尬的局面？

厉以宁：民营资本的确有可能产生这种顾虑，所以我们在发展混合所有制经济的时候，首先就必须遵循自愿原则，不摊派，也不强制。除此之外，我们应当从三个方向着手进行改革。

其一，加快国有资本体制的改革。第一个层次是国有资本配置效率体制的改革，以资源配置效率的升降作为主要考核指标，即国资委不再具体管辖一个个国资企业，而只管国有资本的运作。为此，在国资委下面设立国有投资基金公司体系，包括按行业划分的若干个国有投资基金公司。无论是行业性的国有投资基金公司还是综合性的国有投资基金公司，都不直接管辖国有企业（包括国有控股企业以及有国有投资的混合所有制企业），而只负责国有投资的增增减减、进进出出。其目标是用活、盘活国有资本，以提高国有资本的资源配置效率。

其二，国有资本体制改革的下一个层次，应该是国有企业管理体制改革。我在这里所说的国有企业，既包括因行业特殊而保留的国有独资企业，也包括国有控股企业，还包括有国有投资在内的混合所有制企业。所有这些企业，都应当把完善法人治理结构放在首位，即建立股东会、董事会、监事会和总经理聘任制、任期制、责任制的体制，并使它们充分发挥作用。国有投资基金公司只管资本的进出和增减，而不干预企业的运作。这样，在上述企业中，国有资本的投资方和民间资本的投资方一律处于平等的地位，企业在法人治理结构充分发挥作用的前提下，成为自行决策、自主经营的市场主体。

其三，国有股在减持、退出、转让的过程中必须做到规范化与公开化。对于国有资产的评估，必须经过严格的审计，否则将来会成为后患。国有企业负责人为什么对于组建混合所有制企业有顾虑，就是因为他们害怕以后说不清楚；民营企业家同样如此，他们会担心被冠以"行贿""对国有资产巧取豪夺"等罪名。为了杜绝后患，必须做到规范化、公开化、有序化，这样双方都能够做到清白。

员工持股真意

中国员工持股制的改革方向既符合职工的利益，又符合投资者的利益，这二者都要兼顾。改革过程一定要规范，否则不要轻易试点。

在本轮国有企业改革当中，您在多年前就一直提倡的员工持股制也成为一个热点。您支持它的原因是什么？

厉以宁：企业员工持股是将来的混合所有制形式之一。企业和员工应该共同分享利润，采取股权激励制度。要说为什么支持这一做法，我们首先需要从经济理论上说清楚为什么要推行员工持股制。

根据现代经济学理论，利润、财富是怎么创造的？经济学界都承认人力资本投入的意义，认为财富和利润归根结底是由物质资本投入者和人力资本投入者共同创造的。只有物质资本的投入而没有人力资本的投入，不可能创造出财富和利润；同样的道理，只有人力资本的投入而没有物质资本的投入，也不可能创造出财富和利润。既然如此，那么在利润分配问题上便会产生一个疑点，这就是，为什么利润只分给物质资本的投入者，而人力资本的投入者只能从成本中的工资部分取得自己的报酬？这公平吗？合理吗？于是就出现了"共享经济学说"。简单地说，这里所说的"共享经济"实际上就是"共享利润"，即物质资本投入者和人力资本投入者分享企业的利润。也就是说，人力资本投入者不仅仍然从成本中领取自己的工资，还应当分享利润的一部分。

有人会问，采取什么方式分享呢？于是，产权激励制度就产生了。现在讲国际上的薪酬。乔布斯为何能够成功？比尔·盖茨为何能够成功？不是因为他本人有多聪明，也不是因为他本人有多能干，而是因为他有一个团队——研究开发的团队。在中国要调动工程技术人员、科学研究人员、熟练技工、一般员工的积极性，进行产权激励仍然十分重要。可以在一开始就留出职工股，让职工以期权的方式决定在什么时候买最恰当，也就是给你一个权利，在你认为最恰当的时候购买。还有每次扩资增股的时候，保留一部分给新来的职工或者原来的职工。所有这些都是可以做试验的。

所以说，特别是在我们这样一个国家中，更应该看到员工持股制未来的意义，它是社会和谐的一个主要的、重要的方面。另外，有了员工持股制以后，企业的经营就会发生变化。员工持股制度如果进行得好，就有可能增加社会和谐，这就是我们要研究的课题。

至于人力资本投入者应当分享利润的多大比例，要根据行业的性质和人力资产在该行业或该企业利润创造中的作用大小而定。不管怎么说，员工持股制的实施是有经济理论依据的。

那么，为了更好地实施员工持股制，您有什么具体的建议？

厉以宁： 根据国内外的实践，员工持股制大体上有四种基本形式。

一是产权激励制度。这主要适用于企业高层管理人员、高层技术开发人员以及其他被认为作出重大贡献的人员。产权激励制度的最大好处是调动这些人的积极性，并留住人才，防止他们被其他企业挖走。至于产权激励以何种方式实施，则由企业根据情况而定。从西方发达国家某些大型企业实行产权激励制度的经验来看，成效是显著的。但在国内一些城市的调查表明，民营企业在实行产权激励制度方面还比较顺利；而国有独资企业、国家控股企业在实行产权激励制度方面却受限过多，以致很难实行。因此在这方面，首要的问题依然是行政部门松绑与否。行政部门需要进一步解放思想，提高对产权激励制度的意义和作用的认识。

二是普惠性质的员工持股制。普惠性质的员工持股制，是指凡是本企业的员工都可以成为企业的持股人，好处是"没有功劳也有苦劳"。凡在这家企业工作满一定的年限，不分职务，也不分等级，人人有份。这种形式有利于增加员工的凝聚力，调动员工的积极性，提高员工的责任感。由于这样的员工持股制具有普惠性质，因此在企业内部可以减少基层员工与高管人员之间的隔阂。在实施过程中，对于高管人员、高层技术开发人员及其他被认为作出重大贡献的人员所实行的产权激励制，如果在实施普惠性质的员工持股制以前就已经实施了，那么，二者可以并存而不必并轨。如果产权激励制度尚未实施，也可以与普惠性质的员工持股制合并实施，既可以"一制双轨"，也可以"两制并存"。无论是"一制两轨"还是"两制并存"，都应当向全体员工说明，普惠性质的员工持股按进入企业工作的员工身份持股，产权激励制以员工为企业作出的贡献大小为持股的依据，即使是普通员工，只要为企业作出重大贡献也可以享有产权激励的资格而持股。

三是发行新股中规定一定比例的员工股，鼓励员工认购。无论是混合所有制企业、民营企业还是国家控股企业，在发展过程中，由于筹资增资的需要而准备发行新股，在新股中规定一定的比例将其划分为员工股，鼓励员工认购。但这不是强制性的，员工可以按自愿原则量力而行，也可以不买新股。应该认识到这不是非法筹资，而是已纳入企业的增资扩股规划之中；这也不是一种短期集资的做法，要规定一定年限的"冻结"，未到可以转让的年限，不能"解冻"（即不能转售），但可以按股分红。期满后，愿转让的可以转让，愿继续持股的可以继续持股。这是一种调动民间资本进入实体经济的做法，并不违背员工持股的本意。至于企业增资扩股的过程中，每个员工可以认股的上限是多少，则根据企业的具体情况而定。

四是国有企业或国有控股公司下由群众集资建立子公司。在国有企业、国家控股企业之下，成立一个由群众集资而建立的集体经济、合作经济性质的子公司。

这曾经是 20 世纪 90 年代初期和中期采取过的一种旨在缓解当时社会失业压力的做法，它被称做"国有企业下面的集体所有制企业"。后来，这种类型的集体所有制企业逐渐不再存在了，有的与国有企业、国家控股企业脱钩而独立了，有的因经营不善而停办了，有的又转为私人承包经营了。其实，这是一种很有启发性的改革措施，但当时没有明确的混合所有制或员工持股制的概念和改革思路，也没有认真总结经验，以致大多数不了了之了。现在回想起来，这种做法是可以从不规范转向规范化的，可以让"国有企业下面的集体所有制"成为混合所有制经济的试点，向独立的、完善的市场主体转变。

目前来看，对于员工持股制，其实也有一些不同的声音，您对此有什么看法？

厉以宁：我对各地进行调研之后，的确发现了一些对于员工持股制的误解，具体来说，表现在以下四个方面：

一是认为，员工持股制的好处应着重放在短期效益上。比如，员工持股后，企业一上市，股值一增，马上可以抛售，就可以稳赚一笔钱。

二是认为，实行员工持股等于增加了福利，员工人人有份，这与企业工作有否改进没有什么关系。有了个人的股票，既可以分红，急需钱时又可以把它卖掉，这不是员工福利是什么？

三是认为，既然员工持股是一种福利，那就应当"旱涝保收"。怎样才能做到"旱涝保收"呢？有人建议采用"股票兼债券"的形式，也就是在企业赚钱时，持股的员工可以按股分红；在企业赔钱时，持股的员工相当于持有企业债券，按固定的利率领取利息。

四是认为，在实施员工持股制以后，可以在企业中设立一个组织——职工持股会，影响企业的决策，通过有利于员工的各种决议，这样员工的发言权就增加了，员工对企业决策的影响力也就增大了。

我个人认为，以上这些认识实际上都不准确。不能把员工持股制视为一种单纯的员工福利措施，也不能把员工的短期利益放在主要位置，更不能采取所谓"旱涝保收"的做法，破坏员工持股制的规范化。至于职工持股会之类的组织应符合

> 中国新动能——光华学者解析未来发展之关键

企业的规章制度，保证企业法人治理结构作用的发挥，不要形成对企业法人治理结构的干扰。

您认为员工持股制应该采取什么样的途径开展实施？

厉以宁：目前，在各地发展混合所有制的过程中，试点职工持股已经是一些地区计划使用的方式。但经历了20世纪90年代职工持股的乱象之后，目前仍有比较多的问题，需要大家形成正确的观念。如果在职工持股的过程中，把它作为一种短期行为，变现得了一笔，再跳槽又得到一笔，问题就会很多。

总的原则是，中国员工持股制的改革方向既符合职工的利益，又符合投资者的利益，这二者都要兼顾。在此过程中，改革一定要规范，没有规范就不要轻易试点。

从国际角度来看，中国有无值得借鉴的案例？

厉以宁：的确有不少。推行职工持股制度，美国就做得很好，非常普遍。比如它们采用长期激励或福利计划，一年给你多少股、两年给你多少股、七年全部给股份，等等。但是买这些股份需要钱怎么办？实际上有一个法人性质的持股经营会，它可以去操作。它可以向银行贷款先帮你买，等你分红以后再逐渐地还，还完了，这个股就是你的，而且可以继承。所以，美国的持股计划做得非常好，而且通过了相关法律。

在这方面，中国原来是搞点儿原始股给个人，结果是越整越乱，然后大家全卖了。还有其他的激励约束，如年薪制、岗位工资、市场激励、法律激励和约束、道德、文化等。中国缺少这一块，原来是计划经济文化，现在是市场经济文化，但不知道什么是市场经济文化，以为市场经济就是假冒伪劣、坑蒙拐骗，实际上市场经济文化是诚信文化，所以这些东西我们都要进行深入探索。还有公司监事制度，监事会应该有职工代表、外部人士参加；还有建立健全公司治理结构中的职工参与制度，这里要发挥工会、职工代表大会的作用，代表工人的利益。

德国专门有一个工人监督委员会，就是董事会通过的决议还要工人监督委员会通过才可以，是专门为工人设立的。所以，中国应该发挥职工的一些作用，给他们以权力。改革了半天，有人却说"辛辛苦苦几十年，一夜回到解放前"。过去我们观念上至少是国家的主人，天亮了，解放了，当家了，工人做主了。现在都变成工人了，而且还是雇佣工人，没有股份的，那怎么办？职工持股是一种方法。另外一种方法就是参股，实际上过去有一个"鞍钢宪法"，是1958年由毛泽东提出的。什么叫"鞍钢宪法"？"两参一改三结合"，即干部参加劳动，群众参加管理，干部、群众、技术人员三结合来管理企业。因此，我们必须发挥这些才能健全混合经济所有制，健全其法制结构。

主要参考文献：

厉以宁，《中国道路与混合所有制经济》，商务印书馆，2014年11月。

厉以宁、孟晓苏、李源潮、李克强，《走向繁荣的战略选择》，经济日报出版社，2013年5月。

厉以宁，《厉以宁经济评论集》，经济科学出版社，2005年1月。

曹凤岐，《中国股份制理论与实践》（修订版），企业管理出版社，1993年1月。

曹凤岐，北京大学曹凤岐金融发展基金主办的经济与金融高级论坛（93期）演讲录音，2014年11月13日。

施智梁、胡雯、李毅，"对症国有企业改制"，《财经》，2014年第18期。

南风窗编辑部，"国有企业再改革"，《南风窗》，2014年第22期。

专题六 互联网

> 上篇　掘金互联网浪潮

　　互联网和技术绝对不仅仅是工具，它是一个新的社会，它在影响我们并改变社会。我们兜里装的这些小东西，不仅仅是设备，也改变了我们如何思考自己的方式。在我看来，这是一个非常基础性的变化，这种基础性的变化会改变我们的社会，以及改变人与人之间的方式。

——科技预言家凯文·凯利

　　我认为和所有技术一样，因特网是把双刃剑，作用是好是坏取决于我们如何使用，我们如何管理。最早的人类研发了斧头、锤子，这些工具改变了人们的生活方式。现在的问题是，这些技术改变我们的人性了吗？我认为人性是很灵活的，有巨大的潜力来利用各种不同的技术。所有的技术都是工具，因特网和斧头无异，都是工具。

——斯坦福大学社会学教授马克·格兰诺维特

> 中国新动能——光华学者解析未来发展之关键

互联网及与之相关的移动互联网产业,正在成为重塑中国经济增长的重要内生性动力之一。

在2015年的全国"两会"上,互联网和电子商务被提及十多次。国务院总理李克强还宣布,将实施"互联网+"行动计划,以此推动移动互联网、云计算、大数据、物联网等与现代制造业结合,促进电子商务、工业互联网和互联网金融健康发展,引导互联网企业拓展国际市场。

这一行业之所以被寄予如此厚望,被官方认可为中国经济的"希望所在",与其卓越的表现相关。2014年,就在传统行业、重化工业、大宗原材料行业哀鸿遍野的同时,以移动互联网为主要内容的新产品、新行业、新业态、新商业模式则在不断涌现。网络零售额同比增长49.7%,而用于满足电子商务购物需求的物流服务则同比增长51.9%。

按照咨询公司麦肯锡的估计:2025年以前,中国互联网产业对GDP增速提高所产生的影响或在7%—22%。相应的,则是中国的政、商、学三界正在积极利用互联网的平台及信息通信技术,试图把互联网和包括传统行业在内的各行各业结合起来,以便在新的领域创造一种新的生态。

中国的优势在于,在全球正在加速进入互联网时代的时候,由于互联网天然的集腋成裘的市场效应,13亿人口的数字基础突然变得价值翻倍。中国市场、文化的优势——足够的人口、统一的文字、繁荣的市场及一定的教育水平,是互联网企业成功所需要的因素。中国难得先天就具备这一系列的条件,使得它能够在全球互联网领域当中,成为除美国之外为数不多的能够拥有本土甚至全球竞争力的国家。

截止到2014年年底,中国的互联网网民规模已经超过6.18亿人,移动互联网用户总数更是超过8亿人。在中国特定的市场上,哺育了腾讯、阿里、京东等一系列世界级的互联网企业,也造就了有中国特征的互联网生活景观。中国的智能终端设备渗透率超过50%,它们成为人们通信、娱乐、社交、购物、理财等活动的重要渠道,于是中国拥有了5亿正在"淘宝"的客户、10万亿计的电子商务消费市场、超过2亿的"双十一"网购客户、超过700亿元的日消费全球纪录……

对于中国来说，它正在加速实现互联网预言家尼葛洛庞帝多年前的预判，"信息的基因正在迅速取代原子而成为人类生活的基本交换物，从原子到比特的飞跃已势不可挡、不可逆转"。

究其核心来说，互联网能够实现的目标是打破空间、瓦解时间。在物流快递可以跟进的环境中，让以往统治经济地理学的"中心优势"论的适用范围不断缩减。①而就目前来看，互联网经济对中国的改变还主要集中在让中间媒介消失的阶段。通过诸种互联网平台，科技极大地提高了经济体系当中不同当事方之间的信息传递效率。因此，各种各样的中介机构、各种各样的经纪人都面临消失，从传统的零售业态到媒体，甚至教育均被裹挟在内。有学者坦言，从根本上来说，互联网将改变每一种行业的市场结构，因为每个行业的市场结构都取决于你获取信息的能力。在这个意义上来说，科技就像强酸，它会烧毁经济、工业和产品中积累的低效率环节。

这种改变一开始从提高各行业的效率出发，但是发展到了一定程度，就是量变到质变，整个商业的模式会发生天翻地覆的变化。值得引起警惕的是，如果说人类的第一次技术革命花了 300 年，第二次技术革命花了大概 100 年，那么在摩尔定律②影响下的本次革命，所花的时间将大大缩短。因此，不管是对于组织还是个人而言，迅速学会在这场环境的大变迁中应对变化，以避免遭遇和没能度过冰河时期考验的恐龙一样的命运，堪称一场生死考验。

---

① 新技术不仅提供新能量、新可能，同时也提出新问题。正如美国科技预言家凯文·凯利早年所言："我并不认为互联网是什么万灵药或乌托邦，我认为互联网会导致更多前所未有的问题，下个世纪（21世纪），互联网还会导致更多的问题。"

② 摩尔定律首次发表在 1965 年第 35 期《电子》杂志上，时年 36 岁的戈登·摩尔预言了人类互联网时代的技术节奏和生活节奏。按照目前的通俗理解，它的含义是指半导体芯片单位面积上的半导体数量每隔 2 年会翻 1 倍。比如最早的时候，一个芯片上面最多才 4 个半导体，那么过 2 年就会变成 8 个，再过 2 年又会变成 16 个；每隔 2 年都翻 1 倍，当然，实际的翻倍时间并不如此严格，但技术的进化路径基本如此。按照同样的进化逻辑，从人类文明出现到 2003 年，所有存储下来的信息总和，仅仅相当于当今人类 2 天创造出的数据量。

> 中国新动能——光华学者解析未来发展之关键

"新消费":消费驱动型联网

人类正处于这场信息革命的根本性拐点之上,互联网全面、深入地影响实体经济,并成为变革经济形态的根本力量——平台商(生态系统构建者)、内容商、品牌商、制造商等多重群体,他们合作生产和消费着服务流、商品流、资金流和内容流,构成了生态系统存在和发展的要素,创造全新的社会与经济生态。

最近几年,各方关注的热点,已经很明显地从互联网转到移动互联网,对于这种趋势的出现,您怎么分析?

邱凌云: 实际上,这一趋势的出现比这还要早。从 2007 年开始,我在光华管理学院给学生们讲授电子商务课程,那时我们的经验主要还是基于 PC 端的。两三年之后,移动互联网就慢慢进入课程了。就目前这个阶段而言,我们只是刚跨过一个门槛,互联网对于整个社会的改变,还没有尘埃落定。

就其本质而言,移动互联网的核心仍然是人与网络的连接,但接入设备、使用方式和时间以及场景,都会与以前使用 PC 接入互联网发生很大的变化。[1]

这种种不一样会带来什么样的影响?

邱凌云: 在商业上,影响可以从消费者和企业两个角度来看。就前者而言,我个人认为,到目前为止互联网及移动互联网带来的种种变化还主要是消费驱动的。所以我们看到,尽管中国电子商务的起步比美国要晚一点,但是发展速度惊人。无论是在整体零售中的占比,还是绝对交易金额,中国的电商行业从规模上全面超越美国,但到目前为止,互联网对于中国所起到的作用或者说带来的益处,还是表现在消费者这一端。

---

[1] 近期谷歌的一次调查指出,智能手机不仅成了中国消费者生活中不可或缺的一部分,也改变了消费者的行为和购物方式,成了消费者的向导。数据显示,中国城市的智能手机用户对智能手机的依赖程度越来越高,64%的用户每天都使用智能手机访问互联网;用户随时随地都在使用智能手机,家里(94%)、路上(87%)、办公室(87%)、公共交通工具(83%)及餐馆(75%)为主要的使用地点;超过一半的用户(54%)宁可放弃电视,也不愿意放弃他们的智能手机。

然而，对于企业尤其是传统的制造业企业来说，互联网带来的改变还不是非常明显。无论是移动互联网，还是云计算，真正要对企业的业务流程造成改变，速度会慢很多。这就变成了，一端的肌肉超级发达，另外一端还处于相对原始的状态之中。

为什么会出现这种趋势？中国的独特性在哪里？

邱凌云：我们也在课堂上讨论过这个问题。一方面，是源于技术扩散是一个水到渠成的过程，到了一定的临界点之后，自然会出现爆发式的增长；另一方面，则是中国的消费者们在尝试基于互联网的新模式的时候，基本上没有什么可失去的，或者说试错成本非常低，互联网正好借此把这部分的需求给释放出来了。要知道，在电子商务普及之前，中国消费者所享受到的零售服务水平、所能购买到的商品种类和数量，其实都是很不理想的。因此，对于他们来说，失去的只是锁链，可以义无反顾地去拥抱互联网。借助网络的力量，中国消费者所能享受到的服务水平从传统社会一跃进入了现代甚至后现代社会。

相对来说，在美国，基于互联网或者移动互联网的商品或者服务业态，其增长是平缓的。因为美国的传统零售企业原来已经做得相当不错了，提供了很好的线下体验，售后服务也很好，所以美国人没有那么强的动力转到互联网上寻找商品或服务。美国今年的"黑色星期五"，照样是年轻人大半夜地去排队，而不是说只有老头老太太去实体店购物，这就很说明问题了。

因此对中国内地市场、美国市场和中国香港市场进行比较的话，会很有意思：美国市场有科技驱动，但其实体经济的发展程度也很高；中国香港市场零售业很发达，但它因为缺乏中国内地的劳动力成本等优势，所以发展不出电商；中国内地则具备了种种的独特性。

邱凌云：所以问题的关键是，基于互联网的服务对于实体经济的替代优势在哪里？如果实体经济本身已经足够发达，城市又小，就没有土壤发展出强大的电子商务系统。对于中国来说，互联网经济的繁荣部分是因为实体经济本身发展得比较差，劳动力的成本相对来说也很低；此外，互联网行业受政府的管制也比较少。

从这个角度来说，中国所走的路与美国以及其他国家和地区可能都有点儿不一样。我们可以理解为，这是天时地利人和的一部分。

有了这种天时地利人和，中国基于互联网提供服务的行业，未来可能会怎么发展？

邱凌云：我个人的感觉是，目前这种趋势再继续发展，本来已经很强大的那一块肌肉会变得更加强大。之所以这么说，是因为在消费者这一端，我们已经做了很好的教育工作。中国的消费者对于电商和基于互联网的其他服务的接纳程度完全不亚于美国消费者。

除此之外，我感觉未来会出现两个势头：其一，与传统互联网相比，移动互联网会把焦点从产品的零售和购买更多地转向服务的购买。移动互联网对于消费的影响将不仅仅表现在规模的扩大，更是一个从产品向服务全面渗透的过程。我们会越来越倾向于使用手机去完成原来PC端所无法实现的生活服务。

其二，无论是基于PC的互联网，还是移动互联网，发展到一定程度之后，就会倒逼传统企业的转型。我们现在能看到，这两年传统企业表现出很强的"互联网焦虑症"。它们已经意识到，如果继续按照传统模式去操作和运营的话，就会失去新一代的消费者。

对于您所预测的第一个趋势，我的理解是，互联网可以帮助人们买到在没有互联网的时代买不到的东西，而移动互联网则可以帮助人们更加方便地买到除产品之外的服务，即所谓的长尾理论在产品端和种类端都延长了。

邱凌云：对于传统的产品型消费来说，从PC转向手机，在增量上不会非常明显。比如城市的消费者，很可能是一个从PC向手机的转移过程，然而农村用户将会成为消费增量的主要来源。更加廉价便捷的移动互联网可以在很大程度上抹平之前的城乡之间在互联网基础设施上的差距[①]，这是一个增量的来源。

另外一个增量的来源，则是移动互联网化带来的对于服务需求的增加。移动互联网在其中起到的更多的是一种撮合的作用，使得很多行业中的服务市场变得更加可见或者更有效率。

以吃饭为例，原来我不想出门吃饭但又没有别的选择的时候，就只能在家做饭。但是，随着手机外卖平台的出现，人们愿意把以前不得不需要自己做的事情外包出去。外包的趋势一旦形成，会使得越来越多的服务可以在市场上见到。这在很大程度上是借助移动互联网实现的。

比如，本来我不知道也不想报名去上一个跆拳道或者做糕点的培训班，但是在手机的各类团购 App 上看到了，觉得这是我想学习的东西。这完全是在创造新增的需求。

邱凌云：这其实是符合亚当·斯密所说的经济学的基本原理之一的：通过交换自己拥有的技能，可以让所有人的生活都变得更加美好。原来我们只是在产品层面上进行交换，现在我们可以把自我服务的这一块也拿出来进行交换，实现更多服务的采购。

服务业本身也是下一步中国经济的重要增长点，它将释放很大一块发展空间。要知道，等那些爱花钱而不爱存钱的"90后""00后"们成为消费主流的时候，消费增量会很明显。"70后"都有存钱的习惯，"80后"则是把钱花光，"90后"可就是借钱花了。所以，现在的电商企业都在积极从事消费金融业务，帮助消费者分期、打白条。

[①] 根据2013年8月公布的《"宽带中国"战略及实施方案》，到2015年，初步建成适应经济社会发展需要的下一代国家信息基础设施，基本实现城市光纤到户、农村宽带进乡入村，固定宽带家庭普及率达到50%，第三代移动通信技术及其长期演进技术（3G/LTE）用户普及率达到32.5%，行政村通宽带（有线或无线接入方式）比例达到95%，学校、图书馆、医院等公益机构基本实现宽带接入。宽带应用水平大幅提升，移动互联网广泛渗透。

如此一来，移动互联网化可能存在两个比较有争议的负面影响：其一，就是对于人的消费欲望的无止境的刺激；其二，就是互联网企业对传统实体性销售可能带来的毁灭性的打击。对于这两种可能性，您认为应该如何看待？

邱凌云：可以这么说，消费主义是现代市场经济社会发展的核心动力之一。通过刺激需求来带动生产，再通过刺激生产让整个经济变得更加繁荣，而经济繁荣使得人们更有能力去满足自身的更多需求。这种观点可能与一些中国传统哲学存在某种程度的对立，但我想，人们对物质的欲望总有一个边际效用递减的拐点。从经济学的角度来说，消费的边际效用都是递减的，超过一个门槛值以后，花钱能给人带来的快乐肯定都无法像一开始的时候那样强烈。现在之所以很多人还痴迷于消费，很可能是因为我们还没有到那个拐点。

至于借钱给消费者花这种现象到底是利大于弊还是弊大于利，我觉得，从企业的角度来说，只要风险控制做到位——只把钱借给那些资质好的、能够还得起钱的顾客，对企业是有百利而无一害的。对于消费者来说，这毕竟是一个自主选择。企业提供了这样一个选择，到底是不是会让你过度消费，甚至使你债台高筑，就要看个人的偏好和意愿了。当然，我们也要进行消费者教育以构筑防火墙，从某种意义上来说，这与国家用投资拉动经济增长是一样的。刚修好的高速公路，一开始是没有多少辆车在上面开的，但只要把路修好了，将来就会有车在上面开。

往往只有比较大的平台型企业可以做这件事，会不会出现最终几家通吃一切网上业务、禁锢新的网络创业企业产生的问题？

邱凌云：在互联网领域当中，的确有倾向形成巨头垄断这一现象。这主要是因为，互联网服务很多时候要借助用户基数产生规模效应，而用户基数往往就落到这么几个大的平台上面。最终的结果是，消费者一旦养成习惯，就会产生用户黏性，而获得这种黏性的平台型企业就很容易打败对手。当然，最终未必会一家独大，但是肯定只有几家大公司主宰这个市场，而不太可能是一个分散而又充分竞争的格局。即使在美国，也会变成亚马逊、谷歌、苹果等几家大公司统治的局面，用户迟早会落到这几个生态圈当中。

对创业者而言，中国现在的互联网创业环境还算是好了不少的，至少现在大公司一般不敢直接抄袭你的创意，而采用收购的方式。所以，现在很多小企业创业的目标，就是最终把自己卖给某个大公司。除此之外，很多规模相对小一点的垂直领域企业，现在还愿意也有能力烧钱，一是因为相关细分市场还处于市场培育期；二是因为背后大多有平台型企业的支持，它们的细分业务可以为平台的某个战略服务。比如，腾讯重金支持滴滴打车，目的之一就是推动微信支付，这样的结果也使得小公司必须背靠大树才能活下去。

电子商务主要参与主体按品类分为综合型与垂直型，按经营模式分为自营型与平台型，具体可参见表6-1。

表6-1 电子商务主要参与主体划分

电商属性	分类Ⅰ	分类Ⅱ	代表企业	特点
B2C	综合型	平台型	淘宝商城、QQ商城	提供交易环境及配套，吸引卖家（B）和消费者（C）在平台完成交易，类似于"商业地产"
		自营型+平台型	亚马逊、京东商城、苏宁网购	以自营商品为主，做大流量后利用创新业务，平台服务拓展盈利
	垂直型	自营型	唯品会、当当网、聚美优品、也买酒	细分领域深耕商品，品类深度最大、最专业
C2C	综合型	平台型	eBay（电子港湾）、淘宝网、拍拍网	消费者可无门槛"自主经商"，类似于"服务个体户买卖的商业地产"

资料来源：中信证券研究部整理。

让我们把话题回到生产端。对于传统制造业来说，要进行转型，除了更多地倾听用户的需求之外，还应该如何与互联网结合在一起？

邱凌云：其实应该区分互联网对企业的作用。对于直接面对终端消费者的企业尤其是那些有着庞大的线下销售渠道的企业来说，它们感受到的互联网焦虑症会更加深刻一点，因为这涉及整个销售渠道的巨大变化。它们要重新规划建设线上渠道——线下是不是要收缩一点，线上是自己去做还是与天猫、京东合作等，有很多具体问题需要解决。

除此之外，我们有很多的企业，其本身并不直接面对终端的消费者，对于它们来说，互联网的作用可能并不局限于销售主导，更多的是去实现企业的信息化改造。其实我们一直强调企业练内功这一块（比如提升供应链的效率，降低企业IT系统运行的成本等），这恰恰是中国大多数中小型制造业企业花钱花得比较少的一部分。所以，企业内部的信息化升级在上一轮的互联网浪潮中被忽略了或者被遗忘了，这也正好验证了我们之前提到的中国现在的互联网浪潮依然属于消费驱动。

《连线》杂志前主编克里斯·安得森在其新著的《创客》一书中对这种趋势进行过描述，传统的零件制造业企业也将面临来自下游终端用户的改变，大规模的采购商之外，将会出现更多零散的、个性化、小批量且变化迅速的小型客户。怎么去满足它们的需求，这将成为一种重大的考验。

邱凌云：按需定制，你是不是有这种能力？对于上游的制造业企业来说，其实这与所谓的"互联网思维"没有多大的关系，这更多的是基于信息技术和管理科学，互联网只是把信息变得可见，可以更加科学地预判需求，能够柔性地生产，能够实现这些目标。而且，传统的零件制造企业如果能够因此而不再依赖那些更大规模的下游制造业企业，也将增强它们的议价能力，让信息在整个价值链的各个环节中充分地流动，可以提高每一个环节的效率。

现在包括很多传统的制造业企业在内，大家都处于非常焦虑的状态，格力和小米2014年的争执可能是非常典型的例子了，您对此怎么看？

邱凌云：我觉得，格力没有必要去和小米争执谁的销售额会更大，这是没有任何意义的。对于传统的制造业企业来说，原来的确是单纯地把产品做好就可以了，现在可能还要回到营销的本质上去。你的产品，应该是为了满足消费者的需求而存在的，如果现在消费者的需求因为互联网及移动互联网的参与而出现了爆炸式的增长，或者出现了显著的改变，那么制造业企业就要迅速跟上这种变化的趋势。比如，原先一个空调，只要我回到家后能够用遥控器打开制冷就行了；现在互联网的发展使得我可以满足一个新的需求，在回家之前就在手机上把空调提前打开，那么空调就必须向智能化转型。在空调产品的创新上，格力本应该比小米先设计出这样的新产品。①

王汉生：应该来说，这就是一场"秀"而已。站在这个时间点上，我们真的"知道"未来的方向吗？我们只是"觉得"而已。就像当年电视机一出来的时候，大家都说，电影要完蛋了。粗略一想，是有道理的，因为看电影还要花钱。但电影后来没有完蛋，只是换了一种形式，而且还活得很好。所以对于未来，对于一系列的模式更新，到底谁对谁错，并没有人知道，我们只能进行猜想而已。

那么总结一下，对于您来说，什么叫做互联网思维？

邱凌云：互联网思维与传统制造业思维的不同之一在于利润的来源。到底羊毛是出在牛身上还是马身上，互联网企业可以有更多的选择。可以用自身的产品直接赚钱，也可以产品本身不赚钱，但通过后续的服务赚钱。这是多种不同的玩法都可以并存的时代。

互联网思维的另一个表现是，极度关注产品，更加用心地去倾听客户的需求。不一定非得靠卖增值服务盈利，卖硬件赚钱也不丢人。苹果就是靠着硬件赚钱的，它的软件赚的钱其实很少（很多都是免费的），目的是帮它营造生态。小米正好相反，小米号称硬件不赚钱，指望将来从服务上盈利。

互联网本身也是有多重形态的，完全可以多种模式并存，没有必要说谁一定会取代谁；重要的不是哪种模式比其他模式更强，而是你怎么把这种模式做好。当然，传统制造业和互联网的融合也是一种趋势，不能逆潮流而动。

---

① 原先在"效率意味着一切"的标准化生产线上，特定的个性总是被忽略的。今天的英文里已经诞生了一个新词"Prosumer"——生产消费者，传统生产与消费之间曾经难以逾越的高墙被穿透，新局面废黜了自工业革命以来制造商们传承下来的支配地位，逼迫他们把"大脑"交给网络。

"新渠道"：破坏性创新

科技的属性是酸性的，释放科技，它将烧毁经济、工业和产品中积累的低效率环节。因此，每个行业都将被互联网重构和改变，不管是音乐行业、电影行业，还是水泥行业。新技术以它颠覆性的力量，无情地甄别着所有领域里的老组织、老产业。

在实体产品销售领域，由于互联网电商的出现，传统渠道的日子正在变得越来越难过了，因此引发了一系列的争议。对此您怎么看？

周黎安：从行政治理的角度来说，互联网化会产生一系列的深远影响。比如阿里巴巴，它其实不需要政府提供很多帮助，只要政府没事不去干扰它的发展，它就能够帮助社会自动把各个市场连接起来，把各地的基础设施（如仓储、物流）建立起来。在这个互联网的平台上，贸易量可以不断地增加，让许多边远落后地区的经济真正地整合和融会到中国这个大经济体之中，以"无烟"的方式增加就业，让亿万人分享经济增长的好处。如果这一块继续整合得好，会给中国经济转型带来很大的希望。

有人骂阿里巴巴是吸血鬼，其实它是把中间环节原先不应有的利润给挤掉了，经济的运行成本大幅降低，老百姓获得了实惠，这是好事情。

徐菁：我们在很多年前就能够看到这个趋势，在全世界范围之内，大量的百货公司、零售商店逐渐被取代，这是没办法的事情。比如说日常用品、吃喝用度等，本来消费者对这些产品就没有多少的情感投入，便利是第一位的。电商出现之后，有大量优惠、同质化而且方便（大件直接送上门）的商品可以选择，这都是传统渠道所无法实现的，所以它们被取代是很正常的一件事情。

现在也有一些传统的零售业企业（包括百货商店、家电卖场等）也在积极"触网"，您对它们的转型或者说多元化发展乐观吗？

邱凌云：因为没有深入研究，我只能说暂时还看不清楚一些企业到底想干什么，但就目前的情况来看，我感觉并不是很乐观。比如，一些家电卖场就画了一张特别大的饼,宣称要进行全渠道销售。但问题在于,要真正实现全渠道销售,有很多的内功要练习,例如怎么解决各个渠道之间的冲突、怎么均衡利益等(见图6-1)。而且,线上业务这一块(包括京东、天猫这样的生态圈)已经非常强大,错过了爆发期的传统零售企业现在再进行线上业务的开拓,会变得相当困难。电商对于实体产品购买需求的释放或创造并不是无限的,现在已经在走向比较稳定的增长阶段,当然,在某些细分领域可能还存在一些增长空间,比如海淘对于电商品类的补充、家具零售企业的O2O转型等。

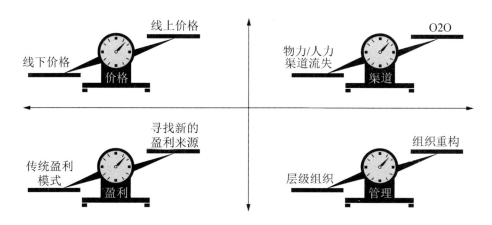

图6-1 传统企业"触网"面临左右手互搏的问题

资料来源:中信证券研究所。

除此之外,社区型的实体经济形态也正在成为热门,比如金融机构开设社区银行,顺丰做社区型商店,等等。对于这一趋势,我们应该怎么看?

徐菁: 我认为肯定会出现的一个趋势是,未来社区型的消费也将变得非常明显,这是因为社区作为一个基础,能够在物理意义上有一个很清晰的区分,大家的生活就在这个圈子里面。在这个圈子里面的商业形态,可以很容易地进入消费者的生活中,与他们的生活发生关系。这有两个原因:其一,社区性之后,包括各类原先可能非常"高大上"的消费类型就可以变得平民化一些,大家不必再以仰视的目光去看待它们,不会有距离感;其二,电商的物流配送速度再快,社区型的商店也有它们不可替代的优势。比如,我们家附近就有很多服务意识特别强的小超市，一给店主打个电话，说缺什么东西，很快就能送货上门，而电商的送货速度即使再快，也得明天，这是社区性消费的一个不可替代的优势。

除了深挖社区经济之外，实体型的渠道还有什么优势是可以继续发扬或者说继续壮大的呢？

徐菁：举个例子吧，我家附近有一个商业中心，到目前为止生意还比较火，因为它主要是以餐饮来带动的。而社区型餐饮更多地聚焦于家庭，因为那里的居住区非常密集，当父母们带着小孩子过去吃完东西之后，逛逛走走，顺便就会买点东西了。

因为物流、电商的发展，除非你这里非常有特色，否则现在大家专门去哪里买东西已经非常少了。比如我前几天去国子监，有个做新东方元素的家居店就把自己变成了一个生活空间。到了那儿之后你就能发现，它的店面是把传统的四合院改造得就像一个家一样，既古朴，又有一些现代的元素，比如大玻璃、天井等。对于它的产品，你可以去触摸、感受、搭配，这就显得非常有现实的质感；不仅如此，它在小院里还专门设有咖啡厅和茶室，进去喝点东西的感觉非常好。这个时候，这些实体型的商店，已经不再是单纯零售，而是在营造一种文化的体验，能够让消费者获得生活中的美学感受，这是必须依靠实体才能实现的，不可能被互联网取代。按照这一标准来衡量，北京现在的很多小胡同其实就是在搞大量的文化创意产业，一家店一家店地开出来，很多你在淘宝上根本不敢买的东西，在这些很有特色的小胡同里面，周末和朋友去逛时顺便就买了。这种东西就是它们存在的价值，即它们的位置；而这种位置条件一旦具备了，就不是电商能够很容易复制的，也不会被网络取代，这就是实体店的意义。当然，这么一来也对商家提出了更高的要求，它们得弄清楚自己的身份感——要吸引什么样的消费者、要讲什么故事、带给消费者什么样的感受等，要不断地进行变化，才能不断地吸引消费者。

实际上我们现在大多关注的还是实体性的产品，而一些体验性的消费，比如文化色彩非常重的产品（如艺术品、电影、戏剧等），都还得消费者自己去亲身感受。这方面我们做得不多，所以这也是个还没有被充分开发的巨大的市场。我相信，随着中国人消费水平和档次的提高，大家会越来越愿意为这些无形的东西付钱。未来中国需要在这些方面有更多的尝试，做更多的事情。比如说画廊，它就是一个典型的既能够进入社区，又能够提供精神体验的实体经济形态。但今天中国的问题在于，画廊都过于集中到一个地方了，只有当你是一个艺术爱好者时，才会有积极性去"798"或者类似的地方。对于普通人来说，他们其实也很需要这种服务或者说产品，但是现在身边没有，而他们自觉不够专业，也就懒得专门去体验。如果能够有好的社区店的话，在社区就可以开画廊卖艺术品，这就会是一种很好的尝试，能够让大家不用很高的门槛就接触艺术，慢慢地提高欣赏水平，间接地提高生活质量。

一系列大的宏观概念之外，这就是一个很明显的小趋势。

赵龙凯：在此我得提醒一下，中国的文化产业仍然比较小众，即使是其中的大众领域（如电影），也是小众的东西。中国人不可能天天去看电影，所以一部电影的票房可能都赶不上一个房地产商稍微大一点的楼盘的利润。比如我们光华管理学院的"北大光华新年论坛"，请百度和孟京辉一起来做了个项目，直播了后者48个小时的排练过程，当时有100多万人的点击量。这意味着当时北京所有的戏剧场所的观众量加在一起，一年也不到这个数字的1/5，已经是一件很了不起的事情了。但是过了几天，百度又做了个"动物园计划"，把直播放到动物园里去了，结果有700多万人愿意看一条蛇一天不怎么动的直播。

不管怎么说，光华管理学院依然在关注这个领域，因为艺术对社会能够产生更加深远的影响，这不是单纯的物质财富所能够做到的。

实际上，现在一些艺术品行业的从业者也在尝试着将自身的业务与互联网结合在一起，对于这种趋势，您怎么看？

徐菁：不管是电商卖艺术品，还是艺术品企业做电商，我觉得最终可能仍是一个比较小的市场份额，不能完全取代画廊、艺术展等，因为人们要去体验画、体验艺术品，而这都是互联网、电商没有办法取代的。电商能够起的作用是提供便利——寻找方便而且送货上门，品质有保障，让人有安全感，但这是一种实用价值。而精神生活层面的东西，是它们所无法提供的。

赵龙凯： 具体来说，艺术品和互联网的连接，应该分两种情况：

其一，是传统的生产端。以画画为例，门派观念很强，讲究师承关系。你是中央美术学院还是中国美术学院毕业的，你的老师是谁，相互之间的门派关系是什么……简而言之，圈子观念很浓厚。而大多数的艺术家成名之后，对于下游的链条、对于用互联网进行推广，其实不是很在乎，有的话挺好，没有的话也行。他们关注的是自己的艺术追求是不是能够获得认可，尤其是艺术圈的认可。如果不把这种思维方式扭转过来，是没有办法做得好的，最多就是把东西借助互联网进行展示而已。

其二，就是互联网改变渠道，改变生产端和消费端之间的连接。就我所接触的艺术品电商企业来看，大多数企业触网，实际上是源于"互联网焦虑症"，看着别人都在做，于是也跟着尝试一下。对于到底怎么做、以什么方式盈利，很多人都不知道，但是他们已经行动起来了。这些行动起来的，分为原先行业内部的参与者以及新的行业闯入者。

对于原先行业内部的参与者来说，比如提供中介的艺术品拍卖公司，它们既不是艺术家也不是收藏家，而更像金融领域内的投行，它们希望的是把交易量做大，有人买和卖才能赚钱。在这个过程当中，价格当然越高越好，但是真正重要的还是交易量。而互联网正是可以用很低的成本带来很大的交易量的，所以它们积极地拥抱互联网。在此之前，每做一次拍卖，光印刷画册的成本，一年可能就要上千万元，现在电子化之后，就可以把成本降得很低。但是总体来说，现在传统从业者的电商化尝试，还不是很有特点。比如，网站、微信公众号等，的确很方便，这是媒介渠道的改变，但多做几个 App 对于整个行业来说有多大的效果，现在并不清楚。比如故宫也在尝试做一些东西，其实更多的是推广宣传的性质。

新的行业闯入者身上有什么特点？

赵龙凯： 我们之前做了一系列的艺术品电商的案例，范围比较广泛，接触比较多的是保利拍卖,它就是一个传统的拍卖行。现在新进入的,有一些在线的拍卖公司,其实它们和拍卖公司并不是很相似,叫做艺术品电商可能更合适。它们的从业人员与传统艺术圈培养出来的人去做互联网相比,思路是完全不一样的。

怎么不一样?

赵龙凯: 拍卖是一种很古老的中介形式,它满足 80/20 定律,即 80% 的利润来自 20% 的拍卖业务,甚至可能还要少。对于一流拍卖公司的拍品,全国真正能买得起的可能都不超过 200 人,而这些人能够为拍卖行创造绝大多数的利润,这就是这个行业的江湖现实。

但是现在新兴的艺术品电商,它们的做法就不再是这样的了,而是开展大批量的业务。它们要改变的不仅仅是藏家的概念,甚至还包括什么是艺术家的概念,所以整个艺术品市场的定价权就会发生很大的变化。在我们研究的一个案例当中就可以发现,真正学艺术专业的人反而在这种公司里都做不好,干不下去。因为传统的做法需要时间、需要与人接触,而新兴的互联网电商则是把时间大量花在了电脑上。

它们是怎么改变藏家甚至艺术家的概念的?

赵龙凯: 通过这种方式,画这种艺术品的渠道到底有没有改变?有。起码像刚才说的那样,印刷成本更低了一些。对于一幅几千万元的画来说,没有人会在网上购买,所以这种改变其实非常有限;但对于几千元一幅的画来说,改变可能就会很大了。比如,现在就有一家网站提出来,人人都是艺术家,人人都是收藏家。要知道,中国每年光是艺术院校毕业的学生可能就有几十万人,如此一算,中国其实已经有了固定的上百万人的职业艺术家。问题是,在此之前,对于这些人中的大多数,我们根本没有机会见到、听到,他们能有什么出路呢?现在这个网站就提出来,你可以画画,然后扫描发到网站上;网站只作基本的筛选,然后在网上进行零底价的拍卖。你的成本就是拍照上传。对于消费者来说,以前进行装饰需要买画,在家居店甚至建材市场一幅画也要花几千元,现在能够用同样的价格买到真正原创的、有特点的画，何乐而不为呢？当然，采用这种渠道的人，基本上都是从来不去画廊的人。现在这家网站已经在进行第二轮融资了，深创投、中信、民生都在投资。

这种模式（包括传统艺术品中介所做的电商尝试）成功的概率大吗？

赵龙凯： 艺术品电商企业的尝试，每个星期都会出现，但是不一定都能够坚持下去，因为到现在为止，还没有哪家能够真正赚到大钱的。它们最终能不能成功？没有人知道。因为从短期来看，卖掉几千元的画比较容易，但是从长期来看，卖贵的可能就比较难，而且未来大量真正的同类竞争者出现的话，怎么办？所以，这个行业就像 P2P 行业一样，也有几千上万家，投资者们根本无从选择，就到处撒点钱，看最后谁能胜出，仅此而已。

现在互联网或者说移动互联网冲击了整个艺术品行业的产业链，未来可能成功的趋势在哪里？

赵龙凯： 现在能够看到的趋势，就是能够降低成本，但是行业其实还没有准备好，也没有哪个行业能够说自己准备好了。大家都在寻找的过程当中，而且变化太快，比如微信红包，这两年过年，一下子就把支付宝好多年积累的事情都给做完了。

综合来看，假如我们把文化领域内的移动互联网化作为一个观察案例就可以发现，它们现在基本上是在挪东西，使用互联网工具，帮助自身去实现拍卖功能，之后是再往移动互联网挪。但是移动互联网最重要的特征就是快捷地完成互动，甚至可能成为你生活、身体的一部分——当然这面临一系列的技术性难题。目前在艺术品领域之内，这种互动性还没有体现出来。

为了更深层次地看这个问题，我们要回到传统的艺术定义上去。什么叫艺术？以前是画廊养画家，这些画家需要足够的创作自由，实现自己的创作理想。画是一种形式，互联网能不能完成这种形式？现在来看，还很难。但是艺术又不局限于画，还有很多不同的形式（如现代艺术、装置艺术等），有些可能是可以和互联网连接得非常好的。

在这方面，我对国外一些行业的移动互联网化应用的印象比较深刻，这些行业不能算是艺术行业，而是休闲娱乐业。比如在今天的故宫做导游，要租个设备演讲，大家都是一模一样的，也没有一个竞争机制，做得好不好也不清楚。现在国外出现了一个完全移动互联网化的改革。比如去洛杉矶之前可以下载一个App，到了以后可以选择谁来给你当导游。而我们每个人都可以成为导游——你走了一条路，可以把自己对这条路的认识和理解说出来，因为移动互联网可以定位，走到这条路上的每个人都可以选择下载收听你的解说。每个人都可以成为导游，把自己的经验变成分享也好，变成获利也好，这就是一种很好的机制和平台，这就是移动互联网的特性。

"新营销"：消费者主动

到了互联网及移动互联网的时代，消费者接触信息的渠道变得海量起来。他们可以上淘宝，能够看到成百上千的使用者的评论；可以到社交媒体上去获取信息，看朋友圈推荐……此时，消费者更多地偏向基于人、基于用户、体验过产品的人的信息分享，而不是以前以商家为主导的广告推送。这意味着，消费者接触商品或者说对商品产生认识，并不需要传统的方式，不需要以商家为主、单向地投资它们所想要传递的信息。

2014年年底有个比较有意思的现象——为了寻找盈利手段，微信开始在朋友圈里推送广告了。各方对此褒贬不一，您对此怎么看？

王汉生：这事儿现在我也没想明白。但我觉得，像腾讯这样的平台型企业，运营着世界上最大的社交网络，在这个平台上，如果要维持现状，也就是卖个表情、推广几个游戏，其实营收已经是相当可观的了，暂时不需要做特别多的其他东西来伤害用户的体验。如果我来负责这件事，我会在相当长的一段时间之内，多听而少动。

徐菁：有些人可能会因此就关闭朋友圈，甚至去寻找其他的平台。比如我现

> 中国新动能——光华学者解析未来发展之关键

在就不怎么上朋友圈了，里面的东西太多、太杂、太乱，一不小心加上与自己不是很熟悉的人，他们发的内容又是你不想看的，就不太关注了；广告再多起来，就更不想看了。所以说，各家平台的确得把握一个平衡，或者至少能够给消费者一个选择，我愿意看你发的东西才看，不愿意看就可以不看。要不然，可能会失去一部分消费者，因为他们已经慢慢过渡到另外一个新的状态中去了。

这种新的状态的含义是什么？

徐菁： 对于消费者来说，互联网的兴起使得他们搜集产品信息变得更加容易了。以前大家只能通过广告、问身边的朋友等方式去寻找产品信息，相对比较单一。彼时的商家、渠道是处于很有利的位置上的，它们选择投放什么内容、给消费者什么内容信息，主动权在它们手中；而消费者没有，只能被动地接受。彼时的消费者看到什么，就会很容易形成相应的认知，比如贵的就是好的，名人代言的就是好的，等等。我将其称为"单一方向的传递"。

到了互联网及移动互联网时代，消费者接触信息的渠道就变得异常宽泛了。他们可以上淘宝，能够看到成百上千的使用者的评论；可以到社交媒体上去获取信息，看朋友圈推荐……此时，消费者更多地偏向基于人、基于用户、体验过产品的人的信息分享，而不是以前以商家为主导的广告推送。这意味着，消费者接触商品或者说对商品产生认识，并不需要传统的方式，不需要以商家为主、单向地去投资它们所想要传递的信息。在这种情况下，传统的广告已经失去了意义，因为消费者已经不再愿意被动地去接受广告了；不仅如此，消费者还可以很容易地去表达自己的反馈，甚至形成更大的声势。

在这个时代进行营销，商家或者渠道应该怎么做？

徐菁： 现在商家如果还想要打广告，必须创造一些有意思的东西，让消费者愿意看你的东西、上你的平台，而不是硬生生地花钱把它们砸向消费者，因为他们完全可以不看。所以说，微信或者其他的什么互联网平台做广告，只不过是增加了一种到达消费者的方式，但是这并不是最终的方式，而是要去研究什么样的类型更加能够让消费者接受，甚至可能让他们去主动地进行搜寻。

在这个过程当中，商家要想办法抓住互联网的机遇，与消费者形成一种共同体。不要再认为我是商家、你是买家，现在已经不是这种关系了，而是要让消费者进来，成为我的粉丝，给我意见，让我们一起成长。如果能够形成良好的有机互动，消费者可以给商家更多的意见，商家也可以更多地吸取这种意见，双方互相学习、互相成长才会有未来。

但现在的问题是，不管形式怎么灵活，消费者可能根本不看，一遇到广告就主动关掉，这种情况应该怎么应对？

徐菁： 从本质上来说，消费者怎样才会喜欢你的产品，其背后的心理元素可能很久都不会变。但是从形式上来说，怎么吸引消费者，怎么让消费者去感知你的东西，怎么让消费者对你的产品产生好感，然后持续地成为你的用户，这些就是需要在形式上进行创新的东西。

所以我认为，传统的广告模式很快就会被淘汰。比如说找谁做代言人、宣称商品怎么怎么好，这确实是没有用了；包括看视频的时候，已经有插件可以帮你主动屏蔽这些东西了，或者受众可以主动走开一会儿再回来。对于企业来说，这就是很大的一个挑战，好的商家、营销者应该有好的想法去利用这些机会。

实际上，互联网也提供了很多好的平台去进行推广。比如，有的时候你根本看不出来那是个广告，但其实它就是个广告，而消费者在这种界限比较模糊的时候，反而容易接受商家所要传递的信息。再如在 YouTube 上，有的时候一些视频大家觉得是网友自己做的，但其实是商家弄的，它们把自己相关的身份痕迹都给抹掉了，然后做得很有趣、很刺激，大家愿意去看，品牌很快就传播开了。这就是一种很好的利用互联网吸引消费者、帮商家传递信息的方式。

还有一种方式，就是《中国好声音》这样的节目，广告品牌就是硬生生地嵌入节目当中进行绑定。这个时候，消费者一般不会过于讨厌，因为他们会觉得这是一种能够看到节目的福利。当然，除非是广告实在太恶心了，老出来重复个没完没了的。

但要记住的是，并不是所有的商品都适用这样的营销手段，比如买车、买房或买电脑这种比较大型的贵重商品，这种广告是没有用的。它们适合的实际上是一些大众消费品，像洗衣液、饮料等日常消费品，它们要的就是熟悉度，而不是什么特性，不需要消费者花很长时间去考虑。比如，消费者去超市买牙膏、洗发水，不会想太多，往往是看到哪个熟悉就拿哪个了。这和最早的肥皂剧的诞生是一脉相承的，这些产品之所以还在大打广告，要的就是一个曝光度和熟悉度。

在中国的互联网营销领域之内，有没有比较好的案例？

徐菁：曾经有一个，一开始做得特别好，后来不行了，那就是凡客。在一段时间内，它力推凡客体，主攻微博营销，找很多名人，一开始是徐静蕾、姚晨等，后面是韩寒、王珞丹、李宇春等，通过一系列颇为文青的表述，阐述了它所想要表达的东西。当时还是打动了一部分年轻人，一度非常风靡。

凡客的崛起和目前的相对比较消沉，更替的速度非常快，为什么会出现这种变化？

徐菁：至于凡客的兴起，我们得承认的是，它在一段时间之内很好地运用了互联网营销、微博、粉丝效应、明星效应等手段，很好地传递了它的文化诉求。它试图讲述的，其实是大众文化，是挖掘大众文化当中每个年轻人都特别渴求的东西。

至于之后的迅速没落，我认为主要有两个原因。其一，凡客的产品没有跟上它的宣传。它一直说自己的产品是平民可以拥有的个性化的、高品质的产品。但实际上，它的产品还是很一般，品质也不算特别好，而所谓的个性化也就那么回事儿。帆布鞋别人其实也有，它拿过来改改，T恤也改改，没有什么特别的设计和原创的东西。

其二，凡客一开始打的牌很好，找的点也很棒，但是营销没有延续性。玩玩这个又搞搞那个，后期没有什么创新，随着高层出现变动，做凡客体的人离职了，也就没有跟上这个年代消费者快速变化的口味，没能跟他们一起成长，给他们一些新的东西，所以很快就过时了。这就是缺乏专一性，没能一直跟上消费者的变化。

所以我要说的是，你必须有一直年轻的、基于对这个群体认识的团队去做这件事情。这方面一个比较典型的例子就是李宁。李宁公司内做这类事情的都是年纪比较大的人，他们不清楚消费者要的是什么，表现方式也非常传统（如打户外广告、电视广告等），没能运用网络和社交媒体的力量，这是很难被年轻人接受的。

假如您现在就是李宁的营销顾问，您会怎么帮助它进行年轻化的推广？

徐菁： 首先，得看它想要吸引的群体目前所关心的东西是什么，比如，现在年轻的孩子们都在玩什么东西？他们最渴望的东西是什么？最潮流的东西是什么？最蔑视的东西是什么？等等；其次，还得知道他们最活跃的地方在哪里，然后出现在那个地方，成为他们生活的一部分，而且是形式特别好的一部分（比如豆瓣、知乎），要分群体、有针对性地去投放，以活动的方式去参与。他们不见得对于"抢"这种形式反感，因为他们觉得很好玩，而他们要的就是好玩，就是找乐子，把东西娱乐化，而不要什么高大上，不要沉重的标签和包袱。

总的来说，让中老年人做年轻人的营销是行不通的。你得玩他们的游戏，而不是告诉他们来玩你们的游戏。不是这么回事儿了，孩子们长大了，有他们自己的世界了，继续板着脸出现在以前的舞台上，孩子们不会觉得你的东西是冲着他们去的。

现在比较好的一个做年轻人的互联网营销的例子，就是小米。

徐菁： 我其实并没有特别地去关注小米，但我觉得它除了在营销手段上有一些创新之外，其实产品复制的部分还是蛮多的。除非它有一个真正的创新团队在帮它做事情，否则长远来说，我不是很看好。

但是小米利用粉丝经济的一系列做法，的确已经成为很多厂商学习的方向。您对此怎么看？

徐菁： 我只能谈谈粉丝经济。利用粉丝，是结合了互联网的特点，有它的社会基础的。从根本上来看，这种基础是消费者希望能够找到归属感，能够找到一些与我有着相同的偏好、爱好、价值观和诉求的群体。现在很多活动就让消费者感到他们可以参与进去，能够一起创造产品和品牌，他们其实扮演了一个非常主动、非常重要的角色。比如现在很多的艺人、歌手就是粉丝给推出来的，他们会很有意地培养粉丝，然后让粉丝给他们造势。这就比传统的包装更加有效，更加有基础，而且更加火爆。

说白了，十六七岁的年轻孩子们，很多人的心智还没有真正成熟，所以其实也没有特别理智的行为。他们的逻辑就是跟风，我要紧跟潮流，不能过时落伍，那么要怎么定义这个界限呢？就是我的朋友们都在看这个，那么我也得进去，要不然我就被孤立了。他们对于紧跟潮流和过时落伍以及群体的概念非常强，特别希望能够归属某一个群体当中。粉丝经济能够玩儿起来，靠的就是这个群体的心理特征。当然，这也不是中国所特有的，全世界都一样，青少年就是这样的，他们必须找到一个能够引领自己、激励自己的东西。

年轻人的价值观就是要让自己开心、舒服，不为难自己，不是纯粹为了某样东西去做某件事情。他们想得很开，这一代孩子会比较幸福。

对于这些年轻人，很多厂商感到很头疼的，是因为他们的个性化使以前那种大规模生产、大规模销售的路子走不通了。

徐菁： 一开始会有一个工业化的过程，这和当时的经济所处的阶段是对应的，当时需要的是效率。美国也经历过这么一段时间，20世纪六七十年代的时候，要的就是低成本、高效率地进行复制，一件衣服能够做出一万件来。但是经济条件好了以后，你问现在的"90后"们，他们大部分不怎么缺钱、很自由，所以对于商品的购买标准不像我们，我们那时候就有意识地认为不能买贵的。

当然，现在的孩子们也不是说一定要买贵的，而是要买适合他们的。什么叫适合？显然他们对自己也有一个认识，对于产品的契合度也有考虑。这样，工业化生产的东西就不行了，因为如果大家都一样了，我还有什么识别度呢？所以未来一定会走一条更加个性化的路线。产品不能成为完全工业化的结果，而是更多地对消费者进行细分，做出针对某一类消费者价值观和文化诉求的东西。

以前的消费者都接触大众传媒，大家的兴趣爱好都差不多；现在的个性化差异就非常明显，把握起来会非常困难。

徐菁： 这当然是一种现象。看起来每个人的确是更有个性了，但是千万不要认为是一个人一个样子，其实在很多时候，还是有群体的存在的。

因为，人有两种需求：一是独特性，二是归属感。每个人都是在这两者之间寻求平衡的，不能够完全地独特。像一个怪人、外星人一样的人，其实并不多见，因为每个人都要找到属于自己的圈子，否则是很难受的，不是很多人能够做到这一点的。于是情况就变成了动态平衡——我希望有点属于自己的空间，能够与其他人有点不一样，但是我又希望能够找到群体，可以去沟通和交流，有归属感。所以说，今天的年轻人虽然很强调个性化，但是他们对于归属感的要求还是很强烈的。他要找到那个群体，他对那个群体是有要求的，而且那个群体是有一定规模的，不是说每个人都是一个小孤岛。简而言之，他们强调的个性，是在群体基础之上的个性，而不是完全独立于任何人的个性。

以前人们的消费可能主要考虑它们是不是实用，以后的孩子们最主要的关注可能不是这个，而是实用价值之上的附加价值——有意义。比如，从腾讯公益做的一些数据能够发现，"90后"们做公益做得其实挺多的，比如捐献之类的，这些孩子捐得不多，但是群体很大，而且他们的捐款意识和行为是前几代人所无法比拟的。这一代孩子对于意义感的追求还是蛮强烈的，并不像表面那样地无所事事，他们很强调人文、平等。未来的营销者，可能还是要去强调这一方面的信息的传递，而不应像以前那样，更多地看重产品的实用价值，因为孩子们追求精神上的诉求、存在感、意义感。①

---

① 年轻人的观念革新远不止这些。英国牛津大学互联网研究所的教授卢恰诺·弗洛里迪就指出，"千百年来，我们发展出了所有权，或者说财产观的态度。我拥有我的汽车，我拥有我的衣服，我买东西，因为它们会成为'我的'。互联网时代实际上引入了一种使用的态度，而这种态度正在变为主导。我使用一个东西，却不必占有它。这提供了一种对产权的不同解释，这些解释决定了是采用'所有权'还是采用'使用文化'。在一个使用文化里，这些所有权就不是非常重要了"。为全世界范围内的需求者提供临时住房的 Airbnb 公司，手中并没有一间房，但它有能力将地球上所有空余的卧室、客厅甚至一张沙发搜索出来，为即使只租用一天的年轻需求者们提供他们所满意的居处，也为有意出租者创造了10亿美元以上的年收益。

> 中国新动能——光华学者解析未来发展之关键

"新教育"：在线与离线

技术的到来，似乎为全世界的人提供了一种接受良好教育的机会，而这也使得教育制度本身也在接受网络带来的冲击。慕课革命（MOOC，大型开放式网络课程）让我们可以通过在线交流，在一堂课中与2万人甚至5万人交流。有人说，这是大学的终结，但也有人认为，这是大学的扩张。未来的大学可能不需要固定的地点，就像数字图书馆一样，我们不需要把数字图书馆搬进各种各样的建筑物中，只要有网络就有图书馆，不论在什么地方。

除了刚才谈及的种种行业变化之外，与互联网的连接越加紧密之后对于人会产生什么影响，也在成为一个热门话题。比如有种说法就是，它会影响人们的注意力。

邱凌云：对此我完全赞同。两三年前有一本书非常热门，作者是尼古拉斯·卡尔，书名叫做《浅薄——互联网如何毒害了我们的大脑》。我完全赞同作者的观点，也经常用它来提醒我的学生，但我觉得，技术对于人类大脑的重新塑造是无法改变的现实。[①]

当然，这里面的一些改变可能是中性的，比如我们处理信息的速度可能会更快，因为信息就在我们的手边，搜索信息的成本降低很多，但付出的代价可能是我们对于每条信息的注意力都不足，缺少深度加工，于是变成信息的广度扩大，但什么都只是知道一点点而已。部分也是因为人性如此，大家都追求当下的满足感，而不愿意延迟满足感的实现。

然而，即使以目前的技术水平，人们依然无法通过技术手段来完成这种深度

---

① 在互联网时代，信息成为商品，于是，更好地迎合用户心理、提供更多的信息服务成为运营商们遵循的原则。这就导致文字越来越少，链接越来越多，视频越来越短，片段越来越多，人类的时间和精力也被切割得七零八落。阅读开始变得越来越简单随意，看时一目十行，看后过目即忘。尼古拉斯·卡尔认为，这正在重塑我们的"浅薄"的思维模式。"网络浏览与阅读方式的改变，将效率和直接性凌驾于其他之上。这种技术给大脑带来一些积极的改变（如更好的手眼协调、模式识别、多任务处理技术等）的同时，也形成了这样一种趋势：人类对速度和群体认可的重视超过了原创能力和创造性，网络正在不遗余力地孕育肤浅的大脑。"

知识的获取，通过在大脑里放置芯片帮助思考依然只存在于科幻小说中。人还是需要不受干扰的、专注的思考过程，而这已经成为很多人无法完成的任务。这个趋势继续发展下去的话，这个社会就会越来越犒劳那些有意志力能够抵御"当下"诱惑的人。① 在这样一个阶段，每个人都面临海量诱惑，如果能够保持专注力，成就会更加明显。②

那么，类似的一系列改变，对于学生，对于教育，将会产生什么样的影响？

邱凌云： 我最近关注的一个案例很有意思。麻省理工学院的学者研究了技术对人的替代问题，很多新技术的出现在某种程度上替代了原来人的工作。如果计算工作岗位的总量，我们会发现人类社会总体的工作岗位数量是减少的。这是因为，包括互联网电商在内的一系列产业，尽管它们的出现会创造一部分的新增就业（如快递、程序员、物流、仓库管理员、后台客服代表等），但总体而言，新技术提高了劳动生产效率。所以，如果这个行业在引进新技术之后还能够继续存在，那么就业岗位很可能会减少或者低层次化。③ 这就意味着，原先一部分可能还需要个人技术的复杂性工作，会因此变成纯粹的体力劳动，这些劳动不可能被技术替代，或者替代的成本依然很高。而除此之外的很多层级（包括管理岗位在内），都可能面临失业。就像计算机一出来，打算盘的人就不需要了，这是一个

---

① 曾经有一个非常著名的心理学实验。实验者告诉小孩子们，屋里面有棉花糖，你当场吃的话可以吃一块，忍住 15 分钟的话，则可以吃两块。实验者通过长期的跟踪研究发现，那些能够忍住不立刻吃棉花糖的小孩，在他们以后的人生发展过程当中，会更加有成就。
② 学者将今天的人类分成了三类：伴随网络成长的"数字原住民"，网络生活已是他们生命本能的一部分；在技术爆发之前的传统社会中成长起来的"数字移民"，正在艰难地学习向网络新大陆迁徙；"数字难民"远离数字文化，生活在过往经验塑造的旧大陆之中。对于"数字移民"和"数字难民"，主动或者被动的迁徙或许将是伴随他们一生的命题。
③ 这并非历史上技术首次让工作变得自动化。200 年前的蒸汽机时代，以及 100 年前的电力与内燃机问世时，都曾有过类似的现象。但这次的可能有所不同：一方面，它远比之前发生得快，摩尔定律之下的发展速度远比蒸汽机和电力快；另一方面，它影响了更大的经济范围。在过去的周期性经济颠簸中，先落水的是那些被称为蓝领的低收入人群，白领队伍的成员总能安坐，但互联网时代的就业震荡却不同。因此有学者如此形容，"在一个岗位上工作了 30 年，直到你 50 岁的时候，忽然间被一台计算机给取代了。就是这样一回事儿"。

道理。[1]

因此，凡是那些能够被计算机、互联网替代的工作岗位，最终都会减少，而且底层化（即被计算机短时间内无法替代的体力工作取代）。这就意味着，包括所有的老师在内的教育行业，其实也很危险，甚至连哈佛商学院也正在考虑是不是要积极转型成为基于互联网的教育机构。

对于教育行业来说，情况真的有那么不乐观吗？

邱凌云：我们当下的教育行业其实是一个效率不太高的行业。全中国这么多的高数老师，每天讲述同样的内容，有的讲得好点儿，有的讲得差点儿。其实从本质上来说，我们是否只需要找到一个特别好的高数老师来给全国的学生讲课就够了呢？关键在于是否可以通过信息技术把这个老师想要传达的信息（甚至包括互动）完整地传播出去。你所从事的工作的重复性越强，就越有可能被复制、被软件取代。教育的职能中有很大一部分是信息的传播，而传播信息正是信息技术所擅长的。我自己想想也非常害怕（笑）。

赵龙凯：我和邱老师的观点不是很一样。简单来说，最基础的标准化教育其实是教科书，全国的课本几乎一样，但在此基础之上，依然需要老师的讲授。再进一步，每个人都看教育视频，这其实与自学教科书是类似的。所以说，这只能替代一部分的大众教育，但是相对高端的教育依然要像孔子一样，因材施教，这是因为教育本身的互动性、体验性、接触性都是现在的技术所没有办法取代的。

当然，教育本身也面临一系列的挑战，所以光华管理学院现在也开始尝试做一些相关的准备和实践探索，因为教育不可能就依靠上课那点儿实践，而移动互联网最大的好处就是可以随时跟着我。对于获取知识来说，这就是移动互联网和教育可以非常好地结合在一起的领域。比如，要上一节45分钟的课程，学生可能会更加愿意来课堂；但一个5分钟的简短讲授，学生就会愿意在手机端来完成了；还有包括在线考试等内容，虽然技术还不是很成熟，但都值得去进行尝试。

---

[1] 由美国男演员乔治·克鲁尼主演的电影《在云端》，讲述了一个类似的技术进步导致人工失业的故事：主人公原先的职业是帮助各家公司去解雇那些因为技术进步已经可以被取代的员工，但是最终，主人公自己的岗位也因为互联网的出现，在很大程度上被取代了。

不管怎么说，对于商学院教育这种更加偏重精英化、职业化、专业化的教育来说，首要的还是确保自己的教育内容足够精英，确保自己能够产生足够多的有价值的思想。下一步才是通过什么样的方式把思想传播出去。完全以传播作为导向，其实是不正确的，我们不可能完全围绕着互联网或者移动互联网去构建我们的商学院教育，否则就是错误的、偏离教育本质的做法。可能短期内的问题不大，但是长期来看，一定无法持续。

徐菁： 在线教育的确是一个很大的趋势（见表 6-2），会改变知识传递的方式，我们的一些课程也可以放到线上去教授了。之前光华管理学院的几位老师还在讨论，将先修课程放到网上，让学生先修几堂课再决定是否修一门课程。原来是学生必须先过来上过课之后才能作决定，现在就不用这么麻烦了。

表 6-2 全球十大高校在线公开课程平台

排 名	学校或组织	国 别	成立时间
1	麻省理工学院	美国	2002 年
2	国外开放课件联盟	国际	2008 年
3	耶鲁大学	美国	2007 年
4	密歇根大学	美国	2008 年
5	约翰·霍普金斯大学	英国	2008 年
6	哈佛大学	美国	2005 年
7	卡内基梅隆大学	美国	2010 年之前
8	塔夫斯大学	美国	—
9	圣母大学	美国	—
10	加州大学伯克利分校	美国	—

资料来源：中信证券研究部整理。

除此之外，我的观点是，知识本来就不应该有价钱，学校给学生提供的绝不仅仅止于对知识的传播。以后的教育内容（如知识本身）是大家共享、免费的，但是知识的传授其实只是教育的一部分。学校教育更多的是怎么能够让学生去消化和产生属于自身的判断，培养出自己的分析能力。单纯用互联网进行知识的投送是不够的，因为这相当于以前只是看一本书，现在变成了去看一个人演讲的视频，是比较单一性的。

> 中国新动能——光华学者解析未来发展之关键

因此，学校的重要性在于培育一种氛围、一种环境，让学生不仅仅能够接受知识，而且能够把知识变成自己的东西。在这个过程当中，学生要当面与老师、同学进行很多交流。这就是为什么我们还得有案例，还要进行很多的讨论，要写东西，要做实践，这些东西都是很难在线上实现的。老师所传授的，其实大多数不是所谓的知识。

大家进行实时性的沟通是很重要的。

徐菁：对，你要在网上做一个案例的话，沟通起来是很费劲的。而在现实中一起做就相对容易很多，大家可以对观点进行整合，相互之间还可以进行辩论，这都是学习的过程。而且，学校这个概念本身就是和网上不一样的。你一进学校，身份就发生了变化，但你在网上看课程视频，不见得觉得自己是名学生，因为你没有这样的身份感。但你进入学校之后，你的学生的这种身份感就被激活了，你在其中扮演什么样的角色，你会怎样去实施行为和约束自己，都是很自然的事情。我们为学生培养一个土壤，给他们这样的一个环境，然后学生进来，能够从各个方面、各个渠道去获得他们想要的东西，获得他们想要的成长。这段时间，是学生的智力、心理各方面的一个成长过程。

这方面有一个很明显的例子。以前很多美国的报纸杂志是不要求记者坐班的，你把稿子交了就可以了。慢慢地有些编辑部开始取消这种在家办公的工作制度，要求记者、编辑尽量在办公室里办公，因为这样一来你的身份感是不一样的，在家办公可能会有很多闲散的时间。

徐菁：对。在家办公也得看工作的性质，如果工作是可以完全独立完成的，就可以实行，如设计个东西，交了就完了。但是如果需要一个团队一起工作，在家里进行交流是很麻烦的，不管是电话还是微信，都没有用，都不行。人必须在一起才能产生火花，可以提出新的点子，可以进行头脑风暴，隔了一种媒介之后，还要我说完你再说，很多灵感就失去了。为了这个东西去做这个东西就没有意义了，必须找到合适的方式去做。

这在 MBA 教育里体现得特别明显。大家都认为来读 MBA 就是混个圈子，不认为上课有多重要，圈子才重要，但其实并非如此。为什么呢？这些人有着相似的背景，也有很多不一样的异质性因素、不同的工作经历，所以这是一个社交网络资源的积累。同时，通过很多活动（如做案例、组织社团等），会碰撞出很多新的东西，这对于个人的成长是很有用的。这是网络教育、函授教育或者其他远程教育无法完成的东西，因为它没有一个真正的群体感，没有一种互相交流的圈子。

除此之外，每个老师具体上课是什么样子的，还是需要学生亲身与老师进行互动才能知道，而不是干巴巴地看视频，如果缺失了这个过程，是不完善的。我们都不喜欢完全填鸭式的教育，直接灌输给你很多知识，其实你也记不住、消化不了，思维不活跃，东西就不是你自己的。但是通过老师讲、自己回答问题、同学回答问题，你们再进行争辩，老师再进行总结，你的思维在整个过程当中就会活跃起来，你的逻辑分析能力、看事情的角度和方式以及切入点都变得更加丰满了。

大部分人都不喜欢只是当个舞台边的看客而已。

徐菁： 对，所以我们现在的 MBA 教育就是互动式的，不是一个老师在上面光讲。很多东西必须让学生参与、让学生讲，老师在很多时候是旁观的；等学生讲完之后，老师用自己的经验去搭建一个平台，利用学生之间产生的互动，让他们自己主动地去想和去说。在很大程度上，这就帮助学生自己去学习了。我在哈佛读书的时候，老师从来不讲很多东西，最终也不给学生结论。一个案例结束之后，他们不会说这个做得是对的还是不对的，决策是好的还是不好的；就是学生认为好的就是好的，认为不好的就是不好的，只要你有自己的逻辑、自己的道理，是你分析出来的且有数据的支持，那就是这样的。学生之间可以完全泾渭分明，老师不会说他对或者不对，没有标准答案。因为决策这种东西是没有一个对照组的。你这样做成功了，但你不知道那样做是成功还是失败；你这样做失败了，但你也不知道那样做是成功还是失败。所以老师就是把大家聚在一起，根据学生不同的背景（搞营销的或做金融的），把他们调动起来，在合适的时候让他们进来，让他们融合在一起。最后老师说，好，"今天结束了，就这样了"。这就像是一场戏剧一样地授课，以案例教学为主，风格都是这样，也没有人会觉得"水"，因为大家遇到的问题都特别尖锐。

所以，现在光华管理学院的老师们上课都不太单讲知识点了，知识点要融入案例当中去讲，否则会显得特别干巴，学生们也记不住多少，听完就完了。要知道，现在学生们的要求可高了，难伺候着呢（笑），老师必须时时刻刻提起学生们的兴趣。

主要参考文献：

"互联网时代"主创团队，《互联网时代》，北京联合出版公司，2015年2月。

〔美〕杰伦·拉尼尔著，李龙泉、祝朝伟译，《互联网冲击——互联网思维与我们的未来》，中信出版社，2014年5月。

中信证券研究部，《移动互联决胜O2O》，中信出版社，2014年5月。

〔美〕凯文·凯利著，刘仲涛等译，《新经济新规则——网络经济的十种策略》，电子工业出版社，2014年6月。

专题六　互联网

> 下篇　解析大数据革命

无限的信息资源如同炸药：妥善处理则能削平大山，用之不当则会家破人亡。

——戴维·莱茵韦贝尔（《华尔街狂人》）

我们生活在一个任何人都无法摆脱数据的大数据时代。数据越多，人们作出的分析就越多——呈现指数增长；人们分析得越多，制造出的烟雾弹也就越多。因此，保持清醒的头脑就变得非常重要。

——统计学家冯启思（《对"伪大数据"说不》）

> 中国新动能——光华学者解析未来发展之关键

"我想,在五年或十年之后,我们不会讲'数字化的一代'或者'互联网的一代'了,我们会讲'大数据的一代'。当他们面对一个决定却没有任何参数时,他们会不知所措。那时将会与现在的情况相反,现在我们经常要在没有足够数据参数的情况下作决定。"

在预测即将到来的时代特征时,英国牛津大学互联网研究中心教授维克托·迈尔-舍恩伯格如此写道。

作为高科技时代的流行语,"大数据"(Big Data)一词大约出现在2010年。一般而言,广义的大数据指海量的、广泛应用的数据;狭义的大数据指非结构化的数据,包括在任何载体上、以任何形式保存的、没有进入数据库的数据。将非结构化数据转化为结构化数据,正在成为一门炙手可热的生意;而宣称自己跨界进入这一领域的企业亦是屡见不鲜。

在乐观者看来,这个新趋势将不仅仅使我们每个人知道自己下一个想买的商品、想找的工作,它带来的将是一场革命。为了应对这一可能即将出现的场景,不同行业都不同程度地积极行动起来,对大数据的应用进行规划:以往的案件和行为记录,将使犯罪在实施之前露出可预防的蛛丝马迹;全球稀少的罕见疾病的汇集,使医生获得足够的数据寻找解开医学难题的密码;千家万户电表上跳动的数字,为他们选择最合适的供电方案;我们的每一次呼吸、心跳和实时的体温、血压,将汇聚为属于个人未来健康的指引……《经济学人》因此有言,"它比你更了解你自己"。

这或许还只是开始。随着大数据的应用不断加深,最终所有人的所有的行为、声音,社会及自然岁月里的一切变迁,都将以数字化的方式被记录下来,变成人们采取行为或把握未来的依据。在此基础上,人类社会可能仍然无法理解某件事情为什么发生,但对于什么事情正在发生将具有超越以往任何时代的洞悉和把握能力,也将因此可以更加真实地感受这个世界的变化。

正因为如此,大数据已被定义为"21世纪的新石油"、是"挖不完的金矿"。但正如光华管理学院王汉生、陈松蹊两位教授所言——与石油一样,原始数据不是拿来就可以使用的。要让海量的数据产生价值,就必须提炼、加工并用合适的形式呈现出来。在这一方面，不管是国际还是国内，相应的研究付之阙如，好的应用更是寥寥无几。

这一方面源于在分析数据的时候，不可避免地要进行理论假设，任何分析都是一半数据，一半理论。数据越丰富，所能支持的理论就越多，其存在的噪声也就越多；不仅如此，有些数据甚至还会与理论互相矛盾。所以可能存在的问题是，即使数据再丰富，也无法挽救糟糕的理论。

另一方面，数据越多，我们提出相应的分析模式、框架的难度就越大，即使能够提出，花在争论、验证、调和以及重复上的时间也就越多，可能会产生更多的疑问与困惑。这正是问题的棘手之处——无论是权威专家还是经验丰富的行家都无法担保不会出错。①

所以，在大数据应用阶段，全球各国目前其实都还是小学生，区别只在于读到几年级而已。不管企业如何宣称自身的大数据处理能力有多强，其实可能都只是一句口号而已。在现实中可能出现的场景，则是网民在面对采用大数据推送的所谓"精准广告"之时，常常因并非其所需而将其当作垃圾信息处理。

这样的人就好比《读者文摘》在1936年时的部分读者——真的以为靠足够大的样本库就能够成功预测总统大选结果，但最终等待他们的，将是预期的无奈落空。

"祛魅"大数据

当我们使用搜索引擎、刷信用卡、使用手机、上网购物……时，所有的行为就构成了数据资料。专家从这些海量的资料中找出关联性，商人就能够预测我们下一步想要买什么，医生就可以预测我们什么时候生病，汽车维修商比你更早知道你的汽车何时会出现故障……

---

① 实际上，即使分析方法、手段、数据都正确，大数据的真实性可能也并非百分之百。在H1N1型流感爆发前，"谷歌流感趋势"成功地预测到流感将在美国境内传播；但好景不长，2013年年初，英国《自然》杂志报道了一则坏消息：在最近一次的流感爆发中，"谷歌流感趋势"不起作用了。这个工具曾经可靠地运作了几个冬天，但在接下来的预测中，它的结果夸大了几乎一倍。

在讨论"大数据"这一概念之前,您能否解释一下作为其基础的"数据"一词的含义是什么?

王汉生: 什么是数据?这是我在课堂上经常与同学们探讨的一个问题。我们每个人的定义都不一样,没有一个公认的定义,但我个人对于数据的定义其实是非常清晰的——凡是可以被记录的,就是数据;凡是不可以被记录的,也许将来是,但现在仍不是数据。

可以举一个具体的例子——在很多年以前,我们认为数字才是数据,因为它们至少支持一种代数运算。当时我们是没有办法记录声音的,更没有办法把声音变成电磁信号进行分析,彼时的声音就不是数据,因为你拿它没有办法。

以这样的方式分析数据的演进过程。在几十年前的时候,人们能够找到的数据非常非常少,只能通过文档等记录一些简单的数据。但是随着技术的发展,我们到今天逐渐有了Excel,声音也可以被记录下来进行分析了。比如说,iPhone的Siri系统,它甚至可以将声音数据解读成最后的语义,这个时候的声音就已经变成数据了。

简而言之,凡是能被记录的,就是数据。当然,这是我个人的定义。

在数据定义的基础之上,大数据这个概念近来开始变得非常流行了,这个概念中的"大"到底指什么?

王汉生: 在我的字典里面,数据的大与小是没有清晰的界定的,我一直不认为有所谓"大数据"的概念,它对我来说更像是一个伪概念。这个问题,可能要去问那些比较支持"大数据"这个概念的人,到底多大叫"大"?

在比较流行的相关著作《大数据时代》或者类似的书中对这个"大"的概念进行阐述的一个基本框架,是指随着技术的进步,以往没有办法被采集或者采集成本很高的各类数据,通过一系列的手段变得可以被采集或者采集成本很低了。数据的来源更加广泛,因此延展出了一系列的采集、整理、挖掘、使用的相关事项。

王汉生： 从数据本质的角度来说，我不认同用这种方式来定义所谓的"大数据"。要知道，在过去的一百多年的时间里，由于技术的不断进步，各类数据被采集得越来越广泛，这是一种非常自然的演进规律。随着技术的不断推演，未来采集的数据肯定会越来越多，按照这种逻辑，未来采集量更大的数据，是不是要改称"大大数据"？实际上，凡是可以被称为数据的，本质上都没有太大的差别，不管是今天对于昨天，还是明天对于今天来说，都是如此。

当然，从数据数量的角度来说，数据的确变得越来越丰富，能够提供的信息也越来越多，现在流行的所谓"大数据"，其实都属于这个范畴；但这只是一个量变的过程，没有特别大的区别。就像一个医生给病人看病一样，以前只能号脉，现在既能测血压，也能测血脂含量；诊断手段更多了，确实做得更好了。但是归根结底，医生的看病与以往的诊断思维框架相比并没有特别大的本质性的区别，只是采集的数据多了而已。

陈松蹊： 我从另外一个层面上来理解"大数据"的概念。我们应该弄清楚什么是"小数据"——在传统的研究范式当中，比如说作抽样调查、研究企业的管理问题、研究农民工问题等，方法是在该领域找几十家甚至几百家企业，把它们的财务数据拿到手，跟踪它们的股票数据几年，汇总相关的数据，这些就是所谓的"小数据"。"小数据"的一般用途是捕捉强信号，揭示强关系。比如说，通过多年对"小数据"的综合研究，我们能够找到这样的规律，即大气湿度达到一定程度之后，再加上一系列的其他条件，就肯定要下雨或者下雪。再比如，在一定的海拔高度之上，水温达到一定程度后，水就一定会沸腾。种种这些，都是"小数据"所揭示出来的强关系。我们如果能够在科学及社会学研究领域内找到好的"小数据"，其实就已经很了不起了。[①]

我们可以在此基础上去理解"大数据"——通过一系列的相关技术手段，把外界环境中五花八门的各类数据（如录音数据、气温数据、股票数据等）汇集在

[①] 目前学界对"大数据"的适用范围存在争议。有学者认为，按照比例来说，95%的问题可能只需要"小数据"即可，只有5%的问题才会符合"提供的数据越多，其方案的效果就越好"这一模式，Netflix向用户推荐电影就是很好的例证。

一起，但这些数据往往很乱、很"嘈杂"，其中可能蕴含着一些弱信号、弱关系（比如基因、经济增长中的一系列制约性因素等，这些信号都比较弱，靠"小数据"是捕捉不到的），这时就要把样本做得足够大，通过"大数据"来捕捉这些信号。

王汉生：在捕捉这些信号的时候，数据量像一个正在成长中的孩子一样，的确在自然而然地变大。回到今天的这个时间节点来看，我们所进行的数据分析与十年、二十年前相比，的确出现了不一样的特点。孩子长到一定的年纪就会有一些属于自身的特点，这些特点往往是以前所没有的，但现在有了。

这些特点是什么呢？

王汉生：这些特点可以从两个维度上进行分析。第一个维度，是我们大家都能够看到的，那就是数据量变大了。这可以从两个方面来进行分析，就第一个方面来说，是信息的量增加了，变量的个数变多了。以前我们在对大规模的个体进行描述的时候，往往只能记录他们的身高、体重，然后是性别、肤色等，变量个数不多；而现在关于一个人的描述，可以有成千上万个标签，覆盖人们生活的方方面面。就第二个方面来说，是数据的样本量变大了。以前我们作一个分析，有几百个样本就不错了，现在可能会有几百万、几千万，甚至上亿个样本，这在以往是完全不可想象的。

第二个维度的变化幅度则更加巨大，那就是，现在出现了很多以前我们完全不熟悉的数据结构和数据类型。

有哪些新的结构或者类型？

王汉生：非常典型的有三种。第一种新出现的数据类型是文本。从某种意义上来说，文本在世界上的存在历史非常久远，起码有数千年；但是问题在于，文本一直不便于进行分析，所以我们也不把它当作一种数据。但是到了今天，我们依靠新的技术手段，对文本尤其是中文，在应用了新的分词技术以及更好的语义模型之后，是可以进行分析的了。①

第二种新出现的数据类型，我们可以将其称为网络结构数据。它们所描绘的是个体之间的相关关系。

我们应该如何理解这种相关关系？

王汉生：以前我们在进行数据分析的时候，把不同的个体都当作相互独立的个体。这背后的假设是，张三是一个好人还是坏蛋，与他的朋友李四完全没有关系。我们在判断张三是好人还是坏蛋的时候，主要是通过张三自身的特征去理解的。比如说，他过去有没有违约记录？他自己的收入情况怎么样？他的工作单位在哪里？等等。

但是，实际上有一个很好的维度我们却没有去利用，那就是中国古代智慧告诉我们的一句话——物以类聚，人以群分。张三的朋友是好人还是坏蛋的事实对于我们去理解张三本人，其实也是非常有价值的。但很遗憾的是，在过去的数据里面，不是这种关系不存在，而是由于技术手段的限制，我们无法记录下谁和谁是好友、谁和谁又存在什么样的社交关系。

今天，随着移动通信等种种社交工具的出现，以及社交网络的逐步普及，这种关系正在越来越多地被我们捕捉到。比如说，我们在手机里面就能够看到谁和谁是好友关系，在新浪微博、微信、Facebook里面能够看到很多关注和被关注的关系。这就给我们提供了一个非常独特的机会，把原先看起来相互独立的个体给彼此连接起来了。这就增加了数据分析的机会，让我们通过一个人的好友关系来增强对该个体的认识。甚至可以说，在有了网络之后，我们通过技术在完全不见面的情况下，就能大致知道你是什么样的一个人。

---

① 中文文本的存在已经有数千年的历史，但是我们对其的分析却非常浅薄，因为中文相较英文来说有一个很大的特点就是不像英文句子那样在每个词之间会出现空格，所以进行分析的难度极大。比如，南京市长江大桥和南京长江大桥，这两个名称指代同一个事物，我们却无法分析它们的优劣。

> 中国新动能——光华学者解析未来发展之关键

除此之外，第三种新出现的数据类型又是什么？

王汉生：就是所谓的位置轨迹数据。人生活在这个世界上，就意味着生活在三维的空间当中，而人的位置，真的是一种非常真实的变量和数据，很容易去刻画一个人的方方面面。比如说，三个不同的人都在同一天来到北京，一个是从高速路上开车来的，一个是从机场来的，另一个是从火车站来的，那么他们的收入水平可能就不一样；再比如，两个不同的人，一个是在五星级酒店签到，另一个是在经济快捷型酒店签到，他们的收入也很可能不一样。从位置轨迹数据中我们能够解读他们的工作环境、职业习惯等很多东西，这些数据汇总在一起之后，就能够在一定程度上把这个世界上的这样一个独立的个人给概括描述出来。这就给我们的认知增加了很多的可能性，这是一个非常独特的机会。

位置轨迹数据为什么很重要？

王汉生：第一批在互联网上通过数据分析获得商业价值的都是电商。电商要求搜索、购买等交易行为全部在线上完成，典型的如 3C 产品、书籍等各种各样的商品。但电商只是一部分行业，还有很多服务行业是不能进行线上消费的，线上购买也很难。比如说培训，培训可以在网上购买，但是更多的人觉得，我们家孩子上英语班，还是得先看看老师长什么样子，不能交了钱都不知道老师是谁；其他的还有餐馆、酒店、旅游等，这些行业都有一个特点，即需要完成线上行为和线下行为的打通。在线上了解一家培训机构的资质，线下再去接触；在线上通过团购网站寻找一款美食，线下再去餐厅完成消费。在这个过程当中，位置信息就变得非常重要。

我曾经进行过一个相关的案例研究：我们想知道来颐和园游玩的游客都来自哪里，他们在北京去了什么地方，他们如何消费，等等。

颐和园和圆明园的门票不贵，可能在这里游玩后去 CBD 住宿。但是不同区的领导是有竞争的，领导是希望你吃、玩、住都在我这个区的，这时就需要采集游客的位置信息了。因为我无法采集所有人的数据，线下在圆明园让游客做 1 000 份问卷也不太容易，所以我们就用微博签到的数据（虽然这不是所有用户的数据）。通过研究数据发现，到北京的外地游客，在海淀区游玩的大部分会到圆明园和颐和园。我们能看到去颐和园、圆明园玩过的游客所逛过的各个地方最重要的旅游景点。比如，海淀区有颐和园、圆明园、北京大学，朝阳区有鸟巢、国家体育馆、奥林匹克公园，东城区有王府井、南锣鼓巷和簋街。由于海淀区没有出名的商业街和小吃街，因此这些到海淀区的颐和园和圆明园玩的人，吃饭都到东城区。虽然这些人的购物行为也发生在海淀区，但是东城区依然是其强有力的竞争对手。

我们得到的位置信息可以精确到一座楼，如果你用心去做，就能通过简单的位置轨迹看到这个人的吃穿住行——是从机场、高速公路上的收费站，还是从火车站来的？是在什么级别的餐厅吃饭？只要得到餐厅的名字，就能推断他的消费能力；知道他住宿的酒店，也可以看出其经济能力。

再比如，假设我是国航的销售人员，一个客户今年在我这儿订过一张机票，现在的问题是要确定他是不是高端用户，如果是高端用户我就应该想办法把他留住作为我的长期客户，但我只看到他在我这里买过一张机票，所以无法确定。这时，如果可以得到他的位置信息——比如他每周都在每个机场转一下，我就能知道他其实买了不少机票，但都是别的航空公司的。

将文本、网络结构和位置轨迹这三种数据整合在一起，我们就可以分析出很多有价值的东西。

大数据"噪声"

在回答关于大数据在哪些方面的失控最严重这一问题时，Kaggle公司的数据科学家威廉·库科尔斯基（William Cukierski）的答案是：在与人谈论大数据时，很难避免失控这个问题，也很难避免其老板的介入——"好吧，我们也做大数据吧。"经常有人会说，"我们有10亿兆的数据，我们有百万兆的数据"。但事实上，很多问题可以在更小的数据规模上得到解决。

按照您的分析，从数据结构的角度来看，数据量的确在增多，而且也几乎是在一夜之间，各方纷纷都在讨论大数据，您怎么看待这种现象？

陈松蹊：现在很多人痴迷于谈论这个概念，因为这里面有很多的资源，尤其是在中国,你说得多了,资源可能就多了。当然,我们也需要这种热情。慢慢地,大家可能会沉淀下来,在不同的数据类型领域当中(比如针对图像数据、语音数据、位置数据的分析方法上)进行一个开创。

王汉生: 首先我刚才已经说过了,一方面,我不认为大数据是一个严格的学术定义,它更像是一个口号,一种公共宣传的需要。现在来看,也因此出现了很多把大数据"神话"的不好的迹象。另一方面,很多业务领域中的数据量原来就很大,也在实际应用中采用了数据分析的方法和手段,但是之前一直乏人关注。现在这个概念一出,让全行业范围内的很多人都开始关注数据分析了。

对于我来说,只有一样东西是一成不变的,那就是我们要从关注数据演化成关注数据分析,让数据分析为我们的业务提供一些帮助。不管是对企业还是个人来说,之所以要对数据进行分析,最终的目的仍然是能够从中产生价值,这是最根本的。在这个过程当中,数据本身有没有价值、价值大小其实都不重要。朝着这个目标前进的过程当中,技术手段改变了,我们的信息多了,机会也就更多了一些。

您曾经表示过,要应用大数据,目前最大的挑战之一是如何运用新产生的数据类型,我们应该怎么去理解这句话?

王汉生: 以前生物学家研究基因的时候,基因表达水平要一个一个地测,测得非常辛苦,后来出现了检测 DNA 的芯片。技术的进步,改变了数据产生的环境,带来了新的机制,也对数据分析提出了新的要求。比如说,原来我们只把单纯的数字当作数据,现在凡是可以被记录的都算作数据,包括文字、声音,甚至网络关系。以前在数据分析中只有针对个体的研究,现在可以通过分析网络结构和社会关系把人与人联系起来,通过分析其朋友的特征来分析某个人的行为,并且让信息流通起来。我们要分析这些数据,就要有新的模型、新的算法,甚至新的储存结构,这都是挑战。

是不是可以这样理解,我们可以把数据比喻成石油,但是如何把石油开采出来并提炼成汽油,我们仍然处于一个相对初期的阶段?

王汉生: 对。现在有一种误解是,以前数据不多的时候(即"小数据"阶段),

我们知道如何利用数据,实际上根本不是这样。数据不多的时候,我们不知道怎么利用;现在数据总量和种类更多,我们更是不知道怎么利用。

我可以举一个例子,在统计学中有一种非常普遍的方法叫做回归分析,即使按照比较保守的估计,这种方法也已经存在50年以上的时间了。从学科角度来看,它并不是一种非常复杂的方法。但是,即使到今天进行普查,问100万家企业尤其是国内的企业,真正会用这种方法的企业,其比例仍然非常之低。

这是从数据分析的软件方面来看。相较之下,现在一个好的、普遍的趋势是在数据采集和分析的硬件方面,个人和企业都在变强。就前者来说,比如手环可以采集更多的运动数据,GPS能够采集很多地理位置的数据,手机能够采集很多的多重数据;就后者来说,具体表现在IT硬件和软件设备的增强上。

但是同样不容忽视的是,现在国内企业界及研究界存在一个不太好的现象,那就是每次当大家在开会的时候,常常谈及的是我家有多少服务器、多少采集手段,等等。但我觉得,在现在这个时间点上,数据的采集和存储根本就不是问题,甚至连计算也都不是问题,真正的问题在于——我家的业务是卖豆腐脑的,我却坐拥一大堆的地理位置数据,要采用什么样的方式才能使它们对我卖豆腐脑有帮助?要把我的业务和数据结合起来,这才是真正重要的问题。①

简而言之,我们现在要关注的核心是,怎么去分析、揭示、建模大数据的分析框架。而在大数据的具体运用当中,无论是国内还是国外,我们的分析手段还是远远滞后的。滞后的不是技术方法,更多的是对商业的理解:什么样的数据支持什么样的商业模式,或者对现存的商业模式有什么改变。

在这场数据运用的赛跑当中,谁第一个把好的创意想出来,在未来的竞争当中就一定会具有优势。

陈松蹊: 在我看来,大数据就是计算科学与统计科学的一个混合物。前端是计算科学,后端由统计学作为方法来把控。前端更多的只是信息的采集;但是信息的整理、综合、进行推断,通过信息说明事理,提出科学的假设等,需要的是

---

① 除此之外,亦有相关学者指出,虽然中国的许多大企业已经认识到大数据在推动创新和提升竞争力方面的价值,但是市场仍然缺少技术熟练的专业人员去运用这些新技术来开展工作、维护基础设施。

> 中国新动能——光华学者解析未来发展之关键

统计学，传统的实验科学（包括管理学的研究方法）就是统计学。有一个科学的假设结论，采集数据，通过数据验证，才能知道结论是真是假。大数据时代也是一样。当然，现在你的假设，可以拓展到关于弱信号、弱关系的领域，而在以前是无法把这些弱信号检验出来的，现在数据多了，就有可能了。

就这一方面而言，目前国际和中国的企业分别做得如何？

王汉生：数据分析越来越重要，这是大家都知道的，只是说有人、有公司有能力做到而已。比如说 Google 的数据分析能力。Google 是一家非常优秀的企业，有领先的能力。但是全行业普遍意义上的数据分析能力，十年甚至是二十年来都没有什么太大的变化，也就那水平而已——拉个 Excel 表格，算算均值，基本上就这些。从这种意义上来说，谈论 Google、IBM 这样的非常优秀的企业意思不大，因为它们太优秀了，而我们应该关心的是全行业的一个平均水平。就这一角度而言，我可以非常肯定地说，过去十多年没什么了不起的变化。

具体到中国而言，就我个人的了解，对于这些数据进行分析的能力，中国的企业到目前为止也没有特别大的改变。包括很多一线的、我们耳熟能详的互联网企业，在分析这些数据的时候，它们的能力都是非常未知的。当然现在来看，比较优秀的、规模比较大的这些电商企业（如京东、壹号店、亚马逊、淘宝，以及阿里的语音系统）都是非常不错的。[①]我曾经到阿里巴巴参观，它们非常非常棒。阿里巴巴有这样的数据资源——大量的消费者的行为习惯数据，至少可以做一件事情，就是作个性化的推荐，这是个不错的应用。[②]

[①] 摊开阿里巴巴的财报，截至 2014 年 9 月底，其设备等有形资产约合人民币 86 亿元，但其总市值却是这一数字的 200 倍左右。这其中的差距，大部分应归因于大数据的存在。作者曾采访过的阿里巴巴的一位高层领导对此这样分析，"阿里巴巴的设备不值钱，数据才是阿里巴巴的核心资产"。掌握了数据，阿里巴巴可以与基金公司合作，推荐基金；可以依据自身的信息体系提供的审核数据，给消费者和卖家提供无抵押的小额贷款……数据是阿里巴巴的三大核心战略之一，不懂技术的马云经常谈及大数据，有人调侃他应该改名为 Data Ma。

[②] 在数据精炼领域，从 2013 年开始，天猫的大数据信息已全面用于指导"双十一"的物流快递公司、商家、消费者的物流信息联动。数据平台根据促销会场的位置、不同的商品类目、分析交易和路径效率来建议商家备货，再根据商品的历史销售区域分布来引导有需求的商家进行前置分仓。

为什么会出现这种大家都知道要分析、要应用，但是进展却非常缓慢的局面？

王汉生：归根结底，这一切都源于我们对于这些新型数据的无知，它们很多是以前未知或者是未被纳入分析框架中的，学者们对此的相关分析非常少，我们对它们的新的分析方法仍然匮乏。问题的难点不在于数据本身的复杂与否，而在于我们是否有新的创意去应用这些数据。如果能够有新的创意的话，这些数据被应用起来可能一点都不复杂；而如果没有新的创意的话，那么可能最终也应用不起来。

问题在于，一旦涉及创意，那就是任何一个学校和任何一位老师都难以直接教出来的。我们在学校里由老师教学生，更多的是偏重理论，但是这些理论在实际的应用当中、在业务层面能够解决什么问题？真正清楚的学生并不多。这就好比我们给士兵每人发了一支枪，士兵们在打靶场上会打靶；但是一旦离开靶场，这支枪可以用来射杀什么样的目标，士兵们并不是很清楚。在企业当中，从业者可能更多的是忙于各式各样的具体业务工作，而无法把问题定义为一个数据分析的问题，这两方面的撕裂和差距，就会非常明显了。这就是出现目前这种局面的核心原因。只有当这个最大的难题被解决之后，我们才可能进入第二个阶段，也就是怎么分析问题。但在此之前，需要有人用新的创意将问题定义好。

陈松蹊：的确，现在我们的数据捕捉、收集技术都已经算是还可以了，但是具体的数据分析技术还非常薄弱。现在有很多专门搞计算机研究的人，他们能够套用公式算出个数字来，但是这些数字背后受到的随机性的干扰很大。

这个世界上没有什么事情能够做到完美，大数据本身就存在一个比较矛盾的问题，那就是，我们希望能够有很多的数据来帮助我们进行分析，但与此同时，我们又没有办法去控制收集的数据，无法保障大数据的高质量。这样就会造成大数据当中有很多的杂音、噪声。比如语音数据，网络上用微博、微信这些社交工具说出的话和言论等，噪声就非常大。想要获得质量高、噪声少的数据库，不太可能；而想要屏蔽噪声，就需要非常新的统计手段。

现在看来，如何在实践过程当中把创意激发出来，做到把管理和实践的问题归结成数据问题，然后把问题解决掉？

王汉生： 第一阶段是数据的生产、采集、整理；第二阶段是定义和数据相关的业务问题（比如车联网，我要定义的业务问题是，具有什么驾驶习惯的人容易出事，喜欢逛什么地方的人的支付意愿高），定义出来才能分析；第三阶段是数据挖掘与统计建模；第四阶段是数据业务的实施。当你有了业务分析结果的时候，你不可能通过统计学语言来表达，而要以人们可以懂的语言来表述，比如营销策略和图表。这四个里面相对比较容易的是统计建模；最难的则是第二个，因为无章可学，没有任何一个老师和教科书可以教给你，只能与最优秀的人一起探讨、相互学习。

我特别享受的是，每到一个学期结束的时候，在课堂上听同学们汇报案例，老师和同学们相互欣赏。有人是做医药行业的，有人是自己创业，不一定每个人都能给出最完美的答案，但是都能体会你的痛苦。对于无法完美解决的问题，只要有更多优秀的人在一起研究思考，就可以把它归结出来，找到最好的解决办法。

大数据红利空间

在未来的产业竞争当中，数据分析和挖掘会变得非常重要。而数据分析和挖掘就像一块蛋糕，哪些行业先吃了呢？互联网行业。这个行业从诞生的那一天起，就比别的行业更加看重这个事情。这也意味着，它所留下的份额和红利已经有限了。

您不认为大数据背后的企业数据有实质变化，但现在很多企业都宣称其数据已经达到一个新的量级。这两者之间的差距应该怎么理解？

王汉生： 有些企业以前是做物流的、有些是做3C的，现在它们都在赶时髦，强调自己是做大数据的，但其实它们的数据分析能力惨不忍睹。过去是什么样，现在还是什么样；当然也不排除其中有不错的企业，自始至终注重从数据中产生价值。但是，即使是这些做得还不错的企业，也只是实践着一些十几二十多年前就已经有了的想法而已，它们只是让这些想法在商业上得到大规模的应用。离开这些应用，对于我们刚才讲过的科技进步带来的新的数据类型——尤其是网络结构和位置轨迹数据的应用，我可以相当自信地说，国内包括BAT这样的一线企业，它们在这方面的大数据分析能力仍然非常非常有限。

比如说，电商企业要给消费者作商品推荐，以前这种推荐主要源自两种数据：其一是商品本身的关联，买过啤酒的人，他们还可能会买什么；其二是来自个人的购买历史，你过去买过什么、喜欢什么，那么你未来可能会喜欢什么、购买什么。但是，现在有了网络结构数据以后，我们应该积极发掘的是第三种信息源，也就是看你的朋友们在买什么。实际上，我们的企业在这方面的认知仍然非常肤浅，相关的应用也是寥寥无几。

现在国内宣称大数据能力最强的是电商行业。有报道说电商现在可以做到，用户一登录他们就能判断用户需要什么，从而提前发货，将用户想买的东西送到。现实中能实现吗？

王汉生：这是很难实现的。对于极小部分购买行为非常有规律的人，他们的购物需求是可预测的；但是在多数情况下，消费者的购买行为是高度不可预测的。个性化推荐存在了这么多年，由商品推送转变为顾客购买行为的转化率一般也就百分之几，如果能到百分之十已经是非常高的了，毕竟数据分析只是描述市场和消费者的行为，并不会帮助人作决定。

事实上，页面推送的成本非常低，它不涉及物理上的搬运，边际成本几乎为零。这方面国内做得越来越好，个别情况下转化率可以做到百分之十。这个过程不仅仅涉及算法精确的问题，还要考虑网站整体的服务质量。

未来国内电商进一步提升大数据利用能力的空间有多大？

王汉生：我不看好电商行业，因为电商行业的边际利润已经很低了；我看好家具、汽车等这些利润率不错的传统产业，以及基金、保险等传统的金融行业。它们未来利用大数据的空间很大。另外一个很大的大数据的利用方向是与营销相关的、为中小企业解决广告投放困难的服务。

您的观点和其他很多人不同,您的这些判断基于什么样的认知?

王汉生:我的观点是,在将来的产业竞争当中,数据分析和挖掘会变得非常重要。而数据分析和挖掘就像一块蛋糕,哪些行业先吃了呢?互联网行业。这个行业从诞生的那一天起,就比别的行业更加看重这个事情,就作过很多分析。除此之外,它本身在数据采集方面又有着这样那样的优势。

但是,这也意味着,它所留下的份额和红利也就相应小得多了。这就与买股票一样,它已经涨到比较高的点位之上了,不是说它不会再涨,而是说它再涨的比例会变小。

与之相反,在传统的行业当中,由于流通性不是那么的好[1]且更加分散一些,而且利润往往比互联网行业要高一些,随着互联网的到来,传统行业当中最先知先觉的一批人开始注意数据分析,然后把数据分析的结果转化为竞争的优势,那么在这其中能够带来的边际效用会提高更多。

举一个具体一点的例子,在汽车制造业当中,大家都知道汽车厂商是有钱的主儿,为了卖更多的车,每年做很多广告,即便如此,有的厂商一年下来仍号称净利润是百分之十或者百分之二十;而对于互联网行业来说,这简直是一个难以想象的优质的数字。

但是,随着竞争越来越激烈,汽车厂商应该怎样去做,才能把自己的客户维护得更好?你好歹得有些关于客户的数据吧。比方说,我卖了一辆车出去,卖给谁了?车主什么时候来我的4S店进行保养、维修?在这个过程当中,我对车主施加过什么样的营销手段?这就像是医生治疗病人一样,我给病人吃过什么药?打过什么针?结果发现一部分人接受治疗之后反而身亡了,一部分人长成了胖子。如果我有当时详细的医疗数据的话,就可以进行检讨,应该给什么样的病人打什么样的针?给什么样的病人吃什么样的药?当然希望,结果最好是治好了,或者是成为胖子,而不是身亡。

---

[1] 我所指的流通性的概念是,在互联网领域当中,往往是排在第一位的企业老大通吃,因为这个行业没有特别地强调地域的概念,没有其他特别强的壁垒,所以马太效应最容易发挥。而在传统行业,比如说我是卖咖啡的,我在北京卖咖啡,在上海开的其他咖啡店一时间就很难影响到我,有先天的壁垒。

很遗憾的是，这样一些关键性的数据，至少就我所接触过的企业来说，没有谁完整地记录过。而在传统行业，如果你是第一个下定决心把这些数据收集完整，而且精确地知道怎么去使用的话，它将带来更好的效益上的增加。

如此一来，对于传统制造业来说，大数据可以帮助它们掌握客户的一个比较完整的使用周期，帮助制造业提升品质，还能够帮助制造业企业预测未来的趋势。

王汉生： 从我的学科角度来说，大数据的核心是能够帮助你更好地维护与客户之间的关系，更好地营销。除此之外，大数据对于制造业的帮助其实不用猜想，在几十年前，人们就已经知道了。什么样的工序做法能够把品质做得更好，并不是现在才谈的事情，并没有什么新鲜的，关键仍然在于围绕着人。

在这一方面，我认为车联网会越来越重要。车上装一个盒子，或者厂商自己装，或者出厂后再装，可以采集车辆的速度、拐弯的角度、胎压、油耗等几百个指标，我们都觉得这很重要。但是这些车联网企业，有哪些是盈利非常高的呢？目前仍然没有一个。我们都相信这是重要的，但是在当前这个时间点上，因为缺乏一个非常好的创意，也就是不知道我拿到的这个数据可以解决一个什么问题，所以目前能够听到、看到的解决方案就只有一个。就是说，这些数据对保险公司来说也许是有帮助的，它们能够让保险公司知道车主的驾驶习惯，以此制定更加精确的保费。这个盈利模式是对的、毋庸置疑的，但是如果这一行业全都指着吃定保险公司的话，那我估计它也不会有什么了不起的前途。我们一定要想的是，知道了一个驾驶员的驾驭数据以及车的行使数据，能够衍生出什么样的可持续盈利的形态来。这才是真正的大智慧。

但也正是因为现在还没有人想出来，所以我看好家居、汽车等这些利润率不错的传统产业，它们未来利用大数据的空间很大。①

---

① 赛迪顾问数据表明，中国的大数据技术与服务市场将继续增长，从 2014 年的 143.1 亿元增长到 2016 年的 540.3 亿元，年复合增长率将为 99.7%。

对于传统的广告行业来说，应用大数据的积极性也很高。我们应该怎么利用大数据来帮助中小企业解决广告投放难题？

王汉生：中小企业做在线营销优势不大，一个只面向方圆几公里内顾客的咖啡厅没必要到门户网站或者电视台上去做广告，小企业也买不起这样的广告，它们需要精准定位的广告。现在搜索引擎广告只能精准到省一级的广告定位，也只有那些有一定规模的中小企业能够投放面向这个范围的广告。而利用LBS（基于位置服务）工具产生的大数据进行定向营销的空间很大，但问题是基于用户位置的营销平台越来越多，中小企业的筛选成本很高。如果有企业能整合这些营销平台并给中小企业主提供相应的服务，那会是非常有价值的，但这项工作涉及的数据很庞大，只有使用机器人才能有效地完成。

"便利"与"隐私"须平衡

十年前，在互联网萌芽的年代，人们常说，"你甚至无法确定坐在对方电脑面前的是不是一条狗"。那时，人们在互联网上是隐形的。十年后，技术更迭迎来大数据时代，手机厂商、软件厂商、电商平台们知道你的生日、爱好、生活习惯、联系方式、聊天记录，甚至连你家庭成员的信息都了如指掌。相关法律缺失以及监管部门对隐私保护不力是用户隐私泄露的主要原因，而要想扭转当前的局面，不是某一个部门、厂商或某个人所能推动的，需要社会各层面人士的共同努力。

现在智能手机安装的软件，不少都要求获取大量权限，有的甚至要求有监听通话和短信的权限，这些软件对个人资料的大范围收集是有必要的吗？

王汉生：我不了解这些行为背后的动机，据我对行业的了解，大多数企业把这些资料拿回去什么也干不了。一个可能的猜测是，数据存储太便宜，能存的都存下来，希望将来有用。当然，这是我的一个猜测。

现在数据分析对人的识别可以准确到什么程度？

王汉生：我不确信中国在这方面的分析能力。根据公开的文献，在美国只要提供邮编、性别和出生年月，87%的人就可以被独立识别出来。目前企业可以通过一个人的购买行为识别独一无二的一个虚拟人，企业能够知道这个虚拟人的很多喜好，但这个人叫什么名字、是做什么的，一般情况下，企业还是不知道的，而且普通的企业也没有动力去知道。但如果有好事者把电商获取的数据和其他数据对接，就能识别具体的人了。因此，隐私保护还是非常重要的。

这里有一个矛盾，按照您刚才的分析，新的数据来源就是地理位置、社交网络结构等。但现在很多人拿到手机之后做的第一件事情，就是禁止它们看自己的数据，不希望他人知道自己的隐私。这种矛盾应该怎么看待？

王汉生：对于这种矛盾要从两个方面来看。其一，对于消费等体验来说，未来将是一种平衡。这些数据的使用给个人带来了两方面的影响：坏的方面就是，你的隐私没有了，这是大家都知道的；而好的方面是，这样能够在一定程度上给个人带来更好的体验。很多商品你不再需要费劲地满世界去找了，它们会主动地被送到你的面前。一方面好一方面坏，一定是一种平衡。

问题的关键是，每个人的平衡点是不一样的。有的人非常在意自己的体验，可能就要多让渡一些隐私的空间；有的人非常关注自己的隐私，那么体验就要多让渡一点。但到底让渡到什么程度，我觉得任何一个机构或者个人都是说不清楚的。也许将来有一天，我们能够有一个好的机制，让这个选择由用户自己来进行，情形可能会更好一些。

其二，那就是在有些情况下，个人的隐私是必须让渡的。比如说，你向我融资、借贷。现在的做法是，银行要求你最好有抵押品；没有抵押品，那么我想看看你的邮箱，你给不给看？你说不给看。那我想知道你的QQ好友圈，行不行？你说也不行。那就很简单了，我就不借给你钱了。当没有抵押品又需要借贷的时候，人们就要作出选择了。放贷人想要知道你的一些隐私，这可能不是一件特别过分的事情，而是一种自然而然的商业交换。

如此一来,数据将来会更多地表现出个人资源的属性,或者说个人数据会变成个人财产的一部分,是可以用来交换的价值所在。

王汉生: 数据的所有权是一个特别大的问题,但就目前的情况来看,在全世界范围内都缺乏一个广泛的共识。因为互联网的历史太短了。第一代接触互联网的人可能还活在世上,但随着他们的岁数变得越来越大,一系列相关的问题可能一下子就都冒了出来。

有哪些典型的问题?

王汉生: 第一种情形,有一位先生离开人世间了,那么他在 Gmail 邮箱里的邮件是 Google 的,还是他的后代的,这是个很大的问题;

第二种情形,我到亚马逊网站上浏览了一圈,网站会以日志的形式记录下我的 cookies 并放在网站的服务器上。这些日志是亚马逊的还是我的,还是我们共有的?在目前的行业操作过程中,大多认为是企业的,可以随便用;但是在欧洲,对于这个问题实际上是有争议的;有的立法严格的国家甚至会规定,这是使用者个人的,企业不准使用。这就限制了欧洲互联网企业的发展。美国对这方面的监管相对松散一些,中国也还在学习摸索的阶段,所以说,隐私保护这一刀切在哪里还没有定论。管得太松,网民的隐私得不到保护;管得太紧,企业的创新受限、行业发展受限。因此,我们享受了互联网带来的便利的同时,也需要让渡一些隐私的空间。但是,具体需要让渡多少,需要国家、企业、个人的逐步理解和沟通。

第三种情形,是我身边最近发生的一个案例,非常有代表性也很有趣。我有一个朋友,手底下有一个集团公司,下面有两家子公司——公司 A 和公司 B,它们申请了一个微信的公众号。问题的棘手之处在于,从名字的角度进行分析,这个公众号应该是与公司 B 更加契合;但是他从一开始的时候就认为,反正都是自己的企业,就让公司 A 的人去把这个公众号给认证了。于是这个公众号就成了公司 A 的资产。

随着时间的推移,问题来了。这两家企业要通过不同的融资渠道走不同的融资路线,要有新的股东进来,需要对公众号的所有权进行更改。这个时候,就有很多问题出现了。腾讯公司当然有自己的政策，合理不合理，不在此处讨论，最为根本性的问题在于，这个公众号到底是腾讯的还是企业的？还是它们双方共有的？如果是企业的话，只要企业要求，就可以通过正常的财产转让进行让渡。如果是腾讯的话，那么企业在过去的运营过程当中所投入的巨大资源，又怎么进行计算和解释？如果是企业和腾讯一起拥有的，那么它们之间的投票权又是怎么定义的呢？

这个例子就能够充分说明，在数据的所有权问题上，我们缺乏立法以及广泛的共识。

这又属于"老法律遇到新问题，没办法解决"的典型案例。随着时间的推移，这些我们在之前的立法中完全没有考虑过的问题会越来越多。比如，以前可能不值钱或者没那么值钱的（如数据资产），十年、二十年之后会变得越来越值钱了。商业化的机构，不愿意个人去与它们讨价还价。

王汉生： 我认为，现在最终的结果还无法确定。但是，如果我们认为将来可以出现一种立法机制来完美地解决这个问题，那么这种想法可能让我们与解决问题这一结果变得越来越远。我们很难用这种方式来解决问题。

为什么这么说？

王汉生： 因为这是一个新的领域。原先在地面上，咱们两个的边界是划得很清楚的；但是在这个领域当中，就从来没有人划过任何边界。正因为如此，我们双方的认知肯定是不一样的。这很正常。随着网站和使用者之间的互动越来越频繁，它可能会逐渐让渡一些认为是自己所具有的权利，这是会慢慢发生的。

现在的数据形式太多太多了，没有哪个立法机构有这样的能力把条条框框都规定死。不管是谁、站在什么角度，想要把里面的逻辑说清楚，真是太难了。目前我们很多人所期待的，就是由相关的监管部门形成这样的理想状态下的规则，实际是根本忙不过来的，因为政府的能力和资源都是有限的。我不看好自上而下的机制。

但到底应该是什么样的机制？我现在也想不好。将来我们或许能够形成一种新的监管方式来调动从业者和普通人，让市场能够自动地形成一种监管机制和规则，恐怕这才是最好的。

现在的一个有利条件是，大家对隐私、数字资产等问题都越来越关注。这是一件好事情，能够让大家形成讨论——哪些东西是绝对不能让渡的，哪些是通过消费者批准之后可以让渡的，哪些地方是可以随意使用的。随着时间的推移，各方达成共识，可能是通过谈判，或者是通过一些极端的案例（如公司 A 让公司 B 变得很难堪），从此以后，全行业没有人敢这么干了，这一点也是有可能的。

开放共享公共数据

共享基本的公共数据，使各研究机构、企业能及时地无偿获取、分析这些数据，对提高一个国家的实力至关重要。都说数据是新的"石油"，如果我们不能做到基本公共数据的社会共享，中国对大数据的利用恐怕在起跑线上就落后了。

从应用大数据的宏观层面来看，您和一个新团队从 2014 年上半年开始按月进行宏观经济的预测，现在每个月都会发布宏观经济指标的预测数据，您是怎么想起来做这样一件事情的？

陈松蹊：从 2014 年开始，我发现国内各行各业都在说大数据，就寻思着要做一点有意义的数据，我觉得这很重要。中国现在是第二大经济体了，但是我们在宏观经济建模、预测方面还做得非常不足，整个国家都没有一个进行经济预测的总体模型，而是把主要精力都放在 GDP、价格、生产、需求、消费等分散的数据上了。

我帮助国家统计局做了两年的相关工作，发现它所公布的宏观 GDP 等数据因为是由自己的调查总队上报得来的，所以还是很靠谱的；不像很多省一级的数据，有很多的噪声。从数据分析的角度来看，中国的经济增速真的是在放缓，看得出趋势，但看不出走出来的趋势，这一次的调整期可能会比较长。这些都是从模型中可以看出来的。

除此之外，对于把这些数据联系在一起来描述经济整体运行状况的一个动态计量模型，中国目前还没有。所以很多时候我们在对经济的运行状况进行解读的时候，大多是定性而不是定量的，这部分就是源自这种欠缺。定性的解读非常重要，但是与此同时，定量地阐述这一计量模型也是不可或缺的，也就是我们到底增长或是降低了多少？

国家统计局在进行统计时也没有这一计量模型吗？

陈松蹊：没有。关于中国经济整体运行的模型，我们现在真是欠缺。现在有一些零星的学者在做一些基础性的工作，对一个序列、两个序列进行分别的研究，但是彼此之间并没有串联起来；而且，很多研究的主要目的就是发表论文，而不是付诸实践。

所以我的愿望，就是能够利用经济的大数据，建立一个中国宏观经济运行的中小型的总体模型，把主要的几个变量都连接起来。

这件事本身有什么困难，为什么多年没有建立起来？

陈松蹊：非常困难。你得先一个序列一个序列地搞清楚，把每个序列内部的结构挖出来；再把这些结构有机地连接起来，这个工程还是蛮大的。当然，现在的好处在于，中国经济进入"新常态"以后，经济运行的状态特别稳定，不像之前有那么大的人为干预、那么多的噪声，会把整个模型彻底打乱。李克强总理在开始管理经济之后，整个经济的运行状况还是相当稳健的。看得出来，他基本上是想让市场来解决问题，这为进行数据预测提供了一个比较好的时机。事实上，自从中国加入 WTO 以后，分析预测的结果就比之前的误差小很多。

除此之外，一些行政方面的原因也使得这件事情做起来并不容易。

什么原因？

陈松蹊：虽然我们已经进入大数据时代，但是中国在公共数据的公开使用方面做得还很一般。比如说，作为统计学研究者，我也希望能够为防止雾霾这一大

> 中国新动能——光华学者解析未来发展之关键

事作点贡献,于是我从 2014 年 3 月初开始做有关 PM2.5 的数据分析,但这需要气象数据。我发动了学院的学生与几名同事开展 PM2.5 及相关数据的收集。众所周知,想要统计数据告诉我们其所隐含之规律,让数据"说话",必须有很多数据才行。我当时只有几十天的数据,遂起了获取历史数据的念头。

在研究了几个相关网站之后,我给环保部和北京市环保局打了多个电话,但没有结果;再与美国大使馆联系,说我们想要他们收集的 PM2.5 的历史数据,对方让我们写了个申请,申请后几天就收到从 2008 年到 2014 年 3 月底的 PM2.5 的数据。然而只有 PM2.5 的数据,没有同时期的气象数据也不行,风也是影响 PM2.5 的重要因素,这使我们想到了气象局。我们的一位老师自告奋勇与北京气象局联系,几周后他报告说气象局可以给数据,但要花钱买,2008 年后的数据要 20 多万元。我不信,请他再问,得到的解释是"每小时的数据只要几块钱,不贵的"。20 多万元对我们作统计学来说是好大一笔钱。为什么用纳税人资助而获得的气象数据可以这样卖?为什么不可以像其他国家一样无偿公开?

针对这件事情,我们的那位老师在微信里说:"用纳税人的钱建立的公共部门,用纳税人的钱以公共服务名义购置的仪器、收集的数据,出于保密需要不公开也就罢了。现在居然标价出售,而且价格不菲……"我在他的微信上回帖:"这叫错位、异化,愿国家进步、有效率。"实际上,我后来和北京大学的一位数学院士谈起此事,他说北京大学一位同事所研究的中国地表方面的数据也是从美国得到的,看来这不是一个部门的问题。

应该说,气象局、环保局已经开始通过网站即时发布气象、环境信息,但对各学科的研究者来说,规范的、长时间的历史数据更有科学价值。然而在中国,目前获取这些历史数据仍是无路可循,往往要通过关系,甚至高价购买。共享基本的公共数据,使各研究机构、企业能及时地无偿获取、分析这些数据,对提高一个国家的实力至关重要。都说数据是新的"石油",如果我们不能做到基本公共数据的社会共享,中国对大数据的利用恐怕在起跑线上就落后了。

所以我建议,除了那些涉及国家公共安全的数据之外,应该公开气象、环保等不涉及机密的公共数据。可以签署协议对数据的使用进行规范,对研究团队的资质以及一些敏感的数据也可以审慎评估。希望在这件事上政府带个头,为非公共机构也公开它们的数据做个榜样，为中国在大数据的利用上建立一个有效率的环境。

企业层面在共享数据这一方面做得如何？

陈松蹊： 企业现在也并不是很开放，一些行业领先的公司对于大数据研究的支持也显得比较小家子气。比如说，有些企业掌握原始数据，希望学者帮他们分析，但是又不想把数据给你，他们会采取一种非常有意思的模式，就是去招标（比如招20个问题的标，让你来白做，就像选供货商似的），看谁提供的方案好，完了找出前三名给点儿钱。

这些做法让人觉得国内的这些企业身上的野狼性真是十足。这可能是源于它们在初创时期非常贫寒的经历，在没有人帮助的恶劣的情况下自己打拼出来，所以就习惯于非常野蛮。现在其实没有必要这样了，应该大度一点。那么多的数据，除了商业价值之外，还应该尽量做到从社会中来，最终回馈社会。

在这方面，国内的企业应该学习国外的商业机构，在大数据共享方面慷慨一点。国外的观点就是——我把100万元撒到100个项目当中，没准有一两个项目能出好的成果和方向，那就够了，也算是回馈社会了。像Google、美国的一些数据公司，它们就显得非常开明，对于你研究它们的数据比较信任，中国现在还欠缺信任感。

实际上，大数据的研究需要的正是数据公开以及信任感，我们不应该把数据当作私有财产；而且即使不公开，大数据也不是一个人或者一个公司的团队能够自己搞定的；不如开放合作、进行共享，让大家一块儿推动数据的利用，增加对社会的贡献。

在这么多不利的条件下，现在国内对于大数据的研究与国际上的差别明显吗？

陈松蹊： 统计学真正做好应用是从第二次世界大战开始，在很多领域逐渐做得很好。而中国也在赶上。从北京大学的角度来说，光华管理学院有统计系，就说明这个学科的重要性（笑）。国内经济现在的力量已经很强了，可以对人的基因数据（几万条）进行分析。当然，大数据比这还要复杂，因为它有很多不同的数据源。即使如此，我们在这方面也已经有了很多的储备。过去十年，我们的年轻人回来了很多，很多老师（包括我们系的）基本上都是从国外回来的。

而且，中国现在有非常好的科学问题，按理说我们能够做得非常好，一下子就缩小与国际上的差距。但是，如果在研究的思维模式上不改进的话，我们的这个优势就会没有了。

就教育方面来说，大数据时代已经带火了统计学专业，现在国内很多大学统计学专业很热门。你觉得国内统计学科质量如何？与社会实践相结合这方面做得如何？

王汉生：统计学应该是一个附属的工具型学科，它所处的环境应该有足够多的工业数据问题来推动它前进。国外一般分成统计学和生物统计学两个领域。生物统计学的发展要快很多，因为它一般被放在医学院和公共健康学院下面，有医学问题不停地被提出来，推动学科向前发展；而传统的统计学因为非常独立，所以发展就比较慢。国内的统计系更像传统的统计学，一般会被放在数学学院下面，但纯粹的数学是不会产生统计学问题的。

从根本上来说，中国统计学发展的前景在哪里？

王汉生：中国仍然需要向美国学习。我们国家在医疗方面与美国的差别很大，所以生物统计学很难有较好的发展；但我们的移动互联网企业与美国相比一点儿都不差，几乎是站在同一起跑线上，所以针对移动互联网的统计学大有可为。

主要参考文献：
陈松蹊，"公共数据应该开放共享"，《经济观察报》，2014年6月14日。
王汉生，"大数据被神化"，《新京报》，2014年6月27日。
〔美〕埃里克·西格尔著，周昕译，《大数据预测》，中信出版社，2014年4月。
〔美〕查尔斯·惠伦著，曹槟译，《赤裸裸的统计学》，中信出版社，2013年11月。
冯启思，《对"伪大数据"说不：走出大数据分析与解读的误区》，中国人民大学出版社，2015年1月。

专题七 创新创业

＞上篇 中国式"企业家精神"

  我刚开始创办联想的时候，主要还是想体现一下人生价值。而我现在正在为之奋斗的目标，就是希望把联想办成一个伟大的公司。什么是伟大的公司？第一，寿命长，要能长期办下去，再好的公司，一年就完了，谈不上伟大；第二，吨位要大，真正有影响力；第三，要在科技进步、企业管理，甚至文化进步方面，对国家、对社会都能有一定的贡献。另外有一个要求，就是由年轻人来办，他们自己是股东，同时更是主要的经营管理者。

——联想集团创始人柳传志

  我一直觉得中国的企业和企业家在过去二十年中经历了比别人更多的磨炼。这二十多年，是一个浓缩的剧烈变化的时期，它让许多企业早熟，也让许多企业灭亡。中国企业的生存环境随着国家的政治、经济制度的改革不断改变。企业作为参与者，也因为自身的努力和适应推动了大环境的改变，同时也不断改变、进化了自己，这些经历是刻骨铭心的。

——中粮集团董事长宁高宁

中国新动能——光华学者解析未来发展之关键

研究中国改革开放以来的经济史,可以发现一组颇为鲜明的对比数据:1953—1978 年,中国 GDP 的年均增长率是 6.1%;而自从 1978 年中国开始改革开放之后,在三十多年的时间当中,它的 GDP 年均增长率跃居并长期维持在将近 10% 的高位。

在很长的一段时间之内,从宏观到微观、从制度到法律,如何解析不同经济增速背后的原因,是否存在经济发展中独特的"中国模式",是中国甚至全世界众多经济学家乐此不疲的研究课题。

如果从微观层面寻找答案,谜底可能正如北京大学光华管理学院行为科学实验室主任张志学教授所言,当中国开始由计划经济向市场经济转型时,大批人创办企业,他们带动企业不断发展,从而推动了中国经济的快速发展。"可以说,中国经济在过去三十多年的快速发展中,企业家,或者说企业家精神,起到了关键的作用。"

作为市场经济、全球市场的双重后来者,中国企业家们所处的艰难的营商环境,正是他们发挥企业家精神的最佳舞台。就国内制度层面来说,行政体制对商业的强大影响力堪称一把双刃剑。采取何种方式向外最大限度地借力发展,或者规避伤害,是每一个企业、每一个企业家都面临的抉择难题。通过成为"红顶商人"等方式做到一时的顺风顺水不难,但要在中国独特的政商环境当中做到基业长青,企业家则既需要具有高超的智慧与眼光,又要小心翼翼、凡事如履薄冰。

除此之外,在全球范围内,作为赶超者的中国企业,一开始往往只能够在西方企业看不上或者还没来得及占领的边缘领域,通过艰难挣扎求得生存的空间。它们往往筚路蓝缕多年,积累了一定的实力后,才逐渐到开放后的中国主流市场上与西方同行竞争,最终尝试参与全球博弈。

由于在技术、品牌和经济实力上的差距实在太大,一开始,中国企业家只能根据他们对于中国客户独特需求的深入理解,开发出更能满足中国客户和市场的产品,并通过快速响应市场的反馈,以此领先西方的竞争对手。

在这方面,华为的"农村包围城市"模式、格兰仕从代工制造到自我创造等都是中国企业发展道路的典型代表;也正是源于这种模式的创造力,让腾讯、百度和淘宝这些互联网企业，能够在中国本土市场上成功实施对美国企业的阻击及超越。

简而言之，中国社会发生巨大转型及快速变化，在中国改革开放商业史中堪称成功的企业背后的企业家们，往往都具备了与成熟商业社会中浸淫的企业家所不同的特性，即所谓具有中国特色的"企业家精神"。

他们普遍关注客户需求，比如任正非、马化腾、雷军等多位已经功成名就的企业家，至今仍在以不同的方式，保持自身对客户的沟通和理解。与此同时，他们还普遍要求整个企业实施客户服务导向，部门的工作和资源的配置都以满足客户需求为宗旨。

他们都秉承对"知变则胜，守常必败"的理解与笃信。西方企业的高管主要应对的是来自竞争对手、消费者及市场需求的变化而造成的挑战，中国企业家除了要应对这些挑战外，还需要应对宏观的政策环境给企业带来的挑战。他们经常会面临这样的情形：正当企业在原有轨道上顺利发展之时，政府突然出台的政策或者某位官员的命令就会让企业不得不暂停原来的业务或者运营模式。有些创业者不得不选择放弃，而另外一些企业家则改变自己而"适者生存"。因此，成功的中国企业家大多将应对变革作为自己领导力的一个方面，灵活性、适应性成为中国企业家的一个集体特性。

除此之外，作为后来者，中国至今仍处于活跃状态的企业家们，还特别注重对于西方企业先进管理、运营经验的吸收和学习，这使得他们具有开阔的视野和更加灵活的战略思维，能够识别企业在不同发展阶段所面临的主要问题，并通过行之有效的方法予以解决。在年轻的企业家中，有的人接受了西方的教育，对于西方的技术和商业文化较为了解；一些年长的企业家，则依然保持着对于国际先进经验的学习和思考。在华为的发展过程中，任正非先后访问过美国、日本的企业，吸收它们成功的经验和失败的教训，并通过顾问公司引入西方先进企业的管理流程，在年逾六十之时，依然通过学习提高英文水平。正是开放的心态和持续的学习，使得很多中国企业家对于国际先进经验比较了解，做到了"知彼"。

相应的，因为受到本土社会文化的濡染以及对本土市场和客户需求的把握，也使得他们做到了"知己"。"知己知彼"反映的是成功的中国企业家普遍具有的"双重"管理理念和管理哲学：在管理和领导中既秉承中国传统的"中庸之道""和为贵"，同时又坚持"规范管理""追求卓越"。落实到管理实践上的具体表现，往往就是"中西合璧"的管理方式——从中国传统文化哲学思想及历史经验中汲取管理员工的要素，采纳西方的制度和流程来从事运营和任务管理。

这或许代表了中国企业家的灵活和实用主义。而值得庆幸的是，这种实用主义并非来自对已有管理实践的无知，而是基于对组织内控的理解、对外界环境变化的敏感以及对客户需求的重视而作出的总结。正如张志学教授所言，"大道无形"可能预示着具有独立思想的中国企业家群体的来临，以及具有本土特点的"企业家精神"的诞生。

企业家精神土壤

在"无法可依"的情况下，企业家需要采取灵活务实的策略为自身的发展创造良好的外部环境，特别是要有策略地争取政府官员的谅解、理解和认可。"关系就是生产力"表明企业家与政策制定者，特别是政策法规执行者周旋并取得他们的支持的重要性。

您多年来一直致力于"企业家精神"的研究，就您看来，何谓企业家精神？它的作用又是什么？

张志学：我所讨论的企业家，是指将经营企业作为目标和使命的企业最高领导者。他们能够敏锐地察觉市场机会，调动现有资源建立起企业及团队，通过提供产品或者服务而获利。由于中国的职业经理人市场不够成熟、企业的委托代理机制不够完善，这些人还可能充当着最高管理者的角色。因此，在我的定义中，企业家和企业最高领导者没有区别。

为什么在同样的环境下，有些企业成功了，而从事同样业务且具有相同产权结构的其他企业却失败了？显然，企业家的作用是至关重要的。在中国经济体制改革的过程中，企业家面临的问题是非结构化的，没有前车之鉴可供模仿和学习，他们的判断力和适应能力是导致企业兴衰的最重要的因素之一。

企业领导者既要在敏锐地觉察外部环境的变化后制定恰当的战略，又要协调企业的内部要素，保证企业战略和业绩目标的实施。对于中国的企业领导者而言，应对外部环境的变化比整合内部资源更为关键。制度不确定性造成的政策风险，成为转轨时期中国企业家面临的最大风险。领导者需要通过适当的行为和正确的决策来减少甚至消除这种不确定性给自身及企业造成的危害。

与西方国家的企业家相比，中国的企业家身上有什么特点？

张志学： 改革开放之后，在中国的经营土壤当中成长起来的中国企业家，身上主要有三个独特之处：

其一，中国的企业家大致从20世纪80年代开始创立企业，他们身兼企业的创立者、领导者和管理者等多重角色；西方的很多企业领导人继任时企业已经存在，虽然他们在应对变革中也充当了领导者的角色，但他们更多地属于高级职业经理人的身份。

其二，中国企业家经历了社会环境的大变革。国家在由计划经济向市场经济转型时存在很多灰色地带，这既蕴含了丰富的机遇，又潜藏了极大的危机。带领企业度过难熬的混沌年代，既需要经验能力，更需要政治智慧。西方新兴企业的领导者面临的大多是来自市场的竞争，相比而言，政策和制度给他们带来的麻烦比较少。

其三，在中国市场经济确立后，企业家领导企业在市场竞争中提升实力，有些还步入国际舞台。在与发达国家的大企业处在同一平台竞争时，中国企业家缺少国际对手所拥有的庞大实力、企业品牌，甚至国家文化所赋予的无形资产，是国际商业舞台上的后来者；西方企业的高管在国际化的舞台上拥有雄厚的资本、品牌，充当领先者。

独特的经营土壤培育了中国最早一批的企业家，它的独特性在哪里？

张志学： 中国的经济改革开放政策以及宏观环境的变化，为中国最早一代的企业家提供了成长的土壤。没有宏观经济政策的改革，中国就不可能产生众多的企业家以及富有活力的企业。这是大的宏观背景。

经济改革开始时，中国企业家所面临的是一种所谓的"混合经济环境"或者"转型经济环境"。它的含义是：整个社会在由计划经济向市场经济转变，由人治社会向法治社会过渡。很多制度和法规并非一开始就制定好了，很多与企业运营息息相关的政策法规在"摸着石头过河"的实践中逐渐形成。政府管制过多、法律法规执行时弹性太大、很多人在商业竞争中不遵照规则、整个社会大众也不像成熟的商业社会那样注重信用，等等。所有的这些因素，都给转型时期的中国企业增加了动荡和不确定性。面对突然的政策变化给企业造成的困难，SOHO 中国的董事长潘石屹就曾经说过："我的感觉就像我们正在进行足球比赛，裁判突然吹响了哨子说，改排球比赛了，球再不能落地了，落地就算犯规。"

对于这些企业家来说，应对外界环境往往要花费更多的精力，甚至主要的精力都要放在这上面去了。

张志学：的确如此。由于转轨时期政策的模糊和变化，企业家的首要任务既不是思考企业的战略定位，也不是考虑产品的研发和服务的创新，而是理解并适应复杂的商业环境，特别是应对制度缺失和变化给企业造成的麻烦。由于在转轨之初很多计划经济时代的政策不能适应企业的运营，中央和地方政府都在"摸着石头过河"，没有明确制定新的规则；而权力集中在政府部门及官员手上，他们对于企业的经营是符合政策还是违规具有很大的裁定权。

在"无法可依"的情况下，企业家需要采取灵活务实的策略为自身的发展创造良好的外部环境，特别是要有策略地争取政府官员的谅解、理解和认可。"关系就是生产力"表明企业家与政策制定者特别是政策法规执行者周旋并取得他们的支持的重要性。学界的研究也表明，20 世纪 90 年代中期以前的中国企业普遍借用社会关系，企业高管拥有的社会关系越多，其企业的绩效也越好。由于私营企业在政治地位上处于更不利的位置，因此其高管比国有企业和集体企业的高管更加注重社会关系。

但我必须指出的是，不少企业家的成功都是源于首先去耐心地适应政策和政府机构的要求，同时又以出色的业绩回馈地方政府、影响当地政府的政策制定，甚至通过参与规则的制定逐渐为企业赢得更大的经营自主权，发挥他们的影响力。

正是在这样的互动性博弈当中，诸如体制结构和激励机制等宏观经济政策刺激了企业的发展，后者反过来又促使政府改进宏观的经济政策，制定更多的制度来支持企业的发展，如产权及合同法等。不少民营企业家成功之后开始在政治舞台上影响政府的政策制定。[①] 所以，贯穿中国改革开放历程的一个主题是，地方政府和中央政府机构以独特的方式协调经济活动，使得企业和政府相互影响，各方都是体制变革的推动者和接受者，双方的共同进化促进了中国经济的发展。

有无具体一点儿的案例？

张志学： 企业家与政府之间的互动可以从下面这个案例中得到体现。某位企业家于20世纪90年代中期领导南京的一家国有企业从事系统集成业务，业务启动时政府投资了2 000万元，他用了两年时间使企业的营业额达到3.6亿元。面对竞争越来越激烈的市场，他意识到政府的控制限制了企业的经营自主权，最终将使自己的企业无法在与外资企业和民营企业的竞争中获得优势。于是，他开始游说政府官员们，说如果企业以民营的方式运营，就能够更灵活地面对市场和客户。由于他的业绩突出，政府接受了他的观点并让他提交解决方案。他提出将当初政府投资的2 000多万元以2.2倍的现金偿还。政府觉得国有资产增值这么多，就接受方案退掉了公司的股权，使公司变成了一个纯私营企业。随后，企业获得美国英特尔公司和日本软银公司承诺注入的1 500万美元的资金，拟成立合资企业。

然而，1986年中国政府出台的一项政策规定，不能以私人名义和外国公司注册合资企业。这位企业家向各级主管提交报告陈述理由，最后报告呈送到国家外经贸部最高领导后被批准了，该企业成为中国第一家私营企业与外资企业组成的合资企业。从那以后，政府也修改了有关中外合资企业的政策。

---

① 例如，有民营企业家曾在全国人大和全国政协会议上呼吁国家将私有财产保护写入《宪法》当中。

> 中国新动能——光华学者解析未来发展之关键

中国市场经历了近四十年的发展,也经历了您所说的这重重的博弈调适,现在回过头来看,中国的市场环境以及相应的企业家特点,是否可以划分出阶段性?

张志学: 在过去近三十年中,中国企业家所面临的外部环境出现了巨大的变化,不同的时代环境选择了不同类型的创业者。从宏观经济环境来看,中国企业的发展大致分为三个阶段。

第一个阶段从 20 世纪 80 年代初期至 20 世纪 90 年代中后期,国家处于经济体制转型过程中,在搞活经济的大方针下,政府没有出台明确而细致的可执行政策,对于从商的人来说是机遇和风险并存。无数人在机会的利诱下铤而走险,最终要么因闯了政策的红线而受到惩罚,要么因违背商业规律过度扩张而毁灭。只有那些能够敏锐地解读政策以及具有坚韧的毅力、超常的耐心和强烈的进取心的人,才能成功地带领企业走过转型期。

第二个阶段始于 20 世纪 90 年代中后期,中国在渐进的市场改革中积累的经验越来越丰富,政策环境也大大改善,企业家不仅越来越多地拥有自主的经营和管理权,而且可以获得各种形式的合理报酬和激励。企业经营环境的改善使得他们不需要疲于应对政策环境变化所导致的混沌,可以将大部分精力集中到企业的业务和管理上。

不过,随着国内外各个行业众多的企业进入市场,企业面临的竞争异常激烈,企业领导者必须采用专业化的经营和管理手段去提升企业的竞争力。那些仍然依赖丰富的商业机会或者钻政策缝隙的企业逐渐在竞争中消失,而那些依靠自身的实力发展起来的企业则成为市场上的佼佼者。

第三个阶段始于 21 世纪初,中国加入 WTO,市场经济继续朝着更深和更广的方向推进。经过前期的改革开放,中国整体的经济实力大大加强,消费者的购买能力迅速提升,而消费观念也发生了巨大变化,市场上的各类物资供应十分丰富,中外企业在开放的经济舞台上公平竞争。

在这种环境下,部分在中国市场上已经锻炼出核心能力和领先优势的企业,开始走向国际市场。有的企业刚走出门口就摔了跤,而有的企业则延续了在国内市场上的成功。

"时势造英雄",我认为,在这样的背景下,中国不同时段涌现出来的企业家可以分别被称为"政治智慧型""业务专精型"和"国际运营型"。

智慧型企业家

在过去二十多年里，我们的国家始终在新与旧的激烈冲突中挣扎着前进。如果你屈服于旧体制，你会被淹没其中；如果你公然反抗，你会体无完肤。联想的真正与众不同之处，在于它掌握了与旧制度相处的方法，同时又以惊人的坚忍、耐心和技巧与旧制度中令人作呕的弊端周旋，一点一点地摆脱束缚，走向新世界。

——著名作家凌志军

在中国经商不可能不谈及与之紧密相连的政治环境。而在二者的互动博弈过程中，中国改革开放以来既产生了像柳传志、张瑞敏、任正非这类的优秀企业家，也有很多曾经红极一时的人最终身陷囹圄，包括禹作敏、牟其中、黄宏生、黄光裕等。这两类企业家的境遇出现"天壤之别"的主要原因在哪里？

张志学： 他们当中有的为了攫取利益或者自我膨胀而不顾国家政策和法律，故意违规操作；但也有些人正如我刚才所讲的那样，本意是希望在变动的政策环境中找出可接受的办法，结果遭到惩罚。这源于政府的控制力实在过于强大，通过制定法律、出台政策、宏观调控等多种方式影响经济活动，而且政策变化很快，企业家可能来不及适应就被判定犯规。除此之外，企业领导者在应对政策环境时采取的方式不同，最终也导致不同的命运。

有哪些方式？

张志学： 方式堪称多种多样——有人直来直去、过于强调企业和个人的利益；有人则能够耐心地、婉转地与政府官员沟通，取得他们的理解和支持。第一种方式过于强硬，一旦企业在经营中出现违规，将被追究责任；相比之下，采用迂回和圆滑变通的方式能够为企业营造好一些的政治环境。但问题在于，不少人在与政策制定者或者执行者建立良好关系的过程中，也会逐渐形成"官商意识"，通过获得政府的支持或者钻政策的空子去牟利，这类经营者最终会因缺乏核心竞争力而为市场和客户所抛弃。还有一种，就是具有政治智慧的企业家。

> 中国新动能——光华学者解析未来发展之关键

我根据企业家适应环境和管理运营的方式,将中国不同的企业家划分为四类(见图7-1)。

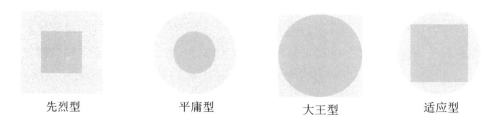

图 7-1 转轨时期的四类中国企业家

资料来源:由受访者张志学教授提供。

第一类是外方内方型企业家。这些人在企业内部的管理方面稳扎稳打,但由于不能灵活而圆熟地适应环境,因此很容易因政策风险而失败。他们在转型期往往壮志未酬,可以被称为先烈型。

第二类是外圆内圆型企业家。这类人能够与政府维持很好的关系,但过于依靠政策和官员的支持,缺乏企业的组织能力,最终为市场所淘汰。这类企业家可以被称为平庸型。

第三类是外方内圆型企业家。这类人既刚愎自用、无法适应政策环境,又在企业内部充当老大,缺乏有效的运营和管理,企业只是昙花一现。这类企业家可以被称为大王型。

第四类是外圆内方型企业家。这类人能够智慧地理解和适应国家政策,规范地经营企业,同时在内部努力建立适应市场的企业核心竞争力。他们既不因与政府保持良好关系而依赖政府的扶植,又不因企业具有较高的竞争力而天马行空、我行我素。这类企业领袖带领企业不断增强竞争力,持续活跃在国内外市场上。这类企业及其领导者所取得的成功也为政府官员制定更加合理的制度提供了重要的启发。这类企业家属于适应型,属于识时务的俊杰,能够在制度缝隙中左右逢源。因此,也可以称他们为"政治智慧型"企业家。

对于第四类,也就是政治智慧型企业家,如何能够辨别他们?

张志学:政治智慧型的企业家能够识时务,在不断变化的政策环境中生存下来，根据市场的需求不断地调整企业的业务，有时甚至是以尝试错误的方式运营，终于使企业发展起来。这个阶段的市场环境特征可以概括为"动荡大，但机会多"，企业家只要不与政策相冲突，企业的产品和服务就能够相对容易地被市场接受。

政治智慧型的企业家大多在四十多岁时开始创业，他们小时候经历过社会主义建设时期的激情和"大跃进"年代的癫狂以及20世纪60年代的极端贫穷，中学或大学毕业后步入十年"文化大革命"时期。艰苦的生活经历和复杂的政治斗争练就了这一代人的坚韧与深沉，而独特的成长经历使得他们感受到权力的重要，在决策风格上普遍表现出较强的控制欲望。虽然已经是企业的最高领导人，但仍然亲力亲为、赴汤蹈火。他们在创业的时候没有多少物质资源，要说服他人抛弃"铁饭碗"加盟企业却无法提供诱人的待遇，只能靠远大的目标和美好的愿景去打动他人。此外，他们无私、不辞辛劳、吃亏在先享受在后的精神也凝聚了一批人。

政治智慧型企业家能够带领企业走出转轨时期的混沌和迷雾，他们的特点大致有四个方面。

一是能够妥善地处理与外部的关系。虽然任何企业都需要与外部环境保持良好的关系，但这一关系对于在制度转轨期间的企业而言，关乎生死存亡。政策法规不完善，商业道德和商业文化尚未形成，高素质的职业经理人和员工也是凤毛麟角，在这样的环境下经营企业必然困难重重；问题出现后，不可能找到是非分明的判断标准，更不能快速获得干净利落的处理办法。因此，企业家需要具备耐心和毅力，能够与各方灵活地周旋，权衡利弊，找出稳妥的解决方法。举例来说，雅戈尔的董事长李如成将自己做事的原则总结为"遇强则曲"，舍小利以便与政府保持良好的关系，不和客观现实硬斗。史玉柱的法制是"琢磨规则，创造规则"，而在对付大腕时要"放低自己，抬高他人"。[①]

二是有分寸地争取政府支持。我们应该知道的是，中国的市场经济是在摸索中前进的，虽然国家最高领导人富有智慧和远见地号召建立社会主义市场经济，

---

① 1987年联想汉卡销售红火之时，物价局官员认为定价太高，违反了价格政策，罚款100万元。当年公司税后利润总共只有70万元，下属义愤填膺，要求召开新闻发布会，取得媒体的支持。柳传志拒绝了这种提议，而是想办法约到物价局局长出来吃饭，最终以罚款40万元作为了结。柳传志借此告诫下属——做事时，"你得明白自个儿是谁"。

但是很多政策制定者、掌权的官员和执法者,甚至相当多的民众的观念和意识依然停留在计划经济时代。在这个特殊的时期,企业家面临的一个困境是:屈服于旧的体制就什么事情都做不成,而等待社会经济环境完全改变又会丧失机会;但如果急于求成,在时机尚不成熟的时候去冒政策的风险,有可能成为牺牲者。

例如,企业的产权改革涉及企业的归属以及管理层和全体员工的根本利益,对于企业的长期发展非常重要。然而,相关政策混沌不清,其中既有可以利用的空间,也充满了陷阱和风险。有人因政策的限制而不敢作为,有人矢志改制却中途夭折,还有人大胆改革却因触犯政策法规而锒铛入狱。

在这一方面,中国近三十多年企业史中的悲喜人物,皆不少见。

张志学: 对。在成功的案例中,联想的改制可以算得上是一个典范。1994 年,联想在香港上市时仍属于国有企业,柳传志希望能够找到被各方认可的方式来确认国家的利益以及企业的开创者与员工的合理收益。按照他的股份制改革方案,联想财产的 55%归国家,45%归员工。根据法律的规定,联想作为由国家独有演变为国家和持股公众共同所有的企业,其财富不属于公司员工;不过,政策允许联想的股东——中国科学院拥有分配企业利润的权力,后者将公司红利的 65%留给自己,由联想分配剩下的 35%。尽管中国科学院没有权力批准联想把分红权变成股权,但通过多年的耐心沟通,财政部终于同意出让公司国有股权部分的 35%,但要求联想员工以现金购买。柳传志将过去通过 35%的分红权获得的资金积累下来,用其购得公司国有股权部分的 35%。就这样,在执着和耐心中,联想的创始员工终于变成了企业的所有者。柳传志能够正确地理解政策,娴熟地游走在政策的边缘上,既能冲破旧体制的束缚,又能抓住新体制下的机会。

而广东健力宝集团创始人李经纬的改制,却是与之相反的失败案例。健力宝自成立以来,三水市政府持股 75%。1998 年,李经纬决定将健力宝在香港上市,但不幸搁浅;健力宝的销量不断下降,集团对于地方财政的贡献最低到了 7%。为了激活企业,2000 年管理层和当地市政府双方再次提出改制方案,其中李经纬及管理层占大部分股份,但需要自筹资金买下。市政府官员反对改制方案,并启动了股权转让计划,将 45%的股权以人民币 3.8 亿元的价格转让给一家新加坡公司,此举因遭到李经纬的抵制而作罢。此后,李经纬与政府的一系列明争暗斗,注定了他和健力宝的不幸。政府官员认为,他们给予李经纬在运营企业中充分的财权、人事权和决策权,但后者却从来不向政府汇报经营状况,没有把当地政府放在眼里。而在李经纬看来,虽然公司从成立到 2001 年三水市政府一直是第一大股东,但是在企业发展壮大的过程中政府没有新的投入,公司的发展完全来自企业自身的努力。李经纬决定于 1999 年将健力宝总部迁到广州,希望借机变革企业的管理、经营、人才及广告策略。然而,他作出花费巨资在广州建起 38 层的健力宝大厦的决策时并没有与政府官员沟通,加深了他与三水市政府之间的不信任。同时,大量的现金投入也使得健力宝缺乏运营资金,加上国外饮料的强力冲击,健力宝在内外交困中走下"神坛"。李经纬这颗耀眼的明星因失去天时、地利与人和而不幸陨落。

以上两个特点都是向外的,从企业经营的角度来看,这种企业家还具有什么特点?

张志学: 从企业经营的角度来看,政治智慧型企业家肯定会推动企业的制度化和职业化以及及早地去培养并扶持接班人。

就企业制度化来看,中国的部分企业家早就认识到企业需要完善的管理系统,要通过制度和规则而不是企业家个人来管理企业。相应的,针对中国企业普遍存在的员工职业化程度不高的缺点,一些企业家有意培养员工形成尊重制度和程序的风气,从而保证企业稳定而持续的发展。①

---

① 张志学教授认为,成立于 1984 年的万科地产是一个比较好的案例:万科于 1988 年进入住宅行业,创始人王石坚持以专业能力从市场获取合理的回报。1992 年,如果某个地产利润低于 40%,业界就不会有人考虑,而王石则提出超过 25%的利润不做。他带领公司致力于规范、透明、稳健、专注的发展模式,到 2007 年年末在中国的市场占有率为 2.1%,成为全球最大的住宅企业。王石长期致力于走专业化和职业化的道路,他曾说:"成熟企业强调的是企业文化和机制,而不是领导者个人,必须弱化个人作用。尤其是对于现阶段的中国企业而言,脱离企业家个人生命周期而力求发展,非常有必要。如想更长远地发展,就必须建立和执行成熟的企业运行机制。"专业化和职业化使得万科的业绩多年实现持续而匀速的增长。

对于企业来说，推动制度化和职业化的必要性在哪里？

张志学：在不少的中国企业内部，企业的领导者普遍依赖个人的权威和德行来领导企业，往往推行的是人治而非法治。有人用"家长式首领"来描述华人企业的领导者特征，表现为教诲式领导、意图不明、注重个人名声、维持控制力、从事政治权谋、个别照顾与裙带关系、淡化冲突、对下属冷漠并保持距离等。相似的，有学者将华人组织的领导风格称为家长式领导，它是在一种人治的色彩下，显现出父亲般的仁慈与权威以及道德的廉洁。

对于这种人治型的企业文化，不少人也认为是优劣参半。您怎么看？

张志学：好处的确存在，比如崇尚人治式领导的人认为，它使得企业高度灵活、结构简单、决策和执行的效率很高，等等。但我认为，归根结底，这种方式还是弊大于利。因为这种人治式的领导最终会导致企业高度集权、企业的正规化程度很低，并在组织内部助长拉帮结派的风气。除此之外，还可能出现一系列的风险。

第一，领导者无法总是保持英明和正确。领导者往往由于成功而变得高度自信、由于下属的顺从或奉承而无法听取不同的意见、由于权力过大而导致随心所欲，这些都会使得领导者犯错误在所难免。第二，由于企业高度集权，最高首领凭个人意志和好恶来作决策，组织缺乏必要的规则和制度，企业中的协调和控制无法通过去人格化的正式系统来实施。企业要么没有建立起专业的部门，要么越过专业部门自作主张。领导者不授权给下属，下属无法参与决策，加上企业内部人员纷纷与领导者建立个别化的关系，组织成员渐渐地不再以企业的利益为重，而是以讨好领导者、满足其个人利益为目标。

所有的这些现象，都将阻碍企业的健康成长，因为企业的命运完全系于领导者身上。一旦领导者由于年老、疾病或者意外而无法管理企业或者决策错误，企业会很快走向衰落。这几乎成为中国许多企业无法摆脱的一个宿命。

人治在中国的企业界为什么这么有土壤？

张志学：除了部分受传统的文化影响之外，中国企业不注重管理的规范化和制度化建设的一个主要原因在于，中国发展市场经济的时间太短，管理者和员工的职业化程度不高，进而制约了企业的管理和业务能力。而且，此前的中国企业往往处于快速发展阶段，企业家认为抓住机会、占住地盘比规范管理更为重要。企业试图等站稳脚跟后再进行制度和规范的建设，但这种导向一旦形成，今后再想回过头来进行规范已经非常困难。由于缺乏制度，企业无法稳健地经营和发展，组织内部因"黑箱"操作和决策而积累下过深的沉疴，最终导致组织未老先衰甚至消亡。

与中国企业经营中普遍存在的人治紧密相关的，就是您刚才所说的接班人问题。各方普遍认为，良好的制度建立起来不简单，但是选择一个好的企业接班人则更是难上加难。您怎么看待这个问题？

张志学：情况的确是这样的。很多企业家在创立企业时已是人到中年，经历近二十年的打拼，身心日渐衰老，环境的快速变化也使得他们力不从心。有人因此变得非常专权、一人独大，下属只能俯首顺从。在强势的领导之下，其他人无法参与战略决策和经营核心业务，也就不可能有接班人出现。很多企业家因出众的能力和毅力开创了企业，但正是他们过强的个人能力而使企业陷入"创业者陷阱"。

与之相反的，则是一些企业家能够较早地培养接班人，从而使得企业继续发展。总体来看，接班人的选拔无非有内部培养、外部聘用和子承父业三种。由于中国职业经理人市场发育不成熟及其对职业经理人的制约机制尚不健全等，几乎没有企业在企业之外寻找接班人。[①]

事实上，民营企业的领导者更替大多是"子承父业"的模式。企业的开创者积累了财富、社会资源、企业团队和发展平台，为下一代企业领导者奠定了基础。传承者在家族企业的发展中往往是创业者的左膀右臂，为企业的壮大作出了贡献。当第一代创业者逐渐年迈之时，少帅们继承父业并推进企业的改革与转型，如明

---

① 很多民营企业家积极培养接班人，实现企业领导的自然过渡。在一份"中国民营企业少帅榜"上，103位年轻一代企业领袖中，有31人任董事长、13人任副董事长、15人任总裁、9人任副总裁、31人任总经理、4人任执行董事；而他们平均年龄只有34岁。在上榜的新企业领袖中，浙江省有43人，显示出浙江省的民营企业在领导者的传承上走在了中国的前列。

晰企业的产权、建立现代企业制度等。在这种父子传承的模式下，少帅接班后享有的自主权略有差别。①

有些民营企业是由父子二人共同开创的，老一代退休之后，新一代自然接班。老一代彻底隐退和交权，使得新一代领导者完全拥有经营企业的自主权。由于年轻一代的企业家在历练中积累了丰富的经验，因此他们能够在新的竞争环境下及时调整经营方向和模式，走向新的辉煌。②

新局势 新挑战

我们从不对核心技术感到害怕。别人有，我敢做；别人没有，我敢想。比亚迪每个单位遇到问题，我们都会说，你解决不了，不是因为没有能力，而是因为缺少勇气。

——比亚迪集团董事长王传福

您刚才分析的这种类型的企业家，他们大多已经功成名就，因此时代气息较重。对于现在依然活跃在经营舞台一线的优秀企业家来说，他们面临的是一种什

---

① 万向集团的创始人鲁冠球自1969年开始创业，他抓住机遇，整合国内外资源，带领万向走向辉煌。他的儿子鲁伟鼎高中毕业后被送往国外学习半年企业管理；回国后，鲁冠球对鲁伟鼎言传身教，带他跟随自己开会、下车间、见客户等，并让他在集团内部轮岗。1994年鲁冠球任命鲁伟鼎为万向集团总裁。他既放手让鲁伟鼎对集团进行改革与转型，又凭借自己的经验、稳重和智慧对企业的大方向与发展节奏及时把握分寸及方向。为了防止新的领导者过于冒进，鲁冠球为公司设立了三条投资禁忌，即暴利行业不做、千家万户能做的不做、国家做的万向不做，并劝鲁伟鼎放弃了两起收购计划。鲁冠球既培养鲁伟鼎的职业素质，同时又继续把握企业的大方向，起着"稳定器"的作用。
② 方太的创始人茅理翔于1985年艰苦创业，经过十年的发展完成了企业的第一次积累。1995年，他召回计划赴美读博的儿子茅忠群，两人开始联手二次创业。茅忠群劝说父亲放弃了生产微波炉的想法，转而生产吸油烟机。加盟方太时，茅忠群向父亲"约法三章"，要求自带一批人另起炉灶，父亲手下的元老不要到他的新公司。茅忠群上任后推动企业创立自己的品牌，实施职业经理人制度，将方太的发展带上了新的台阶。茅理翔放下人权、财权、决策权，完全隐退，创办"家业长青接班人学院"，帮助中小企业完成企业传承和交接。他意识到，老人必须逐渐放权，给继任人充分的发展空间。他曾说："如果一天到晚抓住权力不放，儿子无法成长，他的创新思路也施展不了。有的企业家到了70岁还不放权，儿子在未来如何接手企业？我们第一代企业家必须有这种责任与胸怀。"

么样的经营环境？

张志学：自20世纪90年代中后期以来，中国社会的宏观环境的确发生了很大的变化。中国开始建立起比较完善的市场机制，市场观念也深入人心；很多地方的政府为了发展本地经济，也出台了各种政策支持企业的发展。

随着国家由短缺经济向过剩经济转型，企业的能力和管理水平越来越成为企业能否获利的关键。越来越成熟的市场经济以及逐渐完善的市场规则，将那些仅仅靠投机或者钻政策的空子盈利的企业淘汰出局，而能够满足市场需求、具有核心竞争力的企业则留了下来。这反过来使得市场竞争越来越激烈。

事实上，自从中国加入WTO之后，大多数行业完全开放，国外独资企业获得与国内企业同样的待遇，各类国际企业进入中国市场，加剧了中国市场的竞争。在这种成熟的市场竞争环境中，决定企业成败的重要条件是企业能否整合内外资源，从事有效的管理，发挥自己的核心竞争力。

在新的市场环境下，中国企业家面临的任务不再是应对政策风险，而是集中精力管理企业、提高企业的核心能力。这个阶段的企业家需要分析行业、竞争对手、消费者、技术等的变化，为企业制定正确的战略方向，并组织企业的力量和资源实施战略。企业能否整合自己的控制系统、组织结构、制度与流程体系、企业文化等来支持战略的实施，是对企业管理和组织能力的考验。

在过去的十多年中，中国出现了一批既有高水平的技术专长又有敏锐的市场嗅觉和意识的企业家。尽管他们创业时面临资金匮乏和技术壁垒高的困难，但是他们以自己独特的创新，在激烈的竞争领域中开创了新的市场，正在引领中国企业实现"中国制造"向"中国创造"的转变。

这些企业家身上又具备哪些新的特点？

张志学：这个时期涌现的优秀企业家不少拥有技术或业务专长，属于"业务专精型"企业家。他们对于企业经营和管理具有深入的认识，主要表现在以下四个方面：

其一，能够精准地把握企业的战略定位。能够根据行业的发展趋势和市场需求,为本企业提出准确的战略定位,从而为企业的发展定下基调。

其二,通晓企业运作的理论和实践。随着企业运作规范化和管理精细化的需求,能够通晓企业管理理论、熟悉国外优秀企业的管理实践,同时又熟悉中国企业运作实践的企业领导者,能够带领企业获得成功。

其三,能够创造崭新的业务发展模式。一些人具有突出的技术专长或者对于中国客户需求具有深入的理解,尽管所在行业的竞争已经白热化,但他们借助独特的业务模式脱颖而出。这类企业家多出现在新兴技术领域,比如创办搜索引擎(百度)的李彦宏以及创办比亚迪新能源汽车的王传福等。

其四,能够熟悉客户的需求。自20世纪90年代中期开始,中国市场逐渐由原来的卖方市场向买方市场过渡。随着市场经济的深入和普及,越来越多的企业涉足产品的生产和营销,市场上同类产品种类繁多,商家用尽方法吸引和争夺消费者,中国从此告别商品短缺的时代,很多企业因产品无法适应消费者的需求而倒闭。这样的环境迫使企业了解客户的需求,使得产品开发和服务提供能够适应消费者不断变化的需要,从而体现出企业的竞争优势。

简而言之,"业务专精型"企业家大多是在中国市场经济的方向已经确立的情况下起步的。此时市场环境比较成熟、政策法规比较稳定、社会资本比较丰富,然而市场竞争激烈,市场由以前的卖方主导过渡到买方主导。由于资本和人才以及可以使用的技术比较丰富,这个阶段创立企业看起来比以前更容易,但能够存活下来或者在市场竞争中取胜却更加困难。只有那些掌握专精技术或者建立起独特业务模式的企业才能脱颖而出。

"业务专精型"企业家多为20世纪60年代中后期出生,他们在青少年时代正好赶上中国开始进行经济改革,在社会发展过程中接受了良好的教育,在顺境中成长造就了他们讲究平等、崇尚共享、不偏执、注重专业等特点。他们对于权力相对淡漠,理解团队的意义,从而容易与他人合作,能够建立有效的运营和管理团队,相互取长补短。还有些企业家本身虽然不是专家,却能将各类专家团结起来,推动企业的发展。例如,马云善于凝聚共识,他坚信"只要有一流的团队和管理,你就成功了一半"。他致力于打造阿里巴巴团队,自信"天下不可能有人可以挖走我的团队"!

随着中国企业加快走出去的步伐,是否也诞生了具有相应国际化经验及能力的企业家?

张志学: 对。进入21世纪之后,部分企业开始加入全球性的产业分工,或者开始在全球市场上参与竞争。经过十多年的市场经济的运行,国内一些行业的市场逐渐饱和、产能过剩,异常激烈的竞争导致市场机会越来越少、利润越来越薄;而经过近二十年的发展,部分企业已经在资本、技术和运营管理上有了一定的积累;中国加入WTO之后,企业进入国际市场的障碍大为减少。所有这些都为中国企业的国际化提供了条件。而企业的国际化发展,就需要企业具备核心竞争力,并通过规范的管理、独特的技术以及引入具有国际视野和经验的人才等加入国际竞争。这类企业的领导者都在中国的转型经济时期抓住了机会,在发展过程中逐渐明确业务方向,以独特的产品和成功的经营模式占领国内市场,最终带领企业走出国门。他们属于"国际运营型"企业家。

在这些新型的、国际化的企业家身上,具有哪些特点?

张志学: 其一,他们能够推动企业创新,建立竞争优势。我们必须清楚的是,在一些完全竞争的领域里,中国本土企业在国内市场上一起步便遭遇国际企业的压力。企业领导者只能背水一战,建立自主的技术和服务。他们先是在局部取得优势、获得客户认同,将从市场上赚来的钱投入自主研发中,之后再慢慢地建立起全面的竞争能力。例如,20世纪90年代以来,中国电信运营商基本采用爱立信、北电、阿尔卡特及西门子等国际厂商的设备。中兴和华为等中国厂商在移动通信设备上开展研发并进行有效的市场挖掘,产品性能逐渐逼近国际厂商,并以低成本和快速的服务争取到市场的先机。

其二,他们能够借用并整合国际资源。有的企业家通过抓住市场的机遇发展起来,利用中国的成本优势从事代工制造,在代工制造过程中完成引进、消化和吸收。企业家并不满足于代工制造,而是开发自己的产品并进入国际市场;以"中国制造"占领国际市场后,继续跟踪和整合国际先进技术,最终获得自身的核心竞争力,走向自主创造。

其三，他们能够推动企业遵循国际运营规范。中国企业在国际化进程中体验到的更多的是挫折和失败，这既是由于企业不熟悉国外的社会、法律和文化，但更重要的是由于企业的综合能力不够，或者在国际化之前准备不足。国际化的成功不仅需要企业具有内生的综合实力，而且需要企业在管理和运营方面与国际接轨，即在国际化之前已经在企业内部实现了"国际化"。[1]

其四，他们能够营造开放而创新的文化氛围。除了采用与国际企业完全接轨的管理体系之外，企业家们还通过塑造企业的文化来为企业发展提供生生不息的精神动力。而一旦发现原有的企业文化不利于企业的国际化运营，则迅速利用领导者个人的威信来重塑文化，引导员工的行为朝符合国际商业文化的方向转变。[2]

国际运营型的企业家通过有效的经营，建立了企业的核心能力和竞争优势，在成功地占领国内市场后将业务拓展到海外。他们往往是从国际上欠发达的亚非市场开始积累经验，逐渐向欧、美、日等主流市场推进，在此过程中"屡战屡败，屡败屡战"，刻骨铭心的经验教训让他们懂得国际上的商务文化，掌握了商业规则。他们视野开阔、善于学习，是当今中国企业国际化的领路人和主力军。

在谈及中国企业规范化、国际化的时候，华为都是一个绕不开的案例。您多年关注并深入研究华为，您认为它成功的原因在哪里？

---

[1] 华为在开始进军海外市场时，发现无法满足国际一流运营商的要求，创始人任正非决定将企业的管理实践与国际接轨。公司全面引进国际级管理体系，优化华为从产品到客户的全流程，以提高华为全球化的运作效率。除此之外，为了更好地融入外国市场，华为还不断加大对海外本地员工的聘用力度。通过一系列的措施，华为成功地从一家国内企业转型为一个国际化的企业，用职业化以及尊重流程、制度和规范的文化取代了"土狼时代"所推崇的"英雄主义"，使得华为成功地走向国际市场。由于企业实践存在共性，而华为在实现国际化之前，已经在管理体系上与国际接轨，因此通过管理机制的提升解决了很多问题。

[2] 阿里巴巴集团成立之初是一个拥有"十八罗汉"的创业团队，但在事业逐步发展后，在马云看来，与他一起创业的18个人可以担任连长、排长，但却无法胜任团长、师长以上的重任。于是，他相继聘请了来自通用电气、沃尔玛、微软及摩托罗拉等国际企业的高级管理和专业人才。阿里巴巴集团上市之后，为了更好地面对国际性的竞争并提升企业的管理水平，马云于2007年年底让集团高管甚至是集团子公司创办人相继辞去现有职务，安排他们从事学习和休整。马云认为，要实现"由中国人创办的全世界最好的公司"的目标，必须具备一个伟大公司所必备的胸怀和眼光以及全球化视野，拥有一支全世界最优秀的管理团队。

张志学：在华为的起步阶段，企业缺乏资金、技术、品牌和客户关系，任正非靠精神的力量鼓动员工像"狼"一样到市场上去"觅食"，获得了起步阶段的成功。而当华为步入成长阶段时，任正非则专注于组织和制度建设，他意识到只有遵守制度和流程才能实现企业的可控性。当有高管和员工对于IBM提供的咨询方案不以为然时，任正非以铁腕的方式要求这些人必须不折不扣地执行IBM的流程，奠定了华为的制度化和职业化氛围。同时，任正非意识到制度和流程往往会制约企业对于外部快速变化的市场环境的反应，所以他反对大企业的僵化和麻木。

20世纪90年代后期的时候，高速发展的华为已经沉淀了自己的企业精神。公司内部流行很多让人热血沸腾的口号，诸如"狼性文化""以结果为导向""烧不死的鸟是凤凰""成则举杯相庆，败则拼死相救"等。任正非认为，组织的统一必须建立在思想和文化建设的基础上，他借助于制定"华为公司基本法"之机提炼公司的价值理念和企业文化。在任正非看来，"华为第一次创业的特点是靠企业家行为，为了抓住机会，不顾手中资源，奋力牵引，凭着第一、第二代创业者的艰苦奋斗、远见卓识、超人的胆略，使公司从小发展到初具规模。第二次创业的目标就是可持续发展，要用十年时间使各项工作与国际接轨。它的特点就是要淡化企业家的个人色彩，强化职业化管理，把人格魅力、牵引精神、个人动力变成一种氛围，使它形成一个场，以推动和导向企业的正确发展……这个导向性的氛围就是共同制定并认同的'华为公司基本法'"。

经过两年的酝酿和研讨，"华为公司基本法"于1998年颁布，以类似法律条文的方式确定了企业的宗旨、经营政策、组织政策、人力资源政策、控制政策、接班人与"华为公司基本法"修改等主要方面。很多条款反映了华为在中国本土从事商业竞争的特色，彰显出公司浓厚的危机感、攻击性、扩张欲望和功利性。这种敏锐、凶狠的"狼性"文化帮助华为在中国市场上攻城略地，战胜国内外的竞争对手。然而，当华为走出国门时，这种咄咄逼人的风格遭到同行的反感和打击。任正非意识到"狼性"文化阻碍了华为的国际化，便果断地予以抛弃。公司开始引导员工摆脱"野性"，依靠先进的规范和工作流程而不是个人的激情及勇敢来工作。为了给激情降温，任正非本人在企业内部不再搞大规模的群众运动，尽可能少发表令人激动的演讲，公司内部也逐渐淡化"华为公司基本法"。2006年，华为更换了新的标志，以表明华为将继续聚焦客户、持续创新、稳健成长，并致力于构建和谐的商业环境。

为什么华为能够在业务调整和文化转变上如此快速？

张志学：原因在于企业形成的开放和创新的文化。任正非强调公司对外注意倾听顾客的意见，对内强调部门之间共享资源。公司各个部门办公室的门永远是打开的，员工可以自由交流工作。公司内部打破等级和权威，刻意营造彼此之间坦诚相待的氛围，主管与一般员工在同一间办公室、使用同样的办公桌、随时和大家交流。任正非多次撰文和发表演讲，强化员工的危机意识，号召员工在快速变化的市场环境中必须不断创新、迎接变化。公司鼓励员工自我批评，防止经验主义，因为只有这样才能不断进步。鼓励员工犯因为创新、因为探索未知领域而不可避免的错误。在公司内部，员工勇于暴露问题、剖析自己，把经验教训与大家分享。这种文化激活了员工的创新热情，使其能够不断地提出好的想法和创意；这种开放、创新的文化氛围，使得华为的员工不断学习、进取，顺应了国际商业的潮流。

企业家的"本钱"

应该让听得见炮声的人来决策，而现在我们恰好是反过来的。机关不了解前线，但拥有太多的权力与资源，为了控制运营的风险，自然而然地设置了许多流程控制点，而且不愿意授权。过多的流程控制点，会降低运行效率，增加运作成本，滋生官僚主义及教条主义……流程梳理和优化要倒过来做，就是以需求确定目的、以目的驱使保证、一切为前线着想，就会共同努力地控制有效流程点的设置，从而精简不必要的流程及人员，提高运行效率，为生存下去打好基础。

——华为公司总裁任正非

您刚才以年代为序，总结了不同阶段中国优秀企业家的主要特征。但是，抛开年代因素，就这些企业家个人来说，有哪些品质是他们所具有的共性？

张志学：尽管各个阶段的企业家所面临的主要任务及特点有所不同，但总体来看，他们的确是存在一些共性的，三类中国企业家的比较如表 7-1 所示。

表 7-1　三类中国企业家的比较

	政治智慧型	业务专精型	国际运营型
崭露头角的大致时期	20 世纪 80 年代中期	20 世纪 90 年代中期	21 世纪初
宏观环境特征	计划经济向市场经济转轨	市场经济开始确立	市场经济逐渐成熟
面临的主要挑战	政策变化带来的挑战	市场需求和竞争带来的挑战	国际企业的竞争以及国外社会文化环境带来的挑战
成功企业家的主要特点	与外部保持和谐 争取政府的理解和支持 推动制度化和职业化 培养并扶持接班人	把握战略定位 通晓理论和实践 创造新的业务模式 熟悉客户需求	自主创新 整合国际资源 遵循国际规范 开放的文化
成功的关键	社会网络	专业能力	管理能力

资料来源：由受访者张志学教授提供。

从表 7-1 中我们能够看出的是，他们之间既非泾渭分明，又非彼此排斥，有的企业家可能兼具其中的两种或者三种特性。三类企业家面临的环境不同，注定了他们在运营企业时需要关注的焦点不一样。能够适应当时的环境并抓住企业关键问题的企业家便获得了成功。

反过来看的话，在那些失败的企业家身上，是不是也有一些类似的"共性"因素的存在？

张志学：的确也存在。与成功的企业家相比，失败的企业家基本上有两种情况：

第一种情况是，企业的战略决策与外部环境特征出现错位，如在国家政策尚不允许时即开始企业的产权改革。这类企业家在自己所处的时段已经失败了。

第二种情况是，企业家在所处的时段获得了成功，不仅提高了他们的自信心，更导致了路径依赖,当市场环境已经步入新的阶段时,这些人仍然采用在上一阶段成功的策略,结果导致失败。那些在新的阶段仍然成功的企业家要么改变自己来适应新的环境,要么意识到自己能力有限而让新人担当大任。因此,企业家的成败是与环境高度关联的。

到目前为止,您的分析仍然比较宏观,并没有涉及中国企业家作为个人的个性特点。我相信,不管在哪个时代,凡是成功的企业家,应该都具备一些相似的个人化的色彩,最终帮助他们取得了成功。您是否认同?

张志学: 我把你所谓的这些"个人化的色彩"称为他们起家的"本钱"。按照这种分析方式,他们身上具有三类"本钱"。

第一类"本钱"是多年沉淀下来的对于人生的体悟以及对于做事业的渴望。柳传志、任正非一类的企业家,年轻时上进、好学、成绩优秀;风华正茂时对未来有美好的憧憬,希望能够以自己的专长报效国家。不幸的是国家陷入长期的混乱,国民经济步入停顿,除政治斗争以外的生产和经营都被禁止。在那个岁月,当多数人随大流地从事政治运动时,他们则通过读书和学习以及有限的科学研究来充实自己,从而对国家前途和人生的理解比一般人更为深刻,这反过来又激励他们有意识地积累知识和智慧。在国家迎来拨乱反正、将工作重心转移到经济建设上来的时候,这些有思想、有准备的人有勇气、有激情走出旧的体制,多年的思考和体悟又使得他们比一般人更能够运筹帷幄、波澜不惊。他们也特别能够体会正确的大方向、组织建设和执行力的重要性,在管理中注重如柳传志所说的"定战略""搭班子""带队伍"。

第二类"本钱"则来自他们的工作背景。有些人原来在政府机关工作,后来下海经商,万通的创始人冯仑等就属于这一类企业家。这批人多年积累了深厚的社会关系和人脉,借天时、地利、人和之势从商业贸易中获得了"第一桶金"。商贸上的成功不仅给他们带来了一定的资金积累,更让他们在市场中得到历练;其中的部分人士进一步建立企业投身于实业,资金和经验以及原有的人脉都是他们的资本。还有些人身在机关,获得的宏观和行业信息更多,他们比局外人更能够洞察国家的政策导向及市场的空白，从而一举成功。比如，用友的王文京自1983年大学毕业后就在国务院机关事务管理局工作，机关的工作不仅教会他做事要有全局观、稳健，更重要的还在于让他及同事借助中国会计电算化的契机开发出用友的财务软件。

第三类"本钱"则是出众的技术专长。以马化腾、李彦宏、王传福为代表的技术专家，他们处于信息和知识开放的年代，良好的教育使得他们对于本行业的发展状况比较熟悉；通过自身的钻研、执着和天赋，他们还掌握了某个领域中一般人不具备的技术。然而，他们不满足于做一名高级技术专家，而是希望将自己的"绝活"转化为产品。幸运的是，他们在20世纪90年代中期开始创业时，中国已经开始告别商品、物质、资金短缺的年代，也积累了各类职业化和专业化的人才。这些环境为他们创业提供了较好的条件，使他们不仅比较容易地获得创办企业的资金，而且能够组建自己的运营和管理团队。不过，这些条件对于创办企业的人来说并非充分，真正重要的在于创业者是否拥有独特的技术。例如，马化腾不仅很早就玩起了计算机，而且其水准已令老师和同学称道，他既是当时的很多计算机病毒的克星，又经常干些将硬盘锁住的恶作剧。马化腾的成功与其对计算机应用情有独钟并颇有专长有很大的关系。所以，技术专家创业成功的资本在于自己所拥有的技术。

除了以上的成功"资本"之外，中国企业家普遍具有敏锐的商业眼光、前瞻的判断力、抓住机会并迅速实施的行动导向以及追求卓越的渴望。

MBA 教育应变

光华管理学院未来应该做的事情是：对于中国当前出现的各种苗头性的趋势以及商业环境、商业法规、管理学当中的各种创新观念，能够迅速地捕捉到。在一定的系统性研究的基础之上，在课堂上把它们传递给来这里接受管理学教育的企业家和学生。

在听您总结完上述中国成功企业家的特点之后，有一个与光华管理学院有关的问题是，到商学院能学到什么？这里能够培养出企业家的这些素质吗？

张志学：我经常会被人问到这个问题，但它不是个一两句话就能说清楚的问题。我也曾访问过几十位中国企业家，询问他们管理理念的来源，他们往往答曰"读书、楷模、在商学院学习等"。总结下来，发现其管理理念有的源自国学，有的源自西学，但在商学院的学习经历，还是能够对他们管理企业起到一定的帮助作用的。

简而言之，我认为商学院可以让人学会如何协调企业的内外部环境。正如我在前面所说过的那样，适应外部环境、整合内部资源，这是每一位企业家都会面临的两项严峻考验。前者意味着企业家能够通过觉察环境的变化，制定合适的战略，正所谓"做正确的事情"——对于中国的企业家而言，"做正确的事情"并不容易。在经济体制由计划向市场转变、社会治理由人治向法治过渡的复杂进程中，很多与企业运营相关的政策法规，是通过试错甚至以牺牲某些人的利益的方式逐渐形成的。后者则是通过组织建设和整合内部的资源，"将事情做正确"——政策风险导致企业外部环境的不确定性，企业家需要采取灵活务实的策略争取发展空间，有理有节地争取政府的理解和认可。因此，与国外经营环境不同，中国企业家的首要任务是厘清"对外"的课题，是应对政策风险而非经营本身。

结合我自身的研究，我在教育学生的时候会引入中国文化中的"方圆"概念，教给他们如何应对外部政策风险，认清在经营和管理企业过程中都有"方""圆"之别。除此之外，成功的中国企业家本身必然呈现"外圆内方"的特点。"圆"是指对外智慧地理解和适应政策，与政府和社会共赢；"方"则是指对内规范地经营企业，积极推进适应市场的专业化机制；而"外圆内方"的企业家，他们既不会"恃宠而骄"（因与政府保持良好的关系而过度依赖扶植），亦不会"我行我素"（因自身业绩优秀而对外部政策置若罔闻）。简而言之，他们既具有顺应潮流、适应政策的"政治智慧"，又具有增强企业竞争力、提升组织能力的"经营智慧"。

当然，教育和实践之间永远存在一堆矛盾，那就是"理论很简单，实践很艰难"。"方圆"之间的理论易懂，但要真正做到，则需要学生拥有极大的耐心和魄力以及非同寻常的坚韧和顽强。好在这种管理哲学一旦掌握便必有收获。当企业家们能够悉心地画好一个圆圈，保护住自己的企业，再认真地画好一个方块，规范好自己的经营时，他们就会发现，"外圆内方"会成就一路披荆斩棘的光荣与梦想。

陈玉宇：现在很多大学的商学院已经开设宏观经济和商业环境的课程。人们普遍的认知是，一个人要取得商业上的成功，就需要很好地了解他所处时代当前的状况以及未来十年、二十年的一个基本发展态势。当然，这对于商学教育是很具挑战性的一件事情。因为我们想要很好地看清楚当前的时代状况同时预测未来的时代状况，是一件非常具有难度的事情。能够看到、意识到这件事的必要性是非常简单的，真正困难的是把它们变成好的教学内容，把迅速变化的中国和世界的趋势通过教育传播给学生们，这是当下 MBA 教学特别需要的。

此外，我还希望能够通过商学院的教育，帮助这些 MBA 的学生们都具备一点企业家精神。让他们意识到，其自身正在塑造宏观环境、商业环境和商业文化，正在从事一项伟大的事业，自己所推动的种种创新会给社会带来很大的变化。我所知道的一个例子是：一名女企业家从澳大利亚毕业归来，在深圳做的生意就是开设垃圾场，像日本做一口锅一样，技术上有非常成熟的成套标准，因此她的垃圾场不会出现渗漏等环保问题。我曾经问过她，最使她感到有成就感的事情是什么？是五亿元的营业额，还是在全国几十个城市开设业务。她给我的答案是，中国的环保部已经来找她商量中国垃圾场的标准应该是什么，怎么样才能适应中国未来二十年、三十年的发展变化，这是让她感到极为骄傲的。在这方面，中国真正具有企业家精神的企业家还不多见，更多的企业家还没有意识到自己可以带来各种各样的变化，没有意识到自己可以对整个商业环境、对整个中国经济增长所带来的改变；他们更关心的是企业能够盈利，以及为了盈利而进行的创新。这也是商学院所应该加强的部分。

除此之外，我还想强调一下管理学院存在的必要性。经济学家们往往是不谈管理的，原因无外乎两条：其一是认为它缺乏数据；其二是认为管理很简单，企业家看两眼就能学会。前几年，斯坦福大学的尼克教授却跟这种流行的说法作对，他花了十年的时间，让斯坦福商学院的学生们对全球的 4 000 家公司作了双盲试验[①]，打出了分数，获得了研究依据。

这项试验的初步结论是：公司的管理水平，能够在很大程度上解释跨国及跨地区的劳动生产率的差距。美国最有生产效率的10%的公司的生产率，是排位后10%的公司的4倍。我简单用中国的企业数据算了一下，发现差距是14倍。一开始大家在解释这种差距时认为原因在于技术、资本，现在则更多地归因于管理。这就提出了一个问题，经济学家们认为管理很容易，不就是MBA的那几本书、流程管理等一套概念嘛，看完了，企业用了马上就能见效。为什么事实却不是这样的呢？

这就涉及管理学的本质。管理学的一些知识看似简单、看似没有创新，都是早就有的，但问题在于，这些简单的知识，不是简简单单就可以获得的，从一定程度上来说，必须通过教育、实践才能够获得。这就是商学院存在的意义和价值。

而这就是光华管理学院未来应该去做的事情：对于中国当前出现的各种苗头性的趋势，对于商业环境、商业法规、管理学当中的各种创新观念，能够迅速地捕捉到。并在一定的系统性研究的基础之上，把它们在课堂上传递给来这里接受管理学教育的企业家和学生。举一个简单的例子，中国现在PE领域风起云涌，但是这个行业的整体竞争环境是什么样子的？法律环境是什么样子的？光华管理学院应该把不同专业背景的老师请到一起并组成一个小组，在研究基础上授课，给那些希望有所创新的企业家们提供一些新鲜的内容。这就是商学院在社会分工中所需要扮演的角色。

正是在这个意义上，中国的管理学知识还有很大的发展空间，商学院教育也是如此。

在互联网时代、在全民创业的中国，商学院的价值体现在哪里？

蔡洪滨： MBA在美国有100年的历史，它经受了早期不被接受，然后慢慢

[①] 双盲实验（Double Blind），在双盲试验中，受试及研究人员并不知道哪些对象属于对照组，哪些属于实验组；只有在所有资料都收集及分析过后，研究人员才会知道实验对象所属的组别。其优点是可以避免研究对象和研究者的主观因素所带来的偏倚，缺点是方法复杂，较难实行，且一旦出现意外，较难及时处理。因此，在实验设计阶段就应慎重考虑该方法是否可行。

被企业界接受的过程。现在，即使在美国经济不是特别好的情况下，每年毕业的MBA学生也有15万人，占美国年硕士项目的25%；而中国每年毕业的MBA学生占整个硕士毕业生的比例要小很多。

中国的MBA虽然只有20年的时间，但也经历了在企业界批评之下不断反思、不断改进的过程。不可否认，一个好的MBA项目会给学生提供系统的管理知识，教给他们很多前沿的研究方法，帮他们把握行业发展的重大变化。经济学、管理学的老师可以帮助学生提高他们的管理能力，开拓他们的国际化视野。这些对于提升学生未来事业的发展是一个非常好的基础。

过去的中国是企业野蛮生长的时代，现在的中国经济处于"新常态"。在野蛮生长的时代，成功靠抓住机会、尽快做大；但是随着市场越来越成熟，随着行业间的竞争越来越加剧，真正的竞争优势需要更多地依靠精细化管理。在这样的时代，系统的MBA训练的价值会越来越大。

大家理解的商学院似乎都是在教学生如何提高经济资源的使用效率，提高管理水平，MBA教育的社会价值在哪里？

蔡洪滨：在中国，人们对MBA教育的社会价值也存在各种各样的质疑或者偏见。既然商学院和商学教育放在大学，大学是培养人的地方，那么商学教育从定位来讲就必须有社会责任的追求。商学院同行对此也是有共识的。

光华管理学院作为北京大学的一个组成部分，我们一直在追求如何提升学生的社会责任感和良好的价值观。我们在MBA课程中开设了很多通识课，请北京大学著名的人文、社科学者与学生直接交流。两年前，光华管理学院成立责任与社会价值中心，希望通过中心全面推动学院在社会价值方面的教学研究和实践工作；今年光华管理学院又推出社会公益管理的专业硕士项目，希望为中国社会公益事业的发展培养有专业精神和优秀的管理能力，同时又充满爱心的年轻一代管理者。

当今，商学教育不仅是大学商学院的专属，很多企业也在纷纷设立自己的大学。二者之间的关系是相互补充，还是相互替代？

> 中国新动能——光华学者解析未来发展之关键

张志学： 2001年，在美国管理学会的主席演讲中，就特别提到美国的企业大学对商学院所构成的挑战；2012年年底，光华管理学院举办了关于企业大学的研讨会，讨论当今环境下企业大学存在的意义与挑战。其实，过去的十年，正是中国的商学院迅猛发展的十年，也是中国企业探讨设立大学的十年。企业不断输送骨干人才到商学院充电，也尝试设立自己的大学以整合培训资源，提升员工素质，有针对性地培养专项技能。

此外，企业大学的品牌效应也不容忽视。人们普遍认为，企业更接近实践，而商学院只是荟萃理论而已。对此，我无意争论，但想说明：在商研商两不误——无论是在商学院研究商业，还是在企业研究商业，都是各有各的风景。

商学院研究商业的意义何在？至少在北京大学光华管理学院，第一，一定要做到学术原创和研究水准至上，顶尖商学院传递的知识一定是专有性的；第二，作为一流的商学院，必须理论和实践并行，加大案例教学比例的同时不断更新案例；第三，持续改进教学手段，使得来学习的各类人士在较短的课堂时间里，能迅速为教学所吸引并被带动进行思考；第四，必须想办法促进学生之间的分享和启迪；第五，商学院必须在研究、教学及学生之间搭建一个平台，要实时互动，提升学生的综合素养，最终推进商业文明的进步。

企业研究商业的意义在哪里？企业大学的最大意义在于所要解决的课题是企业所专属的。例如，下一年如何提高市场占有率？为此，如何使销售队伍搭建得更好？在销售队伍搭建的过程中，如何解决人才流失率过高的问题？等等。与商学院为满足不同背景学员的需求而研究更具共性的课题不同，企业大学往往具有很强的针对性和时效性，直接面对企业当下的具体课题。

不过，在企业个性的研究上，商学院应与企业大学密切联动，以便更好地接近并指导实践。中国企业大学的繁荣，必将带来更多优质的企业案例。这样，以光华管理学院为代表的一流商学院，便也拥有了更丰富的研究素材，从而推进学术进步，最终与企业共同推进中国的商业文明。愿中国的商学院和企业大学共同繁荣！

中国商学院教育如何应对全球化的挑战？

蔡洪滨： 随着中国越来越开放，现在越来越多的中国学生到欧美大学读

MBA。在这样的时代，中国的商学教育界应该怎么应对？开放是中国过去三十多年进步的最重要的动力之一，管理教育的全球化也在倒逼我们改革，我们要把这种挑战变成机遇。

前一段时间，光华管理学院曾为美国通用电气的二十多个全球高管进行了两个星期的培训，目的是帮助他们更了解中国。据通用电气人力资源负责人讲，在通用电气一百多年的历史中，他们最自豪的就是自己内部的管理培训体系，很少与外面合作，这次与光华管理学院合作培训是第一次。项目结束以后，所有的学员都非常满意，他们认为通过这个两星期，对中国的了解大大加深了，并建议这个项目长期做下去。光华管理学院在与世界上最好的商学院的交流学习中，逐渐找到了自己的优势和位置。

未来中国的商学院要做好三点。其一，中国的商学教育要深入研究中国企业的问题，深入研究中国鲜活的案例，这是中国商学教育未来发展的核心竞争力。其二，中国的商学教育要更加密切地把握中国经济的发展趋势。中国经济正在进入下一个阶段，出现了很多新的经济形态、新的商业模式、新的行业发展特点、新的增长热点，对此商学教育应该紧密跟踪、积极研究，同时尽可能地利用我们的研究、教学力量引导趋势。其三，中国的商学教育要更好地服务中国经济发展。商学院的布局和中国经济发展的布局有一定的区域差异。中国的面积与欧洲差不多，经济总量已经成为世界第二，但中国经济发展的区域性非常强，不同区域处于不同的发展阶段。目前，由于商学教育的本地属性，中国的商学教育资源过度集中在北京、上海、深圳等地，这样的商学教育布局不符合中国区域经济发展布局的需要。未来，我们要加强不同区域之间商学院的合作，共同推动中国商学院的全面发展。

主要参考文献：

张志学、张建君，《中国企业的多元解读》，北京大学出版社，2010 年 6 月。

张志学，"商学教育角力赛"，《天下杂志》（台湾），2013 年 2 月 6 日。

张志学，"成功管理要外圆内方"，《天下杂志》（台湾），2012 年 8 月 22 日。

专题七 创新创业

＞下篇 "创客"的新疆域

当你长大的时候，总有人会对你说，世界就是这个样子；而你的生活就是在这个世界里好好过你的日子，尽量别碰太多壁，努力过好家庭生活，找点乐子，攒点儿钱。你会在某个瞬间明白，你能戳生活一下，实际上当你戳进去，就会有什么东西从另一面冒出来。你能改变，你能重构，这或许才是最重要的事情。

——"苹果之父"史蒂夫·乔布斯

我发现成功的意义比我想象的要丰富得多。我可能会死掉，人不可能长生不老，至少要去尝试扳动一下创新的开关，没有什么会比去冒险、去投入精力、去投入夜晚和周末更美妙的。

——YouTube 创始人陈士骏

2014年11月22日,北京大学举行第十四届中国MBA发展论坛,一场名为"草根创业时代的创业教育"的分论坛,吸引了大量慕名而来的聆听者。在长达四小时的论坛会期中,不仅光华管理学院阿里巴巴报告厅和另外一间临时布置的小型会议室座无虚席,连接两个会场的走廊里也挤得人山人海。

熙熙攘攘的论坛现场,映衬的是刚刚兴起却已极速风靡大众的草根创新与创业产业。"互联网创新思维""创业培训""天使投资""90后创业"……几位"先行者"嘉宾抛出的话题,无不聚焦互联网时代的创新与创业主题。中国,已经开始大步迈入"人人皆创客"时代。

"创客"一词源自《连线》前总编克里斯·安德森全新定义的英文单词"Maker",意指出于兴趣爱好而把各种创意转变为现实产品的人,是结合了创新与创业双重概念的定义性词汇。2015年年初,由于国务院总理李克强的关注,"创客"开始进入大众视野,并被赋予了代表创新前沿的标签。

这一概念对于当下的中国来说,有着极为深刻的宏观背景,因为在中国的语境中,"创新"一词堪与"改革"比肩。既然改革被视为经济发展的主要推动力,那么创新也自然而然地变得至关重要。

事实上,已经进入全面深化改革阶段的中国,如何从投资驱动转到创新驱动是这一阶段中国改革的一个重要组成部分。究其实质,则是一场发展思路、路径和模式的彻底变革。因此,在这个过程中,不仅需要创新的知识、技术、组织制度、商业模式等发挥作用,更需要对原始的发展方式、创新增长的理念和相关的创新体制进行改变。这一点,对于长期以物质要素投资实现经济增长的中国来说,非常具有挑战性。

早在2006年,中国就因为秉承"技术可以花钱买到,但创新能力是市场换不来、花钱买不到的"等观念,而作出"建设创新型国家"的决定,自主创新受到前所未有的重视。加快培育和发展新一代信息技术、生物、新能源、新材料、高端装备制造等战略性新兴产业,是中国提高国际竞争力、掌握经济发展主动权的需要。

自此以后,全国从中央到地方的各级政府开始不吝资源投入,众多的创新培育基金、科技孵化机构如雨后春笋般出现,一时蔚为大观。

然而,正如光华管理学院的多位学者所言,原先的那套通过权力或资本组织起来的协作体(科研院所和大型企业),往往要么受制于其组织架构的创新想象力及转化力不足,要么其成果因缺乏制约而难以得到保护,近十年后回看,成效并不如预期中彰显。

对此,光华管理学院管理科学与信息系统系黄涛教授的分析是,"中国以前的整个氛围无法鼓励真正的原创,在这个环境下谈自主创新,成效不大。所以,我们一定要改变原有的利益机制,用市场的利益信号鼓励创新。这就意味着改变以往的体系,加强对创新成果的保护体制等,这些都是非常重要的"。

对旧有体制动大手术进行革新,仅是中国目前的可选项之一,因为信息通信等技术的发展给社会结构和协作方式带来的深层变革,使中国增添了一条新的创新与创业发力路径。中国已经有无数的年轻人,怀着和亚马逊创始人杰夫·贝佐斯一样的信念[1],借助互联网技术、3D 打印、激光切割机、完备的创新生态系统、中国以往门类齐全的工业生产和研发体系以及快速反应、协同制造的完整产业链,在无需过多协作配合的情况下,就可以将用户直接参与的新型的创新产品迅速投向市场。而它们当中的一部分成功的案例,则可能成为新的国家技术竞争战略的组成。

正如《纽约时报》著名专栏作家托马斯·弗里德曼所言:"当世界是平的,就只有两种国家,即'高创想型国家'和'低创想型国家'。而区分世界的关键,已经不再是发达国家和发展中国家,而是哪个国家能够促进更多的创新火花。"

所以,一个国家能够为整个人类社会提供多少全新的思想、产品及商业模式,已经成为全球竞争的新疆域。

开拓者群像

中国发展到今天,机会型创业的机会已经寥寥无几。在机会型创业中,创业者是直线思维、机会导向,遵循跃进式、高风险和脆弱的创业方式。中国现在需

---

[1] 他的说法是,"我真正想做的事情是,确保当我 80 岁的时候,已经将人生中的遗憾最小化。如果我有了创建亚马逊的想法,但是却没有尝试,那我会一直想,如果我尝试了会怎样?我会一直后悔自己没有付诸实践"。

要更多的学习型的创业者,以学习为导向,进行迭代式的发展,并且学会在可控的范围内降低风险。

从总体上来看,您认为目前中国的外在创新与创业的环境如何?

刘学: 从文化角度上看,特定历史条件下落后的文化比发达的、已经适应的和专化的文化,具有更广阔的发展空间。他能够通过学习发达文化,超越文化发展的等级阶梯,从而实现文明的飞跃。这是历史的特权,用毛泽东的话来说,"就像一张白纸,我们可以写最新最美的文字,可以画最新最美的图画"。所以今天这个时代,对我们中国来说,是一个千载难逢的机遇。中国人的思维,非常适应从工业文明向数字文明转化的过程,因为中国人思维的一个特点就是速度和强烈的行动导向,这件事你想那么多干什么,等你想清楚机会早就没了,先干起来再说。这就是中国人。

中国人还有非常强烈的、非常强大的迭代和学习能力。迭代是互联网思维非常关键、非常重要的特点,中国人非常善于设计一个市场上基本可以接受的商业模式,然后,就将其推向市场,在设计中优化、在前进中改进。这是中国人的特点,也是互联网时代所需要的。

而且,中国人有非常强烈的创业欲望,十个人当中有九个人想当老板,还剩一个人早已经是老板了。创业的欲望对我们适应时代非常重要。

另外,中国巨大的人口规模和市场规模能够非常轻松地形成聚合效应,这是一个小的国家所不具备的优势。从一种文化转向另外一种文化,从一种文明跨越到另外一种文明,某些在工业文明当中嵌入程度非常深,已经高度专门化、定向化的文化,面临非常高的转型成本。抓住转型机遇期是需要资源和能力的,太落后的国家(比如一些非洲国家)不具备这样的能力。

所以我们的判断是,中国是当今世界上能够有效把握从工业文明向数字文明转型机遇的为数不多的几个国家之一。

路江涌: 我认为现在中国的创新与创业环境其实已经培育得不错了。具体而言，可能包括以下三个方面：

第一，不管是对于创新还是创业来说，国家的政策环境都变得越来越支持。中国以往的经济发展模式，一开始是外商投资推动，后来变成政府投资推动，这两个阶段是不太适合个人的创新与创业的。时至今日，随着中国的经济发展模式逐步转变，中小型企业的发展越来越得到扶持，个人和私营企业进行创新与创业的空间正在变得越来越大。

第二，互联网创新创业大潮已经形成。虽然我们必须承认，这些项目可能集中于回报相对较快的领域，真正的技术含量并不一定很高，但是会给整个社会聚集大量的创新创业相关资源。

第三，中国目前的高校教育体制也在推动创新创业。按照教育部的要求，很多高校都在积极开设相关的课程，创新创业教育广泛开展之后，会对大学生的创新意识和创业行为产生相当深远的影响。与之前的学生相比，未来的学生从上大学开始就有了创新的意识、创业的想法，这是非常重要的。

光华管理学院已经形成了由本科创新创业双学位、MBA创新创业方向和创新创业EMBA等一系列学位项目为核心的创新创业培养体系。围绕这个培养体系，将来会衍生更多的帮助学生创新创业的机制。

这种作用可以从哪里体现出来？

路江涌：光华管理学院的MBA有一个创新创业方向，而这个方向是自然形成的，是在学生创新创业热情的推动下产生的。与前几年的学员相比，最近几年就读光华管理学院MBA的学员从事创业的比例有很大的提升。以全日制班为例，七十多人的班级，入学时已经有十几个创业项目了；学员们毕业的时候，会有更多人参与创业。

徐菁：这几年学生当中自己创业的人的确增多了，以前则几乎看不到几个人。这出于一系列很客观的原因，比如市场里的钱变多了，很多可能非常一般的项目都能够找到融资。而且，对于现在的学生们来说，他们的胆子也变大了。这帮创业的人都比较年轻，只要走上正轨，很容易就能够继续走下去，我觉得这是一个好的趋势。

就您所接触的学生来看，进行创新创业的"创客"们身上往往具有什么样的特点？

徐菁：这些人的特质就在那儿，比如比较自信、富有冒险精神，以及包括思想在内的各个方面都比较独立。而且那些真正想自己当老板的人，可以短期内给别人打工，但是不可能长期持续下去。这些因素就是在他们的性格、血液当中蕴含着的，即使现在不创新创业，将来也会出去做一些属于自己的事情。

总的来说，他们的价值观不会仅仅局限于吃饱喝足，而是在这个基础之上去追求生命到底有什么意义。

路江涌：国外严谨的经济学研究表明，创业者的所得比他们打工的收入少10%—35%。所以，创业有很大的风险。

企业家的信心、对创业的热情和对创新资金的投入都是创业者成功的关键。根据我对企业家进行的一次"信心调查"，75.9%的企业家对他们的事业很感兴趣，80.1%的企业家认为自己做的事情很有意义，但是拥有成就感的企业家并没有那么多，仅占56.2%。过于自信可能导致企业家的自大，很多创业者都认为自己能赚钱、能成功、公司能上市。但是，创业者的自大可能使他们对风险浑然不知而导致失败。[①]

张一弛：我的一个学生曾经做过一个小研究，主题是个体层次的创业动机和创业行动。简单来说，就是什么样的人会去创业？背后有什么因素？在研究过程中，我们用了一个名词进行分析，叫做"前瞻性人格"。每个人身上是否具备这种人格，会受到他们所具有的社会资本的影响。比如，我有一定的社会网络，能够给我进行创新创业辅导、给我介绍客户、给我拉投资，这种社会关系越强，这个人的创业动机就会越强。但与此同时，这些人到底会不会创业，也受到他们所能够感知的工作机会的好坏的影响。

---

① 根据路江涌教授的调查：67%的企业家认同"愿意做实业的企业家越来越少"；60%的企业家认同"给我一次机会，我仍然愿意做企业家"，但只有37%的企业家希望他们的子女也成为企业家。

这个影响的含义和表现是什么？

张一弛：这个词的含义就是，学生能够感知到的在市场上找到好工作的可能性很大的话，可能就不会去创业了；感知到的可能性很小的话，创业的可能性就会很大。这就说明了一个很重要的问题，即学生创业机会成本的高低。如果很大，很多人就不会去创业了。这就是为什么北京大学的学生被鼓动了这么多年，真正出去创业的还是很少。因为你能够考上北京大学，那么去创业的机会成本就太大了，因为你毕业后本来可以进中国银行、中国移动，为什么还要去创业呢？

所以说，中国目前的创业现象与美国的还不太一样。美国那些出去创业的学生，大多数是学习好的，往往学上到一半因为有个好点子就出去创业了。而中国则是因为实在找不到工作了，就去开个网店，卖些烧饼，这是绝大多数的所谓创新创业。如此一来，就给我们提出了一个很重要的命题：怎么在全民创业、草根创业的过程当中，能够让那些素质好、学习好、聪明的、机会成本高的人去创业。如果能够做到这一点，才真正说明我们的创业环境是好环境。

赵龙凯：最聪明的年轻人都去学习金融、做中介、做服务，那么去进行技术科技创新的就没有那么多人了。一个国家的智慧都去琢磨服务现有的，而不是去创造，那将是很危险的一件事情，因为虚拟经济终归是要依附于实体经济的。要知道，比尔·盖茨、迈克尔·戴尔这些人都是学技术出身的，而不是搞金融出身的。

所以，中国目前必须改革教育体制，产生一些从小就从思维里面和别人不一样的学生，培养并鼓励独立精神、创新想法。现有体制不改变的话，很难看到中国的创新体系有很大的变化。

这么多创新创业的点子，到底谁的更好，中国现在好像还没有一个成型的筛选机制，您对此有什么看法？

张志学：我在北京大学教学多年，为本科、博士、MBA 和 EMBA 等各类学生授课时有一个共同的感悟：既看到他们从不服输的进取精神，又感觉他们的独立思考不够。长期的灌输式教育使人们习惯于被动地接受观点，即便在互联网时代也依旧惯性地找寻"意见领袖"的看法；而日趋复杂的外部环境使得人们将更多的注意力和认知资源投放到克服外部障碍，而非解决问题本身上。人们过度地审时度势，"眼观六路，耳听八方"，不可能专注于事物本身，从而也不大容易产生创意；而注重搜寻外部信息，其行为和活动必然更容易受他人的左右和影响。

网上曾经流传过一个对比犹太人和中国人生意头脑的段子：犹太人发现加油站生意好，就会在加油站旁边开餐馆、旅店、超市等其他业态，从而完善产业链，实现共同富裕；而中国人看到别人的加油站赚钱，马上会想到也开一家加油站，于是越来越多的模仿者一拥而上，最终红海血拼，低价低利，回归原点。

一窝蜂进入、大规模生产、无序竞争，原本的优势企业往往被跟随者追得气喘吁吁，要么为曲高和寡付出高昂代价，要么在污浊洪流中同归于尽。从数字上看，我们的 GDP 逐年增长；但就商业环境的品质而言，却没有沉淀下如发达国家般深厚的产业文化，亦没有积累出足够的推动社会进步的原创技术。

赵龙凯：的确没有，没有人知道谁成谁不成，这是创新创业过程所面临的共同问题。决定创业成功或者失败的，往往是一些非常偶然性的因素。我们可以认为，一些共同的因素（比如团队是否真正以创新创业为核心）是创新创业成功的关键，但假如你真的按照这些因素去寻找，不一定能够找到成功的案例。因为具备这些因素的样本太多了，十个里面能够有一个出来就已经非常不错。

那么您认为，在这个"全民创新创业"的时期，我们应该如何判断哪些人适合去创新创业？

路江涌：当今社会是一个创业的新时代，但中国经济发展到今天，机会型创业可能已经没有那么多了。在机会型创业中，企业家是直线思维、机会导向，遵循跃进式、高风险和脆弱的创业方式。中国现在需要更多的学习型的创业者，以学习为导向，进行迭代式的发展，并且学会在可控的范围内降低风险。举个例子，对于读光华管理学院 MBA 这件事，一个机会型或者直线式思维的企业家就会想，我花这么多钱来读，值得吗？如果是学习型的呢，他就会想，是不是可以在这个过程中得到进步。

其实不同的创业者、不同的创业类型会从环境、战略、财务等不同方面影响企业。一个机会型创业者创造的企业环境是稳定的，他会倾向于保护现有资源，复制已有的模式；从领导角度来说，他的方式是自上而下的，以避免挑战；他所带领的团队是一个金字塔的结构，遵循瀑布式的研发方式；在企业组织上，对员工进行关键绩效指标的考核（KPI）；在运营中，他重执行，避免错误，营销模式偏向于产品销售，而且他大量地投资，以规模取胜；在财务上，他会扩大规模从而降低公司的边际成本。而学习型创业者不一样，他所创造的企业环境是不确定的，他会倾向于重组资源，运用创新的模式；从领导角度来说，他的方式是自下而上的，主动聆听员工的意见；他所带领的团队是一个网络的结构，遵循迭代式的研发方式；在企业组织上，重目标和对员工进行关键成果的考核（OKR）；在运营中，他重探索，鼓励从错误中学习；营销模式偏向于用户探索型，并对关键节点进行里程碑式的投资；在财务上，他重灵活以降低公司的全部成本。

那么，在这个企业家和创业者都需要学习的时代里，要学什么呢？人类知识的四个层次，从文化哲学知识、理论和系统性的知识、经验和案例，到工具实用性的流程，都可以用来解决企业创业者遇到的不同问题。其中，文化哲学知识可以帮助创业者明确创业的目标理论，创业知识能够帮助创业者提升学习能力，经验和案例能够帮助创业者避免重犯错误，工具实用性的流程能帮助创业者将想法落地实施。

张志学：创新不仅来自知识产权的保护政策，也来自个人或团队的创造力。个人创造力既要求术业有专攻，也要求独立思考的能力；团队创造力不仅要求每个成员各具专长、彼此依赖且无缝沟通，还需要在浓厚的鼓励创新的氛围中整合团队的目标。要将个人或团队的创造力进一步转变为创新的产品，还需要精细的经营管理、充沛的资源分配以及全面的组织建设。所以，创新对于个人和组织而言都不像提口号那么容易。

"中国式创新"实质

能否复制华为传奇，取决于企业领导者能否解决如下课题：能否确定一个不仅仅为赚钱，而是能够激发员工共同梦想的伟大目标？是否愿意以"财散人聚"

的心胸吸纳优秀的人才并创造平台让他们得以快速成长？能否建立并坚持合理的组织架构、企业制度和工作流程？能否营造强大的文化并使文化与时俱进？

作为专门研究创新与创业的学者，您如何评价目前中国的创新体制？

路江涌：在进行评价之前，我们可以先看一下2014年全球创新指数：中国在这个指数中的综合排名是第29位，可能超出大家的想象。具体来看，我们的创新投入是第45位，比2008年仅提高了2位；但创新产出是第16位，比2008年提高了13位。2013年中国专利申请占全球的32.1%（美国22.3%），同比增长26.4%，中国专利占比高出美国10个百分点。可能过不了几年，我们的专利申请数量就是美国的2倍。同时，2012—2013年，全球创新指数增长了9%，其中85%的增长来自中国。

用第45位的投入，创造了第16位的产出，是很不错。但是，这背后也隐含着挑战。我们必须问的问题是，中国的创新增长是一个什么样的增长？是什么人在作这个贡献？我们在强调"创新驱动增长，创业带动就业"这个梦想之前，需要了解这些数字背后的东西，即到底是一个真实、健康的增长，还是一个幻象的增长。

专利一般可以分成三类，即实用新型、外观设计和发明。从数据看，中国这三类专利各占1/3，似乎非常均衡。但是，2010年全球有将近50万个实用新型专利，即不是特别有创新的专利，其中41万个来自中国。这就说明，中国的专利在结构上并不是特别有科技创新含量。

中国专利申请情况变化趋势如图7-2所示。

那么，中国是哪些企业在进行创新？在进行什么样的创新呢？2000年《专利法》进行修订，进一步维护了中国的国有企业在知识产权、发明和专利申请上获益的权利。这是件好事，因为它确实带动了中国专利申请的进步。根据我们近几年的研究，从整体上看，国有企业的专利申请数从2000年之后迅速上升；但是，2003年以后，国有企业的发明专利数被非国有企业超过了，而且国有企业的专利主要是实用新型和外观设计型。

> 中国新动能——光华学者解析未来发展之关键

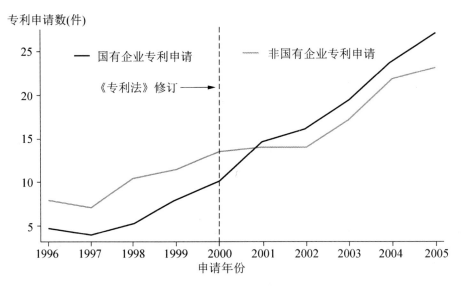

图 7-2　中国专利申请情况变化趋势

资料来源：由受访者路江涌教授提供。

对于这个研究，我们控制了很多条件，以确保影响国有企业和民营企业专利申请的各项因素都匹配。这就告诉我们，从整体上看，中国除了部分大的国有企业，更多的还是民营和创业企业在进行一些比较有科技含量的创新。

2014年，我们对中国2 000多家企业进行了关于创新指标的调查。这份最新的研究报告显示，国有企业的研发投入金额占销售收入的4.0%，民营企业则占6.7%。与2013年相比，各有45.7%的国有企业和57.9%的民营企业加大了研发投入的金额。新产品销售收入比2013年增加的国有企业数占29.0%，明显低于民营企业的32.7%。可以看出，中国企业的产出并未因研发投入的增加而体现相应的增长。另外，在国有企业中拥有大学以上学历的雇员明显多于民营企业。从这些数据来看，中国的创新资源可能被错配了。

就像路江涌教授所说的那样，创新和创业本来应该是不可分割的一条线，但现在中国真正在创业的热门项目，其实并没有特别多的新技术在里面，对此您怎么看？

雷明： 很多人现在都在谈创新创业，都想成为第二个马云。但我的观点是，创新创业要有全新的思维，不能顺着传统的思维方式再走下去，不是要成为同样领域内的马云第二，而是要成为潜在领域内的马云第一。比如低碳环保等，就是未来的新型朝阳产业。当年马云在光华管理学院演讲，他讲得很起劲，那时没人知道他能够成为今天的马云。但现在想要复制，几乎不可能了。

对创新而言，我一直有一个观点，那就是"不怕做不到，就怕想不到"！就是说，创新就是要敢想敢试，不能因为风险的存在而变得畏首畏尾。这是一句曾经颇有争议的话，但我觉得用在今天的创新领域倒是非常贴切。当然，凡事必须尊重客观规律，不能胡来，这也是一条颠扑不破的真理，同样也适用于创新领域。

徐菁： 现在做科技IT创新创业的项目特别多，把一些简单的想法做出来，找到几个客户之后，很快就转手卖掉了。但这些项目可能并没有什么实质性的意义，它们可能就获得了一点所谓的"大数据"，而没有真正地满足用户的需求，没有给他们创造什么价值。

所以我希望中国出现更多的创新创业者，但是他们一定不要做别人的复制品，而要找到一些真正扎根中国土壤的东西，那才是真正了不起的。

黄涛： 实际上，现在中国很多创新创业的点子，大多是抄袭美国的。风投原本是鼓励原创的一个很重要的机制，但现在它们也变得和政府一样了，就看你做的这个东西美国有没有，你是中国的Google还是Facebook？如果美国已经有模板了，那就投资；如果连美国都没有，很多人就会对此有所怀疑。

赵龙凯： 现在太多的人在想创意的东西，而创新实际上是两部分，一定要平衡掌握：一部分是基础的创新、技术创新，另一部分是模式创新、制度创新。现在的大多数人特别是基于互联网创新中的大部分人，主要精力就在于模式上的创新，比如服务手段的创新。这种创新有一定的瓶颈，而且往往要依附真正的技术。比如，你有了电之后所能够提供的服务和完全没有电时所能够提供的服务，二者的数量和质量是完全不一样的。互联网技术出现之后，中国有一大堆的人在想模式上怎么利用、成本上怎么降低，这可能是所谓的一种商业模式，但却很少有人进行基础性的研究；而且大多数的商业性创新，往往是以盈利为目的的，而不是为了创新而创新。这就与贝尔实验室的创新有所不同，后者的很多技术可能是过

> 中国新动能——光华学者解析未来发展之关键

了几十年之后才被派上用场,但却是实实在在的。①

中国多年来还存在的一个问题是,真正想创新,但往往点子一出来,就被大的平台抄走了,小的组织和个人根本没有机会与有着庞大用户基数的平台竞争。

黄涛: 其实按照互联网的特点,中国即使存在这一问题,一样还存在很大的机会。因为互联网有无限的可能性,以前一天有 100 个应用出来,现在一天有 1 000 个、10 000 个,往往是看一遍都很困难,根本不知道抄哪个,这也给了很多"小草"成长的机会。

这似乎能够解释为什么从全世界范围内的互联网创新趋势来看,美国是绝对的核心,但中国实际上也已经成为重要的创新源泉地之一。

黄涛: 对。与传统行业内的创新不同,互联网领域内的创新有其特点,阻碍中国在传统领域内创新的桎梏,在互联网领域内是减少了。首先,政府监管在互联网领域内的影响力在变弱,而中国的经验是,只要政府管不了太多的领域,"小草"长大的机会就会比较多。其次,在"慢时代",知识产权的保护很重要,一个产品出来以后可能要卖三年五年甚至十年八年。但到了"快时代",这就不那么重要了,一个产品可能在短短六个月就能做到上千万的用户,两年就要融资上市,没到你保护的时候,这个产品的成败与否已经揭晓了。最后,互联网领域内的创新大多属于"小步快跑"的创新,这符合中国人目前不愿意进行长周期创新的特点。中国人口多,点子也多,改革开放以来,中国人也适应了快速变化的节奏。

所以说,中国在互联网领域内的创新会是重要的一种力量,而它现在已经与美国的演化有所不同。同样的概念,中国和美国的做法不同,差距还是相当大的。

但我们依然要记得:互联网创新创业很受人关注,处于风口浪尖,抓住人们

---

① 即使在美国,基于互联网领域的创新与创业也是一个大热门,对此,Facebook 创始人马克·扎克伯格的说法是,"历史上,我们从未有过如此巨大的机会,一个人、一间屋,创造一种服务,可以让数亿人甚至数十亿人受益。这令人惊异,在此之前不曾有过创造这类业务的能力,而现在有很多人在做这件事。这是一个激发创造、专注爱好的最好的时代。"

的需求的确也很重要；但这只是表面上的东西，海平面以下的技术，大部分还都是别人的。[①]

这是否就是包括小米、一加等手机厂商在国内发展得很热闹，但在印度市场就会遇到爱立信、诺基亚专利官司的原因？

黄涛： 对。越往海平面之下走，技术创新就变得越慢，就会变成长周期的创新。中国的问题就是核心技术还没有，最底层的技术还是由几家公司掌握着，不在我们自己手上。中国近 30 年及未来 10 年技术发展的阶段性特征如图 7-3 所示。

年份	1985年	1990年	1995年	2000年	2005年	2010年	2015年	2020年
总体特征		技术追赶（跟随）					技术追赶 局部接近前沿	
①技术能力	简单模仿		复杂模仿		创新型模仿		创新型模仿 原始创新增多	
②技术水平	低制造技术 低产品技术		中制造技术 中产品技术		高制造技术 中产品技术		高制造技术 中高产品技术	
③价值链			低端		中端		部分高端	
④技术来源	技术引进		技术引进 国内研发				技术引进 跨国研发	
⑤企业升级	加工组装		大规模制造 国内品牌		大规模制造+研发设计 国际品牌		制造商+服务商+ 系统集成商	
⑥技术轨道	传统产业技术		装备制造业 ICT制造业		芯能源及生物技术等新兴产业 服务业创新			

图 7-3　中国近 30 年及未来 10 年技术发展的阶段性特征

注：1. 创新型企业的成长能够代表中国技术发展特征。2. 图中标注的年份表示发生转变的大致特点。

资料来源：张军扩等，《追赶接力：从数量扩张到质量提升》，中国发展出版社，2014 年 8 月，第 178 页。

[①] 中国科学院前副院长胡启恒对此的说法是，"再往深层走，我觉得可能就需要考验我们创新的环境、竞争的环境、公平竞争的政策，以及人对法制的理解。我们和世界的差距实际上是在扩大，国际上许多原始的创新，我们到现在为止基本上还都是跟着走"。

> 中国新动能——光华学者解析未来发展之关键

但中国也出现了高铁这样核心技术进步迅猛的例子,对此您怎么看?

黄涛: 我把核心技术的创新分为两类:一是规划式创新,二是灵感式创新。前者的目标很清晰,能够用举国之力来实现。我要爆炸原子弹,一开始不清楚过程到底怎么做,不清楚怎么提炼铀,不知道怎么引爆,但是美国人和苏联人已经爆炸成功了,因此我清楚这件事是可以成功的,至于过程,按照公式大致推理出来就可以了。所以这种创新即使很难,凭借举国之力还是可以做出来的。高铁就是这样的一个例子。

灵感式创新的目标是什么样的,现在还不知道。就像互联网一样,哪一种模式会成功,下一代互联网模式是什么样的,现在谁想得出来啊?微信出来之前,谁知道会那么火啊?做微信的人自己都不清楚。

灵感式创新和规划式创新不一样,其对于创新的目标,一开始是不清楚的。就像现在的互联网将来要演化成什么样子,现在的微信将来会被什么新的应用取代,没有人说得清楚。但我们都清楚,可能五年之内不会被取代,但是二十年、三十年甚至五十年后都不会被取代吗?没有人敢这么说。

华为是一个经常被提及的中国企业创新的成功例子,您对此如何看待?

黄涛: 华为是做得非常不错,它在某些领域内的创新已经潜入深海。而之所以如此,是因为它在一个特殊的环境条件之下,在一定的行业结构之内,实现了创新能够得到的相应的收益。

但是在中国范围之内,这样的例子实在是非常之少。为什么要创新呢?辛辛苦苦累得半死,最终还得不到相应的收益。在收益不明确的情况下,企业和个人就必定只能做出一个"短平快"的东西。

张志学: 在此前于中国香港举行的一个国际管理学会议上,我组织了一场题为"Building World-Class Chinese Firms: Inspirations from Huawei"的专场报告,来自丹麦、瑞典和中国内地的学者分别从不同的角度分享了研究华为的运营和管理实践的成果。与会者最为关心的问题是,华为的成功是不是一个偶然?中国还可能出现华为这样的企业吗?

1987年于深圳创立的华为，2011年销售额已达2 039亿元人民币，位列世界500强第352位。与大多数中国企业不同的是，华为的崛起不只体现在规模的扩张上，其在自主知识产权领域的杰出建树令这家民营企业所向披靡。根据世界知识产权组织（WIPO）的统计，华为在2008—2010年分别是位居第一、第二和第四的专利申请公司；而市场研究机构ABI的报告表明，华为对LTE通信标准作出巨大贡献，能与华为匹敌的只有爱立信。

人们熟知的是Made in China，而华为是凭借R&D in China走向国际舞台的，这也是外界普遍认为华为只是一个偶然特例、绝无仅有的原因。1998年，我作为华为人力资源部聘请的顾问得以有机会走进这家企业，访问了众多的华为管理者和员工，也感受了足够丰富的氛围和场景。我对华为的研究持续至今，我的结论是，华为的成功并非不同寻常，只不过再一次印证了成功组织的普遍经验。

我将成功组织的普遍经验归纳为四要素，即目标的共享性、人员的多样性、结构的严密性、文化的牵引性。对照这四个要素，华为具有如下的经验：其一，华为矢志成为世界一流的设备供应商、通信解决方案和服务提供商，这是明确的企业目标，公司亦通过各种方式宣传贯彻该目标，并制定相匹配的KPI；其二，求贤若渴，充分授权，悉心培育，使得大批术业有专攻的人才成长起来；其三，赏罚分明，制度规范，遵循流程，提升员工的职业化，保证了员工和组织行为的可控性；其四，持续推行弱化等级、倡导积极奋进的企业文化。

在我看来，上述组织的四要素是所有成功企业的普遍经验，因此华为的成功一点也不偶然。能否复制华为传奇，取决于企业领导者能否解决如下课题：能否确定一个不仅仅为赚钱，而是能够激发员工共同梦想的伟大目标？是否愿意以"财散人聚"的心胸吸纳优秀的人才并创造平台让他们得以快速成长？能否建立并坚持合理的组织架构、企业制度和工作流程？能否营造强大的文化并使文化与时俱进？

> 中国新动能——光华学者解析未来发展之关键

人是关键

中国的人才规模优势将在今后 10—20 年内显现出来,但是随着中国人口结构的老化,年轻人口迅速减少。中国人才规模的世界冠军将在 21 世纪中叶让位于印度。如果美国能够保持吸引全球人才的传统,它的人才规模也会在 21 世纪下半叶反超中国。

每每提及创新、创业,我们总要提到美国、提到硅谷,您认为其成功的"秘诀"在哪里?

颜色: 美国人为什么能够不断地增长?是因为它在不断地推动这个东西的形成,是在把人类知识的前沿阵地向前推进,是在做出一些以往完全没有的东西。中国大的体制则不是这样,它鼓励的是能够迅速地追赶和模仿,是别人有 CPU 我们也能快速地自己做出来。但这不是创新,不是推进人类知识的前沿。

邱凌云: 美国人的创新创业往往是以兴趣为导向的,从当"极客"开始。的确,在过去的十几年里,美国也出现过几轮大的互联网投资泡沫,但往往还是以个人兴趣为主的创新创业。美国的教育制度和社会氛围形成了一个不断进行筛选的体系,如果某个人不是对一件事非常感兴趣,完全可以有大量的其他选择,进行转换也不会受到轻视。因此,个人的自由程度很高。而真正留在某个领域内的,往往是被兴趣而非金钱等其他外部因素激励的人。中国曾经也投入很多钱研制自己的电脑和手机操作系统,但就是无法成功,原因之一就是缺乏美国人的基础。

路江涌: 其一,硅谷有好的法制环境。中国从硬件上来说,风险投资之类的都有,但是文化方面就要差很多。[1]

---

[1] 领英网(Linkedin)联合创始人、《至关重要的关系》作者里德·霍夫曼就曾经如此形容硅谷的创新文化,"在硅谷,我们崇尚创造力。我们不会问别人你的父亲是谁,不会问你银行存款有多少,除非你用这笔钱资助自己创业,你只需要关心的问题是'我能做什么?我能创造什么?我在这方面有多擅长?'如果我擅长某样东西,你就会想要了解我,然后同我一起工作"。而雅虎创始人杨致远的说法则是,"创新和颠覆是一种生命发展模式。人们越早意识到这一点,接受新事物就越容易。尤其是在硅谷,创新是硅谷的生命线。因为这里的人有着超常的能力,能够更好地预见未来。我们的风投家相信冒险,我们的企业家相信冒险,我们的工程师和开发商相信冒险,甚至新企业的雇员都相信冒险"。

其二，中国现在可能还很难复制硅谷，因为这是中国的经济结构和发展现状所决定的，它依然是一个模仿型的赶超者。[①]

梁建章： 在分析了许多国家的数据后，我发现，创新创业与人口结构有很大的关系。最直观的例子是美国和日本。美国百分之七八十的公司都是最近二三十年由最年轻的企业家创办的，甚至开创了整个行业；而日本，老的企业虽然也在不断申请专利、有一些微创新，但却被美国的新兴公司颠覆，现在都面临困境。

我们不光看过日本，还看过世界上其他很多国家的数据。我们作了相关的分析，越是人口结构老化的国家，其创新和创业的活力就越弱，而且相关性或者是影响力是非常大的。

出现这两种局面背后的具体原因是什么？

梁建章： 日本是世界上第一个进入老龄化的国家，企业员工在 20 世纪六七十年代以二三十岁、三四十岁为主；从 20 世纪 90 年代直至现在，都是以四五十岁、五六十岁的人为主。也就是在这个时候，日本的经济活力、创新活力和经济增长率就一直非常低迷。

而美国则与之相反，根本原因在于我所认为的人才最重要的两个效应：一是规模效应，二是结构效应。

规模效应，就是 100 个人集中在一起发挥出来的能量是 10 个人集中起来的能量的 10 倍以上，可能是 20 倍或者 30 倍，这就是经济上的规模效应。世界上一些最好的、最活跃的创新中心，比如硅谷是 IT 业的创新中心，集聚了世界上最创新的人才，单位人才的产出量远远大于美国和世界上其他的一些地区，美国将近一半的创业资本都投入了硅谷。其他的一些创新中心，比如文化的创新中心（像影视的在洛杉矶），也会产生规模效应，纽约在金融方面也产生规模效应。所以，美国这么成功，与它的人口基数、人才规模效应是分不开的。

在结构效应方面，主要是指年龄结构。我过去几年最关心的是中国人口政策

---

① 据路江涌教授介绍，哈佛有教授专门研究硅谷后得出结论：复制硅谷是不可能的，因为它最初就是"无心插柳柳成荫"的结果。要复制，政府往往要作规划，但硅谷一开始就没有这些东西，因此中国很难复制硅谷，也不必复制。

的问题。为什么年龄结构重要？还是要从为什么要创新和创业这个话题讲起。从数据上来看，四五十岁的人实际上很多方面的能力还是很强的，并不输于年轻人，尤其在进行一些管理、沟通，甚至是一些小的改进性创新方面是很好的。但是我们看到，新一轮的IT互联网往往需要一些颠覆性的创新，要重新开一家公司，重新做一个模式，非常适合年轻人，因为他们没有包袱，而且愿意120%地投入、愿意冒风险。而这些大企业往往由于各方面的原因，如风险意识、财务、激励机制或者人才结构方面的原因等，不能进行一些颠覆性的创新。

黄涛：欧洲和日本的老龄化的确已经影响到它们的创新，因为人们都去享受生活了。而中国的特点是，要开一个互联网创新创业的讨论会，全都是愿意参与进来的人，这当然是好现象。

有人可能会说，要有世界第一的人才规模，不一定要有世界第一的人口规模。我们只要把资源集中在培养数量不多的人口上，也可以达到世界第一的人才规模，对此您的观点是什么？

梁建章：其实不然，培养人才有点像培养足球运动员，必须有广泛的群众基础，只有练几年，才看得出哪个小孩有天分。科技人才和文化人才也是如此，上天分配天分是掷骰子的，谁也无法预测下一个爱因斯坦会来自一个什么样的家庭。很多家境一般的农村小孩，以后却成了科学家和企业家。所以，要培养更多的高素质的人才，只有普及基础和高等教育，并且要有更多的人口基数。在今后的20—30年，所有的中等以上收入国家（包括印度）都有能力普及基础和高等教育，到头来哪个国家具有较多的高素质人才，根本上取决于其人口规模。

中国人才规模的优势将在今后10—20年内显现出来，但是随着中国人口结构的老化，年轻人口迅速减少。中国人才规模的世界冠军将在21世纪中叶让位于印度。如果美国能够保持吸引全球人才的传统，它的人才规模也会在21世纪下半叶反超中国。

不仅人才规模很重要，人才结构也很重要。根据最新的研究，人口结构老化会削弱一个国家创新和创业的活力。这是因为在老化的社会中，原本最具活力的年轻人晋升和锻炼的机会被人数更多的老人占据了，年轻人得不到足够的创新和创业的空间，整体经济的活力就会下降。日本最近20年的人口老化和经济萧条就是一个很好的案例。中国如果还不立即停止计划生育，其人口结构的老化程度在20年后将比现在的日本更糟。

按照您的观点，单纯人口多就是优势，但不少人认为教育和创新环境也非常重要。

梁建章：我不是说其他的因素不重要，但是在其他条件相同的情况下，人口的规模和结构是起决定性作用的。而且，教育和创新环境是可以改变的，但是人口一旦出了问题，几十年都恢复不过来。第六次人口普查的生育率数据显示，中国1对夫妇只生1.2个小孩，20年后中国年轻工作人口的规模将萎缩、结构老化，这令很多经济学家非常担忧。

除了人口因素之外，您能否总结一下，进行科技创新最根本的要素是什么？

梁建章：第一，要有很多"老师"，也就是要向其他国家的人士学习已有的科技成果，所谓"站在巨人的肩膀上"；

第二，要有很多"学生"，也就是本国具有众多从事研究和实验的人员，包括学者、工程师和工匠等；

第三，要有很多"用户"，也就是本国要有众多的消费者，使得科技层面的创新可以转化为商业层面的利润。

当然，除此之外还有很多其他因素。比如，要有健全的市场经济，让企业可以通过创造发明获利，因为只有这样创造者才有动力去发明。以往中国看似拥有人口优势，但长期的战乱和政治纷争以及改革开放前所实行的缺乏激励机制的经济政策，再加上基础教育的普及程度不够，很大程度上限制了自身的优势。这些错综复杂的因素使人们很容易忽略人口规模对于科技创新的重要性，庆幸的是，中国现在已经实行了充分的市场经济且在教育领域内取得了巨大的进步。也就是说，原先阻碍我们发展的一些不利因素正在成为历史，而曾经受到压制的科技潜力也正在逐渐转化为生产力。

因此以今天的时代背景而言,以上三个与人口数量有关的要素,才是决定中国未来发展的根本所在。

就这三个因素,您能否具体解析一下它们各自的作用?

梁建章: 就第一个因素而言,要求寻找更多、更好的老师,而闭关锁国的致命错误正是隔断了向老师学习的机会,对于这方面目前各方并没有太多的异议。

就第二个因素而言,有无天分往往具有随机性,上天可能给每个人都发了一张天才的彩票,而良好的教育环境相当于兑现彩票的能力,至于最后到底会有多少天才冒出来,将取决于受过良好教育的人口规模有多大。未来大多数中等发达国家都有能力普及高等教育,所以在这一要素基本相当的情况下,各国到底会出现多少天才,根本上将取决于其年轻人口的规模。年轻人越多的国家,将会出现越多为社会进步作出巨大贡献的天才科学家。尤其在信息时代,当人口多出一倍时,科技乃至国力所获得的提升甚至可能超过一倍。这是因为借助现代化的通信手段和交通方式,人与人之间的沟通比以往任何时代都更加密切,所以人口总量的扩大,会给科技交流和思想碰撞带来几何级别的提升。

除了绝对数量之外,年轻人口占总人口数量的比例同样会对科技创新产生巨大的影响。近年来,越来越多的科技创新来自创业型的企业。世界银行的相关数据统计显示,年轻人口比例越高的国家,其创业活动越旺盛。而且,根据各国创业指数来比较一个年轻人口比例为50%的国家和一个年轻人口比例只有45%的国家,会发现前者的创业活动是后者的整整两倍。这意味着,年轻人口比例更高的社会,创业活动更旺盛,而且创业活动的差别比人口比例的差别更大。其背后的原因可能是,在相对年轻的社会中,年轻人的创业倾向性也更强。

就第三个因素而言,科技创新还有一个以往容易被忽视的要素,那就是本土市场的规模。比如,美国在信息技术领域内取得的成功,就依赖于其庞大的人口规模。因为信息技术是一项规模效应巨大的产业,同样一项软件或技术,如果由100万人使用或者1亿人使用,其投入成本大致相仿,但获取的收益却有百倍之差，所以人口大国往往可以从科技创新中获取更大的好处，进而导致那里产生更有利于科技创新的环境。美国是发达国家中人口规模最大的，高科技公司的规模效应最大，也就有最多的新技术首先在美国实验成功。同样的原因，美国的生物和医药技术也遥遥领先于世界其他国家。好莱坞是世界电影的中心，它之所以在美国，是因为英语是世界语言，而美国是英语国家里最大的市场。纽约是世界金融中心，它之所以在美国，也是因为美国的资本规模在世界上最大。

但美国具有的这种优势正在被中国取代，中国已经成为世界最大的钢铁市场、汽车市场，也是最大的互联网市场、移动电话市场。在不远的将来，中国还将成为世界最大的民航飞机市场、软件市场和资本市场。中国目前的形势，有点类似于第二次世界大战刚结束时的美国，那就是培育出一大批依托本土市场的规模优势并走向世界的大企业。比如华为、联想等高科技企业，首先都是在本土市场上充分获得成功，进而在世界市场上崭露头角。中国的高铁技术之所以领先于世界，也是依靠世界第一的市场规模和相对应的研发投入。但未来如果中国因为人口数量下降和人口结构老化而失去当今的市场规模，也可能将曾经拥有的重要优势拱手送人。要是出现这一幕，未来的科技创新之路将变得远比现今艰辛。

瑞士、芬兰等人口稀少的欧洲小国，也在科技领域内取得了丰硕的成果，有人因此得出"科技创新与人口多寡无关"的结论，您对此如何看待？

梁建章：实际上，这些欧洲小国发展科技的基础，是建立在整个欧洲的大背景下的。比如，欧洲"空中客车"项目就涉及法国、英国、德国、西班牙等诸多国家，其背后的推动力就是整合所带来的规模效应。其实，不仅欧洲，包括美国、加拿大、澳大利亚和欧盟在内的整个西方体系在人种、语系、宗教、价值观和文化认同上相似，第二次世界大战之后，这些国家在安全和经济领域更是高度整合。比如，在欧盟内部，人们可以随工作变动而迁徙到任何城市居住，并在孩子教育等方面享受与当地人同等的权利。相比之下，外地人在北京等中国大城市可能工作一辈子也无法获得当地户籍，导致他们的孩子哪怕出生在这些城市也不能享受与当地户籍孩子一样的受教育的权利。因此，从某种意义上来说，欧盟在劳动力市场上的统一性比中国更好。

> 中国新动能——光华学者解析未来发展之关键

从教育角度来看，您认为中国目前的体制性短板是什么？

刘学： 大家都知道制约我们转型和发展、把握机遇的非常重要的一个因素是我们缺乏足够的自主创新能力。我们的自主创新能力为什么不高呢？根源在我们的教育。对此大家早就知道，所有的中国人都知道。但是我们的教育落后，到底落后在哪里？这是一个众说纷纭的问题。

从教育的内容和目标的角度，我把中国的教育模式定义为知识引进型和学习型；知识引进型、学习型的教育模式相对应的是以美国为代表的西方主要发达国家的知识发现型、创造型的教育模式。中国教育的根本问题，是我们没有在恰当的时机，从知识引进型、学习型的教育模式转换为知识发现型、创造型的教育模式；更严重的问题是，没有人意识到我们需要从知识引进型、学习型的教育模式转化为知识发现型、创造型的教育模式。

由于历史的原因，现代科学技术知识是西方人发展起来的，而我们是现代科学技术的引进者，是引进者的思维习惯。引进者的典型思维是求同，是收敛的。从幼儿园开始一直到高中，甚至大学，所有老师讲任何一个问题，心里永远有一个正确答案。对凡是偏离正确答案的观察、观点都要怎么样？残酷地打压和无情地摧残。这就是引进者的思维。

但是发现创造新的知识的关键是什么？

第一，发现自我，增进自我认知，培育自我理想。教育最重要的责任，是让一个孩子在成长的过程中发现自己真正喜欢做什么、擅长做什么，在社会的角色体系中自己最适合的定位是什么，并就此加强培养。这既是一个发现的过程，也是一个培养的过程，中国的教育在这一点上是最失败的。中国的许多博士快要毕业了，才发现自己研究多年的专业，并不是自己喜欢的专业。

第二，好奇心和探索欲。发现创造新的知识，要有非常强烈的好奇心，对新现象、偶然现象高度敏感；对新现象背后的驱动力量高度敏感；对每个现象背后的因果关系、对不同现象之间的相关关系、对相关现象背后的因果关系高度敏感，并具有强烈的探索欲望。

第三，想象力。想象力包括创造想象和再造想象，其对于发现创造新的知识的重要性，再怎么强调都不为过。对新的现象背后的驱动因素作出从未有过的解释，创造以往从未有过的技术、商业模式，一定要有卓越的想象力来支撑。

第四，科学的方法论。方法论不是到研究生阶段才需要训练的东西，而是从孩子阶段就需要潜移默化地进行训练。如果幼儿阶段、中小学阶段不对孩子进行方法论的教育，而是天天灌输一些没有任何依据、没有任何前提的价值判断，这样的孩子长大了，常常会成为这样的人：看到任何现象，不问前因后果、不试图了解任何真相与事实，仅仅从自身价值观、自身好恶出发，不负任何责任地加以评价，甚至加以谩骂。长此以往，我们的国民理性就会受到更深的伤害。

第五，主动行动与允许犯错。自我认知、对新现象的感知与探索，一定是在行动的过程中，而不是在被动的接受过程中培养起来的。

我们的孩子从幼儿园阶段就被捆在座椅上接受老师的灌输；同时，他们宝贵的好奇心、想象力也在被抑制，甚至被扼杀。政府天天在倡导自主创新，推动企业从追随、模仿型创新向自主创新转型，但如果我们的教育不能实现从知识引进型、学习型的模式转化为知识发现型、创造型的模式，产业的转型就是无源之水、无本之木。

教育要实现从知识引进型、学习型模式向知识发现型、创造型模式的转变，必须重构中国的教育理念、教育哲学、教育体系。重构中国的教育体系，首先要改造我们的师范大学，因为模板错了，基于这个模板生产出来的人才一定有问题。

最后作一个总结，在过去两千多年的农业文明中，我们蕴含着工业文明的能量（如四大发明），但是由于我们的祖先并未有效探索不同现象背后的因果关系，因此我们掌握的这些知识和经验以师傅带徒弟的方式传递下去，无法标准化、规模化，再加上制度原因错失了工业文明的机遇。但是，我们正处在从工业文明向数字文明转换的重要阶段，那些在工业文明当中嵌入程度最深的某些发达国家面临更高的转换成本，而中国人的思维方式、资源禀赋在这一转型上面临更大的机遇，把握这一机遇是我们每一个人重要的责任。

> 中国新动能——光华学者解析未来发展之关键

政府角色：越位与补位

创新和创业，都是需要投资的；创业成功以后，以及创业取得成效以后扩大生产规模，更需要投资。如果市场主体没有投资的决策权，政府审批手续繁琐、迟迟未能批准，那就会错过最佳时机，创新和创业都不可能取得实际的成效。因此，必须简化政府审批手续，减少政府干预，只要符合国家产业政策，就准许市场主体作出决策。这样，就会大大鼓励市场主体从事创新和创业。

您认为现在政府在支持创新创业上做得比较不足的方面是什么？

黄涛： 首先，支持创新创业的前提条件是看它们是否能够出政绩，或者说很快出政绩。由此导致的问题，是对那些一开始需要政府扶持的项目，假如短期内看不到成果，想要获得扶持是相当困难的。

除此之外，中国的创新体制里面，还有一个问题是预期结果须明确。也就是说你必须告诉我三年内、五年内能够做出一个什么样的东西来，而且必须保证一定能够做出来，在获得支持之前可能需要把结论都写清楚，然后我才会给你支持。但问题是，没有什么真正的科研是可以预计出来的。在这样的体制之下，我们真正补贴的科研创新是所谓的模仿式创新。以美国人为标准，我们能够做出他们的百分之七八十就可以了，否则难以获得扶持。

路江涌： 现在国家对于创新的资金投入其实也比较多了。但问题在于，科研与产业结合得不是很好、转化率很低，实际的转化效果也很差。当然，现在的这套体制也在进行改革。

其次，我们的体制还是没有解决"排排坐，分果果"的问题，而真正的创业型企业又没有得到足够的资源。我们最近作了一项调查，涉及中国的2 000多家企业。2000年进行过一次，2014年进行过一次，相隔差不多15年的时间，企业获得的外部资金支持创新的状况没有改善，有些中小企业的情况还在恶化。

就政府所应该扮演的角色而言，中国是否有好的例子？

黄涛： 所谓好的创新创业环境，是那些有创新想法、有创业干劲的人愿意去的环境。我印象很深刻的是20世纪90年代的深圳，我当时在华中科技大学读本科和硕士，毕业的时候，同学当中有一小半留在了武汉，接近一半的人去了深圳，就我一个人来了北京。

当时的深圳是一面旗帜，不管是天南海北，凡是有想法的人（甚至骗子）都往那里聚集，然后爱干什么就干什么，没有人管，这其实是最好的创新创业环境。建立起这样一个环境之后，自然而然就能够出东西了。

我之前在采访深圳市市长的时候，他也提及，这些年除了华为、中兴等企业之外，深圳正在全力培养新的领头羊式的企业。现在深圳还具备这种环境吗？

黄涛：很难。其一，规模变大了，其他企业想作出一些成绩很难；其二，现在长三角、江浙地区，甚至包括内地的不少地区都发展起来了，深圳对创新创业者的吸引力就变弱了，这是自然而然的事情；其三，已经形成了相对稳定的既得利益者集团，不利于创新创业。

就此方面，我曾经读过一篇一位香港立法委员写的文章。香港的问题是，一个李嘉诚起来，扼杀了下一个李嘉诚起来的机会。深圳（包括全国各地），其实也存在这样的问题。①

香港这么多年也一直想要进行产业转型，按说它的政府行政效率相对较高，为什么到目前为止效果一直不佳？

黄涛：这个问题，我们可以问问在北京的创业者们，他们在创业的时候遇到的最大的难题是什么？当然有很多，但在实际的运营当中，最核心的问题之一就是房租太贵。这一方面提高了企业自身的运营成本，另一方面，员工的工资也要

---

① 深圳可能正在恢复它的创新活力。2014年，世界级的创客大佬借Maker Faire（大型创客聚会）、开放创新论坛等活动，频频光临深圳。更早些时候，全球最大的桌面3D打印机供应商MakerBot联合创始人Zach Smith来到深圳，在深圳的华强北运营一个硬件创业孵化器，不断从美国挑选创客团队，在深圳将创意变成产品。创客之所以聚集在深圳，除了强大的硬件产业链可以满足绝大部分的需求以外，更因为这套完备的生态系统已经将创新的成本拉得极低。

相应提高——这样才能支付得起房租。所以现在稍微大一点的企业，有钱之后都不是去搞创新，而是去搞房地产了。香港有同样的问题，很多人一辈子的收入都套在房子里了。这是很可怕的一件事情。

当然，房地产价格并不是阻碍创新创业的唯一因素。硅谷的房地产价格也很高，但是因为创新的收益更高，所以能够负担得起。香港还有一个问题，就是它其他的产业没有发展起来，无法很好地支持创新创业的体系。而产业体系的齐全，对创新创业来说，其实是很重要的一件事情。不管是哪个行业，不管是什么产业链，都能够在内地找到供应商，这其实是很好的事情，也是内地的优势所在。

就创新创业来说，中国还有什么优势？

黄涛：广阔的市场会促使一些新的东西出现。因此，中国即便是在很差劲的知识产权保护体系之下，由于市场足够大，也会有主体去做东西。

除此之外，中国的优势是人多、地大，而且自新中国成立以来，还建立了门类齐全的工业体系，从毛泽东时代开始一直延续到今天。中国制造业之所以强大，就在于此。简单来说，在联合国工业目录上的所有大类产品，中国都能够生产。当年是为了备战，延续到现在基本没有丢弃。这么一来的好处是，在每一个领域当中，都有很多的人在往深海里面扎。现在我们看不到，是因为还没有作出成绩来，但他们其实做得都很不错。到某一天某一个点一旦突破之后，也许就会相应地出现很多的突破点。越是基础性的东西，越是需要积累，而我的看法是，当中国第一个钻破壳儿的例子出现的时候，就是一批钻破壳儿的创新出现的时候。

那么，从总体上来看，政府在推动创新创业方面应该采取哪些措施？

厉以宁：第一，要有一个由市场主体投资决策的机制。创新和创业，都是需要投资的；创业成功以后，以及创业取得成效以后扩大生产规模，更需要投资。如果市场主体没有投资的决策权，政府审批手续繁琐、迟迟未能批准，那就会错过最佳时机，创新和创业都不可能取得实际的成效。因此，必须简化政府审批手续，减少政府干预，只要符合国家产业政策，就准许市场主体作出决策。这样，就会大大鼓励市场主体从事创新和创业。

第二,要形成公平竞争的市场环境,特别要切实取消所有制歧视和企业规模。众多市场主体都在进行研究开发,都准备实践新的设计成果,它们理应处在同一个平台上,形成公平竞争。在此前提下,出发点是相同的,差别是竞赛的结果。

第三,政府要有一整套在税收、信贷、奖励等方面帮助创新者和创业者的优惠政策及措施。政府根据国家经济发展战略和产业政策,实行不同行业、不同区域、不同领域的企业扶持方面轻重缓急、区别对待的做法。应公平对待所有的企业,只按创新和创业的贡献以及在国民经济中的重要性来给予扶持、优惠和奖励。

第四,要有一整套严格的知识产权保护的法律、法规和规章制度。缺少知识产权保护的法律、法规和规章制度,固然是对创新者和创业者的沉重打击,但有法不依、执法不严、违法不究的危害性更大。因为如果是这样的话,创新者和创业者的信心就丧失了,对国民经济的危害是难以估量的。因此,必须使知识产权的保护落到实处,否则创新和创业都会落空。

第五,要有一整套激励从事创新和创业活动的企业内部产权分享制度。根据国外创新型企业的经验,企业内部产权分享制度是一种行之有效的激励制度。这就是,为了调动企业内部职工的积极性,特别是为了调动企业中从事研究开发的专业人员的积极性,企业以产权分享作为激励方法,使专业人员、广大职工不同程度地按优惠价格或在一定时间内以约定价格购买本企业的股票,或者以奖励方式给作出贡献的专业人员和职工一定的股票。于是很自然地掀起企业内部的自主创新热潮,并且在这个过程中形成一支有研究开发实力的团队。①

刘俏: 一个国家经济成长的源泉在于自下而上激发出千千万万个体的活力和追求更美好生活的激情。我们国家过去三十多年经济高速成长的历程,已经证明

---

① 工业和信息化部的一位相关官员,在 2014 年举行的中国发展高层论坛上,提出了政府在这个时代应该做的四件事情:其一,放松经济管制以激励创新;其二,提供一些竞争前的创新支持;其三,提供市场化初期的需求刺激和激励政策,比如说新能源汽车市场还不成熟,像美国加州的适度补贴政策此时可以引进来;其四,监管模式的创新,不应该去管一个一个的企业,而是管理市场。另外一个转型,是从经济性的管制转换到以社会性管制为主的方向上去。

解放千千万万个体的活力和创新动力的重要性。而要保持千千万万个体对美好生活追求的激情，则需要良好的制度环境、宽松的商业环境和对个体的尊重。中国要建立一套完善的制度基础设施，营造一个公正、公平、透明的商业环境去保护这些个体看起来微不足道的尝试，用公平、公正的方式去衡量、筛选这些尝试带来的结果，让努力能够得到合理的回报，以此激发千万万万个体"自下而上"的力量，激发他们自主创新、创业的激情！他们中将有乔布斯、盖茨、扎克伯格。我们要相信统计学中的大数定律。只要有足够高的技术，有足够多的个体在努力、在尝试，大浪淘沙，总会有一批企业能够从激烈的竞争中突围而出，变成真正意义上的伟大企业！

路江涌：其实政府还是有很多事情可以去做的。

第一，社会上的创新创业项目，往往聚焦移动互联网或者类似的快速见效的领域，其他基于高科技的创业公司从社会上获得资金支持的可能性并不大。政府应该把资金投向这些项目，找一些相对长线一点的、不是那么热点的、可能没有回报的、风险较大的项目。

比如，现在北京大学就有相关的尝试，要把社会力量与政府力量结合起来。学校开办创业训练营，用学校的教育资源和校友资源在全国范围内筛选一批好的创新创业项目，然后再与商业孵化器和政府进行合作，等于是三四方共同做这件事情，既提高了效率，又遴选了好的项目。

第二，政府在推出一些项目的时候，事先应该进行更多的调研，剔除根本就不适合创新创业的项目；而在项目推出之后，要进行更多的宣传，否则很多项目根本没人知道、没人申请。

第三，政府应该提高办事效率，要采用系统性的方式来解决问题，成立相关的统一协调机构，让办事流程集中到一起。

第四，为了降低创新创业失败的风险，政府应该有意识地去降低税收。比如，创业者一旦失败，他们此后领取的工资收入是否可以减税甚至免税？如此一来，那些厌恶风险的人，尝试的门槛就可以降低。

黄涛：除此之外，政府在保住市场底线方面还需要做很多的工作，其中最为关键的就是要自上而下地建立起相应的保护机制，以便确保创新能够给创新者带来收益。

举几个历史上的小例子。达尔文为什么能够找到进化论的理论依据？当时的植物学家、动物学家们为什么会在航海家出行的时候跟上船队？他们的动力是从哪里来的？也许我们会说，这些人的动机都很高尚，为了科学研究付出了毕生的精力。但是仔细研究就会发现，不是那么回事儿。实际上，当时如果能够发现一批新物种，发现者就有可能当上爵士、获得大笔奖金，说到底，都是利益的驱动。同样的道理，爱迪生能够为了发明电灯泡用几千种材料去试验，目的是卖出去赚大钱，不然他才没有精力去做这些事情。他要的不是青史留名，而是开公司、发大财。

美国在建国之前刚有殖民地的时候，社会建设的重点就是要有学校、邮局，有知识产权保护，非常重视这些东西。

黄涛： 对。但今天的中国，很多时候还是你抄我、我抄你，就像微信朋友圈里面的文章，看多了就会发现，新东西实在太少，翻来覆去就是那么多；百度查一下，都是基本重复的，要么是直接的重复，要么是改头换面的重复。新的增量、基础性的东西，太少。

这个问题有无改善的途径？

黄涛： 关键是如何保护知识产权，如何降低打官司的难度和失败的成本。现在中国在这方面做得有限，所以很多大公司就敢直接抄袭别人的创意，因为在法律层面没有太多的问题。

但在美国，情况就不同。我做出一个新的创新产品之后，申请专利，大公司可能就不敢抄袭了。假如真的被抄袭了，那我可以找律师帮我打官司。律师一看，情况的确如此，于是他们就会拼命地咬住大公司不放。美国政府也厉害，一旦认定抄袭，一罚款就是几千万几亿美元。同样的情况到了中国，你小公司发律师函给大公司，对方根本不理会。即使打官司赢了，罚款五十万元，在报刊上书面道

> 中国新动能——光华学者解析未来发展之关键

歉三天,但那个原本可能发展到几亿元、几十亿元的公司,最终就这么黄了。

因此,我们必须培养出"先到者多得"的文化来,如果先到者不能多得,花了很大的力气却不能在市场上获得相关的收益,就不会有人还花那么大的力气去做这件事了。

主要参考文献:

路江涌,"如何做一位新时代的创业者",《商业周刊》(中文版),2015年2月6日。

张志学、张建君,《中国企业的多元解读》,北京大学出版社,2010年6月。

张志学,"创新源于独立精神",《天下杂志》(台湾),2012年10月3日。

张志学,"R&D in China 华为如何做到",《天下杂志》(台湾),2012年7月11日。

〔美〕克里斯·安德森著,萧萧译,《创客:新工业革命》,中信出版社,2012年12月。

〔美〕史蒂芬·戈德史密斯著,王栋栋等译,《社会创新的力量:美国社会管理创新启示录》,新华出版社,2013年7月。

〔美〕阿伦·拉奥等著,闫景立等译,《硅谷百年史:伟大的科技创新与创业历程》,人民邮电出版社,2014年4月。

〔日〕井上达彦著,兴远译,《模仿的技术:企业如何从"山寨"到创新》,世界图书出版公司,2014年9月。

黄亚生等,《MIT创新课:麻省理工模式对中国创新创业的启迪》,中信出版社,2015年1月。

李善友,《颠覆式创新:移动互联网时代的生存法则》,机械工业出版社,2014年11月。

谢德荪,《源创新:转型期的中国企业创新之道》,五洲传播出版社,2012年5月。

〔美〕史蒂夫·约翰逊著,盛杨燕译,《伟大创意的诞生:创新自然史》,浙江人民出版社,2014年8月。

专题八 国际化

＞上篇 "一带一路"：破题与难题

> 推进"丝绸之路经济带"建设，抓紧制订战略规划，加强基础设施互联互通建设；建设"21世纪海上丝绸之路"，加强海上通道互联互通建设，拉紧相互利益纽带。
>
> ——中共中央总书记习近平2013年12月在中央经济工作会议上的讲话

> 有人呼吁把全球化的航船停下来，那毫无意义，因为根本无人发号施令。但我们众人合力，却可以作一番尝试，将这个迅速融合的世界推向一条更为和谐的航道。
>
> ——《耶鲁全球在线》主编纳扬·昌达

> 中国新动能——光华学者解析未来发展之关键

对于中国来说，21世纪最初几年是全球化的黄金时期：外需膨胀，外资涌入，双顺差成为中国经济奇迹的核心引擎。从贸易渠道来看，伴随着发达国家一轮史无前例的杠杆化，其储蓄—投资缺口日益增大；再加上中国加入WTO和人口红利带来的出口竞争力迅速提升，中国迅速崛起，成为全球第一出口大国。从资本渠道来看，发达国家的宽松货币政策，推动全球流动性迅速扩张，外资大量涌入以中国为代表的新兴市场。

2008年全球性金融危机的爆发，使曾经令中国广受其利的全球化浪潮，不管是从全局还是从区域都踏入了至今尚未完全走出的低谷阶段。

具体而言，首先，全球的贸易再平衡正在加速。因为内需普遍乏力，各国开始加大力度抢夺外需，美欧《跨太平洋伙伴关系协议》(TPP) 和《跨大西洋贸易与投资伙伴协议》(TTIP) 实质是变相的贸易保护主义。未来十年，WTO红利将逐步消散，取而代之的是 ABC WTO（Anyone But China，将中国排除在外）的巨大挑战。与此同时，中国的服务贸易逆差和投资收益逆差以及货物贸易中的能源逆差，正在逐步吞噬一般货物贸易日益萎缩的顺差，未来中国经常账户可能全面陷入逆差。

从资本角度来说，2014年量化宽松（QE）逐步退出，2015年美联储大幅度加息，全球流动性拐点到来，全球资本将加速回流中心国家。未来美元升值的大周期，将加速刺破新兴市场泡沫，中国虽然有资本管制和外汇储备的防火墙，但从"资产本币化、负债美元化"向"资产美元化、负债本币化"的转变，足以终结外资的单边流入和人民币的单边升值。

主动或者被动，作为现今事实上的全球第二大经济体、由小国经济成长为大国经济的中国，已经难以继续"韬光养晦"，面对着想继续崛起，但外部支持几近消失的尴尬局面，必须为自身的发展筹谋路径。

"推进丝绸之路经济带、21世纪海上丝绸之路建设"正是中国主动应对全球形势变化、统筹国内国际两个大局的重大战略决策。而能够与之形成呼应的，是中国开始发起设立的亚洲基础设施投资银行（简称"亚投行"）和丝路基金，为"一带一路"沿线国家的基础设施、资源开发、产业合作和金融合作等与互联互通有关的项目提供投融资支持。

这一系列新架构中可能蕴含的未来前景异常广阔,有研究者曾经如此计算:目前共涉及 23 个国家的"一带一路"战略,至少覆盖 38.1 亿人。按照 2014 年全球人口突破 71 亿人计算,它们将关乎全球超过半数人口的福祉。

作为新兴经济体,"一带一路"布局的沿线国家大多处于工业化初级阶段,很多国家主要依靠能源、矿产等资源型行业。与之相称的,则是主要出口机械和交通运输设备的中国,将与它们形成良好的产业互补,乃至缔结"利益、命运共同体"。

对于中国而言,除了增加国内过剩产能的输出途径之外,按照北京大学光华管理学院龚六堂教授的分析,"一带一路"的战略意义殊为深远。

一方面,丝路复兴蓝图将有机会与国内基础设施建设提升路线图同步协调绘制。更重要的是,中国国内的区域经济版图上,贯穿东中西部、内陆与沿海的"一带一路"路上走廊,将与国内大量经济开发区、延边开发区结合到一起。这意味着,"一带一路"将为盘活中国全局发展提供巨大的空间。

另一方面,全方位的互联互通和基础设施的建设都涉及长期融资。而无论亚洲开发银行还是世界银行,希望对此可做与想做的,的确都相对有限。① 因此,中国希望借助与"一带一路"相符而设的亚投行对此进行补充,为这一新的战略格局提供长期融资工具。如此一来,则会为中国也在同步积极推进过程中的人民币国际化战略提供新的巨大发展助力。

然而,突围性新格局的建立往往难以一帆风顺,因其创建者不仅要设计全新的发展思路的实践与调试,还需要应对老格局的多重利益纠缠可能对自身造成的潜在阻碍。亚投行至今所历经的各种"暗战",堪称这一判断的最佳教案。

成立亚投行的倡议被中国甫一提出,美国就向其盟友施加压力,而以英国为首的欧洲国家则最终先后打破了沉默,英、德、法、意等国将成为亚投行的创始成员国,至少在战略上支持了亚投行。就其背后的原因,中欧之间并没有地缘政治冲突,而彼此间的经贸关系仍在不断加强,在欧亚大陆两侧形成呼应之势,欧

---

① 按照亚洲开发银行的预测,仅亚洲基础设施建设一项,预计资金需求就为 8 万亿美元。

洲国家加入亚投行，可谓势所必然。

而作为现今世界上最重要的双边关系，中美就亚投行乃至经济、政治及军事等敏感话题之间的纠葛，显然并非如此简单。

在此之前的三十多年时间当中，因为中国积极参与美国倡导的经济全球化，美国和其他发达国家对中国的改革开放也是支持远大于遏制。时过境迁，虽然美国口头上仍然表示乐见中国的经济崛起，但是依照国际政治间永恒的现实主义法则，竞争乃至围堵正在成为美国对中国的新态度。正如美国重要的中国问题专家沈大伟所言，"……我略有不安，却又日益强烈地感受到 20 世纪 90 年代以来，中美关系中的很多重要因素都已发生转变，两国关系确须重新评估。这种感觉早在 2009—2010 年我在中国做富布莱特高级访问学者之前便已萌发，正是在访学期间，这种感觉逐渐明朗起来……两国关系正在出现一些根本性，甚至是非常消极的变化"。

按照他的分析，能够体现当前中美关系中相互矛盾、双重属性的词汇，将是"竞争性共存"（Competitive Coexistence），而这也将成为未来一段时间之内中美关系的"新常态"。因此，对于北京和华盛顿而言，至关重要的是谨慎地控制竞争并使合作最大化，这样才能防止两国关系朝着敌对的方向发展。总而言之，这是两个纠缠的巨人（Tangled Titans）。[1]

亚太经贸新格局

亚太地区新的增长动力"只能从改革中来，从调整中来，从创新中来"。更加深入的经贸合作有助于 APEC 成员发挥各自的禀赋优势，优化资源配置和产业布局，促进利益共享的亚太价值链建设，催生新的合作领域，为构建新型亚太伙伴关系提供新的驱动力。

---

[1] 美国前国务卿基辛格曾经对两国之间的共同发展作出过设想，但他承认，这需要"智慧和耐心"，两国必须务实、相互接纳和容忍。而更多不乐观的估计则是，现在两国各自的政治文化、政治体系、国民意识、社会价值及世界观是否能够促成一次战略"大妥协"，就像当年的中美建交一样。

在当下这一节点，全球经济复苏态势微弱，发达经济体货币政策正在走向分化，一系列新挑战接连涌现。亚太区域作为全球经济增长的重要引擎，能否重现活力，实现强劲复苏，是相关各方关注的焦点。您对未来一段时间亚太地区的发展趋势持何种观点？

蔡洪滨：我认为，一段时间之内，助推亚太地区经贸合作的一体化，是未来亚太地区最重要的议题之一。而我得出这一结论，是基于亚太地区近些年来出现的两个新趋势。

亚太地区经贸合作的第一个大趋势是，以《中日韩自由贸易协定》（FTA）、《跨太平洋战略经济伙伴关系协定》，以及《区域全面经济伙伴关系协定》为代表，亚太地区出现了大量自由贸易协定并行发展的局面。对这一趋势，各方判断臧否不一。担心者认为，这些贸易协定遵循不同规则，存在相互竞争，在加速亚太地区经济合作一体化的同时，也会导致区域合作碎片化，甚至出现反全球化等诸多问题。

我们应该看到的是，在这些区域协定之间，难免有各个主导国家的不同利益诉求甚至相互较劲。但从积极的方面来看，区域协定的涌现也有合理和正面的意义：

第一，区域协定的目标，都是实现生产要素在区域范围内的优化配置；它们的共性，是更进一步推动贸易经济合作。这一趋势有经济上的内在逻辑，也符合全球化本质。

第二，以北美自由贸易协定为例，地区性的自由贸易合作框架往往都是从地理、文化、经济联系等比较接近的周边国家间起步，逐步最终完成的。对于参与其中的各个国家来说，相近性可以让它们在贸易、经济甚至政治方面的整合做得更为彻底。

第三，在目前全球范围内的经贸一体化实践中，欧盟是做得相对深入的案例，但并没有人认为欧盟正在变成一个封闭的经济体，它的开放性实际是增强的。因此，如果区域性经贸谈判的目的不是关门落锁、排斥与其他地区进行经贸往来，应该不会出现所谓的"小圈子"效应。

但亚太地区的地域广泛，实现这些目标并不容易。

蔡洪滨： 对。对于亚太地区来说，经贸合作的全面深入推动一方面极为重要，另一方面难度的确很大。在亚太地区的整体层面上，地域太过广泛，各国经济发展阶段跨度巨大，各国间存在历史、文化、现实利益诉求等诸多差异，想要在亚太地区实现类同于欧盟的经贸合作关系，一蹴而就的可能性微乎其微。现实路径应当是，在亚太地区内部，先在有相近地理、文化背景和密切经济往来的国家间分期、分批推动经贸合作，加速地区间各类生产要素的流动，然后阶段性地推进，最终实现整个地区的经贸关系一体化。

中国针对这一问题的态度是"广交各类朋友，寻找不同当中的共同点"，应该说相对务实、清晰。针对周边不同的国家及地区性同盟，中国在推动旨在促进各类经贸关系的谈判，以期通过分期、分批的方式，形成涉及贸易、投资、金融等不同领域的多方面合作关系。除此之外，中国近期还提出"一带一路"、建设上海自贸区等新型国家战略，体现出中国进一步对外开放的决心，以及中国更加重视助推亚太地区经贸关系一体化的态度。

除此之外，亚太地区近些年出现的第二个新趋势是什么？

蔡洪滨： 亚太地区经贸合作的第二个大趋势是，APEC各成员国适应更高水平贸易投资自由化和便利化的能力变得越来越强。亚太经济合作，已经逐渐从以关税和非关税壁垒削减为主，向以供应链合作、投资自由化、金融合作为核心的领域拓展。

在这一方面，与亚太其他地区相比，东亚地区在这一新阶段已取得相对明显的成果。在投资自由化及便利化措施方面，东亚的各种双边自由贸易和投资协定以及各个经济体对WTO的承诺都有体现。虽然纵横交错的投资合作网代表着不同区域、不同层次的利益诉求和合纵连横的博弈，但它的进一步发展，最终会有利于整个东亚经济投资自由化及一体化的实现。

这一变化，标志着亚太地区经贸一体化的合作进入新的阶段，面临新的问题与挑战。

具体而言，问题和挑战表现在何处？

蔡洪滨：亚太地区各国在货币及金融领域内的合作在1997年的亚洲金融危机期间开始酝酿。随着全球范围内的资本流动日益活跃，全球资本市场的整合程度不断拉高，金融风险的传播效应也在成倍加大，不管是1997年的亚洲金融危机还是2008年的全球性金融危机都证明了这一点。在国际金融一体化的格局下，为应对可能再次出现的区域甚至全球金融风险，亚太地区必须加强对金融风险传导的预判，加强亚太地区主要贸易伙伴之间在金融稳定层面的协作。

目前来说，单有亚行这一个机制是非常单薄的，亚太地区主要国家央行之间的更深入合作也应加快。在这个意义上，由中国倡议、为亚洲量身打造的亚投行的筹建，也是非常积极的一个合作进展。

通过您对上述新趋势的阐述可以看出，您对于亚太地区经贸合作的未来持积极乐观态度。除此之外，您认为这一地区还可能面临哪些挑战？

蔡洪滨：我认为对于以下两重挑战，的确不容忽视：

第一，亚太地区的一些重要经贸谈判，目前的进展并不是非常顺利。这一方面源自各个国家在进行谈判时的利益诉求不同，另一方面也有一些经贸关系之外的其他分歧被牵扯在内，影响了经贸谈判的进展。

以目前推进仍然较为缓慢的FTA为例：在此之前，中、日、韩三国尤其是中日之间，在遇到问题时往往采取"政冷经热"的解决方式。即在一定范围内，各方搁置不同政治立场，先行推动经济互惠发展，在建立了一定的合作基础之后，再返回头寻找政治方面的突破点。但根据对过去一段时间的观察，目前中日在政治方面的不同，一时也并未找到合适的解决方案。这将成为制约中日之间甚至东亚地区在经贸关系领域内合作的掣肘。在所有的国家间交往关系中，经贸方面的往来，因为互惠互利，是最容易找到突破口的。但在亚太地区尤其是东亚地区，在经贸关系领域内的合作尚且较为困难，相对更为艰难的经济一体化甚至像欧盟一样的联合发展，其长期前景很难预料，短期内也的确看不出太多的实现路径。为解开困局，亚太各方需要更多的时间、耐心及智慧。

第二，虽然从地理、文化相似的地区开始推进各类贸易协定是比较务实的态度，但在这个过程中，各方也必须小心拿捏，因为在不同的贸易协定之间，可能会形成叠加或者说竞争的关系。

对于上述一系列问题，您认为解决的方案是什么？

蔡洪滨： 为了解决可能出现的问题，2014年APEC会议的重要议程之一，就是讨论如何加快实现亚太自由贸易区（FTAAP）。作为区域经济一体化的框架，FTAAP的设想于十年前提出，目标是建立一个涵盖亚太经合组织地区的自由贸易区。如果FTAAP能够最终建成，将从根本上解决亚太地区各种类型的自由贸易安排大量衍生而引发的负面效应，为深化亚太区域经济一体化合作提供更加完整、高效的制度框架。

在亚太区域范围内，目前在基础设施和互联互通建设合作中存在的实际困难及挑战，更进一步凸显了APEC在该领域采取有效措施加强务实合作的必要性和迫切性。APEC亟须为亚太区域经济一体化进程规划新的目标和路径，在本地区形成更加高效的统一市场体系，以进一步增强亚太经合组织成员间的凝聚力，为新型亚太伙伴关系的构建奠定更为坚实的经济基础。

除此之外，中国还应该倡议各国间资本市场监管的协调和沟通机制，以降低资本市场的剧烈波动，提高资本市场的运行效率。随着资本市场国际化、一体化的进程，各国资本市场的相互关联越来越紧密，不再是独立、分割的市场。这样，一国资本市场发生的问题，可能会传导给其他国家的资本市场。而IMF等现有的国际金融管制机构，往往是事后救助机制，而不是事先预防机制。打比方来说，过去国际资本市场一体化程度低，各国市场像农村的房屋，分散建设，一间房子着火了不会殃及其他房屋，此时统一的防火机制作用不大；但是现在国际资本市场一体化程度越来越高，各国市场像同住一楼的各家，一家着火就会殃及其他家庭，此时建立统一的防火机制就十分必要了。

筹划"一带一路"战略

我们必须从经济全面开放的角度去理解"一带一路"战略。中国过去三十多年的成功经验是,改革开放互为一体,开放是改革的一部分,能够促进改革,我相信中国会继续坚持这一决策。从这个意义上来说,"一带一路"战略是中国在新时期持续对外开放的新举措。我们不再只是要把别人的技术和资金引进来,而是要主动走出去,根据自己的格局和布局规划,积极争取国外各种各样的支持。这对于中国的改革开放和下一步的经济发展,应该说具有更加深远的意义。

中国已经将建设"一带一路"上升至国家战略的高度,并发起设立亚投行和丝路基金,您认为这些构想应该是出于何种国内及国际背景?

蔡洪滨:我个人认为,我们必须从经济全面开放的角度去理解这个战略。中国过去三十多年的成功经验是,改革开放互为一体,开放是改革的一部分,能够促进改革,我相信中国会继续坚持这一决策。从这个意义上来说,"一带一路"战略是中国在新时期持续对外开放的新举措。我们不再只是要把别人的技术和资金引进来,而是要主动走出去,根据自己的格局和布局规划,积极争取国外各种各样的支持。这对于中国的改革开放和下一步的经济发展,应该说具有更加深远的意义。

龚六堂:这个话题现在很热,其背景与中国当今所谓的"新常态"紧密联系在一起。中国经过这么多年的高速发展,不论是从经济总量、贸易量的世界排名来看,还是从国际事务的话语权来看,地位都提高了,但与此同时,中国目前依然有很多的问题:第一,大量的产能过剩摆在那里;第二,大量过剩的外汇储备需要得到合理的利用,需要保值增值;第三,中国国内的经济增长速度开始减缓;第四,不少企业需要进行升级、转型;第五,中国的人口全世界第一,但我们的货币仍然不是国际性货币,使得我们在国际贸易、国际资本市场中依然受到很多的制约……所以,我们需要找到合理的战略来使这一系列的问题得到解决,而"一带一路"战略,正是这样一个"一举多得"的战略。

就您来看,"一带一路"战略对于中国将起到什么作用?

龚六堂: 第一,它的主要宗旨是进行各国的基础设施建设,使中国很多过剩的产能(包括钢铁、水泥等)可以输送出去。

第二,中国可以通过这一战略,让我们的企业走出去。李克强总理经常说,我们的装备制造业,只有通过走出去,接受国际市场的竞争,才能够使我们得到升级与发展。

第三,因为"一带一路"战略牵涉大量的贸易往来,可以加快人民币国际化的速度,是很重要的一条途径。

综上所述,"一带一路"战略是一件非常综合的、能够为中国将来的产业增长带来战略性意义的事情。

但我必须同时指出的是,这一战略不是一朝一夕可以完成的,因此从短期来看,我们的发展重点还是与之相配合的国内区域经济的发展。2015年的"两会"也对此作出部署,"一带一路"和长江经济带、中西部的开发、东北老工业基地的复兴、京津冀一体化等,它们要彼此结合起来。"一带一路"是一个能够打通国际和国内的发展战略,但是国内要首先做好。

您的这一观点,还是从"一带一路"将给中国带来的直接助益方面来进行解读;但是也有观点认为,包括它与亚投行的组建在内,中国是在积极地给自己的经济和政治寻求突破国际制衡的方式。

龚六堂: 也可以这么说。2008年的全球经济危机开始以后,国际上出现了三个很重要的新趋势:

第一,各个国家为了恢复自身的经济,都开始采取措施让制造业回流,比如美国的制造业恢复,德国的"工业4.0"[①]等,中国也提出制造业到2025年的发

---

① 德国学术界和产业界认为,"工业4.0"的概念是以智能制造为主导的第四次工业革命,或革命性的生产方式。该战略旨在通过充分利用信息通信技术和网络空间虚拟系统——信息物理系统(Cyber-Physical System)相结合的手段,推动制造业向智能化转型。目前这一概念主要分为三大主题:一是"智能工厂",重点研究智能化生产系统和过程以及网络化分布式生产设施的实现;二是"智能生产",主要涉及整个企业的生产物流管理、人机互动以及3D技术在工业生产过程中的应用等;三是"智能物流",主要通过互联网和物联网,整合物流资源,充分发挥现有物流资源供应方的效率,而需求方则能够快速获得服务匹配,得到物流支持。

展规划等。这些做法将带来的问题是，为了让制造业回流、恢复，各国必定会采取一系列的贸易保护主义措施，这种趋势在未来几年可能会变得越来越明显。

第二，以美国和欧洲为例，开始采取一些金融性的手段来制裁或者干预一些国家。

第三，很多世界性的规则体系（如 IMF、世界银行、WTO 等），它们原先一直是由美国所主导的，但随着局势的发展，这些体系对美国的保护作用正在逐渐降低。以 WTO 为例，美国主要是服务业贸易，从中得到的实惠不多，而中国因为以制造业为主，反而成了很大的受益者。因此，美国又新提出 TPP 和 TTIP 这两个体系，中国要想加入进去，会面临更加艰苦的谈判。

在这些情况之下，中国是被动地加入这些体系，还是主动地寻求突破？就是一个战略选择。现在看来，我们这一届的领导人和政府的选择是主动突破。

这种主动突破不仅包括开始布置走出去的"一带一路"战略，还包括能够把自身放开的上海自贸区、广东自贸区、天津自贸区等一系列国内自贸区的建立和扩展，以及中、日、韩等地区性国家间的自贸区谈判等。它们的目的，都是打破美国的环太平洋、环大西洋的围剿战略，打破条条框框，把不利的东西化为有利。

通过"一带一路"战略，中国的各方资本将大量向外进行投资，您认为在这一过程中将蕴含什么样的风险？

龚六堂：按照以往中国资本投向非洲、亚洲一些国家的经验来看，这个过程的确蕴含着大量的不确定性因素，不仅仅是经济方面的，还包括宗教冲突甚至牵扯到恐怖主义。这是一个两难的问题：一方面，国内的资本要走出去；另一方面，想要向发达国家进行投资，一是人家不愿意，二是我们的企业也的确缺乏竞争力。

因此，我们只有慢慢地积累经验，帮助这些相对落后的地区进行基础设施建设，帮助当地居民的生活水平得到提高，以此化解矛盾，使得当地对于中国的态度出现转变，反过来能够让中国获得经济和政治方面的双重收益。

我的观点是，即使这一过程蕴含这样那样的风险，也比用中国的钱去购买美国的国债要好得多。后者的风险更大，主动权又不在自己的手上。

与"一带一路"战略紧密相连的亚投行的组建，目前正在成为亚太地区的焦点事件，对于中国在亚投行中的地位，各方更是看法不一，您对此的看法如何？

龚六堂：各个国家在国际上的行为方式背后，肯定考虑了自身的国家利益。想让美国主动参加一个不是由它来主导的国际性规则，是非常困难的，这是可以想象的。而美国自己不加入，自然也不希望它的朋友们加入进去，以此让中国构建自身平台的计划落空。

蔡洪滨：亚投行目前在国际上很火，我觉得是一件非常好的事情。新的国际经济格局，当然需要一个新的国际金融体系与之相适应。亚投行得到世界各地的积极反响，既反映了我们在国际社会地位上的提高，也呼应了很多国家对于新的国际经济、国际金融体系的改变的期待。所以我觉得，它对中国、对国际金融体系来讲，都是一个非常好的新现象。

陈玉宇：亚投行是世界格局发生变化的一个标志。发达国家对此感兴趣的原因是，它们能不能在这个过程中作出贡献，获得生意。因此，亚投行的成立，注定会引起中国和西方、发展中国家和发达国家的博弈。发达国家中的一部分，试图通过参与亚投行来更多地卷入亚洲的发展，抓住"一带一路"的发展所提供的机会。不管怎么说，这是中国在经济进入"新常态"的情况之下，第一次从被动的全球化的参与者，逐步成长为一个比较主动的规则制定者，参与塑造新的全球化秩序和全球化规则。

在这个过程当中，国外有大量的担忧，认为你这样一个新手，是不是能够很娴熟地与已有的国际秩序和游戏规则结合得很好？能不能在这个过程当中把中国的战略意图，把对亚太地区其他发展中国家非常有利的基础设施的建设、经济发展等战略意图，与现行的国际秩序融合在一起？这个过程充满了博弈，而中国也会在这一系列的博弈中不断地进行权衡取舍。亚投行是中国发展战略的一个成就，是中国经济实力的结果。

各个国家纷纷申请加入亚投行，您认为它的吸引力在哪里？

龚六堂：从中国自身的角度来看，是因为中国在国际上的重要性越来越大，这是一方面。另一方面，不管你如何诟病，中国手里还有大量的外汇储备，而且在基础设施建设领域也有很多的经验。

从亚太地区的格局来看，"一带一路"战略蕴含了大量的机会，它涉及的国家的基础设施建设都是相对匮乏的，它们愿意与中国进行合作，由中国来帮助自己把基础设施建好。它们因此可以缔结成为一个经济带，将来形成一个区域发展的核心，这是一件不得了的事情。一旦失去这个机会，再想抓住就很困难了。这就是欧洲的一系列国家纷纷加入亚投行的原因，它们都瞄准了这当中蕴含的巨大机遇和潜力。

因此，亚投行可以说是中国的一个成功的突围案例。通过建立并依赖一系列的区域性的经济组织，帮助我们实现人民币国际化，扩大中国的影响力，这是非常重要的。

如此一来，中国与美国之间的关系就变得非常微妙，包括在美元问题上、在亚洲问题上。

龚六堂： 将来的国际经济和金融格局肯定会发生变化。在2008年全球性经济危机出现之前，一系列的格局都是以美国、美元为核心的。欧元的影响力后来逐步壮大起来，是与欧洲整个地区的经济总量相关的。随着中国的经济总量在全世界的份额变得越来越大，这个时候，根据国际贸易的法则，这个国家的货币也会具有相应的地位。中美之间的关系的确会变得越来越微妙，这是大国间的自然的博弈。

拿捏人民币国际化

目前人民币要想成为区域性货币还有很大的障碍，离世界货币还有更长的路要走。人民币还没有完全自由化，在资本项目下的人民币还不能自由兑换；国内金融体制的开放度、机构的竞争力和金融市场的规模在今后如何发展，仍有很大的不确定性；国际储备体系的历史惯性会维护美元和提升欧元的地位。因此，人民币实现真正的国际化，成为国际储备货币体系中较为重要的成员，难度较大。

您认为,亚投行对人民币国际化将起到什么作用?

龚六堂: 我认为主要有两点作用:其一,原先企业出口产品获得美元,需要发行相应数量的人民币进行对冲,存在很大的风险,而现在企业可以直接在体系之内用人民币进行结算了;其二,亚投行体系之内的国家和地区,肯定会成为人民币结算的重要节点,只要这些国家和地区能够积极使用人民币,人民币的国际化加速就会是一件顺理成章的事情。

除了亚太的一些国家和地区之外,英国、法国等欧洲国家在推动与人民币的互换协议时也非常积极,您认为人民币逐渐走俏的原因是什么?

曹凤岐: 我认为这些现象出现的根本原因是美国的金融危机。中国对美国金融危机采取的措施以及中国经济增长仍保持强劲,人民币前景看好,特别是有些国家和地区因为持有人民币而大大缓解了痛苦……此种效应正在全世界发酵,使得人民币的国际地位不可避免地会进一步提高。

事实上,人民币在越南和泰国等东南亚地区一直在流通,随着中国与东盟经贸合作的开展,人民币已经成为部分地区的交易货币。中国人民银行也承认,在俄罗斯、蒙古、越南、缅甸和尼泊尔等周边国家,人民币已经成为边贸结算的主要币种。中国对亚洲新兴市场保持外贸逆差,增加了人民币在这些区域流通的可靠性,也有助于加快人民币区域化的进程。而中国对世界保持巨额的外贸顺差,使得人民币升值压力较大而贬值压力较小,保证了人民币作为储备货币的安全和收益性。因此,若人民币完成资本项目下的可兑换,在亚太地区必将成为各国外汇储备的一个良好的选择。

从政治高度考虑,应在当前纷繁复杂的国际金融局势中更多地争取我们的利益,提高我们的话语权,争取建立一个有利于中国的国际金融格局。

龚六堂: 欧洲经济在很大程度上也依赖中国经济,它们彼此间的贸易往来非常密切,这就使得它们之间具有巨大的互补性和关联性。如果双方的货币相互之间有很密切的联系,就能够降低贸易成本。

但是现在阻碍人民币国际化发展的问题可能主要不是如何向外流出，而是国内的回流机制，中国国内的金融等一系列体系都还没有做好相应的准备。

曹凤岐： 的确，目前人民币要想成为区域性货币还有很大的障碍，离世界货币还有更长的路要走。人民币还没有完全自由化，资本项目下的人民币还不能自由兑换；国内金融体制的开放度、机构的竞争力和金融市场的规模在今后如何发展，仍有很大的不确定性；国际储备体系的历史惯性会维护美元和提升欧元的地位。因此，人民币实现真正的国际化，成为国际储备货币体系中较为重要的成员，难度较大。

龚六堂： 这是非常对的，因为这涉及资本项目的开放问题。虽然我们的贸易已经开放了很久、很多，但现在我们的资本项目还是部分管制的。

与人民币国际化加速相适应的，应该是我们的金融市场化程度越高越好。但问题在于，目前我们国内的金融市场化程度仍然不高，人民币的存款利率还没有做到完全的市场化，而这是我们的资本市场开放乃至人民币国际化过程中非常重要的一个基础性条件。

现在国内就放开管制的反对声音也很多，您对此如何看待？

龚六堂： 反对的人主要担心市场化之后的金融风险问题，以及存贷款利率变得更高，使实体经济的成本因此而加重的问题。

但反过来想的话，现在中国国内民营经济及中小企业的发展，最大的问题是融资难、融资成本高，根本贷不到钱或者成本太高。为什么会出现这种问题？就是因为我们多层次的金融体系还没有建立起来。利率市场化之后，允许更多的资本进入这一体系，民营企业或者中小企业就能够得到服务，而且比它们之前的融资成本更低。

我的态度是利率市场化要稳步推进，是有步骤的，即先长期后短期，先定期后活期。可能一开始会出现波动，但过了几年之后，还是会找到利率的综合市场价格的。

在此基础之上，我们应该关注的是资本项目的开放。反对的声音认为，由于现在国内的经济形势不尽如人意，一旦开放之后，大量的资本可能外逃，居民也把资金换成美元、换成外币，中国的外汇储备就不够了，中国可能承受不了这样的代价。

实际上我认为，这种观点是非常极端的。中国的老百姓不太会随随便便把存款都换成美元；而且，即使资本真的大量离开中国，使中国的资本出现短缺，那么利率会随之上升，大量资本马上又会回流，这是一个动态的过程。

但在这个动态的变化过程当中，可能难以避免出现大起大落。

龚六堂：实际上，任何一个国家开放资本项目，都不可能完全放弃控制手段，都留有各种各样的手段，目的就是防止资本一会儿来一会儿走。比如秘鲁和俄罗斯，它们就在资本进来的时候不设限，但是资本要离开的时候，就会让其必须在银行待满半年以上，而且没有利息收入。国际上是有一套措施去防范这些问题的出现的。

因此，资本项目的开放也不能一蹴而就，而应有步骤、有额度。最后的领域，才是资本市场的开放。有一些领域，比如资本进入中国进行基础设施的投资，这是没有问题的。

综合来看，国内的利率市场化要走在资本项目开放之前，让金融体系先做好准备。如果国内都没有准备好，那是不符合经济学的基本规则的。

中国目前在这些领域的节奏掌握得如何？

龚六堂：我认为节奏掌握得不错，也在慢慢地开放。比如一系列自贸区的建立，它们的一些资本项目账户是可以不经过国家外汇管理局的，但是有额度限制。这就是为我们的资本项目开放进行探索，这是一个过程。

曹凤岐：我认为，中国的人民币国际化要实行两个"三步走"策略。一是地域的"三步走"，目前人民币在周边地区以"硬通货"的形式出现，已经实现了准周边化，将来人民币可以由准周边化发展为正式周边化，进而发展为正式区域化及准国际化，最终人民币将真正实现国际化。二是货币职能的"三步走"，即结算货币、投资货币、储备货币。配合地域的"三步走",人民币可依次成为周边国家贸易结算货币和区域性的投资货币,最终人民币将成为国际储备货币,为全球各国所接受。

我们应当从制度安排上加快人民币国际化的步伐,逐步开放人民币资本账户下的可兑换,为人民币成为区域性货币甚至世界货币创造条件。

第一,不断增强中国的国力。一个强大的货币背后必须有强大的、高效率的经济作为后盾。经济的稳定增长是人民币国际化的一个重要先决条件。一是要有稳定的宏观经济形势。二是政府要具备成熟的宏观调控能力,要善于灵活运用各种政策工具进行间接调控。对财政政策而言,要保持财政收支状况良好,可根据经济需要及时调整;对于货币政策,要求货币政策具有较强的独立性。

第二,进一步健全中国的微观经济主体。一方面,企业将面临国外同业的激烈竞争,企业的生存和发展直接决定着资本账户开放的可行性。从制度上看,要求企业自主经营、自负盈亏、自我约束,能够对价格变动作出及时反应。从技术上看,要求企业具有较高的劳动生产率,产品在国际范围内有一定的竞争力。如果企业技术水平落后、效率低下,会导致政府巨额财政补贴支出和财政收支状况的恶化,并导致银行巨额不良资产的形成以及国际收支状况的恶化。另一方面,商业银行经营状况对资本账户开放的意义更为重大。如果一国商业银行没有真正转变经营机制,存在大量不良资产,必然在与国外金融机构的竞争中处于劣势,这就会使居民将大量存款转存外国银行,从而使国内金融机构的经营状况进一步恶化,这极易使一国出现债务危机和货币危机。因此,健全银行体系是成功地开放资本市场的重要前提。中国的银行体系要进一步完善内部治理结构,提高信贷质量,控制信贷投向,管制信贷资金汇流资本市场,实行多元化经营,适时涉足多领域金融服务业务,提高抗风险能力。

第三,建立一个现代化的开放型金融体系,维持货币流通和支付职能的有效发挥。其一,要加强资本市场基础制度建设。一个稳定和健全的资本市场是防范外来资本冲击的前提和基础,在实现中国资本账户开放之前,必须提供一个国内资本和国际资本互动并施展潜能的市场环境,以及完善的资本市场框架,借以规避资本市场开放带来的过度投机和市场动荡。其二,要强化上市公司治理绩效,规范经营行为,加强信息披露。提高会计师事务所、资产评估师、律师事务所等中介服务机构的服务质量,强化尽职履约意愿,提高运作透明度。其三,要增加证券市场的产品种类,优化产品结构,扩大机构投资者规模,引进外来基金投资者,为周边国家提供更多以人民币计价的金融产品,推动以人民币计价的亚洲债券市场的发展,为形成储备货币职能奠定金融市场基础,减轻对美元债券市场的过度依赖,给国外的人民币持有者创造投资的渠道。

第四,改变中国的外汇储备结构。各国外汇储备的基本功能是国际收支结算和防范金融风险。如果外汇储备风险加大,外汇储备自身安全得不到保证,在国际收支结算中的损失就难以估量,同时本国的金融安全也相应降低。事实上,国际储备资产的安危已经为美元所左右。目前中国外汇储备约 26 000 亿美元(包括大量的美国国债、机构债、非货币资产、保证金存款和一般性存款),其中美元资产占了 2/3,规模和风险之大堪称世界之最,因此应当调整中国外汇储备的构成。一是外汇储备货币币种多样化。减少美元储备,增加欧元、日元和其他国家的可兑换货币储备。二是外汇储备的部分资金要进行投资和运用,增加外汇储备的流动性。流动性也很重要,有流动性才有收益性。不应无条件地继续大规模购买美国债券,要考虑购买原油期货、贵金属及资源性和战略性产品。用外汇直接投资国外一些战略性、资源类项目和企业。还有一个策略,就是藏汇于民,允许居民保存一定的外汇。

第五,要进行富有弹性的汇率安排。保持充足的外汇储备是很有必要的,可以为国家抵御金融危机提供可靠的缓冲余地。资本账户开放很可能会在短期内引起大规模的资本流入,使实际汇率升值和经常账户恶化。中央银行动用相对充足的外汇储备对外汇市场进行干预则可缓解这一压力。而且,相对充足的外汇储备可增强市场人士的信心,在一定程度上抑制短期资本的投机活动。需要指出的是,总结历次金融危机的经验,在僵化的汇率安排下,一国无论保持多少外汇储备,在国际投机资本的冲击下都是微不足道的。一般来说,在富有弹性的汇率安排下,外汇储备可相对少一些;相反,在僵化的汇率安排下,外汇储备应相对多一些。

为应付资本账户开放后的各种不稳定性,一国应保持较高的汇率安排弹性。中国应当实行有管理的浮动汇率制度。

第六,要继续进行利率自由化改革。资本账户开放一定程度上是以国内利率自由化为前提的,金融压制下的利率管制会造成资金价格信号的失真。比如,受到管制的利率低于国际市场利率时,资本账户开放会导致资本外逃;反之,会引起资本过度流入。而且,利率管制往往不能保证资金流向效益好的企业,不能保证资金的合理有效配置。资本账户开放会引起外国资本大量流入,如果没有市场化的利率机制,将导致大规模的资金浪费,并可能引起外债的清偿困难。

第七,建立健全完善的金融监管体系。必须加强金融监管,防止大量资本流入高风险行业而使银行形成巨额不良资产。完善银行市场准入制度;对银行的财务状况和业务程序进行严格的审查;对银行投向高风险行业的贷款比例作出严格限制等。在资本市场方面,应建立健全各种交易法规,完善信息披露机制,健全上市标准和程序,培育会计、评估、法律等证券中介机构,选择高效运作的交易系统等。要完善资本市场的各项法律法规,强化市场参与者的自律机制等。进一步完善金融监管体系,科学合规地监管,提高监管水平,强化证券、银行、保险之间的协调监管等。

第八,中国要在国际金融领域发挥更大的作用,在特别提款权(SDR)构成中占有一席之地是重要的一步。中国向 IMF 提供资金,相应增加了中国在 IMF 中的权重份额;但更重要的是,要在人民币国际化程度不断加深的过程中实现 SDR 构成的改造(包括人民币在一定条件下成为 SDR 的组成部分),促使 SDR 货币构成多元化。IMF 现有 SDR 构成的改造,在一定程度上取决于中国的影响和人民币国际化的程度。人民币实现自由兑换不仅是中国现实的需要,也是世界货币体系改革的需要。[①]

[①] 曹凤岐教授指出,要真正建立超主权国际货币储备体系,路还是比较长的。其一,美国是旧体系下受益最大的国家,不会轻易作出让步。奥巴马的第一反应就是"没必要",而澳大利亚等西方国家都是不同意的。其二,现在还不能因为国际金融危机就说美元的霸主地位会衰落。因为各个国家的贸易基本上是以美元计价的,所以不能马上就改变;在整个国际货币结算体系中,美元仍占 65%。其三,提出用 IMF 的 SDR 作为一个国际货币储备体系也不是很快就能实现的。

对于自贸区现在遍地开花,您怎么看待?

龚六堂: 我之所以支持自贸区的建设,是因为它们可以极大地降低贸易成本和其他的一系列成本。我们国家现在简政放权的目的就是降低成本,因此这是一件好事情。自贸区当然应该遍地开花,中国应该更多地建设自贸区。中国那么大的国家,为什么湖北、湖南不能建立自贸区?应该逐步建立更多的自贸区,就像以前的开放口岸一样。

朱善利: 建立自贸区,是通过开放的方式促进改革,是与邓小平推动深圳特区建设一样的路子,即减少政府干预,并以此为基础向全国推进。实际上,如果全国都是自贸区了,中国经济发展的约束就会大量减少。

周黎安: 想要与虎谋皮,一下子就全部把它扒掉是不可能的,只能一点点地谈判。中国的分权改革基本沿袭了这个思路,先从某些地区的特殊政策开始,然后越来越多的地区享受这些政策。如果一开始就要求中央部委大面积放权,一定会阻力重重。建立自贸区,从上海开始,逐渐惠及更多的地区,正是进行突破的切口,我认为这是好事情。原先的税收、海关、金融等改革,往往卡在相关部委,让它们主动放权是不可能的;而自贸区就能够推动这一过程,以点带面、渐进突破。

一系列的好处之外,您认为自贸区的风险在哪里?

龚六堂: 做任何事情肯定都存在风险。自贸区最大的风险在于,怎么处理它们与整个国内市场的关系。比如中国的资本市场,作为整体来说,是一个受到管制的市场;自贸区的市场则是相对自由的。一个国家,两种制度,怎么在不同的地区操作不同的货币政策?这就是考验。而且,资本市场是最容易出现套利行为的,一旦出现,就会出现很大的问题。这些都是需要进行制度设计去解决的。中国目前就在探索改革不同类型的金融机构,实施不同的存款准备金率,这是非常重要的探索。

朱善利: 是要慎重一些。中国的金融业发展还是很落后的,想应付人民币国际化之后产生的弊端,能力还没有到那一步。不像美国,美国的金融实力已经相当强大了。美元可以充当世界货币,人民币充当不起。

慢慢来会好一些。与中国的家庭联产承包责任制一样,阻力很大。任何一项改革都有利有弊,只有利不可能,"两害相权取其轻"。可能自贸区带来的弊端更少一些,利益更多一些。

还是中国传统的改革模式和路径,增量改革,不动存量。

还有观点认为,上海自贸区等一系列自贸区的出现,会大大削弱香港的地位。对此您的观点是什么?

龚六堂: 我总觉得这些判断过于绝对化了。经过这么多年,香港已经找到它的比较优势,已经在国际市场上有了一定的位置。上海要想一下子替代香港,我认为是不可能的事情,它们各自具备的是不同的比较优势。通过"沪港通"等一系列政策,它们之间会出现更多的联系,共同加速人民币国际化进程。

主要参考文献:

蔡洪滨,"共塑亚太经贸新格局",《中国对外贸易》(2014年APEC工商领导人峰会专刊),2014年11月。

曹凤岐,"建立超主权国际货币储备体系是一个长期战略目标",曹凤岐新浪博客,2010年10月8日。

〔美〕纳扬·昌达著,刘波译,《绑在一起》,中信出版社,2008年5月。

沈大伟,《纠缠的大国:中美关系的未来》,新华出版社,2015年2月。

专题八 国际化

＞下篇　迈向低碳时代

> 如果人类的发展轨迹有危险，与其说是危及我们自身物种的生存，不如说是实现了生物演化的最大讽刺：在人类心智达到自我了解的那一瞬间，生命最美妙的杰作已注定毁灭。
>
> ——科学思想家爱德华·O.威尔森

> 现在，我们正站在两条道路的交叉口上。但是这两条道路完全不一样……我们长期以来一直行驶的这条路使人容易错认为是一条舒适的、平坦的超级公路，我们能在上面高速前进。实际上，在这条路的终点却有灾难在等待着。这条路的另一个岔路——一条很少有人走过的岔路，为我们提供了最后唯一的机会……
>
> ——生物学家蕾切尔·卡逊（《寂静的春天》）

历经半个多世纪的波折,随着低碳化的理念逐渐深入人心,全球低碳发展最终从理论研究、路径讨论、模式探索,逐渐走向了实践层面。

这一转变并不容易。最晚始于 20 世纪中叶,随着关于全球环境问题的讨论日益增多,生态文明理念开始植根人心,此时全球社会已初步认识到,为阻止生态灾难,人类必须一致行动起来;进入 20 世纪七八十年代后,正如厉以宁教授所言,随着全球变暖日益明显,碳排放问题逐渐引起全世界的重视。相应的,关于全球共同致力于减少温室气体与降低温室效应的倡议,以及低碳发展思潮,也起源于这一时期。

由于大量的科学、国际政治、国家利益、观念等因素被交织在内,博弈在各个层面上持续进行。多年来,有关气候变化的程度以及作为解决方案的低碳化发展路径,一直难以得到全球各方的认同,行动与实践更是因此步履蹒跚。就在数年之前,当诺贝尔和平奖得主阿尔·戈尔推出的一部名为《不可忽视的真相》的影片在全球公映时,因预测随着海平面的上升,暴风雨将增加,甚至直到某一天连"9·11"的纪念地也难逃被淹没的命运,很多人对此进行强烈批判,说这是不负责任。

事实胜于雄辩。随着一系列气候变化的征兆不断出现,在全球目前最为权威的跨政府间气候变化应对机构——联合国政府间气候变化专门委员会(Inter-Governmental Panel on Climate Change,IPCC)公布的相关报告中,字里行间均透露出其态度的不断演变:1990 年的第一次评估报告指出,近百年的气候变化可能是由自然波动或人类活动,或二者共同影响造成的;1995 年的第二次评估报告则认为,人类活动对全球气候的影响能力有限,且在一些关键性因素方面存在不确定性,但越来越多的事实表明,人类活动的影响已被察觉出来;2001 年的第三次评估报告中加入了新的、更强的证据来表明,过去 50 年观测到的大部分增暖"可能"归因于人类活动(66% 以上的可能性);2007 年的第四次评估报告中得出了近乎确定性的结论,人类活动"很可能"是气候变暖的主因;2013 年的第五次气候变化评估报告中已经认定,全球变暖的趋势已经非常明显——自 20 世纪 50 年代起,气候变化已经造成大气与海洋变暖、冰雪数量减少、海平面上升及温室气体增加，而造成这一切的罪魁祸首就是人类行动。

就在2014年11月初，IPCC公布的最终报告认定：气候变化对人类和生态系统造成严重、顽固和不可逆转的影响。虽然有关的一系列争议仍然并未因此而彻底终结，但是已经有越来越多的人和他们的国家开始选择相信，为了应对可能出现的一系列严重灾难，有必要快速行动起来。

在这一正在加速转变的过程当中，近期出现的最典型的案例之一是，2014年年底于北京举办的APEC会议期间，由中美两个碳排放大国共同发表《中美气候变化联合声明》。究其意义，这是中美两国"第一次"将气候变化视为"人类面临的最大威胁"，"第一次"由中美两国元首宣布两国各自在2020年后应对气候变化的行动。气候变化问题的重要性和紧迫性已经清晰可辨。

作为全球最大的发展中国家，中国近年来正在越来越多地面临能源短缺和环境污染问题的多重挑战，能源安全形势严峻，资源和环境约束加剧，温室气体减排的国际压力加大。即便如此，中国依然在上述这份能够体现其全球领导力的声明中表示：计划到2030年左右，二氧化碳排放达到峰值；除此之外，还计划到2030年，非化石能源占一次能源消费比重提高到20%左右。

对于以往能源消费结构极度不合理的中国来说，由于中国的低碳经济发展之路与发达国家存在显著的不同，因此这将是一次异常艰难的考验：随着城镇化及工业化进入全新的加速发展阶段，它必须在能源消耗绝对量增加的同时，通过提高能源效率、调整能源结构等方式减少污染物排放和二氧化碳排放，实现绿色循环低碳发展。国家发改委的相关负责人在解释上述目标时也坦陈，确立上述目标，实际是自己给自己建立了一个倒逼机制，促进国内经济发展方式的转变和结构调整、转型、升级，提高经济增长的质量和效益。

方向已然明确，再究其实现路径，厉以宁教授对此曾言："谈到低碳经济，首先讲一个问题，就是人类在面临两难选择：一是要保护生存环境，二是要保持经济持续发展。为什么是两难选择？如果只顾经济发展不顾生态环境，可能本代人都难以生存；如果只顾环境，那么发展中国家该怎么发展？这个问题一直困扰着人类。经过多年探索后才找到一条道路，就是二者兼顾，实现经济的低碳化，实现绿色经济。"

而这也意味着,为了实现这一目标、走通这一道路,中国必须从现在开始实施一项动态的系统工程,必须从经济社会发展的整体出发,努力构建和完善低碳发展体系。事实上,中国已经采取了一系列措施①,这些政策也的确正在见效。比如,2014年上半年单位GDP能耗已经同比下降4.2%,高于预期的3.9%的年度目标,这也是2009年以来中国的最大降幅。由此可以看出,中国节能减排的确仍有潜力,兑现承诺也有保障。

即便如此,由于一系列外部经济发展因素的制约,以及依然有不少作为微观主体的企业和个人仍然把低碳化发展当作"烧钱",因此要真正最终实现多重目标并不容易。正如光华管理学院的多位学者②在近期的一系列相关研究中所发现的那样,因为与低碳化发展的一系列相关技术(比如新型能源的大量开发使用,传统能源的高效清洁使用等)在短期内可能无法得到突破性发展,所以我们必须更多地立足于现实的技术储备,在政府管理、社会管理、个人意识等诸多潜在方面进行充分挖潜。

就此来说,除了政府一定要实施严刑峻法以有效规制企业及个人的行为之外,

---

① 中国科学技术部、中国气象局和中国科学院在共同发布的《第二次气候变化国家评估报告》中指出:中国目前正处于工业化、城镇化和国际化的快速发展阶段,能源结构以煤为主,能源消费和温室气体排放增长都比较快;不过,作为发展中国家,本着对全球负责的精神和推进可持续发展战略的要求,中国已经通过推进经济结构调整、努力提高能源效率、节约能源、积极开发利用可再生能源、大力开展植树造林等方面的政策和措施,在控制温室气体排放方面取得了积极的进展,为减缓全球温室气体排放的增长作出了积极的贡献。

② 在中国的低碳发展研究领域,北京大学光华管理学院目前承担着"中国低碳发展宏观战略研究"项目。此项目经国务院领导批准,国家发改委与财政部于2012年5月组织开展,光华管理学院承担了其中六项课题,分别是"低碳发展宏观经济理论框架研究"(课题负责人:厉以宁、朱善利),"低碳发展对我国经济增长影响研究"(课题负责人:雷明),"低碳发展对我国物价水平影响研究"(课题负责人:黄涛),"低碳发展对我国就业影响研究"(课题负责人:张一弛),"低碳发展对我国国际收支影响研究"(课题负责人:周黎安),"中国未来经济社会发展总体态势研究"(课题负责人:龚六堂),研究已历时两年,报告将于近期提交。在2013年举行的项目开题汇报会上,厉以宁教授曾强调:"低碳应是宏观经济政策中的经济增长、物价稳定、充分就业和国际收支平衡四个目标之外的第五个目标,而且是一定要达到的目标。"

我们还应推出更多的市场化措施来保护环境，实行更多的正向激励，比如碳排放交易、增加碳汇、提升企业领导者的"绿色领导力"等措施。如此一来，中国在节能减排的道路上就能实现双轮驱动，既有政府的压力机制，让企业不敢、不愿意增加排放或违法排污；同时也有市场化的交易，让环保有利可图，吸引和鼓励更多的企业及个人主动参与进来。

低碳化压力

在过去的 10—15 年中，全球温室气体排放以每年 1.8% 的速度增长；到 2043 年，如果继续这样进行下去，还想维持全球升温在 2℃以内，那么全球将用光手中的碳排放额度，而且必须在 2044 年一下子达到全球零排放。在如此局势之下，虽然历经多次气候大会，但世界各国仍一直没能在减排责任上达成一致。原因之一是，发达国家与发展中国家在碳排放的历史责任与应承担的义务上始终存在分歧。中国有相关的权威科学家对此的计算是，对于全球变暖，发达国家应承担 60%—80% 的责任，而发展中国家应承担 20%—40% 的责任。

低碳化发展正在成为全球性共识，这一趋势出现并且发展的深层次背景是什么？

厉以宁：从 20 世纪 70 年代左右开始，随着环境恶化的不断加剧，如何解决问题越来越引起社会各界的关注，反思不断增多。这一趋势出现的最明显的标志是罗马俱乐部在 1972 年发表的《增长的极限》这份重要报告。该组织在报告中对工业化进行了全面反思并明确指出，环境污染会对人类的未来发展造成威胁。[①]

以此为开端，多国的经济学家、社会学家、生物学家、气象学家等各行各业的人士越来越关注这个举足轻重的问题。随着全球对这一问题的认识不断加深，

---

① 1972 年，由美国教授丹尼斯·米都斯为首组成的罗马俱乐部成员在《增长的极限》报告中提出，如果工业化、人口增长按照现有趋势发展，在不久的将来，不可再生资源耗尽和环境恶化的问题会使人类面临增长的极限，迎来零增长阶段；除此之外，在 1962 年出版的小说《寂静的春天》中，美国生物学家蕾切尔·卡逊也提到，科技和经济的发展，特别是人类对化学杀虫剂等有害物的利用，导致生物多样性减少，破坏了生态环境。

联合国于 1992 年在巴西召开的环境与发展大会上首次提出"可持续发展"这一概念。各方达成的基本共识是，以往的发展方式是不可持续的，如果这样因循下去的话，世界未来将面临能源枯竭、环境破坏等一系列难题，甚至连人类能否生存本身都可能要被打上问号。

需要指出的是，在各方提出的共识框架中，"如何应对气候变化？"也成了一个被着重强调的问题。这意味着全球环境治理的理念和内涵已经添加了新的维度。要知道，在此之前相当长的一段时间之内，各方虽然已经开始积极采取行动减少环境破坏，并对环境污染进行治理，但主要针对的是那些可能直接对人体产生伤害的有毒废弃物，比如不能排放有毒污水、丢弃有毒废渣等。随着认识的不断积累，大家普遍开始进一步意识到，即使是不会对人体产生直接毒害的二氧化碳温室气体，如果过度排放的话，也将对全球环境带来严重损害。[①]

这种损害的主要表现形式就是全球气候变暖，而这一现象主要会带来三个方面的影响：其一，北冰洋、南极洲的冰川大量融化，全球海平面逐步上升，使得一些岛国或者很多国家的沿海地区不复存在；其二，随着冰川的融化，它们之下原先冰冻的大量远古时期的病毒、生物可能会重新复苏，给人类带来不可预知的灾难；其三，中国和世界很多国家的高山上都有大量积雪（比如喜马拉雅山、天山、乞力马扎罗雪山等），如果积雪越来越少的话，会给当地带来什么样的环境及社会影响也是无法预料的。

作为应对措施，在上述大会上，各方达成的共识是，作为一项国际共同的义务与责任，全球各国没有谁能够独善其身，都要尽可能多地减少二氧化碳气体的排放，控制大气中温室气体浓度的上升。以此作为标志，低碳化发展（或者说经济的低碳化）开始被逐步纳入各国的经济社会发展纲领中，以不同的方式和速度进行探索。在 2009 年举行的八国集团峰会上，与会各方更是明确提出，到 2050 年时，全世界的温室气体排放量应当至少降低 50%。

---

① 根据《中国低碳年鉴 2010》，大气层中存在多重温室气体，包括二氧化碳、甲烷、氧化亚氮、全氟化碳、六氟化硫等。瑞典化学家斯凡特·阿列纽斯于 1896 年发现，大气层中的温室气体有一种特殊作用，即能够使太阳能量通过短波辐射到达地球表面，而地球以长波辐射形式向外散发的能量却无法透过温室气体层，这种现象被称为"温室效应"。

综合来看，全球各国共同向低碳化迈进的时代已然来临。

雷明：就具体发展阶段而言，1972 年，第一届联合国环境会议在瑞典首都斯德哥尔摩召开，会议通过了《联合国人类环境会议宣言》，要求全球关注环境问题（特别是气候变化）并出台国际政策以解决全球环境问题。这次会议被看作人类关注气候变化问题的一次里程碑性事件，它随后在全世界范围内引起了一系列关于应对气候变化的讨论。

1988 年，联合国建立了政府间气候变化专门委员会，负责研究、整理全球专业机构气候变化的研究成果，并发表具有各国政府背景的报告，从而为气候变化的研究和政策制定提供科学依据。

1990 年，IPCC 发表了第一份报告，认为温室气体的持续大量排放在大气中逐渐积累，最终将导致气候变化，变化的速度、幅度将对社会经济和自然生态系统产生严重的负面影响。由此，关于环境及气候变化问题开始引起国际社会的共同关注。同年，联合国成立了政府间谈判委员会；1992 年 6 月，在巴西里约热内卢召开了联合国环境与发展大会，重要成果就是签署通过了同年 5 月由联合国政府间谈判委员会就气候变化问题达成的《联合国气候变化框架公约》（*United Nations Framework Convention on Climate Change*，UNFCCC）。公约制定的直接目标就是减少温室气体的排放，规定各缔约方应采取措施限制温室气体排放，将大气温室气体浓度稳定在一个不会干扰气候正常变化的水平上。可以认为，这次会议开启了人类进入低碳社会的大门，自此，人类迈入低碳时代。

1997 年 12 月，《联合国气候变化框架公约》第三次缔约方大会在日本京都召开，有 180 个国家参加，会议通过了《京都议定书》，规定各国二氧化碳排放量的降低标准，为各国采取相应的措施以有效降低碳排放量提供了计量依据。该条约于 2005 年 2 月 16 日正式生效。然而，世界上温室气体排放量最大的美国在 1998 年签署条约之后，又于 2001 年 3 月第一个退出该条约。与此同时，工业化国家对《京都议定书》中认定的减排责任迟迟未能落实，一些已经制定的机制也存在经常被修改的现象，使得降低碳排放的工作进展得十分缓慢。

2007 年 12 月，联合国气候变化大会在泰国巴厘岛举行，大会决议在 2009 年前就应对气候变化问题进行谈判，随即制定了享有广泛影响力的应对气候变化的"巴厘岛路线图"，旨在针对气候变化、全球变暖而寻求国际共同的解决措施。

随后，2009年的哥本哈根世界气候大会、2010年的坎昆世界气候大会、2011年的德班世界气候大会，无一不在强调控制环境污染和能源绩效的重要性，各个国家和国际组织相继展开碳减排模式的探索及尝试。

应当看到，直到今天，关于碳排放问题（包括它具体将产生的损害、全球变暖的空间到底有多大等）仍然有一定争议。[①]但一些基础性的问题已经得到绝大多数人的认可，也就是，自从进入工业化发展阶段之后，人类以往的生产、生活模式，不管有意还是无意，都加速了全球变暖趋势的恶化，这将带来严重的负外部性，而且往往都是不可逆的。在全球人口已经超过70亿总数大关的今天，人类已经没有条件像以前一样，敞开无穷无尽的欲望，想怎么发展就怎么发展、想怎么生活就怎么生活了，必须是有条件、有约束的发展，而约束条件之一就是必须实现低碳化。长期以来，人类发展对碳基能源的过分依赖及其消耗的大规模增长，导致以二氧化碳为主体的温室气体过度排放，带来了温室效应。因此，解决全球气候和环境问题，低碳化是一条根本途径。

除了面对这一大的趋势无可改变、必须参与之外，中国近年来对低碳化发展的态度正在变得越来越积极，这背后的直接原因是什么？

厉以宁： 中国是个发展中国家，近几年经济发展的速度很快，已经成为世界第二大经济体，仅次于美国。但与此同时，中国的高碳化发展模式也已经严重到

---

① 值得注意的是，在全球海平面持续上升的同时，南极海冰面积反而陆续增加。对自然界如此变化莫测、同时并存的气候现象，科学界仍在寻找答案。而全球气候变化的反对者们目前主要有三种观点：第一种观点认为，气候变暖只是一种自然周期；第二种观点认为，气候变暖并不会带来灾难性后果，假如真的会，人类也无能为力；第三种观点则认为，人们过分夸大了气候变化的危害，战争、疾病才是人类更大的威胁。除此之外，2014年9月，亦有学者在《自然》杂志撰文批评2009年哥本哈根会议中通过的2℃的目标，认为这是一个缺乏科学根据、不可能达成的政治口号。文章指出，其一，2℃政策的前提在于建立即时性的全球通力合作，但在现实情况下，各国减少碳排放的政策进度依然落后。其二，用温度这一单一标准来衡量气候政策的成果是相当危险的，因为海洋会吸收大部分的热量累积，缓解大气层温度的上升；但与此同时，这会对海洋生态造成巨大危机。

引起了全世界的关注。1990—2010年，中国二氧化碳的排放总量及人均数量都在显著上升；2010年，中国的碳排放总量已成为全球第一。这可不是什么光荣的数字，中国经济低碳化的必要性和迫切性已经充分地显现出来。

黄涛： 中国碳排放量全世界第一，国际压力很大，国内压力也很大，这两年正在变得越来越严重的雾霾现象就是很明显的例子。形势所迫，不想办法改变已经是不可能的了。

雷明： 以具体的数字来看：1978年，中国的能源消耗总数还只是个位数，大概是6亿多吨的标准煤；到2010年的时候，这一数字变成了30多亿吨；2011年，34.78亿吨；2012年，36多亿吨；2013年的数字还没有出来。对数字进行解读后可以证实，中国的确面临内外双重的直接压力：一方面，如果不及时采取新的低碳化发展思路和模式，本国以往模式带来的负的外部性已经异常凸显；另一方面，在解决全球气候变暖问题已经成为全球舆论导向的今天，如果不解决这个问题，一旦与别的国家和地区进行谈判，不管是有关经济贸易的还是有关政治的，我们都存在短板。对方在跟你讲道理讲不过的时候，就老揪你这根小辫子，这终归不是什么体面的事儿。因此，虽然在全球低碳行动中的利益磋商与协调面临重重矛盾，有时甚至在局部地区或者少数国家出现停滞甚至倒退，但中国还是说"咱们要低碳了"。中国要成为地球村的模范村民，要承担全球责任，就必须改变以往的发展思路和模式，不再是先污染、先排放，后治理；而是边治理、边减排、边发展；至少要做到少污染、少排放，争取做到不污染、不排放。

除此之外，外界因素给中国造成的压力大吗？

雷明： 关起门来说，我们当然要考虑自律的问题。但与此同时，在面对国际压力的时候，中国也有两个要坚持的立场。其一，环境有容量，有能够接受的极限和天花板。全球可能快要达到这个极限了，但这并不是中国一家发展所造成的。除了增量以外，还有存量的问题，因此需要考虑后发国家、代际公平等因素。中国一百多年前还是农耕社会，好不容易发展了几十年，就成了罪魁祸首，发达国家反而作壁上观，这显然很不公平。其二，中国用与美国差不多大的地方，养活了全球近四分之一的人口，承担了大量的责任，这个因素也必须考虑在内。①

张闫龙： 从自身角度来说，我们天然地认为，推动低碳化发展、让人与自然和谐相处是件好事情。同时，对于外界压力，我们应该辩证地看。以澳大利亚为例，它与中国的能源利用结构是差不多的，也是百分之七八十都是以煤炭作为主体能源。但全球舆论给它施加的减排压力就远远没有像给中国施加的压力那么大。②

张一弛： 中国要实现低碳化发展的战略，其所处的时代背景与发达国家相比是很不一样的。所以说，中国无法全盘照搬那些已经实现工业化的发达国家的经验，而是要考虑中国经济发展阶段的独特背景。那就是，一方面要完成能源消费结构调整的任务；另一方面要促进经济社会发展及经济增长，同时要解决多个方面的问题。正因为如此，中国要是完全听从这些外部声音的话，很可能就业没有了、饭碗也没有了，所以中国的低碳化发展一定要符合自身的特点。

那么，中国要实现自身的低碳化发展，有哪些现实的助力和阻力？

厉以宁： 中国要实现低碳化发展，压力很大。但与此同时，经济"新常态"

---

① 20世纪50年代以前，全球对气候变化的研究是比较"干净"的，其后因为冷战思维的加入，情况开始发生变化，气候变化最终演变成了一个"准国际政治"类的话题。据从2010年起每年参加联合国气候大会的"长江学者"董文标教授观察，目前的主流减排方案大多是基于西方学者的研究而提出的。按照他们的测算方法计算，为了减缓全球气候变化，2050年全球二氧化碳排放量只能是1990年的一半，约105亿吨，留给所有发展中国家的排放空间不超过80亿吨。对于拥有全球80%的人口、经济落后的国家来说，这样的要求直接威胁到它们的发展空间。即使发达国家承诺到2050年相比1990年减排80%，但它们2005—2020年的人均累积排放量仍可高达266吨，而发展中国家只有107吨；如果从工业革命初期算起，发达国家的人均累积排放量更高。也就是说，如果未来在气候变化问题上无法取得更具说服力的进展，发展中国家在气候变化谈判中将处于非常不利的地位，而且不得不承受没有责任的义务，替发达国家为气候变化"买单"。

② 1990—2008年，欧盟各成员国的二氧化碳排放总量减少了约3亿吨，但它们从发展中国家进口了大量商品，这部分隐含的碳排放却增加了约5亿吨。同期，美国本土的碳排量是8.09亿吨，但实际消费的碳高达12亿吨，多出的这部分碳排放，一半来自中国生产的产品。发达国家越来越多地把大量的高污染、高能耗、高排放的产业转移到发展中国家，表面上减少了本土的二氧化碳排放量，实际上增加了发展中国家的碳排放量。

的持续出现,也为低碳化发展提供了空间。因为这是用一种更加符合经济发展规律的发展方式,去替代以往不符合经济发展规律的超高速增长方式。

张一弛:打一个可能不是非常恰当的比方就是,发达国家的低碳化,是吃胖了的成年人要减肥,这相对容易,节食锻炼即可;中国的低碳化,是青年人的肥胖症,这非常麻烦,一方面要长身体,另一方面又要降低体重。正是在这种情况之下,中国要实现低碳化发展更加艰难、更具挑战性,对政策设计的要求也更高。咱们的命不是太好,很多困难集中到一起都来了。也许再过二十年,人口规模开始往下走了,这个问题也就不这么困难了。

朱善利:实际上,在经济学领域当中,有很多类似的"按下葫芦浮起瓢"的难题,比如充分就业与物价上涨、平等和效率等。对于中国来说,实现低碳化的多项目标要分长期和短期两个维度。从短期来说,进行结构调整肯定会对经济增长产生影响,因为有经济活动必然要带来碳排放,只不过是排放多少的问题。如果要维持比较高速的增长,又要减少碳排放,在技术没有达到一定程度的时候是很难做到的。从长期来看,随着技术的发展,这个问题应该是可以解决的,但按目前全球的经济发展和技术状况是做不到的。

除了进入"新常态"本身为低碳化发展提供了空间之外,在现有的技术手段条件下,我们在能源消耗方面的效率也不高,如果能够通过一系列的政策、经济手段提高效率,也能够为低碳化发展扩展空间。比如,新能源汽车就是一个例子,在大家都能够有车开的前提下,能够做到碳排放降低或者至少是不增加。

黄涛:我们现在去欧美的话,会有一个很明显的印象就是,它们的城市、道路十年不变,因为已经定型了,所以就不太需要这么多东西了,低碳化的压力其实并不大。但回到中国一看,自己的老家三年不回去,可能就不认识了。同样的例子放到北京来看,很多东西基本已经建好了(比如这几年就没什么新建的大型立交桥了,西直门也不再拆了建、建了拆),北京的低碳化发展就有了趋势。但对于全国北上广深之外的很多地区来说,就不是这样。

于是这必然会带来的一个问题是,随着城镇化的发展,中国生产的很多高耗能、高碳排放的产品,绝大部分都是自己使用,因为人们的需求发展是有一定阶段性的。当我没有房子住的时候，我就是要房子；当我交通不方便的时候，我就是要车子；当我长途旅行的时候，我就是需要高铁飞机。你让老百姓改变需求，这个太难了。你凭什么不让我买房子、买车子？所以，我觉得从短期来看的话，技术有刚性、社会需求有刚性、经济结构也有刚性，中国要实现低碳化发展，形势并不乐观。或者说，当你的钢铁产量、水泥产量都是全球第一，而且是比后面的二到十名加起来产量还要高的时候，迅速实现低碳化是没有可能的。

总体来说，只能是再过十几二十年，当中国走过这个阶段之后，需求结构发生变化，也就是少生产一点具体的实物，多提供一点服务。第一，我们的生产和需求不再以第二产业为主导，而是快速向第三产业过渡；第二，我们的基础设施建设已经达到一定的程度，实现相对饱和；第三，我们的消费不再是房子、车子这样的大件产品。只有到这个阶段，我们才能谈碳排放的大规模降低；在当下这个阶段谈大规模降低碳排放，即使采取再好的技术，也只能降低很少的部分，因为需求结构没有大的变化，做什么都是微调。

但对于中国来说，无论是从政治还是从经济角度来看，势必要加速这一转型过程，也因此要涉及大量技术改造投资、产业结构调整、创新研发等投入。中国在短期内低碳化是否应该算是一种成本而不是收益？

朱善利：不能这么说。什么是成本什么是收益，要看计算的标准。对于经济学家来说，一个在计算收益过程中的难题就是，环境损耗的减少是不是一种收益？要知道，在经济发展过程中，这个东西是最难估算清楚的了，这就是经济学的局限性。我们可以这么来假设，如果环境危及人类的健康了，人类的健康值多少钱？如果环境危及人类的生命了，人类的生命值多少钱？涉及未来的失衡，贴现率怎么计算？怎么能用现代人的贴现率去计算子孙后代的损失以及他们的幸福指数？这都不是现在我们能够解决的。所以说，治理环境不是只有成本没有收益的事情，但是如果环境因此变好了，想要把收益和成本计算清楚是非常复杂的，几乎是一项"不可能完成的任务"。

> 中国新动能——光华学者解析未来发展之关键

理想与现实

2014年11月9日，国务院办公厅公布了《能源发展战略行动计划（2014—2020年）》，这是继《中美气候变化联合声明》之后，中国又一份重量级的为实现低碳化发展而提出的量化目标。按照行动计划目标，到2020年，非化石能源占一次能源消费比重达到15%，天然气比重达到10%以上，煤炭消费比重控制在62%以内。到2020年，城镇居民将基本用上天然气，中国将基本形成统一开放、竞争有序的现代能源市场体系。至此，2014年中央财经领导小组第六次会议勾勒出来的"能源革命"路线图已经日渐清晰。

截止到目前来看，中国已经朝着低碳化发展的目标前进了多远？

厉以宁：从宏观角度来看，在2010年举行的全国人大十一届三次会议上，中国首次强调要建立低碳排放产业体系以及消费模式；2012年，中共十八大报告进一步指出，中国应该着力推进绿色发展、循环发展、低碳发展；中共十八大以来，习近平同志一再号召我们要打造生态文明，建设美丽中国，这其中就包含了要实现节能减排的目标。

雷明：从具体的标准来看，在2009年的哥本哈根世界气候大会上，中国根据2005年生效的《京都议定书》已经作出一项承诺：与2005年的基准相比，中国到2020年的碳排放要降低40%—45%。而在2014年年底举行的北京APEC峰会上，中国又作出了两项承诺：其一，2030年，中国碳排放总值达到顶峰，从2031年开始，碳排放总量不再增加；其二，在一次能源的消费结构当中，非化石能源的消费总量要提高到20%。这等于给自己既铺了地板，又设了天花板。以后中国在选择发展方式的时候，就必须将这两个目标考虑在内。

要实现这两个具体目标，难度有多大？

朱善利：我们在与其他项目组对接和沟通的时候发现，自然科学界（包括气候学家）对于低碳化目标的实现相对乐观，这可能是经济学家和自然科学家的差别。后者相对来说较少考虑做事情的成本；经济学家则要考虑，这件事情要花什么样的成本才能做到。要是计算成本的话,很多事情即使从技术上可以做到,但在现实当中仍然是做不了的,这就是为什么美国在气候问题上与欧洲国家并不一致的原因。按说美国现在的相关技术是国际最先进的,但其仍然认为,按照那样的成本去实现低碳化是不能接受的。

雷明: 关于难度大小,我们在进行项目研究的时候,倒是也进行过相关的测算,结果是,要从 2031 年开始降低碳排放,这个挑战其实还是很大的;如果能够将排放峰值推后十年到 2040 年的话,中国的压力会小很多。

为什么这么说?

雷明: 从我们研究所采用的具体数据来看:中国经济如果继续保持 9% 左右的高速增长,它的碳排放达到峰值的时间是 2040 年;如果经济增速降低为 7% 左右的中速,峰值则要到 2045 年左右才能来到;如果经济以 4% 左右低速增长,则峰值来得还会更晚,可能要到 2060 年。当然,中国经济继续高速增长或者下滑到低速增长,这都不是未来发展的好的选择;但如果保持中速增长的话,将 2030 年的碳排放量作为中国的峰值,以后的减排压力其实是非常大的。所以从学术研究的角度来说,我们建议中国把峰值期向后推迟一些,这样的话,中国在各个方面的储备(包括技术、结构调整、组织变化等)都会从容一点。

就这些研究,我们曾经与国家发改委的相关研究团队进行过交流。他们的反馈是,现在这个目标,主要是从外交谈判的角度来说的。不过,即使是目标已经公布了,其实也是可以进行动态调整的。因为气候变化本身也是在发展的,所以要讲一点唯物主义,根据实际情况的变化来作相应的调整。[1]

---

[1] 就"十一五"期间来看,中国在控制温室气体排放方面取得了积极的进展。单位 GDP 能耗强度下降 19.1%,累计减少二氧化碳排放 14.6 亿吨;森林蓄积量净增 11.23 亿立方米,成为人工林吸收二氧化碳最多的国家;另根据国家发改委的数据,中国 2014 年上半年单位 GDP 能耗同比下降 4.2%,高于预期的 3.9% 的年度目标,这是 2009 年以来最大的降幅。有分析认为,中国节能减排是有很大潜力的,兑现十几年后的承诺应有保障。

> 中国新动能——光华学者解析未来发展之关键

除了经济发展的速度之外，在未来的十几二十年里，中国将进入城镇化高速发展的阶段，对于降低碳排放来说，这是否也将成为一种显性的制约？

雷明： 事实上，我们总结研究数据发现：对于低碳化发展来说，中国前一阶段的城镇化发展提速的过程并没有带来多大的压力，城镇化并不意味着碳排放的增加，甚至还可能造成碳排放的减少。但这是对中国之前十年发展情况的总结，可能并不适用于描述中国今后城镇化的发展；而且，一系列的负面效应是否会延迟出现，可能也是之前的数据所无法预测的。除此之外，我们对2000—2012年的区间样本进行分析之后还发现：一直被认为是降低碳排放重要手段的产业结构调整，贡献其实并不是很大。

为什么出现上述两种看起来非常奇怪的现象？

雷明： 就第一个现象来说，原因可能是数字的滞后效应，或者说当时城镇化带来的一系列影响还没有显现出来；就第二个现象来说，原因可能是改革开放以来，特别是在过去的十多年时间里，中国的三产结构发生了很大的变化。中国的三产如果按产业结构大小排序的话，一开始是一二三，后来变成二一三，现在则正在变成三二一。为什么一产和三产的转换比例那么大呢？主要是劳动力输出，剩余劳动力打工去了。因为制造业的门槛较高，所以劳动力主要都进入服务业了，比如建筑业、饮食服务业，以及最近几年比较火的物流、快递行业。

人们可能会因此觉得，既然产业结构发生了这么大的变化，按理说碳排放应该有很大幅度的削减才对。但实际上，分析中国的三产结构可以发现：中国第二产业比重其实并没有太大的变化，现在依然是46%；而第一产业和第三产业分别是20%多，这两个产业的碳排放强度是差不多的。而且，以 GDP 结构来说，第二产业仍然占到60%，与此同时，它的能耗则占到90%；第一产业和第三产业则用10%的能耗，产生了40%的 GDP。要知道，在中国的能源消费结构当中，仍然是以化石能源为主的，煤炭的消费占比即使从90%降到70%左右，依然是消费主力。所以说，碳排放的源头不改变，低碳减排的难度就会很大。

新能源难产

中国是世界上最大的能源生产国和消费国,形成了煤炭、电力、石油、天然气、核能、新能源和可再生能源全面发展的能源体系。目前,中国这套体系存在的问题是,能源需求压力巨大、能源供给制约较多、能源生产和消费对生态环境损害严重、能源技术水平总体落后等。因此,新能源在中国的发展正面临各种瓶颈。为了实现低碳化发展,中国必须改进这套目前已经稍显陈旧的体系,加速新型能源的开发使用力度。政府应设置出一个好的机制,让传统能源和新能源之间,以及各种新能源之间做到同步发展。

那么,从能源消费结构变化(也就是新能源发展)的角度来说,中国未来调整的空间大吗?

黄涛: 从目前的局势来看,情况并不乐观。价格信号对于中国的低碳化发展尤其是新能源的发展,将起到非常重要的作用。传统能源的价格一旦提高,人们就会想尽各种办法来替代它们,如风能、太阳能、核电等就可以得到蓬勃的发展。因为价格是市场配置最重要的信号。要落实低碳化发展战略,就应该向社会整体发出一系列信号,指导全社会向低碳化发展。当油价在每桶150美元甚至以上的时候,低碳化新能源的发展就会获得很强的动力,它们的成本即使短期内仍然高一些,也会因为大量的资金涌入进行研究开发而迅速得到降低。如此一来,新能源的发展就会有很好的机会。①

但是现在出现了比较尴尬的局面,一方面新能源仍处在发展初期阶段,另一方面传统能源的价格优势又变得非常明显了。

---

① 尽管存在质疑,但在一段时间之内,页岩油和页岩气生产带来的革命比预想中来得更快。在过去几年的时间当中,美国已经成为世界上增长最快的碳氢化合物生产者。从2010年起,美国天然气产量增加了25%,已经对俄罗斯的产量构成挑战,它还可能在未来五年内成为最大的天然气出口国之一;美国的石油产量从2008年起增加了60%,国际能源署于2014年11月预计,美国将在2015年超越俄罗斯和沙特阿拉伯,成为全球第一大产油国。这些都会改变世界能源市场的价格和贸易途径。

> 中国新动能——光华学者解析未来发展之关键

页岩气是有利可图的;但油价如果跌到每桶 60 美元甚至 40 美元的话,开发就会变得亏损,就不会有人愿意去继续发展新技术了。重回高油价时代,也就是用新能源替代传统能源的时代。如果石油价格长期在每桶 60 美元的话,新能源将很难得到发展,都会死掉的。[①]

那么,未来一段时间内全球传统能源价格的趋势应该怎么判断?

黄涛:能源价格与供需之间的关系是很大的。当需求不振的时候,油价跌得比较厉害;而需求一旦上升,信号比较明显的话,油价也会上涨得比较厉害。从中长期来看,油价肯定会上涨,因为石油目前可以开采的已知储量是大致确定的,产量也是大致确定的。

以这样的框架来看,如果未来一段时间之内,全球经济复苏得比较快速,欧美走出低谷、中国也重回比较稳定的快速发展轨道的话,油价将出现上涨,实际上,这对低碳化发展是有利的。但如果欧美经济持续长期不振,中国经济也进入新常态的发展模式,油价想要再回到 120 美元的水平,就需要很长一段时间了。

现在来看,由于美国提出能源独立的概念,不再大量进口石油,美国对中东石油的掌控格局不再如以前一样。这就造成全球石油市场的混乱,旧的秩序出现问题或者说崩溃了。而中东地区即使油价再跌也不限产石油,实际上也是对美国能源独立的一种打压,双方都在博弈之中,最终结果还很难说,但新能源的发展将会受到很大的制约。[②]

[①] 北美的页岩油气革命不仅正在遭到低油价的冲击,还有投资者们的"落井下石",流动性枯竭。2015 年 1 月 4 日,美国页岩油企业 WBH Energy 宣布破产,成为 2015 年第一家受到低油价冲击、无力支撑的页岩油气公司;紧接着,页岩油气服务公司 Schlumberger 也宣布在全球裁撤全公司 7.5%的雇员,共计 9 000 人。这些案例可能意味着页岩油气企业破产重组已经开始。经过这场低油价的寒冬之后,中小页岩油气企业将会大量破产或者被兼并,减产将无法避免。
[②] 选择打响"石油战"的欧佩克,正面临两难境地:选择继续减产,油价虽然可以获得支撑,但是这意味着欧佩克将更多的市场份额拱手让给美国的页岩油气厂商;选择不减产,坐看油价下跌,相当于将原有市场的定价权让了出去。

随着进口量的日益增多,应该如何看待中国在国际原油等能源市场中的角色?

黄涛: 短期内来说,中国的需求大增,的确会对以往卖方市场的格局造成一定的影响。但是这种影响有多大,美国愿不愿意让出买方市场的主导权,都是未知之局。①

对于中国来说,新能源是否也会受到这一系列外部因素的制约?

黄涛: 对。在中国目前的能源消费结构当中,传统的高碳化石能源依然是绝对的主体。煤炭在70%左右、石油在20%左右,剩下的部分才是低碳的新能源的份额,不到10%,如风能、核电等。而一旦国际油价下跌,对这一块的需求就会降低。除此之外,低碳化新能源目前的短板还在于,即使不考虑性价比因素而得到快速发展,它们想要成为中国的主体能源的可能性也并不大。

为什么这么说?

黄涛: 我们要考虑中国的能源消费体量、新能源的供给潜能,以及新能源的技术突破现实。

如果我们对各类低碳新能源进行盘点的话就可以发现,目前依然没有哪种具备主导能源的能力,都只能作为辅助性能源。以水电为例,中国目前除了雅鲁藏布江②之外,能建水电站的大江大河几乎都已经修建完毕了。想要进一步大规模发展水电,使其成为主体能源,即使不考虑已经很激烈的反对声音,从客观现实条件来看也是完全不可能的了。

---

① 由于亚太地区石油资源的储量和开发速度远远不能满足区域经济发展的要求,亚太地区的原油进口量不断上升,1992年起就已经超过欧洲,成为世界第二大石油消费中心。在未来的10—15年当中,因为亚太地区的经济发展仍将是全球相对快速的,所以亚太地区石油贸易结构变化(尤其是中国石油贸易结构的变化)将对世界石油市场产生什么样的影响,这是国内外相关学界一直热议的话题之一。对于中国来说,由于能源对外依存度不断提升,因此对石油进口安全也越来越敏感。有中国的权威学者就此指出,中国必须清醒认识到的是,未来全球能源治理结构的变化趋势总体上对中国等新兴发展大国是"弊大于利",而且中国的核心利益诉求与美国和欧盟主导的全球能源治理的主流价值观存在差异。

② 现在正在规划建设。

> **中国新动能——光华学者解析未来发展之关键**

再来看风能，听起来也是一种还不错的低碳新能源，但是它的制约条件也非常明显——非常不稳定；而且，风能大多在人迹罕至的地方，想要利用的话，困难很多，体量也不够。

还有太阳能，光伏电池听上去也不错，但光伏电池本身也会造成污染，如果地上都铺满电池，电池下面会寸草不生。

因此，即便考虑长期的科技进步因素，对于未来的中国来说，上述这些新能源种类也只能构成辅助性的手段。

目前来看，除了遥遥无期的核聚变发电之外，唯一可能的选项就是核裂变发电。但是对于中国来说，也有两方面的制约：其一，在日本福岛核电站事故之后，全球大众对于核电站的敏感心理都很强，中国人自然也不例外；其二，中国的原材料供给有问题。中国的铀储量并不丰富，虽然也在与别的国家谈合作增加进口，但是想要做到法国那样——全国一半的电能都靠核电，恐怕把全世界的铀矿进口到中国都满足不了缺口。

这是从供给总量的角度来看。事实上，除此之外，从技术和可操作性方面，中国的准备一样不是很充分。以前全球的发展趋势是技术推动的能源革命，现在则是需求拉动。但问题在于，需求有了，但是相应的技术"千呼万唤还没出来"。以电为例，在相应的新能源技术中，有两个需要突破的核心要点：一个是发电，涉及用什么发电的问题，现在没有好的替代品；另一个是蓄能，目前的难题是达不到经济性，无法满足市场要求，大家都用不起。

张闫龙： 我认同。最难的不是技术的应用，而是开发。

雷明： 国家很重视新型能源，企业跟进也很快，几年之内，我们的光伏产能就成了全球第一。但是，国民经济是一个整体，使用和不用哪些能源是受到现实条件的制约的。以电网供电来说，现在的火电技术已经非常成熟，发电之后上网传输，非常稳定，想要用电随时都可以，成本也不高，这就形成了一种路径依赖。采用新型能源发电的话，成本高其实只是一个方面而已，因为目前的技术没有突破，不稳性也是一个非常要命的问题，所以新型能源目前在电网中的装机容量必须限制在一定的范围之内，不可能成为主力电。想要把这些不稳定的能源汇聚在一起变成稳定的,在全球范围内都没有完全解决。

从性价比的角度来说,现在最便宜的还是煤炭。煤炭最大的缺点就是脏和高碳化污染,粉尘多;除此之外,煤炭可以说都是优点。包括美国在内,少用煤甚至不用煤已经很长时间了,但是在经济危机出现之后,也在重新开采使用煤炭。这其实是一个两难的问题。对于中国来说,短时间之内以目前所处的经济社会发展角度来衡量的话,因为有13亿人用电,要考虑成本的上升,以煤炭为主的能源利用结构不可能改变,而其他的新能源最多只能组合式使用。所以说,有些时候是客观条件所决定的、无法替代的。

张一弛: 所以有人说:"你看现在的风能、核能很热闹,发展速度很快,其实是因为在中国的发展基数太小,有点进步就显得发展迅猛,但是总量还是不行。"

这意味着在相当长的一段时间之内,低碳的新能源都无法得到广泛使用。那么"既依赖传统能源,又要发展低碳经济"是否是一对无法调和的矛盾?

黄涛: 对,困难就在这儿。

雷明: 但是,我们还是要朝着这个方向去努力。有两个方面需要把握:其一,尽力在现有条件下增加非化石能源的使用,突破限制,提高新型清洁能源的使用占比;其二,洁净煤的使用,通过技术创新,把煤用得更加清洁。[1]

低碳化多途径

2009年9月,中国在纽约联合国气候变化峰会上发表了《携手应对气候变化挑战》的重要讲话,向全世界宣布:中国将进一步把应对气候变化纳入经济社会

---

[1] 事实上,不仅仅是中国短期内无法摆脱对煤炭的依赖,即使是经常以低碳化发展轨迹为傲的欧洲,能够摆脱对煤炭依赖的国家也不多。以积极发展太阳能与风能已经卓有成效的德国为例,2013年,德国不止一半的能源供给依然依赖煤炭;它的邻国波兰,有86%的电力由煤炭发电而来。在全球范围内唯一的特例是美国,2007年的时候,其煤炭发电的比重是49%;到2013年时,这一数字变成了39%。出现这一下滑的原因,很大一部分是缘于其国内天然气的价格急速下降。

发展规划，并继续采取强有力的措施。一是加强节能、提高能效工作，争取到2020年单位GDP二氧化碳排放比2005年有显著下降；二是大力发展可再生能源和核能，争取到2020年非化石能源占一次能源消费比重达到15%左右；三是大力增加森林碳汇，争取到2020年森林面积比2005年增加4 000万公顷，森林蓄积量比2005年增加13亿立方米；四是大力发展绿色经济，积极发展低碳经济和循环经济，研发和推广气候友好技术。

为了实现低碳化发展，中国的政策需要进行一系列的调整。具体到经济领域，我们应该如何理解低碳化，尤其是经济低碳化、绿色GDP等这些相关联的概念？

厉以宁：用最简单的语言来表述经济低碳化这一概念的内涵，包括两个不可或缺的方面：第一个方面，包括二氧化碳在内的低排放，为了实现这一目的，就要在整个产品的生产消费过程中都做到低排放；第二个方面，为了使人类能够继续生存下去，经济活动不能停止，还要继续发展。

这两个方面不可分离，只强调任何一个方面都不符合经济低碳化的要求。有个别的经济学家建议说，全球将来应该零增长，因为只要有经济增长，就会增加碳排放。这一观点并没有为大多数人所接受，因为不现实。经济低碳化的要点是，寓经济低碳化于经济持续增长之中。既要持续增长，与此同时，又要实现低碳化。

经济低碳化包含在经济可持续发展的内容当中。实际上，只有实现绿色增长，才能符合经济可持续发展的要求。什么是绿色增长？是指无污染的增长。无论对工业、农业还是服务业来说，为了实现绿色增长，应该达到三个目标：第一，清洁生产；第二，减少各种排放量；第三，积极回收物资，发展循环经济。

至于说到绿色GDP，我们的观念也需要更新了。如果在生产过程中排放了大量没有经过净化的污水、废气和废渣，排放出去以后还需要进行再处理、再回收，那么在计算GDP的时候，要在总额中扣除这一块处理三废的数字，否则就无法代表真实的情况。扣除之后所剩下的部分，才是中国真正的经济增长。

目前看来，想要以低碳化的新能源大规模取代传统能源的方式来降低中国的碳排放，不管是从短期还是长期来看，其空间都不是很大。那么，中国为了实现低碳化发展，还有什么其他的可能途径？

杨东宁： 低碳实际是一个"社会性构建"的概念，也就是说不同发展水平、不同能源禀赋、不同制度文化等环境下，人们的理解有所不同。但我们仍然需要操作性的概念，什么叫做低碳？狭义一点的定义，就是减少高碳能源主要是化石能源的使用，这关键要看是否能在宏观总体上取得效果。例如，甲地减少煤炭的燃烧，这的确能够减少当地污染，降低当地碳排放；但是实际上，甲地可能使用了乙地生产的二次能源，而且乙地能源生产的碳排放更高。因此，全球关注的焦点并不是你消耗了多少化石能源，而是其所带来的后果。一个极端的情形就是，通过可持续开采、"近零排放"技术发电、碳捕集、清洁生产和绿色消费构成的全生命周期碳排放最小化，虽然消耗了化石能源，但在相当严格的意义上也属于低碳模式。所以说，单纯地减少高碳能源的使用只是低碳化的途径之一。目前这个阶段，在一下子减少大量化石能源非常困难或者说得不偿失的前提之下，我认为增加对"必要碳排放"的后果的应对能力可能是更加重要的。比如，固碳技术应用（碳捕集、各种碳汇项目等），这些又可以与碳金融（碳资产和碳交易等）结合起来，具体的手段、措施是可以有无限可能的创新和组合的。[①]当然，超越狭义的能源低碳化概念，低碳经济是低碳发展、低碳产业、低碳技术、低碳生活等诸类经济形态的总称，在应对碳基能源对于气候变暖的影响为基本要求之外，更要以实现经济社会的可持续发展为基本目的。

厉以宁： 中国要想实现低碳化发展，首先是一定要进行技术创新。从中国目前已经开始准备的项目来看，大体上可以分为三类。第一类是能源替代技术。用非化石燃料替代化石燃料，用低碳排放燃料替代高碳排放燃料，采用清洁能源，包括太阳能、风能、潮汐能、生物能、可燃冰等，其中最有前途、污染也最小的

---

① 低碳战略可以大致分为三个阶段，即节能减排、清洁能源替代和碳捕集技术。第一个阶段是提高能源使用效率和降低碳排放量，以及用新兴的碳交易手段促进减排意愿增加；第二个阶段则是从源头上减少化石能源的使用，代之以更为清洁的能源解决方案等；第三个阶段是针对必要的剩余碳源的治理。

是核电。与法国、德国、日本、瑞士这些国家相比，因为怕出事故，中国 2012 年的核发电量只占全国总发电量的 1.97%。其实，只要选址得当、设计完善、管理严格、环保到位，核电是可以做到安全生产的，其发展的潜力也很大。第二类是节能技术。第三类是固碳技术或者碳隔离技术，通过物理或者生物手段把碳固定住。

雷明：技术创新主要有两个方向：一是替代性技术的出现，二是能源使用效率的提高。比如，以往用煤是直接烧，现在磨成粉烧，就能够提高效率。实际上，在过去十几年，使二氧化碳减排的最有效的方式就是提高能效，占到整个碳减排的 70% 以上的效果。但是，我们也应注意，虽然能效方面的创新可以很快见效，可是能效的提高是有天花板的——最高 100%，实际上达到 70% 的效率就不错了。未来真正的大规模进步空间还是替代性技术的出现和广泛使用。

厉以宁：除此之外，中国的第二产业也需要升级，实现低碳化生产。这实际上将包含三个方面的内容：第一，关停一批高碳排放的企业、污染的大厂，因此要多渠道解决下岗工人的安排；第二，新建企业应采用低碳技术，必须牢牢把好这一关；第三，企业现有的产品，如果会增加碳排放的话，该产品就应该停止生产或者转型升级。

雷明：中国产业结构的空间的确很大，如果重点调整第二产业的能源消费结构的话，不用那么多的能耗，就可以给低碳发展带来很大的空间。我的观点是"压总量、提效率"，提高产业质量，让第二产业变成轻能耗的产业。

厉以宁：除了第二产业的低碳化之外，实际上，中国第一产业的农、林、牧、副、渔业也存在严重的低碳化不足的问题，导致每年的碳排放量达到 8 000 万吨左右。农业的这种普遍高能耗、高污染、高排放、低效能的生产模式，如果不改革的话，中国就不能成为一个先进的农业国，低碳化也难以发展。

目前来看，国内已经运行起来的碳排放交易市场的效果如何？

雷明：中国的碳交所开锣交易，这是一个正确的方向；但总的来说，目前整体还是处在试点运行的阶段。当然，在试点过程中会有这样那样的问题，那是发展中的问题。[①]

主要有哪些问题？

雷明：包括分配机制、定价等方面的各种问题，但这些在全世界范围内也没有完全理清、解决。比如，欧盟的伦敦交易所是做得最早的，也是最成熟的，但也有问题——二氧化碳到底值多少钱？前两年每个单位价格挺高的，要达到20多欧元，现在降到只有3—4欧元。当然，从市场波动的角度来说，这是正常的，因为全球经济危机了。但是，对这种环境要素采用这种估价方式是否合适？去年、前年值20多欧元，转眼变成了只值3欧元？不是这样的。因为传统经济学经典当中没有针对这些问题的理论依据，所以整个体系的建设和完善都需要一段时间。

朱善利：中国的碳交易市场的确还显得非常初级。比如说，要进行碳交易，先要设计全国的碳排量是多少，然后再进行分解，这些都是基础性的框架。但现实是，这些数据都没有，只有一个2030年的远期碳排放目标。在这样的制约下，我们就没有办法谈到把交易指标分解到地方和企业，无法谈超标之后的惩罚。

黄涛：现在的问题之一在于，提得多，但是没有政策；问题之二在于，政策不敢落地，也不宜落地。因为所谓的经济进入"新常态"——GDP稳定在7%左右，其实也是挺难的。经济有波动，继续向底部延伸的话，经济承受不了；而在这个过程之中，再用一系列低碳手段去制约经济发展，可能会出现问题。这就是中国的尴尬，又要转型，又要发展，又要低碳。短期内，应该学不了欧盟，因为要实打实付出代价。

---

① 所谓的碳交易，就是实际排放量低于规定上限的国家，可以将剩余的配额量以期货的形式出售给其他国家。许多国家也规定了国内企业之间的碳交易方式。目前全球碳交易的市场规模每年超过1 400亿美元，有可能超越石油成为全球第一大商品市场，而形成有效的碳交易市场的主要作用有两个：一是能够真实反映化石能源的生产流通成本，二是能够给新能源产业的发展提供一个新的激励机制。碳交易排放市场的先行者是欧盟国家，中国也在北京、上海、天津、深圳等地进行地区性碳排放交易市场的建设，希望到"十三五"末的时候，能够有相对比较成熟的全国碳交易市场。截至目前，中国的碳交易市场仍然是一个区域化及分割的市场，总交易额近5.3亿元，仅仅相当于欧盟碳交易市场一两周的交易量，且单笔交易金额较小。因此，有学者建议称，从长期来看，基于总量交易机制的碳交易市场仍可能是实现全球碳减排成本最低、效率最明显的最优政策工具；但是从短期来看，碳税更加适合目前严峻的气候变暖形势，它能够促使国内高碳、能源密集型产业在短期内实现较大减排。

从未来发展来看，中国的碳交易市场还有多大的空间？

厉以宁：从 2005 年起，欧盟已经建立了碳排放的交易体系，碳排放权也成为一种新的金融交易产品，碳交易金融市场就成立了。我曾经多次到黑龙江考察，那里最大的财富，其实不是森林，也不是蘑菇、木耳，而是碳排放权。黑龙江等地可以自己少排放，利用碳交易把排放权转让给超标的地区去发展碳经济。

朱善利：中国未来要实现低碳经济的话，集体林权改革肯定会受到很大的影响。通过林权流转，促进林农植树造林的积极性，实际上是在增加森林碳汇①、保护环境。而中国可执行这项政策的空间也很大——中国一共有林地 40 多亿亩，比 18 亿亩耕地大得多。我们现在在进行国有林权改革，有 20 多亿亩国有林地，还有 20 多亿亩集体林地，它们都可以拿来增加碳汇，促进经济发展和低碳化转型。

政府角色之辩

根据《联合国气候变化框架公约》，2007 年 4 月，中国国务院发布了《关于引发中国应对气候变化国家方案的通知》，较为系统地提出中国应对气候变化的要求及措施；2009 年，十一届全国人大常委会第十次会议发布的《全国人大常委会关于积极应对气候变化的决议》，是中国最高国家权力机关首次就应对气候变化这一问题作出决议。在应对措施上，包括要强化节能减排，努力控制温室气体排放；要增强适应气候变化能力；要充分发挥科学技术的支撑和引领作用；要立足国情发展绿色经济、低碳经济；要把积极应对气候变化作为实现可持续发展战略的长期任务纳入国民经济和社会发展的目标，明确规划、任务和要求。但是，随着中国经济进入"新常态"，如何处理好节能减排与经济增长和就业保障的关系即将成为难题，包括环保资金投入和增长的可持续性存在变数，一些地方财政收入增速放缓、企业效益下滑，政府环保投入长效机制难以为继；企业治污决心和行动也出现迟疑，政府的监管难度加大。

---

① 森林碳汇指森林系统吸收二氧化碳并将其固定在植被或土壤中的过程、活动和机制。

在中国的低碳化发展过程之中，中国的各级政府应该扮演什么样的角色？

厉以宁：第一，政府必须认识到，在低碳化的发展过程中，解决经济发展的结构问题比 GDP 总量更加重要。具体来说，各级政府首先要解决的一个问题是，新能源开发的潜力很大，但是投资不足。如果政府不制定优惠政策的话，新能源开发缺乏动力的现象就不会有明显改善。第二，政府要采取措施，争取让更多的优秀人才进入环保低碳领域做研究及管理工作。第三，政府为了降低碳排放，不能采取简单位移的做法。在鼓励企业、产业向其他地区转移的时候，最好把产业结构调整和升级结合在一起，这是非常重要的。现在我们老是说，沿海地区的制造业成本太高、污染太大，于是简单地把它们向内地迁移，这是不对的。

张一弛：对。因为中国的幅员辽阔，地区之间的差异很大，所以在发展低碳的时候要做到全国一盘棋、统筹考虑，不能把低碳化发展都看成是地方政府的事情。比如说，中国经济发达地区主要在东南沿海，这里的能源大多稀缺。要是不统筹考虑的话，光知道建特高压电网，把煤在中东部地区一烧、污染当地，然后把清洁能源直接运到上海、浙江。这么一来，后者城市的干净、低碳达标，实际上是靠前者的严重污染、低碳不达标换来的。如果各地都只想自己干净而把别的地方弄脏，中国的低碳化是实现不了的。

张闫龙：对于北上广深这些城市来说，这些地区本来可能就想要转型，低碳化发展的影响很小或者没有影响；但是对于河北来说，把钢铁砍一半（四五亿吨）、水泥砍一半，造成的影响就是非常负面的。所以，我们在制定低碳化发展的政策的时候，就要选择各种各样的形式克服负面效果，比如设计财政转移支付、设定各种专项项目等。而且需要注意的是，这些政策不应该继续采用"撒胡椒面"的方式在全国范围内平均分布，而是应该考虑低碳化在地理空间上及行业内部分布不均匀的这种形势，有针对性地进行扶持。

另外就是就业政策的问题。比如，现在要扶持某些行业，是要把它继续锦上添花地放到上海、江浙，还是把一部分行业通过某种政策，推动其在河北、山西等地落地，推动它们的产业转型。要实现低碳化发展，毕竟要把传统行业转型所产生出来的过剩的或者说低水平的劳动力，通过一些形式进行消纳。

> 中国新动能——光华学者解析未来发展之关键

黄涛： 从市场行为的角度来说，政府应该改变以往低碳化发展措施，出台一些真正的、可以调动市场积极性的政策。比如，以往的家电能耗分级、以旧换新政策，与其说是一种低碳政策，不如说是一种需求刺激政策；期望的是出台以后老百姓能够多买一些新的家电，目的不纯，节能减排的效果也就不是很好。

朱善利： 从衡量整个政府绩效行为的角度来看，为了衡量政府在中国经济社会发展过程中的作用，低碳化应该作为一个主要的考核指标。或者说，我们在构造中国经济宏观模型的时候，应该把低碳化纳入整个模型当中。过去这一点是没有的，现在执行起来也的确有难度，我们应该从整体上设计相应的政策措施。比如，对于地方来说，如果把低碳化发展也放到考核标准当中，就会出现我们去东北考察时所遇到的问题：黑龙江 2014 年的 GDP 增长速度在全国最低，因为能源价格下降，大庆油田产值降低；大小兴安岭也不让砍树了，因为要发展低碳经济。在这种情况之下，怎么考核干部？所以我们必须出台相应的措施。除此之外，我觉得目前各级政府对于实现低碳化发展的认识也并不统一。可以说，即使是在中央政府中，有些官员对于减少碳排放的政策仍处于认识有、行动差的状态；至于到了地方政府层面，认识和行动更是要打上很大的折扣。

雷明： 现在地方政府对于低碳化的认识的确还不够，因此导致了一系列的低水平建设，以及动机不纯的为环保而环保的措施的出台，这都是很大的问题。

为了扮演上述角色以及避免一系列的问题，政府具体应该怎么办？

厉以宁： 首先，对于地方政府官员针对低碳化发展所展开的一系列工作，我们要加强监督公示。

张一弛： 我们在调研的时候，发现一系列的监督衡量指标的确有用，但是还有很大的改进空间，指标一刀切就很不合适。比如说我们去曹妃甸调研的时候，企业说这里是开发区，因为没有什么污染，所以第一年的低碳化就达到很高的水平，可能有 99 分。但是从第二年开始，政府会要求企业说，在这个基础之上再降低 10%。企业要怎么弄？怎么降低？我把这叫做"地板效应"。已经到了不能再降的地步了，但政府会说"你不降算你没完成指标"。这会产生逆向激励，地方先把空气弄得乌烟瘴气，然后再一年10%一年又10%地降低。所以说，中国的低碳政策，既要全国一盘棋，又要考虑地方各自不同的实际情况。

朱善利： 现在我们的很多政策其实都没有构思到位。比如北京的建筑工地问题，每天晚上，马路上的车弄得到处都是尘土飞扬，但是没人管。一旦采取经济措施，其实是很好治理的。例如，我们可以实行举报制，只要有人把尘土飞扬的车拍照下来，这车就罚款五千元，给举报人一半，这种事情很快就能禁止。如果还不行，就再提高罚款金额。如此一来，很快就会有人专门在大马路上做这个事情，会成为一种职业。当然，这是一个极端的例子。但我希望用它说明的是，政府只要想做的话，不是不可以做到。在其他很多地方，政府不该做的事情做了；但在有些地方，政府又存在管制的缺位。①

张闫龙： 实际上，从具体实践的角度来看，关于中国的低碳化发展模式和政府角色，我们课题组的研究提供了一个很好的综合性模型。这个模型可以分为四个象限，一个维度以能源技术进行区分，包括传统能源和新型能源；一个维度以应用技术进行区分，包括传统行业和新兴行业。

张一弛： 解析这个模型可以发现，中国的低碳化发展分为以下四种模式（见图8-1）。

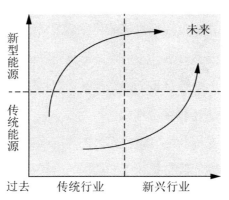

图8-1 中国低碳化实现路径

资料来源：由受访者张一弛教授提供。

---

① 事实上，2015年元旦起开始生效的新《环境保护法》，已经采取了类似的"罚巨款、判重刑"的思路。比如，对违法行为实施"按日计罚"，提高了企业的违法成本。

模式一，传统行业利用传统能源，但是通过技术创新，提高传统能源的使用效率，例如降低发电的单位煤耗。

模式二，同样是通过技术创新，传统行业开始利用新型能源，起到降低碳排放的作用；比如用风能、核能、秸秆等发电。做的还是传统的事情但是替代了传统能源，也能够降低碳排放。

模式三，大力发展新兴行业（如游戏产业、电子商务产业），它们可能依然在使用传统能源，但是从低碳化的角度来说，由于它们的单位产出的能源消耗量相对较低，因此也应该鼓励它们的发展。这是中国未来调整产业结构的方向之一，就是转向使用传统能源少的产业。

模式四，就是运用新型能源去从事一些新兴行业，这可以达到双重降低碳排放的目的，但相对来说困难很大。

这就是我针对中国的低碳化发展战略提出的一个框架性的思路。这个框架的重要作用，就是定义清楚了什么是低碳化发展，以及怎么进行低碳化发展。如果不用这个框架的话，对于什么是低碳化这一问题，不同的专家能够给出不同的解释。绿色经济、循环经济、可持续发展经济等，这些概念往往被混杂在一起。对于政府来说，这四种模式被划分出来之后，它就可以根据不同的难易程度去选择相对现实的路径，去分期分批地推进低碳化发展战略的实施。比如说，政府在选择是缩小传统产业增加新兴产业，还是降低传统能源比重提高新型能源比重的时候，可以有不同的路径，要结合当下的经济社会发展阶段、人口结构、劳动力结构、就业需求等多重因素进行综合考虑。

一条路径是，大力发展新型能源技术，在传统产业的发展中用新型能源替代传统能源，然后再用新型能源支持新兴产业的发展。另外一条路径则是，基于当下的能源禀赋条件，先大力推进新兴行业的发展，降低单位产出的能源消耗；再大力提高新型能源在新兴行业中的应用比重。当然，在现实中，这两条路径并非相互排斥，是可以平行发展的。除此之外，我们还可以考虑的一条路径是直接用新型能源来支持新兴产业的发展，比如新加坡与天津市政府就在天津建了一个24

平方公里的生态示范城，使用的能源就是接收太阳能，内循环、电车都是自己发电，这就实现了生产生活方式的联动。

这两条不同的路径，有没有优劣之分？

张一弛： 这两条路径的差别在于：一个是以能源技术的进步为前提条件；另一个是以能源技术在长期内不能产生革命性转变的前提下，以应用技术为导向的应用方式。理论上是没有优劣之分的，现实当中有。标准就是哪一条更符合国家的现实特点（包括能源结构、产业结构基础、劳动力市场等），越符合的就是越优的。

结合实践来看，哪条路径比较现实？

张闫龙： 这两条路径对于就业的影响和相应的政策制定的要求是完全不一样的。结合中国的人才水平、能源结构、能源行业发展的速度和效率等众多因素来看，如果新兴技术迟迟得不到突破性的发展，中国还有那么多没有太多技能的劳动力只能送快递，那么我们就必须优先调整产业结构，大力发展服务业，哪怕是低端服务业。这一方面印度是个例子，它也没有出现什么革命性的能源技术进步，就是大力发展服务业。在这个过程当中，政府应该采取的措施包括产业政策、金融政策和培训政策。这需要在国家层面上来进行发展，因为它是一种公共品，企业是没有能力和动力去做这件事的，必须由政府来做。

培育微观生态

在国内，人们听得多的是对治霾的抱怨，但 2014 年 11 月 20 日在斯里兰卡举办的"更好的空气质量"国际会议上却有另一种声音。在不少发展中国家，大气污染治理还停留在制订计划阶段；但在中国，却已朝着精细化方向发展，甚至在一些"冷门"措施上，中国城市也已拔得头筹。比如，在上述会议的船舶治污分会结束后，就有不少国家及地区的代表拉住中国代表，询问深圳船舶治污的细节。

> 中国新动能——光华学者解析未来发展之关键

除了政府之外，从全社会的角度来看，为了实现低碳化发展，还存在哪些问题？还应该做些什么？

厉以宁：中国要实现低碳化发展，不仅生产方式需要进行低碳化，消费方式也需要进行低碳化。在这一方面，就必须有公民的参与，全民都要投入、动员起来，保持健康良好的饮食习惯、节水节电、开新能源汽车、少放鞭炮，等等。除此之外，现在社会上还有一个比较不好的风气，就是看不起废品回收行业，这是不对的。要知道，废品回收也是低碳化发展的一个重要环节。

朱善利：现在是学术界和政界在讨论，但还没有付诸行动；而在民间层面，更加没有意识到这个问题。我们的很多环境问题，其实是我们本身的行动造成的。

雷明：中国在提高全面碳减排的意识方面做得的确还不算很好。大家都以为这事儿离我远着呢，于是私家车单双号限行，我就再买一辆车，恨不能连打个酱油也要开车去。一个人这么想，十几亿人都这么想，于是就出现乘数效应，后果很严重。我们应该提高社会意识，唤醒公民的自觉，提高法律法规的建设；另外，在市场经济条件下，除了宣传之外，还应该采取一些经济手段。

黄涛：现在中国存在的一个很大的问题就是，对于低碳，所有人都说好，没有人会反对，只要不是自己低碳化，或者要么不掏钱，要么少掏钱，大家还是支持的。但一旦落实到需要让企业不赚钱或者少赚钱，让个人不开车或者少开车，那就绝对不能同意了。所以，现在的低碳化发展，综合来说，存在三方面的问题，即国内的经济结构、技术以及意识问题。

张闫龙：我们应该学习欧洲，尽量开小车，省钱又节能。

杨东宁：所以说，低碳这事儿，除了政治家、经济学家、企业家和工程技术人员之外，确实需要所有社会成员的参与，其中又特别需要社会学家、组织管理学家的参与。

雷明：以传统思维来看，经济增长和低碳发展是一对矛盾。非低碳到低碳，是一种模式的转换，这种模式的转换是不是能够成功，在于我们是否恰当地找到有效的转换方法，让各个社会角色、组织及个人都发生变化。现在的问题在于，社会上有一种惰性思维，认为只要有技术突破，其他的就不用考虑了。仍以页岩气为例,其实不是有了很好的技术,一下子就能得到广泛的推广使用的。因此,低碳化创新不仅包括科学技术领域的创新,还包括管理创新。前者决定了低碳化发展的天花板,要想让发展的天花板向上移动,就必须有技术创新;但是在现实当中,更多的还是由后者决定的。很多技术,因为社会的管理水平跟不上,没有得到最高效率的发挥,所以对于组织而言,除了技术创新之外,还有管理创新。为了适应现阶段的低碳发展,组织结构和治理模式需要进行相应的调整,政府和企业都面临这样的挑战。①

那么,从企业这一微观层面来看,为了推动它们去积极实现低碳化发展,有什么措施?

张闫龙: 为了推进这种改变,我们首先是要营造一种制度环境,对所有的人、所有的组织都产生一个外部的约束作用,迫使你进行转变。但是这么一来,就缺少了组织或者说个人的主观能动性。

张一驰: 这是一个非常重要的问题。核心就是怎么逼着低碳化的发展动力下移,怎么让其从政府号召变成企业的内驱力——我愿意干而不是我被逼着干。就这一问题,我曾经多次讨论过一个概念,叫做"绿色领导力"。在课题组进行研究的时候,我们走访了很多地方,如黑龙江、河北、广东、浙江等地。在有些地方,低碳化发展就做得非常好,比如浙江嘉兴及河北唐山的一些企业,这些年来在低碳化发展方面做得有声有色,进步很快。企业出现这种转变的原因是有一个好领导,与一般组织的领导不一样,他们身上有对于环境的关注,有对于子孙后代幸福的责任感,所以他们就会把对环境的保护、企业的发展、就业的增加结合在一起进行考虑。我认为,这种现象反映了一种新的领导特质,也就是绿色领导力。

---

① 为了寻找低碳发展路径,2010 年 7 月,国家发改委正式发布《关于开展低碳省区和低碳城市试点工作的通知》,旨在全国范围内探索低碳发展的有效路径和模式;随后在 2012 年,试点城市再次扩围。事实上,近年来中国低碳城市、低碳园区、低碳社区、低碳建筑、低碳交通、低碳企业、低碳学校、低碳家庭的建设已经开始全面推进。

> 中国新动能——光华学者解析未来发展之关键

为什么会出现这种转变？

张一弛： 从领导力的角度来说，这是一种内在的回报和补偿，领导者实现了自己的理想和价值观。从外在的角度来说，就是能够拿到补贴，可以盈利。

张闫龙： 而且不能低估人对自然和环境观念的转变。比如阿拉善SEE协会，里面都是企业家，他们认识到自己以前的商业行为对环境造成了特别不好的影响，逐渐开始反思和改变自己的行为。这种改变的影响是不能低估的。不能总是假设人都是自私的，只为赚钱而不考虑环境，这事儿还真不一定。这些人为什么能够在现有相同的环境下，先于其他人发生这种转变？这不光是个人特质的问题，也与领导的眼光有关系。从大的趋势来看，是他们能够在技术变革的过程当中找到新的商机，并不是说转变成低碳化，企业就会亏损成什么样。不是的。在这些领导者的领导之下，企业可能会成为某种程度上的社会企业，把一些社会性的问题在企业的商业模式中考虑到并且解决掉。他们因此能够不断地在新的能源进步和应用技术进步的过程当中，发现新的商机、扩大商机、复制模式，使得低碳的影响更加扩大。有这样一批企业家、领导者，是非常重要的。

整体来看，对中国的低碳化转型，我们的态度应该是乐观，还是相对悲观？

雷明： 我觉得前途是光明的，道路是曲折的，不可能是一帆风顺的。

黄涛： 目前这个状态是存在一些问题。说节能减排，在总体性结构上都是在作微调。很难出现根本性的调整。

杨东宁： 从历史和现实的角度来看，我都是乐观的。人类度过危机的办法都差不多，这是人类整体上进化的本能。从现实的角度来说，虽然目前仍然面临诸多"乱题"，但不可否认，在解决气候变化问题上，全球协商机制在不断进展，国家应对的政策框架越来越有效，科技创新不断加速，全社会参与意识也大幅度提高。根本动力可能不一定是高碳挑战对人类的威胁，而是低碳发展带来的价值创造空间，仅仅就节能和减排而言，本身就包含着巨大的商业机会。

朱善利： 我还是比较乐观的。经济学家通常情况下都是乐观的，因为总是能够找到解决问题的办法。只要有足够的激励，就能够找到解决办法。我们有很多的措施去改善我们的现状，改变我们的不足。中国可以挖掘的潜力还是很大的。

附表 1　全球气候变暖大事记

阶　　段	年份	事　件
确立温室效应的研究基础阶段	1824	法国科学家傅里叶发现大气层具有温室般的保温作用
	1896	瑞典科学家斯凡特·阿列纽斯指出，大气层中碳酸含量的增加将导致地球温度上升，确立了"温室效应"概念
	1958	美国科学家查理斯·基林根据他记录二氧化碳浓度的结果提出"基林曲线"，带动科学界开始研究二氧化碳浓度增加对环境的影响
确立全球变暖与二氯化碳增加相关阶段	1970	德国气候学家兰兹贝格预测，以当时的二氧化碳浓度的增加速度，未来 400 年内将使地表增温 2℃。科学界因而开始研究二氧化碳增加与气候变暖之间的相关性
	1988	联合国世界气象组织与联合国环境规划署成立"联合国政府间气候变化专门委员会"
全球气候变暖现象成为跨政府间的国际性议题阶段	1992	《联合国气候变化框架公约》签署
	1994	公约生效，开始一年一度的公约缔约国大会（COP）
	1996	公约国发表《日内瓦宣言》，筹备以减少温室气体排放量为目的的议定书
	1997	公约国拟定《京都议定书》，确定减少温室气体排放量的目标与机制
全球气候变暖议题在政府及民间普及阶段	2005	签署《京都议定书》的国家和地区累计达到 55 个，且排量超过 55%。《京都议定书》开始生效，签约国准备履约实行温室气体排放见谅机制
	2006	宣传防治全球气候变暖的电影《难以忽视的真相》上映，在全球范围内引起广泛讨论
	2007	美国前任副总统戈尔与联合国政府间气候变化专门委员会共同获得当年的诺贝尔和平奖
	2009	12 月在丹麦哥本哈根召开 COP 15，鉴于《京都议定书》将于 2012 年失效而续订《哥本哈根协定》，各国承诺保持全球平均温度不超过 2℃ 的升幅
	2010	12 月在墨西哥召开 COP 16，达成《坎昆协议》，为《京都议定书》后的减排框架搭建奠定基础
	2012	11 月于多哈召开 COP 18，决议将《京都议定书》以"第二减少碳排放承诺期"的形式延长至 2020 年
	2013	11 月在波兰华沙召开 COP 19，拟定"损失和损害的华沙国际机制"，以协助受海面上升、极端气候等威胁的岛屿国家和其他脆弱国家
	2014	9 月于纽约召开联合国气候高峰会议，各国政府、民间企业与非政府组织共同签署《纽约宣言》，要求在 2020 年前将森林的损失减半，并在 2030 年将损失归零 10 月中、美两个碳排放大国在北京 APEC 会议期间宣布减少碳排放目标 12 月于秘鲁首都利马召开 COP20

资料来源：作者综合整理。

附表2 低碳发展的主要领域框架

领域	主要门类	备注
低碳能源	清洁能源，如核电、天然气等；可再生能源，如风能、太阳能、生物质能等	在当前技术水平和人类发展需求日益增长的背景下，可再生能源还不能完全取代碳基能源，可以通过技术创新提高能源利用效率、降低能源使用规模等途径来减少化石能源消耗所带来的碳排放
低碳产业	低碳农业，重视发展植树造林、有机农业等；低碳工业，发展节能型工业，重视绿色制造，鼓励循环经济；低碳服务业，服务设计、服务耗材、服务产品、服务营销等多个环节着手节约资源和能源，着力减少碳排放	
低碳交通	积极发展新能源汽车和电气轨道交通等低碳型的交通工具；提倡居民绿色出行，尽可能乘坐公共汽车，或者鼓励骑自行车、步行等	在新能源汽车尚未普及的发展阶段，要加快以化石能源为动力的汽车以及其他交通运输工具在节能技术上不断更新换代，尽可能减少能耗和碳排放
低碳建筑	在建筑规划、设计、建造和使用过程中，通过可再生能源的应用等一系列手段，合理、有效地利用能源；建筑节能要在设计上引入低碳理念，选用隔热保温的建筑材料，合理设计通风和采光系统，选用节能型取暖和制冷系统等	
低碳消费	适度节制消费，避免或减少对环境的破坏，崇尚自然和保护生态等为特征的新型消费行为及过程；注重回收和利用	
增加碳汇	通过增加植树造林等，增强森林碳汇功能；在城市化建设过程中，通过草场建设、湿地保护、农业耕地建设、道路绿化体系建设等促进碳汇增加	

资料来源：国家发改委宏观经济研究院，《迈向低碳时代》，中国发展出版社，2015年4月。

主要参考文献：

国家发改委宏观经济研究院，《迈向低碳时代》，中国发展出版社，2014 年 4 月。

陈方隅等，《图解简明世界局势》，城邦文化事业股份有限公司（台湾），2014 年 12 月。

武红，《中国多尺度区域碳减排：格局、机理及路径》，中国发展出版社，2014 年 8 月。

陈波，《低碳大变革》，石油工业出版社，2012 年 11 月。

刘世锦等，"聚焦清洁能源革命"，《财经》，2014 年 12 月。

董文杰等，"谁为气候变化负责？"，《科学美国人》（中文版），2014 年 11 月。

魏俊霞，"新能源时代"，《科学世界》，2015 年 1 月。

Charles C. Mann，Renewable Aren't Enough. Clean Coal Is the Future, *WIRED*, 2014。

后记　寻找正能量

跌跌撞撞间，从入行成为一名宏观财经记者，至今已过去数年。在此期间我所报道过的一个个选题，则像是被我用手术刀剖解的实验品。这个渗着寒气的比喻之所以出现，一部分缘于我个人仍坚持新闻的原则和操守之本身，一部分源自宏观经济话题因其抽离了语境故让人自然而然形成的距离感，一部分则植根于本人身上的驽钝气质。如此一来的后果是，选题几乎从未成为我工作时间、精力范围之外的关注焦点。它们当然是我的专业、手艺、活计，会依次被有目的地精心挑选、构思、采访、写作、编辑，并在历经多轮核红后，深夜里被送去位于京郊东南角的利丰雅高下厂付印。但是，于我而言，工作和生活各自牵扯到的情绪及精力，始终是不会相交的两条直线以及彻底隔绝的两个部分。

然而"世势万变且大抵如此"。从2013年起，为了应对工作地点从北京搬迁至深圳的变动，我开始有意识地系统整理多年积攒下的各类零零碎碎的资料，并将它们用高速扫描仪逐一数字化，然后分门别类归档。在这个无比琐碎故而显得异常漫长的过程中，"探路降速增长"这个原本异常宏观的大题目，因为接二连三地出现，所以开始成为我关注的焦点。至今，这个对于中国发展的重要性日趋显著的话题，已然突破上述工作和生活的界限，成为我个人近两年来持续思考的一个主题。

在此之前，身为"80后"的我，对于近三十年中国发展中的绝大多数标志性、历史性事件，要么因为当时年岁尚幼，要么因为学养或视野有限，都是在几无判断的状态中经历的。尽管如此，在残存且模糊的大部分记忆当中，"经济持续高速增长"这一在过去三十多年间堪称奇迹般地改变了中国的"动能"，一直都是被我当作视而不见的背景而存在的。在开始以职业性的眼光有意识地收集资料并观察中国经济形势之前，对于我来说，"姓资姓社"争议、物价闯关、南方谈话……只是中国经济历史中并不惹眼的背景性名词，而推进改革开放、加入WTO、"中

> 中国新动能——光华学者解析未来发展之关键

国模式"……才是中国经济长期延续的金色主旋律。

但几乎是在一夜之间,"探路降速增长"这个铁定令人无法感到舒适的状态,已经开始成为中国发展话语体系中令人无法忽视的背景底色。按照坊间流传已久的解释套路,这种转折之所以会出现,其背后暗含的是长短期双重原因:从短期来看,2008年以美国为核心的金融风暴波及全球,环球同步阵痛对中国造成的影响使其多年来过分倚重的外需出口型发展模式难以为继;从长期来看,中国经济旧有的"挤压式增长",显然已进入中后期阶段。急速但低效的增长旧貌难以再现,这是政学商等社会各界的基本共识。

在如是长短期双重原因的作用之下,从2013年起,中国经济开始进入"三期叠加"阶段。面临多重困难,增长态势持续承压。而与此同时,原本高赞"中国模式"的国际舆论,也普遍出现了盛衰急转。中国将步拉美、东欧诸国后尘,难逃"发展陷阱"等"唱空论""唱衰声"甚嚣尘上,且皆颇有市场。

不管是对于国家、企业还是对于个人来说,为了应对如此新变化,当然都需要重构关乎发展甚至是生存的新逻辑。而从宏观层面来看,这种新逻辑的主旨,则是在改革中形成增长"新常态",既使经济结构的调整得以顺利、通畅,又找到新的高质量、精细化的增长点,以证明中国在新兴经济体中并不是"裸泳者"。

在此之前,各种各样的答案已然汗牛充栋,但往往充斥着大量杂音,其系统性与权威性更是欠佳。尝试去改善这一局面,便是本书最重要的起因。感谢北京大学光华管理学院提供的这次宝贵的学习与写作机会,能够让我去系统性地理解和吸收光华管理学院各位学者的精彩观点,并最终结集付印。

在本书写作框架的搭建阶段,对于"中国新动能"的来源,我在宏观、中观及微观三个层面进行了如下区分:其一,以往发展范式的升级,或者新范式的出现,包含城镇化、人民币国际化等关键词;其二,某一领域内对旧制度的改革与扬弃,或在缺乏制度的领域内进行制度建设,包含企业界、金融业等关键词;其三,以往发展"动能"结束后的衔接,经济、社会进入新发展阶段后的适应性调整,例如应对老龄化及开掘新的人口红利等,都是新发展空间的来源;其四,社会整体发展过程中出现的新趋势和新变化,例如移动互联网化及低碳化发展等,

后记 >寻找正能量

也将带来巨大的正面影响。

依照本书付梓之时的情况来看,对于上述话题,欣然接受我采访的北京大学光华管理学院的学者们的观点应该可以在很大程度上起到指出难题、厘清概念、戳穿当下的流言与泡沫等一系列作用。在一定程度上来说,这也将为未来的中国经济发展提供更多的"正能量"。

在此次"寻找中国经济发展新动能"的过程即将告一段落之际,感谢北京大学光华管理学院名誉院长厉以宁老师、院长蔡洪滨老师,以及其他多位在百忙之中抽出时间与我分享其精彩观点并提出修改意见的曹凤岐老师、陈玉宇老师、陈松蹊老师、龚六堂老师、黄涛老师、雷明老师、梁建章老师、刘俏老师、刘学老师、路江涌老师、邱凌云老师、王汉生老师、武常岐老师、徐菁老师、颜色老师、杨东宁老师、张闫龙老师、张一弛老师、张志学老师、赵龙凯老师、周黎安老师、朱善利老师。除此之外,本书从构思、采访到写作成型的整个过程之所以能够最终顺利完成,还应该着重感谢深度参与其中的张影老师、莫舒珺老师与徐宬老师,以及贾米娜与黄炜婷编辑。

最后,在此感谢父母,感谢 Erica。他们是我的方向,我的盐。

焦　建

于香港沙田尾,深圳沙头角

2015 年 5 月 1 日